법치와 자유

정 성 진

博 英 社

머리말

무슨 인연에서인지는 모르나 20대 후반에 법률가의 길을 선택한 후 나는 24년을 검사로, 10년을 대학의 법학교수 또는 총장으로, 그리고 3년 6개월을 국가 반부패정책기구 책임자 또는 법무부의 수장으로 보냈다. 어느 자리에서든 나름대로 느끼고 생각하는 바가 많았지만 그때마다 이를 글로 남기기에는 공직의 직분도 그러하려니와 우선 내 능력과 시간이 그에 미치질 못하였다.

그나마 대학에 재직했던 기간이 다소 자유로웠다고 보겠으나 그때는 이미 학문적 체계를 갖추어 특정과제를 천착하기에는 늦은 나이였다. 물론 검사 시절 내부 연구지나 수험지 또는 일간신문 등에 몇 편의 글을 써낸 일은 있지만 지금 생각해 보면 모두 특별히 깊이 있는 철학을 갖추지 못한 상식적인 해설이나 칼럼의 수준에 불과하였다.

그런 중에서도 관료적 조직을 떠나 법치주의와 형사절차, 검찰제도, 법률문화, 관료제와 공직윤리, 대학개혁, 투명사회 등의 문제를 비교적 객관적인 위치에서 다시 더듬고 살펴볼 기회가 주어진 것은 무엇보다 스스로를 위해서도 매우 다행스럽고 고마운 일이었다고 하지 않을 수 없다.

어떻게 보면 한 법학도로서 미흡한 점을 신분의 변화에 상응하여 여러 각도에서 살피고 공부하면서 꾸준히 닦고 자성하라는 보이지 않는 큰 뜻이 어디에서부터인가 작용했다고 생각할 수도 있을 것이다.

법집행의 현실이나 정부의 운영, 관료나 대학사회의 문제들을 보면서 평생을 추구해 온 법률가로서의 정의감이나 균형감각이 다양한 모습으로 훼손되거나 침윤되고 있다는 느낌을 가지게 된 측면도 없지 않다.

이 책은 검사생활을 떠나 대학과 반부패 또는 법무행정을 담당하는 정부기구에 몸담았을 동안 내가 그러한 느낌에서 쓴 논문과 판례평석, 대담과 시론 및 칼럼 그리고 법조와 대학주변의 현안 등에 관하여 쓴 에세이 성격의 글 가운데 일부를 골라 모은 것이며, 생활주변의 일상사 등에 관한 가벼운 글들은 일단 제외하였음을 밝혀 둔다.

먼저 논문과 판례평석 부분은 1995년 9월에 대학으로 옮겨 간 후 쓴 4편의 형사소송 및 경쟁법 관련 논문과 2편의 판례평석 및 2008년 8월 건국 60주년 기념 한국법률가대회에서 주제발표한 한국의 법치주의가 어려운 원인과 대책에 관한 것을 수록하였다.

그리고 대담 부분에 수록된 내용은 대학의 교수와 총장, 국가청렴위원회 위원장, 법무부 장관 등으로 재직하면서 검찰과 법조의 현안이나 반부패 문제 등에 관한 나의 생각과 믿음을 비교적 담백하게 드러냈다고 생각되는 내용만을 고른 것이다.

다음, 시론과 칼럼 부분은 1997년부터 2010년 사이에 법률전문지나 주요 일간지 또는 특정 직역(職域)의 월간지 의뢰를 받고 집필한 것들로서 대부분 법치와 반부패 또는 공직윤리와 관련된 주제들이다.

마지막으로, 위에서 말한 여러 신분상의 변화를 거치면서 나는 한 법률가로서 겪은 경험과 느낌 또는 각오를 그때그때 의뢰받은 회지나 매체에 발표하거나 강연 등의 형식으로 의견표명을 해야만 할 경우도 있었는데, 그중에서 나름대로 선택을 위한 딜레마를 겪었거나 함께 곱씹어 볼 만한 사회적 의미가 없지 않다고 생각되는 몇몇을 골라 에세이와 강연의 항목에서 같이 묶었다. 물론 단순한 교육용이나 소속기구의 업무홍보적 성격을 띤다고 보이는 내용들은 처음부터 제외하였다.

그리고 어디에도 감히 넣기가 부끄러운 일부 언론의 나의 일에 관련된 평가와, 맡았던 공직을 떠나면서 가졌던 스스로의 소회를 정리한 말들은 여적(餘滴)이라는 이름으로 참고삼아 함께 수록하였다.

'법치'는 우리 사회가 선진화하기 위하여 일상적으로 지향하고 정착시켜야 할 원칙이고 '자유'는 사회뿐만 아니라 개인적으로도 끊임없이 찾고 추구하는 가치로 본다면 위의 글들은 모두 그러한 원칙과 가치를 모색하는 과정에서의 나름대로의 작은 징표로 볼 수가 있을 것이다.

그러나 정리를 하고보니 보람보다는 솔직히 부끄러운 느낌이 앞선다. 공자는 나이 70을 종심소욕불유구(從心所欲不踰矩)라고 표현하였으나 내 경우는 아직 그 경지가 멀어도 한참이나 먼 자리에 있는 것이 사실이다. 부족하다고 느끼는 점은 단순히 기록을 남긴다는 의미를 넘어 한 주제에 대한 보다 깊이 있는 천착으로 그 실체에 한걸음씩 더 다가가도록 꾸준히 노력해 볼 생각이다. 스스로 설정한 목표와 가치는 비록 그 결과가 미흡하더라도 추구하는 자체에 의미가 있다고 지금도 변함없이 믿고 있기 때문이다. 그러나 나름의 도리이자 사회적 의무로 생각하여 시작한 졸저의 출간을 앞두고 약간의 두려움이 느껴지는 사실 또한 숨길 수 없다. 읽으시는 여러분의 따뜻하고 너그러운 질정(叱正)을 바랄 뿐이다.

끝으로 이 책을 그동안 못난 사람을 내조하여 나름대로 파우스트적인 정진이 가능하도록 손을 잡아 준 아내 서신덕(徐愼德)과 평소 말없는 가르침을 준 주위의 여러 고마운 벗과 친지들에게 바치고자 한다.

2010년 5월

청눌재(淸訥齋)에서

鄭 城 鎭

차례

논문/판례평석

대담/회견

시론/칼럼

에세이/강연

여적(餘滴)

法治
自由

1

논문 / 판례평석

내 사 론*

Ⅰ. 머 리 말

수사의 전단계로서 검찰, 경찰 등 수사기관이 범죄를 인지·입건하기 전에 범죄혐의를 확인하기 위한 활동을 우리는 보통 내사(內査)라고 부른다. 실무상 거의 모든 종류의 인지사건은 입건·수사에 앞서 관념상으로는 일단 내사단계를 거친다고 생각될 뿐만 아니라, 아직 입건 전의 내사단계라고 하면서 당사자를 소환하거나 예금구좌에 대한 압수·수색을 실시하는 등 실질상으로는 수사와 다름없는 조사활동과 강제처분이 행해지고 있고, 때로는 중요관계인에 대한 출국금지조치까지 하고 있다. 또 통계상으로 보더라도 검찰의 내사·진정 사건이 연간 약 25,000건,[1] 인지·입건되고 있는 인원이 100만명도 상회[2]하고 있는 실정이므로 형

---

* 1997. 3. '법조'지에 발표하였으며, 내사에 관하여 체계적인 분석을 시도한 국내 최초의 논문이라고 할 수 있다. 다만 인용된 법령·규칙의 명칭이나 판례는 발표당시 유효했던 것을 그대로 게재하였음을 밝힌다.

1) 대검찰청 1995년 종합심사분석(자료)에 의하면 동 연도의 내사·진정 사건 합계가 24,668건이며 1994년도에는 27,380건에 이른다. 물론 여기에는 경찰의 내사·진정 사건은 제외되어 있다.

2) 위 같은 자료에 의하면 1995년도의 검찰 총 접수인원 1,896,859명 중 고소(24.9%), 고발(17.1%)과 이송(2.8%) 인원을 제한 인원이 1,007,206명으로, 일단 이를 경찰·검찰에 의한 인지된 인원으로 볼 수 있다. 다만 실제상으로는 혐의가 명백하여 내사단계를 거치지 않고 바로 인지하는 경우도 상당수 있을 것이다.

사사법절차상 인지 전의 내사단계를 이미 우리의 사법적 관심 영역 밖에 방치하기에는 그 사실상의 비중이 너무 커져있다고 아니할 수 없다. 그런데 이렇듯 내사가 형사소송이 지향하는 실체적 진실의 발견과 적법절차를 통한 인권보장의 측면에서 실무상 중요한 위치를 점하고 있음에도 불구하고 종래 이 분야에 대한 이론적 내지 학문적 연구·접근의 노력은 거의 없었다고 보아도 좋은 것이 또한 부인할 수 없는 현실이다.[3)]짐작건대 이것은 내사가 형식적 의미의 형사소송법에 등장하는 개념이 아니고 주로 실무적으로 관용되어 오면서 대체로 내사기술 내지 수사기술적 차원에서만 논의되어 온 것이 하나의 이유이고, 또 다른 이유를 찾자면 이를 광의의 수사 내지 수사일반의 문제로 취급하여 강제처분의 허용범위나 절차 등 인권에 영향을 미치는 문제를 검토하면 족하다는, 어떻게 보면 다소 안이한 생각에서 비롯되지 않았는가 생각된다.

물론 내사를 수사와 구별하지 않고 이를 수사일반의 문제로 취급하는 견해[4)]도 국민의 인권옹호적 차원에서 볼 때 전혀 타당성이 없다고 볼 수 없는 일면이 있다. 그러나 이미 오래전부터 실무계에서는 내사라는 이름으로 수사전단계의 조사활동이 통용되어 왔고, 각종 언론보도 등에서도 수사와는 다소 다른 차원에서 내사라는 용어를 사용하여 왔을뿐만 아니라 동 용어 자체가 실정법상 이미 사법경찰관리집무규칙[5)]과 검찰사건사무규칙[6)] 등에 명시된 법적 개념이므로 이제는 더 이상 이에 대한 이론적 분석이나 연구를 도외시할 수 없는 상황이 되어 있다. 또 실제

3) 서울대학교 법학도서관편, 법률문헌색인 Ⅰ·Ⅱ·Ⅲ, 1992. 서울대 출판부에 따르면 적어도 1945-1992년 사이 내사를 주제로 한 논문은 학계와 실무계를 통하여 단 한편도 발견할 수가 없으며 1993년 이후도 사정은 같은 것으로 보인다.

4) 그러나 이러한 견해는 대부분 내사가 이미 검찰사건사무규칙이나 사법경찰관리집무규칙 등에 명시된 제도화된 개념이라는 사실을 간과하고 단순히 내부의 은밀한 수사를 내사를 통칭하는 것이 아니냐는 정도의 그릇된 상식에 바탕을 두고 있다고 생각된다.

5) 1975. 10. 28. 법무부령 제196호.

6) 1981. 12. 24. 법무부령 제230호.

국내의 대부분 형사소송법 해설서상으로도 내사는 수사의 일부나 그 변형으로 보지 않고 수사와는 구별되는 개념으로 기술하고 있다.[7)]

그러므로 본고는 지금까지 한번도 이론적인 접근이 시도된 적이 없는 이 문제에 관하여, 불완전하나마 하나의 시론으로서 내사의 의의와 근거, 종류, 내사의 지도원리, 그 절차와 방법, 내사의 한계와 불법내사에 대한 실정법상의 통제방법 등을 개략적으로 살펴보고, 그 운영상의 문제점 등을 이론과 실무의 양측면에서 조명해 보고자 한다.

Ⅱ. 내사의 의의와 근거

(1) 내사란 수사기관이 범죄혐의를 확인하기 위하여 입건 전의 단계에서 수행하는 조사활동을 말한다. 검찰, 경찰 등 수사기관은 범죄에 관한 신문, 기타 출판물의 기사나 익명의 신고 또는 풍설 등 고소·고발이나 자수 이외의 수사 단서가 있을 경우 일단 그 진상을 내사한 후 범죄의 혐의가 있다고 인정할 때에는 입건하여 수사를 개시하고, 혐의가 없거나 입건의 필요 또는 입건 가치가 없다고 생각되는 경우에는 내사를 종결한다. 입건이란 범죄를 인지하는 경우에 이루어지는 것[8)]이므로 내사는 수사기관의 인지전조사활동이라고도 할 수 있다. 그러므로 내사는 첫째 수사기관의 활동이고, 둘째 인지 또는 입건 전단계의 활동이며, 셋

---

7) 이재상, 형사소송법, 박영사, 1995, 196쪽; 백형구, 형사소송법강의, 박영사, 1995, 332쪽; 신동운, 형사소송법 Ⅰ, 법문사, 1996, 37-40쪽.

8) 검찰사건사무규칙 제121조 1항 1호와 2호가 입건처리, 불입건이라는 용어를 쓰고 있으므로 입건이란 용어는 단순한 세칭(백형구, 앞의 책, 381쪽)이나 속칭만이 아니고 다소 구식의 표현이란 느낌은 있으나 법령상 공인된 개념이다. 그러나 예컨대 갑에 대한 X사실을 인지하여 동인을 입건하였다는 식으로, 인지라고 할 때에는 주로 범죄를 인지한다는 뜻으로, 입건이라고 할 때에는 주로 범죄의 주체인 사람(피내사자-피의자)을 입건한다는 뜻으로 사용하는 경우가 많다고 볼 수 있다.

째 범죄혐의를 확인하기 위한 조사활동이라고 설명할 수가 있다. 다만 검찰실무상으로는 이와 같은 수사의 단서로서 조사할 필요가 있어 범죄혐의를 확인코자 행해지는 본래적 의미의 내사 이외에, 징계사건이나 불기소사건의 재기수사 여부를 조사할 필요가 있는 경우, 상급검찰청에서 조사보고를 명한 경우 및 전과사실의 정정을 희망하는 경우 등도 내사사건으로 취급하고 있는데 이에 관하여는 후술한다.

내사의 객체가 되는 사람을 피내사자라고 하는데 피내사자는 수사기관이 범죄를 인지하여 그를 입건함으로써 피의자로 되고, 공소제기에 의하여 피고인의 신분으로 바뀌게 된다. 수사의 대상자인 피의자는 헌법과 형사소송법이 정한 각종 권리를 행사할 수 있음에 반하여 피내사자는 단순한 용의자에 불과하여 피의자가 가지는 권리를 주장할 수 없다는 데 양자의 구별실익이 있다고 설명[9]하는 학자도 있다.

피내사자의 개념과 언론매체 등에서 흔히 사용하는 용의자라는 개념은 양자 모두 인지·입건 전단계의 범죄혐의 대상자를 지칭한다는 점은 같다고 볼 수 있으나, 피내사자가 절차 쪽에 중점을 둔 법령상의 개념이라고 한다면 용의자는 범죄혐의라는 실체 쪽에 무게가 실린 사회적 개념이라고 할 수 있다. 피내사자라는 용어는 전술한 검찰사건사무규칙 제121조 1항과 3항 등에서 사용되고 있음에 반하여, 용의자라는 말은 법령상 사용되고 있는 용어가 아니다.

위 검찰사건사무규칙에 따르면 피내사자 이외에 피진정인이라는 개념도 사용하고 있는데, 양자는 내사사건의 대상자이냐 진정사건의 대상자이냐에 따라 구별되며, 내사사건과 진정사건의 구분에 관하여는 동 규칙 제119조에서 정하고 있다. 내사사건은 수사의 단서로서 조사하거나 또는 이에 준하는 엄정한 조사의 필요가 있는 경우에 행해지는 것이고, 진정사건은 수사공무원이나 수사에 부수되는 사항에 관한 진정 등 수사

9) 신동운, 앞의 책, 40쪽. 그러나 이에 관하여는 뒤에서 살피는 바와 같은 문제점이 있다.

의 단서로서 조사할 필요까지는 없는 단순 희망 또는 참고에 관한 사항이 대부분이다. 그러나 양자의 차이를 질적인 차이로 보기는 어려우며 내사·진정사건에서 범죄혐의가 인지되면 바로 입건으로 이행됨은 물론이다.

(2) 우리 형사소송법 제199조 1항은 "수사에 관하여는 그 목적을 달하기 위하여 필요한 조사를 할 수 있다. 단 강제처분은 이 법률에 특별한 규정이 없으면 하지 못한다"고 규정하고, 그 제 2 항에서는 "수사에 관하여는 공무소 기타 공사단체에 조회하여 필요한 사항의 보고를 요구할 수 있다"고 정하고 있는데, 동 조항이 내사란 용어를 쓰지는 않았지만 형사소송법상 내사의 근거를 찾자면 바로 이 조항으로 보아야 할 것으로 생각된다. 내사란 광의의 수사의 일부로서 수사의 전단계에서 범죄의 혐의유무를 확인한다고 하는 수사목적을 달성하기 위한 조사활동이기 때문이다. 일반적으로 동 조항은 우리 형사소송절차에 있어서 임의수사의 원칙과 강제처분법정주의를 명시한 조문으로 해석[10] 되고 있는데, 이와 아울러 그러한 임의수사 내지 조사활동의 일환으로서의 내사의 근거조항이 된다고 자리매김하여도 큰 무리가 없을 것으로 본다.

동 조항에 따라 법무부령인 사법경찰관리집무규칙 제20조는 "범죄의 내사"란 제하에 "① 범죄에 관한 신문 기타 출판물의 기사, 익명의 신고 또는 풍설이 있을 때에는 특히 출처에 주의하여 그 진상을 내사한 후 범죄의 혐의가 있다고 인정할 때에는 즉시 수사에 착수하여야 한다. 다만 내사를 빙자하여 막연히 관계인의 출석을 요구하거나 물건을 압수하는 일이 없도록 하여야 한다"고 정하고, ②항에서는 내사 결과 범죄혐의가 없다고 인정할 때의 내사종결처분을, ③항과 ④항은 익명 또는 허무인

10) 이재상, 앞의 책, 218쪽; 백형구, 345쪽; 신동운, 118쪽; 정영석·이형국, 형사소송법, 법문사, 1996, 161쪽; 배종대·이상돈, 형사소송법, 홍문사, 1996, 190, 192쪽.

명의의 진정, 탄원 및 투서나 실존인물 명의의 진정이라고 그 내용이 형벌법규에 저촉되지 아니함이 명백할 때에 내사하지 아니할 수 있음을 규정하고 있다. 또 같은 법무부령인 검찰사건사무규칙도 그 제119조에서 내사사건과 진정사건의 수리, 제120조에서 내사사건부의 기재, 제121조에서 내사사건의 처리 등에 관하여 상세한 처리 지침을 두어 이를 규율하고 있다.

Ⅲ. 외국 법제에서의 내사

우리 법체계에 가장 많은 영향을 끼친 독일과 일본의 형사소송법상으로도 수사(Ermittlung)와 구별되는 수사전단계의 조사활동을 별도의 용어로 규정하고 있지는 않고, 미국의 연방형사소송규칙도 내사에 해당하는 규정을 따로 두고 있지는 않다. 그러나 수사실무상 임의수사의 범위 내에서 범죄의 혐의유무를 밝히기 위한 초기 조사활동의 일환으로서 내사에 해당되는 개념은 공통적으로 인정하고 있는 것으로 보아도 좋을 것으로 생각된다.

(1) 독일 형사소송법 제160조 제 1 문항은 "검찰청은 고발 기타의 방법으로 어떤 범죄의 혐의(Verdacht einer Straftat)에 관하여 알게 되는 즉시 공소를 제기할 것인지의 여부를 결정하기 위하여 사건의 진상을 규명하여야 한다(Sachverhalt zu erforschen)"고 규정하고 있고, 실무상 여기서의 혐의를 시초혐의 또는 초기혐의(Anfangsverdacht)로 부르고 있으므로 이를 밝히기 위한 초기 조사활동이 곧 우리의 내사에 해당된다고 볼 수 있을 것으로 생각된다. 학계에서는 Anfangsverdacht[11]의 조사에 관

11) 그 내용에 관하여는 Kleinnecht/Meyer-Grossner, Strafprozessordnung 42 Aufl., 1995, C. H. Beck, 521쪽 주석 참조.

하여 여러 관점에서 논쟁이 되고 있고 구체적 입법조치의 필요성도 거론되고 있는 것으로 듣고 있으나, 현재 내사사건에 관한 별도의 규정이나 처리 지침은 없는 것으로 보인다.

(2) 일본 형사소송법 제197조는 우리 형사소송법 제199조와 마찬가지로 "① 수사에 관하여는 그 목적을 달하기 위하여 필요한 취조를 할 수 있다. 단 강제처분은 이 법률에 특별한 정함이 있는 경우가 아니면 이를 할 수 없다." ② 수사에 관하여는 "공무소 또는 공사단체에 조회하여 필요한 사항의 보고를 구할 수 있다"고 정하고 있으며, 국가공안위원회규칙인 범죄수사규범[12]이 임의수사의 장, 제101조에서 "청문(聞込) 기타의 내탐(內偵)"이란 제하에 "수사를 행함에 당하여서는 청문, 미행, 밀행, 감시(張込) 등에 의하여 가능한 한 많은 수사자료를 입수하도록 노력하지 않으면 안된다"고 규정하여 본격수사에 앞선 수사자료 입수활동을 內偵으로 표현하고 있다.

(3) 미국에서는 수사를 의미하는 Investigation과 구별되는 개념으로 Inquiry라는 용어를 쓰는 경우가 있는데, Investigation이 공개, 비공개, 임의, 강제수사를 모두 포괄하는 개념[13]인 데 반하여, Inquiry는 비공개, 임의수사에 중점이 있는 개념이므로 이것이 우리나라의 내사와 일치하는 것은 아니나 가장 유사한 개념으로 볼 수 있다고 생각한다.

Inquiry를 함에 있어서는 제한된 문의(Limited interviews), 정보원 접촉(Source contacts), 관련서류검토(Record reviews) 등이 주로 행해진다고 하며, 수사기관에서는 특히 대상자의 프라이버시와 사회적 평판(Reputation)이 침해되지 않도록 내부적 통제에 유의하여야 한다고 하므로[14]

---

12) 1957(소화 32). 7. 11. 국가공안위원회규칙 제 2 호.

13) 이를 강조하기 위하여 본격적인 수사라고 할 때에는 Full Investigation이라고 표현하기도 한다.

14) 이상 미국의 내사실태에 관하여는 주로 미 연방수사국(FBI) 간부 등으로부터 간접적으로 청문한 내용에 의거하였음을 밝힌다.

실무상 우리의 내사와 근접한 초기 수사활동으로 볼 수 있을 것으로 생각된다.

Ⅳ. 내사의 종류

우리나라의 실정법규와 실무상 관행을 고려하여 내사의 종류를 다음과 같이 분류해 볼 수 있을 것이다.[15]

1. 범죄내사와 진상내사

내사의 목적과 성질에 따른 분류라 할 수 있다. 검찰사건사무규칙 제119조에 의하면 내사사건 중에는 (1) 수사의 단서로서 조사할 필요가 있는 경우 이외에, (2) 상급검찰청에서 조사 보고를 명한 경우와 징계의 여부 또는 불기소처분사건의 재기수사 여부를 조사할 필요가 있는 경우 및 전과사실의 정정을 희망하는 경우도 이를 내사사건으로 취급하는 것으로 정하고 있다. 따라서 전자를 본래의 의미의 내사 또는 범죄내사라고 한다면, 후자의 유형들은 정보 내지 진상조사 차원의 내사, 진상내사 또는 준내사(準內査)라고 부를 수가 있을 것이다.

내사란 수사의 전단계로서 범죄혐의를 확인하기 위한 조사활동이므로 위에서 말한 소위 진상내사를 엄밀한 의미에서 내사로 볼 수 있겠느냐에 관하여는 논란이 있을 수 있으나, 위 규칙이나 검찰실무운영상 엄연히 내사사건으로 처리되고 있을 뿐만 아니라 이러한 유형의 조사활동에

15) 이하의 분류는 어떤 문헌상의 전례가 있는 것이 아니고 검찰사건사무규칙과 실무관행 등을 감안하여 필자가 임의로 시도한 것이므로 이와 다른 견해도 충분히 있을 수 있을 것이다.

도 수사와 내사 전반에 통용되는 법치국가적 적법절차의 원리가 규제이념으로 작용되어야 한다는 뜻에서 이를 본래적 의미의 내사에 준하여 취급하여도 무방하리라 본다.

같은 진상내사 또는 준내사 중에서도 상급검찰청에서 조사 보고를 명한 경우는 주로 검찰권 행사와 관련된 정보 확보의 취지이고, 징계 여부 또는 불기소사건의 재기수사 여부를 조사할 필요가 있는 경우는 직무처리의 적법 타당성을 보장키 위한 것이며, 전과사실의 정정을 희망하는 경우는 이를 단순한 진정사건 이상으로 신중히 처리하여 직무처리의 적법 타당성을 확보함과 동시에 국민의 권리보호를 목적으로 한다고 볼 수 있을 것이다.

운영상 본래적 의미의 범죄내사에서는 그 과정에서 특히 적법절차의 원리가 지켜지도록 유의하여야 할 것이고, 소위 진상내사 또는 준내사에서는 그 자체의 남용으로 국민의 사생활이나 법치국가적 안정감이 훼손되는 일이 없도록 유의하여야 할 것으로 본다.

2. 직접내사와 간접내사

내사의 직접적 대상과 방법을 기준으로 한 분류이다. 내사란 입건 전의 조사활동이므로 특히 본래적 의미의 범죄내사인 경우, 피내사자를 직접 조사하기보다 피내사자의 주변 사항과 접촉 인물, 거래상황 등 간접 사항을 중심으로 은밀히 진행되는 것이 원칙이므로 간접내사가 바람직한 일반적 형태이겠지만, 경우에 따라서는 (대개는 내사의 최종단계에 이르러서일 것이다) 피내사자를 대상으로 직접 범죄혐의의 확인·조사활동을 할 수도 있다. 이러한 직접내사의 결과 범죄혐의가 확인되면 피내사자는 입건이 되고 그 시점에서 피의자의 신분으로 바뀌게 되겠지만, 피의자라고 하여 진술거부권을 비롯한 법치국가적 제반권리가 보장되고 피내사자의 단계라고 하여 그런 권리가 보장되지 않아도 좋다고 할 수는 없다. 실무상으로는 피내사자를 환문 또는 임의동행하여 변호인이나 가족들과의 접견교통권도 보장되지 않는 위축된 상태에서 내사사실에 관한 자술서를 받고 이에 근거하여 인지와 동시에 피의자신문조서를 받는 경우가 많은데, 이는 후술하는 바와 같이 법치국가적 적법절차의 원칙에서 보아 중대한 문제의 소인이 있다고 본다.

3. 일반내사와 특별내사

내사에 따르는 내부절차를 기준으로 한 실무상의 분류라 할 수 있다. 진정·탄원·투서 기타 첩보가 입수되어 통상의 절차에 따라 내사사건부에 기재하고 배당 절차를 거쳐 내사에 착수하는 경우가 일반내사라면, 보안상의 이유 등으로 내사사건부의 기재 등 통상의 내부절차 없이 바로 내사에 들어가는 경우를 특별내사라고 부를 수 있을 것이다. 보편화된 용어는 아니나 실무상 특내사라고도 일부에서 호칭되는 이러한 종류의 내사는 사후적으로 내사사건부에 등재되고 기록보존절차에 따라 보존되는 경우도 있으나, 사안의 성질상 내사당무자 또는 최고 감독자만 알고 내사사건부의 기재 등 아무런 기록상의 근거도 없이 내사종결되어 버리는 경우도 있을 수 있으므로 법치국가적 규제 측면에서 볼 때 그 남용이 극히 우려되는 유형의 내사이다. 물론 내사사실이 인정되어 인지·입건으로 이어진다면 그 한에서는 소송법적 규제를 받게 될 것이다.

Ⅴ. 내사의 지도원리

내사도 수사와 연계되어 광의의 형사소송절차의 일부를 이루고 있다고 본다면 형사소송 전반에 적용되는 지도원리는 내사과정에서도 그대로 타당할 것이지만, 여기서는 수사의 전단계인 내사과정에서 특히 강조되어야 할 지도원리를 중점적으로 약술하기로 한다.

1. 실체적 진실주의와 적법절차의 원칙

수사기관이 범죄혐의를 확인하기 위하여 입건 전단계에서 수행하는 조사활동을 내사라고 본다면, 형사절차의 기초가 되는 사실에 관하여 객관적 진실을 발견하여 사안의 진상을 명백히 한다는 실체적 진실주의가 당연히 그 제일의적인 지도원리가 될 수밖에 없을 것이다. 또한 사안의 진상을 구명하기 위한 내사과정에서는 피내사자나 참고인의 인권을 침해할 우려가 매우 크므로 헌법 제12조 1항이 정한 적법절차(Due process of Law)의 원칙이 무엇보다 중요한 지도이념으로 작용할 수밖에 없다. 실로 내사는 수사의 연장선상에서 실체적 진실주의와 적법절차의 원칙이 민감히 교착되는 분야이며, 공공의 복지를 지키기 위한 실체적 진실 발견의 노력도 결국은 인간의 존엄과 가치를 위한 법치국가적 적법절차의 틀 내에서 수행되지 않으면 안될 것이다.

2. 내사의 필요성과 상당성: 비례의 원칙

내사도 국가의 권력작용이므로 내사의 목적달성을 위하여 필요한 경우에 한하여, 상당하다고 인정되는 최소한도의 방법과 수단에 의하여야 할 것이다. 헌법상 적법절차 조항에서 도출된 수사비례의 원칙[16]은 내사과정에서도 그대로 타당하다고 보아야 하며, 이 점은 내사에 있어서도 일부 강제처분이 허용된다고 보는 견해를 따를 경우에는 물론, 임의

16) 그 내용에 관하여는 배종대 · 이상돈, 앞의 책, 189쪽 참조.

적인 방법밖에 허용될 수 없다는 견해를 따르는 경우에도 그 지도이념 내지 규제원리로 작용되어야 할 것이다. 임의적인 방법에 의한 내사이든 압수·수색이나 감청과 같은 일부 강제적인 방법을 사용한 내사이든, 그것이 내사의 목적에 적합하고, 필요한 최소의 법익침해를 가져오며, 내사의 목적달성으로 얻는 이익과 내사 활동으로 침해되는 이익 사이에 균형이 유지되어야 한다는 법치국가적 요청에는 차이가 있을 수 없기 때문이다.

3. 내사비공개(밀행)의 원칙

내사는 범죄혐의 유무를 확인하기 위한 입건 전 조사활동이므로 비공개의 원칙은 수사단계보다 더 엄격히 지켜져야 할 것이다. 수사 자체도 밀행을 요구하여 수사기관에서 피의사실을 함부로 공표할 경우 이를 형사처벌까지 하도록 정해진 마당에 그 전단계인 내사사실이 공개된다는 것은 당사자의 명예나 공사생활상의 이익에 치명적인 피해를 줄 수도 있다. 더구나 아직 단서만 있을 뿐 범죄혐의 유무도 확인이 안된 상태에서 내사사실이 미리 공개된다면 관계자들의 도피나 증거인멸 등으로 당해 내사 내지 수사 자체의 목적을 그르칠 우려가 농후하다고 하지 않을 수 없다.

그러므로 내사비공개 내지 밀행의 원칙은 당사자의 명예 및 인격보호의 필요와 내사 자체의 목적달성을 위하여 엄격히 준수되어야 할 지도원리의 하나라고 볼 수가 있을 것이다.

Ⅵ. 내사의 절차와 방법

1. 내사의 개시

사법경찰관리집무규칙 제20조는 내사개시의 단서로서 신문 기타 출판물의 기사, 익명의 신고 또는 풍설(제1항)과 진정·탄원·투서(제3항, 제4항) 등을 열거하고 있다. 그러나 이들 단서는 제한적이라기보다 예시적으로 보아야 하며, 그 밖의 내사 단서로는 타사건 수사 중의 범죄용의 발견, 국회의원이나 지방의회의원으로 공개적 발언, 시장동향 등에 따른 수사기관 자체의 기획, 타기관에서 이첩된 첩보 등이 있을 수 있다. 또 변사자 검시나 불심검문에 의하여 범죄를 인지하는 경우에도 이론상으로는 인지에 앞서 내사를 해 볼 수가 있을 것이다.

신문 기타 출판물의 기사, 풍설, 사건수사 중 범죄용의 발견, 의원의 발언이나 의사록 기재, 시장동향 등에 의한 기획, 변사자 검시, 불심검문 등을 자율적 내사단서라고 한다면, 익명의 신고나 고소·고발이 아닌 진정 탄원, 타기관 이첩 첩보 등은 타율적 내사 단서라고 부를 수가 있을 것이다.

2. 내사의 통상적 방법과 과정

(1) 기초적 주변조사

연감, 인명사전, 전화번호부, 신문, 잡지 기타의 공개된 출판물을 통하여 피내사자와 내사사실에 관한 주변조사를 하는 데서 내사가 시작되는 경우가 많다. 사안에 따라서는 정부 내 타기관이 보유 또는 존안하고 있는 감사자료 등을 협조받아 활용하는 경우도 있을 것이고, 주민등록

상황을 확인한다든가 인근 주민들을 상대로 세평을 탐문하는 등의 예비 조사도 있을 수 있을 것이다. 이 단계에서는 강제처분이 전혀 수반되지 않는 가운데 내사기관이 내부적으로 은밀히 확인·분석 등의 작업을 하는 경우가 대부분이므로 법률상 특히 문제될 점은 없을 것이다.

(2) 사실조회

간접조사를 하면서 피내사자의 신원관련사항이나 주거지이동상황, 부동산보유현황, 출입국상황, 각종 세금의 납부상황, 금융기관거래상황, 증권보유 및 거래상황 등을 관계기관에 조회하는 것은 기본적인 내사방법이다. 실제로는 내사기밀의 유지 등을 위하여 해당 기관에 출장확인하는 경우가 많겠으나 문서나 유선으로 조회하는 것도 물론 가능하다. 형사소송법 제199조 2항이 수사에 관하여는 공무소 기타 공사단체에 필요한 사항의 보고를 요구할 수 있다고 명시하고 있고 조회를 받은 상대방에게는 보고의 의무[17]가 있다고 해석하고 있는데, 앞서 본 바와 같이 내사를 수사의 전단계이기는 하나 수사와 목적을 같이 하는 광의의 수사의 일부라고 본다면 내사 활동으로서의 사실조회도 동 조항에 따라 가능하다고 보아야 할 것이다. 다만 이러한 조회활동은 수사기관이 대외적으로 행하는 것이므로 내사착수보고 등 기관 내부의 통제방법에 따른 절차가 이행되었음을 전제로 행함이 원칙일 것이다. 그러나 내부적 보고절차가 이행되지 않았다고 하여 사실조회로서의 효력이 없는 것이 아님은 물론이다.

공공기관의 개인정보보호에 관한 법률이나 증권거래법과 같은 단행법에서는 공공기관이 보유하는 개인정보파일이나 위탁자의 증권거래 및 보유 상황 등을 공개하지 않는 것을 원칙으로 하면서 다만 "범죄수사를

17) 사실조회의 성격에 관하여는 임의수사라고 보는 것이 통설이다. 이재상, 앞의 책, 231쪽; 백형구, 409쪽; 신동운, 138쪽.

위하여"[18] 또는 "수사상 필요에 의하여 검사가 발부한 서면을 제시하여 요구하는 때"[19] 등에는 정보 제공의 의무가 있는 것으로 규정하고 있는데, 이러한 개별적인 명시규정이 없더라도 일반적으로는 앞서 본 형사소송법의 규정에 따라 공무소 또는 공사단체에서는 공공의 목적을 위한 사실조회에 절차상의 중대한 흠이 없는 한 응할 의무가 있다고 보아야 할 것이다. 다만 금융거래의 비밀보장과 같이 국민경제적 목적에 따라 고도의 정책적 보호를 해 주고 있는 사항에 관하여는 수사상의 사실조회에도 법관이 발부한 영장을 요구하고 있으므로[20] 강제처분의 절차에 따라야 하는 제한을 받는다.

(3) 감시·미행·사진촬영 등

피내사자의 주거지나 접촉인물들을 감시하고, 경우에 따라서는 미행 등으로 행적을 탐사하거나 사진촬영, 녹음 등의 방법도 사용하게 된다. 이러한 내사 활동은 대부분 피내사자가 알지 못하게 은밀히 진행되는 것이 일반적이며, 특히 사진촬영이나 녹음 등에 의하여 수집한 자료는 단순한 수사참고자료로는 몰라도 나중에 증거로 사용되기 위하여는 헌법과 형사소송법이 정한 법관의 영장 등 강제처분으로서의 적법한 절차에 따라야 함은 물론이다. 뇌물죄나 마약사범, 조직범죄 등에 이러한 내사방법이 많이 활용될 것이다.

(4) 관계인 조사·감정

피내사자 본인이 아닌 참고인에 대하여는 임의수사의 방법으로 진술을 청취할 수 있다. 또 마약범죄나 식품·의약범죄, 강력범죄 등에 관하

---

18) 공공기관의 개인정보보호에 관한 법률 제10조 2항 6호.

19) 증권거래법 제60조, 동 시행령 제38조 7호.

20) 금융실명거래 및 비밀보장에 관한 긴급재정경제명령 제 4 조. 단 실제상으로는 은행감독원 등과 협조하여 감독상 필요한 정보의 제공을 요구하는 방법으로 정보를 취득하는 경우도 있는 것으로 보인다.

여는 사전에 전문가의 감정을 거치는 경우가 많을 것이다. 피내사자 본인을 조사하지 않고도 범죄의 혐의를 인정할 수 있는 단계에 이르면 바로 범죄를 인지하고 피내사자를 입건하게 된다.

(5) 피내사자 조사

내사의 마지막 단계에 이르면 통상 피내사자 본인을 조사하게 된다. 이론적으로는 피내사자 본인을 환문하지 않고도 다른 자료에 의하여 범죄혐의가 인정되면 사건인지와 동시에 범죄혐의자를 피의자로 입건하게 되고 그 경우에 피의자 조사는 피의자 자신을 위한 변명 기타 방어의 기회가 된다고도 볼 수 있지만, 실제상으로는 다른 자료에 의하여 범죄혐의를 발견하기 어려운 경우에 마지막으로 피내사자 본인의 자백을 기대하고 조사하는 경우가 있는데, 바로 이러한 경우가 적법절차의 원칙에서 보아 큰 문제의 소지가 있다고 생각된다. 대개 임의동행의 형식으로 수사기관에 끌려와 혐의점에 관한 추궁을 받은 후 자술서를 쓰도록 요구받고, 혐의를 인정하면 바로 입건(구속)이 되고, 혐의를 부인할 경우 달리 증거가 없으면 내사종결로 처리되는 실정인데, 이런 경우는 아직 피의자가 아닌 단순피내사자라는 이유로 진술거부권이 고지되지도 않고 변호인 선임권이나 접견교통권도 보장되지 않은 상태에서 심지어는 가족이나 직장에 한시적으로 소재의 행방도 통고되지 않은 채 범죄혐의를 추궁받는다는 것은 인권옹호상 실로 큰 문제가 아닐 수 없다. 학자에 따라서는 수사의 대상이 된 피의자는 헌법과 형사소송법이 정한 각종 권리를 행사할 수 있지만 내사 대상이 된 사람은 단순한 용의자에 불과하여 피의자가 가지는 권리를 주장할 수 없다고 보아 결과적으로 이러한 수사 현실을 수용하는 견해[21]도 없지 않지만, 만약 그렇게 된다면 실질상의 피의자를 수사기관에서 절차상 아직 입건을 하지 않았다는 이유로

---

21) 신동운, 앞의 책, 40쪽.

위에서 본 여러 가지 헌법상의 권리를 보장하지도 않고 수사 목적달성을 위하여 내사를 남용할 위험이 있을 뿐만 아니라 범죄혐의를 받고 있다는 점에서는 피내사자나 피의자나 실질상 전혀 다른 점이 없기 때문에 이러한 수사 현실이나 이론은 시정이 불가피하다고 본다.

결국 입건 전의 내사단계에서는 피내사자 본인을 조사하지 않고 범죄혐의유무를 확인하는 자료를 수집하는 이른바 간접내사가 원칙이며, 피내사자 본인을 신문하는 단계에 이르면 피내사자에게도 피의자와 꼭 같은 진술거부권을 비롯한 헌법상의 권리가 보장되지 않으면 안된다고 해석하지 않으면 안될 것이다. 최근의 대법원판례[22]도 변호인의 접견교통권에 관하여 임의동행된 피내사자에 대하여도 이를 인정하여야 하는 것으로 보고 있다.

(6) 강제처분과 출국금지문제

내사단계에서 체포·구속 등의 대인적 강제처분이나 압수·수색·검증 등 대물적 강제처분이 가능하다고 볼 것인가? 아직 형사입건도 되지 않은 내사단계에서 영장주의의 제한을 받는 체포·구속을 한다는 것은 쉽게 상상하기 어려운 일이나, 증거물의 확보를 위한 압수·수색·검증 등에 관하여는 상반되는 견해가 있을 수 있다. 이에 관하여는 내사의 한계에 관한 문제로 뒤에서 다시 살펴보기로 한다.

실무상 내사단계에서 피내사자 본인이나 중요 참고인이 국외로 도피하면 추후 수사에 막대한 지장이 있으므로 미리 법무부에 출국금지처분을 의뢰하는 경우가 있다.

출국금지처분은 법원의 강제처분이 아니고 수명자에게 국외로의 출국이라고 하는 일정한 행위를 하여서는 아니될 공법상의 의무를 지우는 명령적 처분으로서 행정행위의 일종이며, 그 절차는 출입국관리법(제 4

22) 대법원 1996. 6. 3.자 96모18 결정. 판례공보 96. 15호 2255쪽.

조 1항)과 동법 시행령(제 2 조 내지 제 5 조)에 따라 범죄의 수사를 위하여 그 출국이 부적당하다고 인정되는 자에 대하여 수사기관의 장이 법무부장관에게 요청하고 법무부장관은 출국금지심의위원회[23]의 심의를 거쳐 이를 행하도록 되어 있다. 여기서 "범죄의 수사를 위하여"라고 할 때에는 당연히 내사도 포함된다고 보아야 할 것이므로 내사단계에서 출국금지 의뢰는 가능하다고 하겠으나, 물론 필요성과 상당성의 제한에 따르지 않으면 안될 것이다. 출국금지처분에 대하여는 행정쟁송의 방법으로 다투게 될 것이다.

(7) 내사의 장소와 내사사실 공개 문제

실무상 내사의 장소문제는 의외로 간단하지가 않다. 내사란 본격적인 수사 착수 이전에 범죄의 혐의유무를 확인하는 활동이므로 내사의 목적을 달성하기 위하여서나 피내사자의 사생활 내지 명예보호를 위하여서도 일반수사의 경우보다 더 고도의 보안을 요한다고 볼 수가 있다. 그런데 피내사자 본인이나 중요 참고인을 검찰청이나 경찰서 등 공개된 장소로 출석요구하게 되면 특히 그 당사자가 사회적으로 알려진 사람인 경우 내사보안은 매우 유지하기가 어렵게 된다. 그러므로 종래에는 호텔이나 소위 안가(安家=안전가옥) 등을 이용하는 경우도 없지 않았던 것으로 보이나, 이것은 공권력의 행사가 투명하지 못하고 국민들에게 음습하게 비춰진다는 문제가 있을 뿐만 아니라 실제로 가혹행위 등의 소지도 있어, 적어도 당사자들로부터 장차 증거로 사용될 진술서를 받거나 진술조서 등을 작성하는 장소로는 피해야 할 것으로 생각되고 있다. 그러나 관계자 신문 이외의 내사 활동은 수사기관청사 이외의 장소에서도 기술적으로 가능하다고 보아야 할 것이다.

---

23) 국민의 출국금지와 외국인의 출국정지에 관한 중요사항을 심의하기 위하여 법무부차관을 위원장으로 하고 법무부의 출입국관리국장을 포함한 3실·국장과 관계기관 공무원 및 전문가 중에서 임명 또는 위촉된 10인 이내의 위원으로 구성되어 있다.

내사사실을 누설하거나 공개한다는 것은 내사 자체의 목적달성을 위하여서나 피내사자의 인권보호를 위한 차원에서도 결단코 용납될 수 없으며,[24] 수사단계에서의 피의사실공표죄(형법 제126조)나 공무상 비밀누설죄(형법 제127조)보다도 그 정상이 더 중한 것으로 보아야 할 것이다.

3. 내사의 종결

이에 관하여는 검찰사건사무규칙 제121조가 비교적 상세히 규정하고 있다.

(1) 입건처리

사건을 형사입건하게 되면 내사사건은 형사사건으로 이행되고 본격적인 수사가 시작된다. 실무상으로는 내사사건부와 형사사건부의 각 비고란에 형제번호와 내사번호를 기재하여 절차상의 연결을 유지하고 있다.

(2) 불 입 건

범죄의 혐의는 있으나 입건할 필요나 가치가 없는 경우에 취하는 조치이다. 형사사건의 경우라면 기소유예와 유사하다고 볼 수 있다.

(3) 혐의없음·죄가 안됨·공소권없음

종래 통칭하여 내사종결처분이라고 불러왔고, 현행 사법경찰관리집무규칙 제20조 2항은 "사법경찰관은 내사 결과 범죄의 혐의가 없다고 인

24) 그러한 의미에서 우리가 이따금 언론매체에서 접하는 국회의원 X 또는 국영기업체의 장 Y에 대하여 사정당국에서 내사 중이라는 식의 보도는 반드시 타기되어야 할 폐습이라고 생각된다.

정할 때에는 즉시 내사를 종결하여야 한다"고 규정하고 있어 지금도 경찰에서는 위 불입건까지를 포함하여 내사종결처분으로 처리하고 있는 것으로 보인다. 그러나 검찰사건사무규칙은 내사사건의 경우에도 형사사건의 불기소처분에 준하여 ① 내사사실이 인정되지 않거나 증거가 충분하지 않은 경우 또는 내사사실이 범죄의 구성요건에 해당하지 않는 경우에는 혐의없음 처분을, ② 내사사실이 범죄의 구성요건에 해당하나 범죄의 성립을 조각하는 사유가 있는 경우에는 죄가 안됨 처분을, ③ 소송조건이 구비되지 않거나 인적처벌조각사유에 해당되는 경우에는 공소권없음 처분을 하도록 세분하여 정하고 있다.

이들 내사종결처분은 그러나 수사기관 내부의 사건처리방식에 불과하고 불기소처분과는 다르므로, 설사 내사의 단서가 된 첩보를 제공한 투서인이나 진정인이 있더라도 항고나 재정신청 또는 헌법소원은 불가하다고 보아야 하며, 만약 굳이 이를 하려면 고소·고발을 한 다음 불기소처분이 내려지면 이에 대하여 불복하는 형식을 취해야 할 것으로 본다.[25]

(4) 기타의 처분

불기소처분과 마찬가지로 피내사자 또는 참고인 등의 소재 불명으로 내사불능인 경우에는 내사중지처분을, 동일내용의 내사사건을 다른 검찰청의 검사 또는 다른 검사가 내사 중인 경우에는 이송 또는 병합처리를 하게 된다.

그 밖에 동 규칙은 무기명 또는 가명으로 한 진정 등으로서 내사할 가치가 없다고 인정되는 경우에는 그대로 공람종결처리를 하는 것으로 정하고 있고, 사법경찰관리집무규칙 제20조 3항도 유사한 취지로 규정하고 있다.

---

25) 같은 취지 신동운, 앞의 책, 61쪽.

(5) 진상내사(준내사)의 처리

이상에서 설명한 내사종결방법은 본래적 의미의 범죄내사에 해당하는 것이고, 위 규칙 제119조 1호가 그 밖에 내사사건으로 취급하도록 정하고 있는 징계의 여부 또는 불기소처분사건의 재기수사 여부를 조사할 필요가 있는 경우, 상급 검찰청에서 조사 보고를 명한 경우 및 전과사실의 정정을 희망하는 경우 등 이른바 진상내사 또는 준내사의 경우에는 위에서 본 입건 및 내사종결처분 이외에 각 그 취지에 따라 징계 또는 재기수사의 가부, 사안의 진상 또는 전과사실의 정정가부 등을 판단하여 종결하여야 할 것이다.

Ⅶ. 내사의 한계와 불법내사에 대한 통제

1. 내사의 한계

실체적 진실주의는 형사소송법을 일관하는 이념이므로 사안의 실체적 진실을 발견하기 위한 수사기관의 내사는 그 단초를 여는 시발이라고 할 수 있다. 그러나 국가의 권력작용인 내사는 필연적으로 국민에 대한 인권침해의 위험을 동반하고 있으므로 동시에 적법절차를 비롯한 형사소송법의 여러 다른 지도원리에 따른 제약을 받지 않을 수가 없게 된다. 결국 앞에서 본 내사의 지도원리는 내사의 한계를 규정하는 제약원리로 작용한다고 볼 수가 있을 것이다. 따라서 내사는 수사일반과 마찬가지로 적법절차의 원칙에 따라야 하고 필요성과 상당성을 갖추어야 할 것이며 무엇보다 비공개의 원칙하에서 행해져야 함이 당연하다고 할 것이다. 이하에서 주로 실무상 문제가 되는 경우를 중심으로 내사의 한계를 살펴보면 다음과 같다.

(1) 내사에 있어서의 강제처분

아직 피내사자를 형사입건도 하지 않고 단지 그 혐의유무를 확인하는 단계에서 피내사자에 대한 체포·구속 등 대인적 강제처분을 한다는 것은 생각할 수가 없다. 체포·구속을 위하여는 법관의 영장이 필요할 뿐만 아니라 만약 혐의가 어느 정도 두드러진다면 수사기관으로서는 피내사자를 즉시 입건하여 피의자로 취급하는 것이 전혀 어려운 일도 아니기 때문이다. 긴급체포의 경우에는 예컨대 내사대상자가 갑자기 국외로 도피하려는 징후를 발견하였으나 법관의 영장을 발부받을 여유가 없는 경우와 같은 때에는 이론상 긴급체포가 가능하다고 볼 여지도 있으나, 이러한 경우는 당연히 입건을 전제로 피의자를 긴급체포하는 것으로 보아야지 피내사자를 긴급체포하는 것으로 해석해서는 안될 것이다.

그러나 압수·수색·검증 등 이른바 대물적 강제처분[26]의 경우에는 사정이 반드시 같다고 할 수가 없다. 이것은 압수·수색·검증의 요건으로서의 범죄의 혐의를 체포·구속 등에서 요구하는 범죄의 혐의와 동일한 정도의 것으로 보느냐 또는 그보다 다소 낮은 정도의 혐의만으로도 압수 등 대물적 강제처분은 가능하다고 볼 것이냐의 문제와 관련이 있다. 견해에 따라서는 체포·구속과 압수·수색·검증 등은 모두 수사상의 강제처분으로서 국민의 기본권을 침해하는 면에서는 차이가 없고 어느 것이나 법관의 영장을 요한다는 점 등에서 이를 구별할 이유가 없다는 주장[27]도 있으나, 실제 수사상 압수·수색·검증 등은 증거 확보의

26) 압수·수색·검증은 그 직접적 대상이 물건이라는 점에서 보통 대물적 강제처분이라고 부르고 있으나(이재상, 앞의 책, 285쪽; 백형구, 231쪽), 엄격히 말하면 대물적 강제처분과 대인적 강제처분의 성격을 모두 포함한다는 견해도 있다(신동운, 앞의 책, 218쪽).

27) 신동운, 앞의 책, 224쪽.

차원에서 체포나 구속에 앞서 행해지는 경우가 많고, 우리 형사소송법도 체포·구속에 관하여는 피의자가 죄를 범하였다고 의심할 만한 상당한 이유가 있을 것을 요구하면서 압수·수색·검증에 관하여는 범죄수사에 필요한 때에는 이를 청구할 수 있는 것으로 정하고 있을 뿐만 아니라 압수 등은 영장 기재에 있어서도 체포·구속의 경우와는 달리 피의사실의 요지는 필요치 않고 죄명의 기재만으로 족한 것으로 정하고 있다는 등의 이유로 이를 구별하는 견해[28]가 보다 실질적이라 생각한다.[29] 그렇다면 본격적인 수사에 앞서 시초의 범죄혐의에 따라 이를 확인하는 내사에 있어서도 압수·수색·검증 등 대물적 강제처분은 일응 가능하다고 보아야 할 것으로 생각된다.

사법경찰관리집무규칙 제20조 1항 단서는 "내사를 빙자하여 막연히 … 물건을 압수하는 일이 없도록 하여야 한다"고 규정함으로써 내사단계에서의 압수가 가능한 것을 전제로 하고 있으며, 검찰사건사무규칙에 따른 내사사건결정서식에도 압수물 처분기재란을 두고 있어 실무상으로는 당연히 내사과정에서 압수 등 대물적 강제처분이 가능한 것으로 보고 있다. 다만 실제상으로는 영장에 의한 압수보다는 영장없이 임의제출물을 압수하는 방식이 주로 활용되고 있는 것으로 보인다.

조직범죄나 마약사범 또는 독직범죄 등의 내사를 위하여 전화감청, 사생활 공간에 대한 사진 촬영, 녹음 등의 내사방법을 생각할 수가 있으나 이러한 내사방법은 국민의 법적 안정감에 대한 중대한 침해가 될 수 있으므로 당연히 통신비밀보호법(제5조, 제6조)이나 형사소송법에 따른 법관의 허가서 또는 영장을 필요로 한다고 보아야 할 것이다. 예금구

28) 이재상, 앞의 책, 287쪽.

29) 결국 수사상 압수·수색·검증 등을 위한 범죄혐의의 정도에 관하여 체포·구속의 경우와 이를 구별하는 견해(구별설)는 내사에 있어서 대물적 강제처분이 가능하다는 견해(긍정설)로, 이를 구별하지 않는 견해(비구별설)는 불가능하다는 견해(부정설)로 귀착된다고 볼 수 있을 것이다.

좌추적을 위한 금융거래 내용에 대한 정보 또는 자료제공요구도 금융실명거래 및 비밀보장에 관한 긴급재정경제명령 제 4 조에 따라 법관의 영장을 필요로 한다.

다만 내사단계에서도 헌법과 형사소송법이 정한 절차에 따라 대물적 강제처분이 가능한 것으로 해석한다고 하더라도 영장을 청구하여 발부받는 정도의 사안이라면 단순 내사사건으로 취급하기보다 일단 형사입건하여 피의자로서의 제반 권리를 보장해 주는 것이 바람직한 형사사법 운영이라고 생각한다.

(2) 피내사자 본인 조사와 헌법상의 권리

앞에서 설명한 바와 같이 내사의 최종단계에 이르면 통상 피내사자 본인을 임의동행[30] 또는 출석 요구하여 내사사실에 관하여 아는 바를 진(자)술서의 형식으로 쓰게 하거나 진술 조서를 작성하고, 혐의사실이 인정되면 인지·입건과 동시에 피의자신문의 단계로 이행하고, 혐의점을 찾지 못하면 계속 내사 또는 내사종결처분을 하는 것이 보통이다. 그러나 이렇게 출석한 조사대상자는 그 신분이 아직 입건 전의 피내사자이든 입건절차를 밟은 후의 피의자이든 일단 수사기관에 의하여 범죄혐의를 받고 있는 자이므로 수사기관 내부의 절차 여하에 따라 차별적 취급을 받을 이유가 전혀 없다. 물론 미시적으로 보면 피의자가 아닌 피내사자 또는 단순용의자에 대하여 형사소송법이 피의자에게 부여하고 있는 진술거부권(동법 제200조 2항), 변호인 선임권(제30조 1항), 변호인과의 접견교통권(제34조, 제200조의 5, 제89조)은 인정되지 않는 것으로 볼 여지가 없지 않으나, 헌법상 자기에게 불리한 진술을 강요당하지 아니할 권리는 '모든' 국민에게 보장되어 있고(헌법 제12조 2항), 변호인의 조력

30) 임의동행의 적법성에 관하여는 많은 논란이 있으나, 여기서는 상세한 고찰을 피하고 그 과정에서 물리적 강제력이나 심리적 압박이 개입되지 않고 피동행자의 승낙이 전제된 임의수사의 한 방법으로서의 임의동행은 제한적으로 허용된다는 입장을 취한다.

을 받을 권리 또한 '누구든지' 체포 또는 구속을 당한 때에는 보장된다고 규정(동조 4항)된 정신으로 보아 체포·구속이 아니더라도 사실상 수사기관의 통제하에 심문대상이 되어 있는 상태하에서는 그 권리가 보장되어야 하는 것으로 해석하지 않으면 안될 것이다.

만약 피내사자에게 이러한 권리가 보장되지 않으면 방어권이 거의 박탈된 상태에서 혐의사실을 자백한 피내사자에게 수사기관이 입건을 전제로 피의자 신문조서를 작성하면서 뒤늦게 진술거부권과 변호인선임권 및 접견교통권을 고지, 보장해 준다고 해도 같은 시간·장소에서 자백한 피내사자로서는 사실상 이를 번복하기가 어려워 결국은 피의자에 대한 제반 헌법상의 권리보장 자체가 유명무실하게 될 염려가 농후하다고 하지 않을 수 없다.[31] 대법원판례도 이미 변호인의 접견교통권에 관하여 피고인, 피의자와 마찬가지로 피내사자에게도 이를 인정하여야 한다고 판시한 바 있음은 앞에서 살펴본 바와 같다.[32]

결국 입건 전의 조사활동인 내사도 광의의 수사의 일부로서 헌법과 형사소송법상의 제약을 받는 것이 당연하며, 그 방법에 있어서 강제내사보다 임의내사를 원칙으로 해야 하는 것과 마찬가지로 그 대상에 있어서도 간접내사를 원칙으로 하고 피내사자 본인에 대한 직접내사는 바람직하지 않을 뿐만 아니라, 직접내사를 하는 경우에는 피내사자 본인에게도 피의자와 마찬가지로 방어권을 보장해 주는 것을 전제로 추궁과 신문이 행해져야 한다고 해석하여야 할 것이다.

---

31) 다만 진술거부권의 고지는 형사소송법이 피의자에게만 하도록 규정하고 있으므로 피내사자에게 진술거부권은 있되 수사기관이 반드시 이를 미리 고지해야 할 의무는 없다고 새겨도 좋을 것으로 본다.

32) 다만 형사소송법 제184조가 규정한 증거보전청구에 관하여 우리 대법원은 아직 피의자로 형사입건되기 전단계에서는 이를 할 수 없다는 입장을 취하고 있는데 (대법원 1979. 6. 12. 선고 79도792 판결. 판례총람 2기판 ① 청림출판 215쪽) 이에 관하여도 반대견해가 있을 수 있다고 본다.

(3) 내사권 남용의 문제

비록 내사가 익명의 신고나 풍설 또는 자체 정보에 의하여 착수 가능한 수사기관의 재량행위라고 해도 아무런 조리상의 한계가 없다고 볼 수는 없다. 검사나 사법경찰관은 사법적 정의 관념에 따라 범죄의 개연성이 상당히 높다고 인정되는 경우에 한하여 내부적 통제절차를 거친 후 내사에 착수하여야 함이 당연하다. 실제로 범죄정보 자체의 신뢰성이 없거나 내사 가치가 거의 없다고 객관적으로 판단되는 경우, 또는 원초적으로 범죄의 증거를 찾아낼 수 없음이 사리상 명백한 경우에 내사란 명목으로 관련당사자에게 심한 위압감과 법적 불안정감을 주고 내사를 종결하게 되면 이는 위법·부당한 내사, 즉 내사권의 남용이라 하지 않을 수 없다. 이를테면 탈세의 혐의가 있다는 이유로 아무런 구체적 정보나 자료도 없이 관내 기업체의 경리장부를 모두 임의제출받아 내사를 한다고 한다면 그 상상되는 폐해란 말할 것도 없을 것이다. 그러므로 사법경찰관리집무규칙도 "내사를 빙자하여 막연히 관계인의 출석을 요구하거나 물건을 압수하는 일이 없도록 하여야 한다"(제20조 1항 단서)는 주의규정을 둠과 동시에 범죄혐의가 없다고 인정할 때에는 즉시 내사를 종결하여야 하는 것으로 정하여(동조 제 2 항) 피내사자를 오랫동안 불안정한 상태에 두지 못하도록 규제하고 있는 것이다. 입법론상으로는 함부로 내사에 착수하여 피내사자를 임의동행하거나 물건을 압수하는 등 피해를 가한 후 혐의없다는 이유로 내사종결처분을 할 경우 불기소처분에 준하여 형사보상의 대상에 포함시키는 방안도 생각해 볼 수가 있을 것이다.[33)]

그 밖에 내사권의 남용과 관련하여 종래 우리 사회에서 자주 논란이 된 것은 정치적 의도를 띤, 또는 그러한 의도가 있는 것으로 오해될 소

---

33) 이 경우 현행 형사보상법 제26조(피의자에 대한 보상) 내지 제28조의 일부 개정이 필요하다고 보인다.

지가 있는 내사의 경우이다. 법과 정의 그리고 형평의 관념에 따라 순수하게 범죄의 혐의가 있느냐의 여부에 따라 내사권이 발동되어야 할 것임은 말할 것도 없다.

2. 불법내사에 대한 통제

(1) 수사기관 내부의 행정적 통제

내사가 자의적으로 행해지는 것을 방지하기 위하여 검사나 사법경찰관에게는 조직 내부상의 보고와 결재(決裁)를 통한 통제가 일차적으로 행해진다고 볼 수 있다. 대개 범죄 정보가 입수되었을 때에는 소속 기관의 장에 대하여 정보보고, 내사가 착수되었을 때에는 내사착수보고, 그리고 중요진행상황에 대하여는 내사진행상황보고를 하게 되며, 입건 또는 내사종결에 즈음하여서는 입건 또는 내사종결처분에 대한 소속장의 결재를 받는 것이 보통이다. 이러한 보고와 결재는 특별권력관계에 속하는 행정조직의 속성이라 볼 수가 있으며 국가공무원법 제57조의 "공무원은 직무를 수행함에 있어서 소속상관의 직무상 명령에 복종하여야 한다" 또는 검찰청법 제 7 조 1항 "검사는 검찰사무에 관하여 상사의 명령에 복종한다"는 등 규정이 그 근거가 된다고 볼 수가 있을 것이다. 물론 내사는 광의의 수사권의 일부이므로 형사사법작용의 특성상 일반행정조직원리에 따른 통제나 간섭이 부적절하다는 견해도 충분히 있을 수 있지만, 상사에 의한 부당한 간섭의 측면보다 내사 실무자의 일천한 경험 등에 따른 오류나 직권남용의 위험성을 견제하는 긍정적 측면을 결코 무시할 수는 없을 것이다. 이 점은 특히 검사동일체의 원칙의 일부를 이루는 검사의 상명하복 관계를 두고 자주 논란이 되고 있는 것으로 보인다.

그 밖에 내부통제방법의 하나로 검찰사무 또는 경찰사무에 대한 내부감사제도가 있다. 행정감사규정,[34] 검찰근무규칙[35] 등에 따른 사무감사에서는 사후적이지만 보존된 내사 기록 등을 토대로 그 위법·부당성을 자체 감사하게 되므로 제한적·상징적으로나마 불법내사에 대한 통제가 이루어진다고 볼 수가 있을 것이다. 그러나 내사사건부에 기재되지 않고 내사 기록으로 보존되지도 않은 내사사건은 감사 대상이 될 수 없다는 한계가 있다.

(2) 형사소송법상의 통제

(가) 영장주의

법관이 발부한 영장에 의하지 아니하고는 체포·구속과 압수·수색 등 일체의 강제처분을 할 수 없다는 영장주의는 헌법과 형사소송법이 선언·명시하고 있는 대원칙으로서 수사기관의 강제적 방법에 의한 내사에 대한 중요한 통제책이다. 따라서 내사과정에서 피내사자 등을 강제력을 사용하여 동행·유치하거나 범증을 확보하기 위하여 관계인의 재산, 주거의 평온 등을 침해할 우려가 있는 경우에는 당연히 영장주의의 제한을 받는다고 보아야 할 것이다. 전화감청도 통신비밀보호법 제5조에 의한 특정중요범죄의 혐의와 보충성의 요건 외에 법관이 발부한 통신제한조치허가서가 필요하며, 사생활공간에 대한 사진촬영이나 비밀녹음 등도 법관의 검증 또는 압수·수색 영장을 필요로 한다고 해석됨에 관하여는 앞에서 살펴본 바와 같다.

(나) 위법수집증거에 대한 증거능력의 제한

내사과정에서 적법절차에 의하여 수집되지 않은 증거는 추후 피내사

34) 1974. 3. 9. 대통령령 제7082호.

35) 1991. 12. 24. 법무부령 제236호. 동 규칙 제3조(사무감사)는 검찰청의 장은 그 관할에 속하는 검찰청의 사무를 연 1회 이상 지도 감사하고 그 결과를 상급검찰청의 장을 거쳐 법무부장관에게 보고하여야 한다고 규정하고 있다.

자를 형사입건하여 소추하더라도 당연히 증거능력을 인정받을 수 없다. 따라서 피내사자가 혐의사실을 자백하더라도 그 자백이 고문, 폭행, 협박, 신체구속의 부당한 장기화, 기망 기타 방법에 의하여 임의로 한 것이 아니라고 의심할 만한 이유있을 때(헌법 제12조 7항, 형사소송법 제309조)는 물론, 법원의 통신제한조치허가서없이 한 도청, 영장없이 한 비밀녹음이나 촬영한 사진 등도 증거능력을 인정받기 곤란할 것이다. 통신비밀보호법은 불법검열에 의하여 취득한 우편물이나 불법감청에 의하여 지득 또는 채록된 전기통신의 내용은 증거로 사용할 수 없다(동법 제4조)는 확인적 규정을 두고 있다. 다만 판례는 아직 증거물에 관하여는 압수절차가 위법하다 하더라도 그 물건 자체의 성질, 형상에 변경을 가져오는 것이 아니어서 그 형상 등에 관한 증거가치에는 변함이 없으므로 증거능력을 인정할 수 있다[36]는 태도를 취하고 있으나, 이에 대한 학계의 비판이 만만치 않고 이웃 일본에서도 1978년의 최고재판소 판결[37]을 계기로 위법수집증거배제의 원칙을 확립하게 된 예로 보아 위와 같은 판례의 태도는 장차 변경될 가능성도 없지 않은 것으로 보인다. 위법수집증거배제법칙에 관하여는 특히 위법내사 또는 수사에 의하여 획득한 제 1 차적 증거로부터 파생된 증거의 증거능력을 어느 범위까지 인정할 것인가에 관하여 이른바 미국의 독수과실(毒樹果實) 이론(Fruit of the poisonous tree theories) 또는 독일의 먼거리 효과(Fernwirkung) 이론을 중심으로 활발한 논의[38]가 있는 편이나 여기서는 상세한 논급을 피하기로 한다.

어떻든 증거능력제한의 요건과 범위에 관하여는 여러 가지 견해가 있

---

36) 대법원 1968. 9. 17. 선고 68도932 판결; 1987. 6. 23. 선고 87도705 판결 등. 위 판례총람 ① 253쪽.

37) 최고재판소 1978(소화 53). 9. 7. 형집 32권 6호 1672; 판례교재 三井誠 외, 刑事訴訟法 1편, 동경대학 출판회, 458쪽.

38) 배종대 · 이상돈, 앞의 책, 481-484쪽; 신동운 152-155쪽 등.

으나 이와 같이 불법내사방법에 의하여 취득된 증거의 증거능력이 법상 제한된다는 사실은 그 자체로서 불법내사에 대한 중요한 견제가 된다고 볼 수 있을 것이다.

(다) 검사의 구속장소 감찰

형사소송법 제198조의 2[39]에 따르면 검사는 매월 1회 이상 관하 수사관서의 체포·구속 장소를 감찰하여 체포 또는 구속된 자를 심문하고 관련서류를 조사하여야 하며(제 1 항), 적법한 절차에 의하지 아니하고 체포·구속된 것이라고 의심할 만한 상당한 이유가 있을 때에는 즉시 체포 또는 구속된 자를 석방하거나 사건을 검찰에 송치할 것을 명하여야 하는 것으로 정하고(제 2 항) 있다.

따라서 이 조항은 사법경찰관리가 내사를 이유로 피내사자 등을 불법연행, 억류하고 있는 경우 등에 중요한 통제책이 될 수 있을 것이다.

뿐만 아니라 모든 입건된 형사사건은 경찰이 독자적으로 종결할 수가 없고 검찰에 송치하여야 하는 것과는 달리, 내사사건의 경우에는 사법경찰관리집무규칙 제20조 2항 규정 등에 따라 경찰에서 독자적으로 내사에 착수하였다가 이를 종결할 수가 있다고 본다면 이 조항은 사법경찰관의 자의적인 내사종결처분에 대하여도 하나의 통제방법이 될 수 있다고 본다. 왜냐하면 구속장소감찰제도는 원래 인권옹호적 차원에서 검사의 사법경찰관리에 대한 수사지휘권을 실효성있게 하는 제도로 마련된 것일 뿐만 아니라 위 규정이 개정 전에는 "구속에 관한 서류"를 조사한다고 되어 있었으나 개정 후에는 "관련 서류"를 조사하는 것으로 정하고 있는 점 등으로 보아 광의의 수사의 일부로서 불법체포·구속 등 인권침해의 우려가 많은 내사사건에 관하여도 검사의 감찰권은 보장되어야 할 것으로 생각되기 때문이다. 엄밀한 의미에서는 내사란 수사 착

---

39) 1995. 12. 29.자 형사소송법 개정에서 감찰장소를 종전의 경찰국, 경찰서로부터 모든 수사관서로 확대하는 등 내용 일부를 상당히 전향적으로 개정하였다.

수 이전의 단계이고 사법경찰관도 독자적인 사건인지의 권한이 있으므로 내사의 착수, 종결에 이르는 모든 단계에 검사의 수사지휘권이 미친다고 해석할 수는 없지만, 구속장소 감찰의 기회 등을 이용하여 경찰의 불법내사 유무는 철저히 감찰하는 것이 적법절차 보장의 차원에서도 오히려 바람직하다고 생각된다.

(라) 수사절차상 준항고

형사소송법 제417조에 따르면 검사 또는 사법경찰관의 구금, 압수 또는 압수물의 환부에 관한 처분에 대하여 불복이 있으면 그 직무집행지의 관할법원 또는 검사의 소속검찰청에 대응한 법원에 그 처분의 취소 또는 변경을 청구할 수 있다. 따라서 예컨대 수사기관에서 피내사자를 임의동행하여 조사 중 변호인이 접견신청을 하였는데 이를 거부한다든가, 임의제출이라는 명목으로 개인 또는 법인의 회계장부를 유치하고 있는 경우에 이의 반환을 구하였으나 불응한다고 한다면 당사자는 준항고의 제기가 가능하다고 보아야 할 것이다. 준항고는 서면으로 제출하여야 하며 법원이 특히 집행정지의 결정을 하지 않는 한 집행정지적 효력은 없으나, 이러한 준항고제도 자체가 내사과정에 있어서의 불법구금·압수를 통제하는 한 방안이 될 수 있을 것이다.

(3) 그 밖의 법률에 의한 통제

내사업무에 종사하는 공무원이 직권남용, 불법체포·감금, 폭행·가혹행위 또는 직무유기나 피의사실공표 등의 죄를 범하면 형법상의 처벌대상이 됨이 당연하며, 그 위법 부당한 행위의 정도에 따라 국가공무원법, 검사징계법, 경찰공무원법 등에 따라 징계대상이 되는 경우도 있을 것이다. 특히 검찰청법 제37조에 의하여 신분보장을 받는 검사가 그 업무수행과정에서 헌법과 법률에 위배한 때에는 동법과 헌법재판소법(제48조 내지 제54조)에 따른 탄핵소추가 가능하다.

또 내사공무원이 그 직무를 집행함에 당하여 고의·과실로 법령에 위반하여 타인에게 손해를 가하였을 때에는 국가배상법이 정하는 바에 따라 국가배상의 대상이 되는 경우가 있을 것이며, 민법의 불법행위이론에 따라 해당 공무원 개인이 민사상 손해배상책임을 져야 할 경우도 있을 것이므로 이러한 모든 제도가 불법내사를 간접적으로 통제하는 결과가 될 수 있다고 보여진다.

Ⅷ. 맺 음 말

이상에서 수사의 전단계로 수사와 밀접히 연계되어 실무상 중요한 지위를 점하고 있음에도 아직까지 이론적으로 별로 조명된 바가 없는 내사에 관하여 하나의 시고(試稿)로서의 체계론을 시도해 보았다. 이 분야는 이론상으로나 실무기술론상으로 앞으로 더 깊이 천착해야 할 여지가 많다고 생각하나, 여기서는 형사절차로서의 내사에 대한 우리의 기본적인 접근태도와 실무운영상 개선의 여지가 많다고 보여지는 몇 가지 사항을 중점적으로 강조하는 것으로 결론에 갈음하고자 한다.

(1) 내사란 수사의 전단계로 수사와 구별되는 것이기는 하나 국민의 입장에서 보면 역시 범죄의 혐의를 확인하기 위한 국가의 권력작용에 다름 아니므로, 결국 광의의 수사의 일부로서 형사절차에 편입되어 적법절차의 원리를 포함한 형사소송법상의 제이념에 따른 법치국가적 통제를 받아야 할 분야이다. 따라서 그 방법에 있어서는 간접내사, 비공개내사, 임의내사를 원칙으로 하여야 할 것이며, 내사과정에서 대인적 강제처분은 허용되지 않는다고 보아야 할 것이다. 압수·수색·검증 등 대물적 강제처분은 허용된다고 보나 적법한 절차에 따라 신중히 행사되지 않으면 안될 것이다.

(2) 현재 관용(慣用)되고 있는 내사의 실태를 살펴보면 여러 가지 운영상 개선을 요하는 점들이 있다고 생각된다. 대체로 임의동행의 남용과 피내사자 본인에 대한 자백 의존도가 너무 높은 것이 아니냐는 의문이 있으며, 특히 피내사자는 아직 피의자가 아니라는 이유로 진술거부권이나 변호인선임권의 고지없이 혐의사실에 대한 진술을 강요하여 자술서 등의 형식으로 자백을 얻어낸 다음 피의자신문조서를 받는 편의적 관행은 마땅히 시정되어야 할 것으로 본다. 임의동행된 피내사자에게도 변호인과의 접견교통권은 보장되어야 할 것이며, 확실한 범증없이 자백을 기대하고 피내사자를 가볍게 동행하거나 물건을 압수하였다가 자백을 얻지 못하면 무책임하게 내사종결하는 식의 일부 안이한 수사기관의 태도도 고쳐져야 할 것이다. 그 밖에 모든 내사에 관한 기록이나 결정은 사법경찰관리집무규칙이나 검찰사건사무규칙이 정하는 바에 따라 엄격히 유지·관리되어 그 투명성이 보장되어야 할 것이며 특별내사 기타 어떠한 명목으로도 예외가 인정되어서는 안될 것이다. 또 내사 자체의 목적 달성을 위하여서나 당사자의 인권보호를 위하여서도 내사과정의 보안은 보다 엄격히 지켜져야 한다.

입법론상으로는 불법임의동행과 내사권발동의 남용을 방지키 위하여 수사기관에 임의동행된 피내사자도 체포·구속 적부심의 대상으로 확대하는 것이 인신보호제도의 원취지에 맞다고 생각하며, 피내사자로 자신의 의사에 반하여 동행되어 조사를 받은 후 혐의없음의 내사종결처분을 받은 자에 대하여는 피의자의 경우에 준한 형사보상이 가능하도록 하는 방안도 생각할 수가 있을 것이다.

끝으로 이 조그마한 논고가 내사실무 운영상의 한 지침이 됨과 동시에 수사의 합목적성과 민주성을 아울러 담보키 위한 이론적 연구의 한 계기가 될 수 있기를 기대해 마지 않는다.

검찰권행사에 대한 공중(公衆)의 참여와 통제*

Ⅰ. 머 리 말

우리 형사소송법은 이른바 국가소추주의, 기소독점주의를 채택하고 있으므로 검찰권의 행사는 국가기관인 검사에게 독점되어 있다. 따라서 공익의 대표자인 검사가 전국적인 통일적 기준에 따라 공소권행사의 적정을 기할 수 있다는 장점이 있는 반면에 관료주의와 야합하여 독선과 자의에 흐를 우려가 있다는 단점이 늘 지적되어 오고 있다.[1] 더욱이 검사는 수사결과 범죄혐의가 충분히 인정되고 소송조건이 갖추어진 경우에도 형사정책적 재량에 의하여 공소를 제기하지 아니할 수도 있는 기소편의주의를 아울러 채택하고 있으므로 구체적 정의 실현과 소송경제를 도모할 수는 있지만, 만약 악용이 될 경우에는 검사의 자의에 의한 정치적 영향과 법적 안정성의 침해우려를 배제할 수가 없다. 물론 기소독점주의나 기소편의주의는 그 자체로서 제도적 의미가 크고 일반적으로는 폐단보다는 이점이 많은 제도로 인식되고 있지만, 문제는 그동안

---

* 1998. 10. '법학논총'(국민대 법학연구소)지에 발표한 논문이며, 인용된 법령·규칙의 명칭은 발표 당시 유효했던 것을 그대로 게재하였다.

1) 이재상, 형사소송법, 박영사, 1995, 341, 342쪽; 정영석·이형국, 형사소송법, 법문사, 1996, 234쪽; 차용석, 형사소송법, 세영사, 1997, 359쪽 등 국내의 거의 모든 형사소송법 해설서가 이 점을 언급하고 있다.

의 형사사법 운영현실에서 보아 그 폐단이 드러날 경우 이를 어떻게 보완·조정하느냐는 것이 현실적인 당면과제가 되고 있다고 할 수 있다.

결국 국가기관인 검사에게 독점되어 재량권을 부여받고 있는 검찰권의 행사가 공중의 일반적 법감정과 일치할 경우에는 별다른 문제가 없으나, 검사의 기소 또는 불기소처분이 일반공중의 법감정과 유리되어 국민적 신뢰를 얻지 못할 경우에는 이는 국민의 사법체계 전반에 대한 불신으로 이어져 그 정치사회적 파급효과가 매우 커진다고 볼 수밖에 없게 된다.[2)]

돌이켜 우리의 현실을 볼 때 법운영기관 자체에 대한 신뢰도가 전반적으로 낮을 뿐만 아니라[3)] 특히 검찰권행사를 포함한 검찰의 위상에 대하여 1996. 7. 의 한 언론기관의 조사에 의하면 검찰은 「중요사건 수사과정에서 정치권의 영향을 받는 것으로 본다」는 회답이 86.5%에 이르는 것으로 나타나 특히 검찰권행사의 독립성, 중립성에 대한 국민적 우려가 매우 심각한 수준에 와 있음을 알 수 있다.

물론 검찰권행사에 대한 신뢰도는 일정시점에서 정치사회적 이목을 끈 사건의 처리와 관련되어 있고, 전통적인 유교문화의 배경하에서 법보다는 예나 인륜, 도의 따위가 더 중시되었던 국민의식이나 우리 사회의 비교적 일천한 법치주의의 역사와도 연관이 있어 그 원인과 배경을 일의적으로 논단할 수만은 없는 측면이 있다. 그러나 기본적으로 검사동일체의 원칙에 의하여 지배되는 전문가 집단인 검찰조직에 속하는 검

---

2) 최근의 가장 전형적인 사례가 이른바 12·12 군사 쿠데타 사건과 5·18광주양민집단살해사건에 대한 검찰의 1차 불기소처분과 그 후의 공소제기처분이라고 할 수 있을 것이다.

3) 1991. 1. 중앙일보의 「한국사회의 도덕성 인식」에 대한 여론조사결과에 따르면 우리사회의 가장 심각한 불신의 세 번째로 법원, 검찰 등 사법기관에 대한 불신이 거시되고 있으며, 1995. 3. 4.자 동아일보에 보도된 법률소비자 연맹의 설문조사결과에 따르면 법원, 검찰에 대한 신뢰를 표한 사람은 조사대상 500명 중 25.2%, 불신을 표한 사람은 67.3%에 이르는 것으로 나타나고 있다.

사의 처분이 비록 비전문가인 일반시민의 법감정과 반드시 일치한다고는 할 수 없다고 하더라도, 평균적 시민의 보편적 법의식이나 상식에서 크게 벗어난다면 이것은 수사나 공소제기 또는 재판과정을 통하여 어떻든 시정할 수 있는 방법이 강구되지 않으면 안될 것이다.

영미의 배심제도는 그런 의미에서 평균적 국민의 상식과 법감각을 반영할 수 있는 훌륭한 제도라고는 생각되지만, 동 제도는 나름대로의 역사적 배경하에서 발전되어 온 것으로 생각될 뿐만 아니라 그 실제적 운영과정에서는 여러 가지 폐단도 드러나고 있어 지금단계에서 섣불리 그 도입을 논의할 수도 없는 실정이다.

그러므로 우리는 여기서 현행의 형사소송구조를 그대로 유지하면서 검찰권행사가 정치적 영향 기타의 이유로 자의(恣意)에 흐르거나 불공정하다고 생각될 경우, 일반공중의 보편적 상식에 따른 참여와 통제가 가해짐으로써 검찰의 처분에 대한 국민적 신뢰를 높이는 방안을 적극적으로 찾아볼 필요성을 느끼게 된다.

본고는 이하에서 우리의 기본적 형사소송체계를 전제로 먼저 검찰권행사에 대한 공중의 참여와 통제방안을 개괄적으로 살펴본 다음, 위와 같은 문제들을 중심으로 외국의 법제에서 본 통제방안과 우리 소송구조하에서 바람직한 공중의 통제방안에 관하여 하나의 시론적 모색을 시도해 볼까 한다.

Ⅱ. 현행제도하에서의 공중의 참여와 통제

1. 공중과 검찰권행사

검찰권행사에 대한 참여 내지 통제주체로서의 공중(公衆, The public)

이란 헌법 제 1 조 2항에서 말한 주권자로서의 국민의 사회적 측면에서의 표현이라고 할 수 있다. 단체 또는 이념적 통일체로서의 국민은 오늘날 헌법상의 기관으로 보는 것이 다수학자들의 견해[4]인데, 범죄수사와 공소제기를 주된 내용으로 하는 검찰권의 행사에 참여 또는 통제주체로서 관여하는 공중은 기본적으로는 그러한 헌법기관으로서의 국민의 지위에서 연유한 것이지만 여기서는 단순한 「일반사람」, 「사회의 여러 사람」이란 정도의 의미를 가진 사회적 개념으로 사용하기로 한다. 공중이란 용어 대신에 민중, 서민, 대중, 인민 등 용어도 생각해 볼 수 있겠지만, 불필요한 연상이나 이념적 선입견을 배제한다는 뜻에서 보통의 다수 일반사람을 비교적 무색적인 포괄개념인 공중으로 표현하는 것이 무난하리라 본다.

검찰권의 행사란 형사소송법과 검찰청법(제 4 조)이 정한 바에 따른 검사의 직무수행으로서의 수사, 공소의 제기와 유지, 사법경찰관의 지휘·감독, 법원에 대한 정당한 법령적용의 청구, 재판집행의 지휘[5] 등을 모두 말하는 것이지만, 공중의 참여 또는 통제대상인 직무는 수사, 공소의 제기와 유지 및 재판의 집행지휘가 주로 될 것이고 그중에서도 특히 검사만이 독점적으로 가지고 있고 재량에 따라 임의로 행사할 수 있는 기소, 즉 공소제기의 여부가 논의의 초점이 될 수밖에 없을 것이다. 수사는 사법경찰관도 나누어 가지고 있고, 형의 집행에 관하여는 다른 법무기관이 이를 분장하고 있으면서 공익의 대표인 검사가 이를 지휘·감독하고 있을 뿐이기 때문이다.

그러므로 이하에서 사용되는 검찰권의 행사란 개념은 형사소송법과

---

4) 김철수, 헌법학개론(제 8 전정신판), 박영사, 1996, 127, 128쪽.

5) 검찰청법 제 4 조는 그 밖에 국가를 당사자 또는 참가인으로 하는 소송과 행정소송의 지휘·감독 및 다른 법령이 검사의 권한으로 정하고 있는 사항도 검사의 직무로 정하고 있으나, 여기서 말하는 공중의 통제대상으로서의 검찰권행사와 직접적으로 연관되는 경우는 비교적 적을 것이다.

검찰청법이 정하고 있는 검사의 권한행사 모두를 포괄하지만 특히 기소 또는 불기소의 재량권행사가 그 중심개념이 되는 것으로 풀이하여도 무방할 것으로 본다.

검사가 기소 또는 불기소를 결정하는 과정에서 일반공중은 이해관계인으로, 또는 전문가로 관여하는 외 범죄방지에 협력하는 차원이나 여론의 형태로 참여, 통제하는 것이 보통의 모습일 것이므로 이하 이를 차례로 살펴보기로 한다.

2. 이해관계인으로서의 참여와 통제

범죄로 인한 피해자는 고소할 수 있고(형사소송법 제223조), 누구든지 범죄가 있다고 사료하는 때에는 고발할 수 있다(동법 제234조). 따라서 고소·고발인의 입장에서 일반국민은 수사라고 하는 검찰권의 행사를 촉구할 수가 있고, 수사결과 피고소·고발인이 불기소되었을 경우에는 이에 불복함으로써 검찰권행사에 간접적 통제를 가할 수가 있다. 물론 수사과정에서는 피해자 또는 참고인으로 진술하고 증거를 제시할 수가 있을 것이며, 검사가 피의자를 기소 또는 불기소처분하거나 공소 취소, 타관송치를 할 경우 7일 이내에 서면으로 그 결과를 통지받게 되어 있다(동법 제258조). 검사의 불기소처분에 대하여는 그 이유고지를 청구할 수 있고(동법 제259조), 이에 불복이 있을 경우에는 현행법상 검찰청법에 의한 항고, 재항고와 형사소송법에 의한 재정신청 및 헌법재판소법에 따른 헌법소원이 가능하다.

검찰항고는 불기소처분의 통지를 받은 날로부터 30일 이내에 관할고등검찰청의 장에게 하며(검찰청법 제10조), 항고를 기각하는 처분에 대하여는 다시 검찰총장에게 재항고할 수 있다. 항고장은 불기소처분을 한 검사소속의 검찰청 또는 지청의 장에게 제출하여야 하고, 고등검찰청의

장 또는 검찰총장은 항고 또는 재항고가 이유있다고 인정하는 때에는 공소제기명령 또는 재기수사명령 등 항고의 취지에 상응하는 명령을 하여야 한다. 기소유예, 혐의없음, 죄가 안됨, 공소권없음 등 불기소처분은 물론 기소중지처분도 검찰항고의 대상이 된다고 해석한다.

형법 제123조 내지 제125조의 죄, 즉 직권남용, 불법체포·감금, 독직폭행·가혹행위 등 죄와 헌정질서파괴범죄의 공소시효 등에 관한 특례법 제 2 조에 의한 형법상 내란의 죄(제 1 장), 외환의 죄(제 2 장), 군형법이 규정하고 있는 반란의 죄(동법 제 2 편 제 1 장) 및 이적의 죄(동법 제 2 장)와 공직선거 및 선거부정방지법에 의한 일정한 선거부정사범(동법 제 273조) 등에 대하여 불기소처분이 있을 경우에는 형사소송법 제260조 내지 제265조의 규정에 의한 재정신청(裁定申請)이 가능한데, 재판상 준기소절차 또는 부심판신청절차라고도 불리어지는 이 제도에 의하여 법원이 심판에 부하는 결정을 한 때에는 공소제기가 있는 것으로 간주되므로 검찰의 기소독점주의, 기소편의주의에 대한 중요한 견제책이 된다고 볼 수 있다. 재정신청은 불기소처분을 한 검사소속의 지방검찰청검사장 또는 지청장과 고등검찰청검사장을 경유하여 관할고등법원에 제기하는 것이며, 재정신청서와 그 기록을 수리한 고등법원에서는 신청이 법률상의 방식에 위배되거나 이유없는 때에는 신청을 기각하지만 신청이 이유있는 때에는 부심판결정을 하고 공소유지를 담당할 변호사를 지정하게 된다. 고등법원의 부심판결정에 대하여는 항고할 수 없다고 해석되고, 공소유지를 담당할 변호사로 지정된 자는 당해 사건 및 이와 병합된 사건에 관하여 검사로서의 직무를 행하며 공무종사자로 간주된다. 재정신청에 의한 재판상준기소절차의 구조에 관하여는 수사설, 항고소송설, 중간설 등의 견해가 있으나 그 기능과 목적으로 보아 이를 수사로 보기는 어렵고 소송의 전제인 권리의무관계가 없다는 점에서 항고소송으로 보기도 곤란하므로, 결국 형사소송과 유사한 재판절차로서 공소제

기 전의 절차이므로 밀행성과 직권주의가 지배한다는 이른바 형사소송 유사설이 타당하다고 본다.[6)]

그 밖에 우리 헌법재판소법은 공권력의 행사 또는 불행사로 인하여 헌법상 보장된 기본권을 침해받은 자는 헌법재판소에 그 권리구제를 청구할 수 있으므로(동법 제68조) 앞에서 본 검찰청법에 의한 항고, 재항고나 형사소송법에 의한 재정신청 등 구제절차를 모두 거친 후 범죄로 인한 피해자는 고소사건에 대한 검사의 불기소처분에 대하여 행복추구권, 형사피해자의 재판절차진술권 및 평등권의 침해를 이유로 헌법소원을 청구할 수 있다. 범죄피해자가 아닌 고발인에 대하여는 우리 법이 민중소추의 형식을 인정하지 않고 있는 점 등을 들어 이를 부인하는 것이 헌법재판소의 입장이나 이에 대하여는 반대견해도 유력하다.[7)]

헌법소원은 직접성·현재성의 원칙과 보충성의 원칙의 지배를 받으므로 기본권이 직접적·현실적으로 침해되고 또 다른 법률이 정한 구제절차를 모두 마친 후 그 최종결정을 통지받은 날로부터 30일 이내에 제기하여야 하는 것으로 되어 있다(동법 제68조 및 제69조). 검사의 불기소처분이 기본권 침해에 해당된다고 판단될 때 현재 헌법재판소는 그 불기소처분을 취소한다는 결정을 할 뿐 바로 재기수사명령이나 공소제기명령은 하지 않고 있다.

3. 전문가로서의 참여

일반공중이 상식적 법감정을 검찰권행사에 반영한다기보다 특정의 전문가 또는 전문가집단이 그 특정분야에 관하여 전문지식과 경험을 제공

6) 이재상, 앞의 책, 253쪽; 차용석, 앞의 책, 402쪽도 유사한 견해를 취하나, 밀행성과 직권주의가 지배한다는 점에 관하여는 의문을 표한다.

7) 신동운, 형사소송법 Ⅰ(제 2 판), 법문사, 1997, 327쪽.

하여 검사의 처분이 합리적·합목적적이 되도록 자문, 보좌하는 형태의 참여와 통제방안이라고 할 수 있다. 다수의 지방검찰청 또는 지청단위에서 운영하고 있는 이른바 의료자문위원회[8]가 전형적인 예인데, 전문가들은 의료사고에 관하여 의학적 지식과 경험을 제공하여 검찰수사나 공소제기 과정에서 있을 수 있는 오류나 독단을 예방하는 기능을 수행한다고 볼 수 있을 것이다. 이러한 전문가의 참여와 협조는 의료사고사범 이외에도 특허 등 산업재산권침해사범, 환경사범, 기술적 판단이 필요한 안전사범, 금융·증권·외환 등 지능적 경제사범 분야에서도 활용의 여지가 많다고 생각되나, 대개는 소극적인 자문 내지 수사보조차원에 그치고 검찰권의 행사를 국민의 법감정에 맞게 보다 적극적으로 유도하는 기능에까지는 이르지 못한다고 보아야 할 것이다.[9] 물론 이러한 전문가로서의 참여는 개별사건에 대한 참고인진술이나 감정의 형태로도 이루어지지만 위 의료자문위원회와 같이 체계적이고 지속적인 관계를 유지하면서 상시적 참여의 모습을 보여 주는 경우도 있다.

4. 범죄방지협력 차원에서의 참여

수사와 공소제기를 주된 내용으로 하는 검찰권의 행사와 직접적인 관련은 없으나 일반공중은 보호관찰 등에 관한 법률[10]에서 정한 보호관찰대상자의 교화·개선과 자립지원 및 범죄예방활동 등을 그 사명으로 하는 보호선도위원(동법 제18조 내지 제23조)의 자격으로 간접적인 참여를

8) 의료사고 등의 수사에 대비하기 위하여 각 과목별로 신망있는 의사들을 검찰청의 의료자문위원으로 위촉하여 자문과 협조를 받는 제도로, 법률상 근거가 있는 것이 아니고 명칭도 통일된 것은 아니나 유사한 제도를 운영하고 있는 검찰청이 다수이다.

9) 뿐만 아니라 경우에 따라서는 오히려 전문가 집단이 검사들과 가까이 지내면서 지역사회에서 신분상 우대를 받는 등의 역작용도 있을 수가 있다.

10) 이 법은 종전의 보호관찰법과 갱생보호법을 통합하여 전문개정형식으로 1995. 1. 5.부터 공포시행된 것(법률 제4933호)이다.

한다고 볼 수 있다. 동법 시행 이전에는 법무부의 훈령에 의한 소년선도위원, 갱생보호법에 의한 갱생보호위원, 보호관찰법에 의한 보호위원 등 다기화된 명칭으로 범죄예방활동과 보호관찰 대상자에 대한 지도 · 원호 등 직무를 수행해 왔으며 그 대부분이 지역사회의 명망가들로 자원봉사 차원의 협력을 해 왔다고 볼 수 있다.

이들 보호선도사업은 엄격한 의미에서는 검찰의 업무라기보다는 보호관찰소 또는 갱생보호공단의 업무라고 볼 수 있으나, 그중에서 특히 검사가 소년범을 선도조건부로 기소유예하는 경우 일정한 기간[11] 동안 소년의 선도보호를 책임지는 소년선도위원은 대부분 검찰청사 내에 선도위원실을 두고 소년전담검사 등과 긴밀한 연계를 유지하면서 소년범에 대한 불기소처분 이후의 선도보호에 참여해 왔다.

5. 여론 형태로의 참여와 통제

검사의 기소 또는 불기소처분은 여론에 의하여 너무 영향을 받아서도 안되지만 여론으로부터 완전히 독립적일 수 없는 일면도 있음을 부인할 수가 없다. 실제로 이른바 12 · 12사건이나 5 · 18사건의 처리과정이 보여 주듯이 특히 국민적 관심이 집중된 정치 · 사회적 사건일 경우 법리의 해석을 둘러싸고 여러 가지 견해가 있을 수 있고 법의 궁극적인 정신이나 정의의 추구도 결국은 건전한 시민의 법감정을 외면할 수가 없기 때문이다. 여론이란 것이 악의적 집단이나 언론매체에 의하여 조작 · 왜곡될 위험도 있지만 그것이 일반공중의 공통된 의견으로 건전하고 자연스럽게 형성된 것임을 전제로 할 때에는 결국 여론에 의하여 지지받지 못하는 검찰처분은 결코 잘된 처분이라고 할 수가 없을 것이다. 물론 법의

11) 법무부 훈령 제88호에 따르면 그 기간은 원칙적으로 6개월이고 2차에 한하여 연장할 수 있는 것으로 되어 있다.

정신이 궁극적으로 추구하는 본질과 일반공중의 정서가 일시적으로 표출하는 내용 사이에는 괴리가 있을 수도 있지만, 어떻든 주로 언론매체와 시민단체 등을 통하여 표출되는 여론은 간접적인 형태로 검사의 처분에 영향을 주면서 보이지 않는 모습으로 이를 통제하는 기능을 수행한다고 볼 수 있다.

제도적으로 국민의 의사와 여론을 대표한다고 볼 수 있는 국회는 검찰권의 행사와 관련하여 검찰총장이나 검사가 그 직무집행에 있어서 헌법이나 법률을 위배한 때에는 탄핵의 소추를 의결할 수 있고(헌법 제65조 1항), 일반적으로 검사를 지휘·감독하는(검찰청법 제8조) 법무부장관으로 하여금 국회에 출석하여 질문에 답변케 할 수도 있다. 또 재적의원 과반수의 찬성으로 국무위원인 법무부장관의 해임건의도 할 수 있는데(헌법 제62조 및 제63조), 이러한 일련의 국법적 조치도 간접적으로 기소와 불기소를 주된 내용으로 하는 검찰권의 행사에 대한 공중의 통제방안이 되고 있다고 볼 수 있다.

Ⅲ. 외국법제에서의 공중의 참여와 통제

1. 배 심 제

(1) 기원과 발전

배심제도(Jury system)의 시원은 기원전 5, 6세기에 아테네에서 출발하여 로마에 전해지고 그 후 서기 9세기경에 프랑스에까지 도입되었다는 견해[12]도 있으나, 근대국가의 배심제도는 영국의 대배심(Grand Jury)제

12) Henry J. Abraham, The Judicial Process, 1962, Oxford U. Press; 서돈각 역, 미국의 재판제도, 법문사, 1996, 138, 139쪽.

에서 유래한 것으로 보통 보고 있다. 초기 단계에서의 배심은 국왕의 재판을 보조하는 일단의 통상인으로, 예컨대 국왕 헨리 2세는 배심이 만일 범죄를 범하였다고 의심되는 이웃이 있다고 생각될 경우 이를 통보해 주도록 요구하였다고 하며 이것이 기소장과 대배심의 기원이라고 말해지고 있다.[13] 당초에는 대배심에 의하여 기소된 자는 신판(神判, Ordeal)에 의하여 심리되었지만 1215년 교황 인노센트 3세가 신판에 의한 재판을 금지한 후 결국 사실심리에도 배심을 도입하게 되었다고 한다. 어떻든 기소배심 또는 대배심이 먼저 시작되고 그 후 심리배심(Trial Jury) 또는 소배심(Petit Jury)이 발달하였다고 볼 수 있다.

그러나 영국에서는 1933년 재판시행법(The Administration of Justice Act)의 부칙에 의하여 대배심 제도를 폐지하고 심리배심도 그 이용이 매우 저조하여 배심제 자체가 유명무실해진 상태이므로 현재 배심제도가 가장 활발히 운용되고 있는 나라는 역시 미국이라고 할 수 있다.

미국에서도 주에 따라서는 대배심제를 채택하고 있지 않은 곳도 적지 않으나[14] 미국 수정헌법 제 5 조가 "군인으로 복무 중인 경우를 제외하고 누구든지 대배심에 의한 고발이나 정식기소에 의하지 않고서는 사형이나 기타 파렴치범죄로 처벌되지 아니한다"[15]고 규정하고 동 제 6 조와 제 7 조도 배심에 의한 재판을 명문화하고 있는 등 헌법적 근거가 있으므로 연방법원과 주법원에 있어서는 어떠한 형태로든지 배심제가 재판제도의 근간을 이루고 있다고 볼 수 있다.

---

13) 이한구 · 천경송 · 정현식, "미국배심제의 기능," 재판자료 제10집 외국사법 연수논집 (3), 법원행정처, 8쪽.

14) 미연방대법원은 그러나 각 주에서 대배심에 관한 규정을 두지 않은 것이 미국사회 및 정치제도의 바탕이 되고 있는 자유와 정의의 기본원리에 반하는 것이 아니라고 수차판시하고 있다. 서돈각 역, 앞의 책, 145쪽.

15) 그 원문은 'No person shall be held to answer for a capital or otherwise infamous crime, unless on a presentment of indictment of a Grand Jury, except in cases arising in the land or naval forces, or in the militia, when in actual service in time of war or public danger'로 되어 있다.

배심제는 재판에 공중의 상식적 판단을 반영함으로써 재판의 고립화를 막고 그 신뢰성을 확보하는 데 기여했다고 볼 수 있으며, 연혁적으로는 입법작용에 있어서의 의회제도, 행정작용에 있어서의 지방자치제도와 함께 사법작용에 있어서 국민참여의 한 방식으로 발전되어 있다고 할 수 있어 결국 국민의 자유보장을 위한 하나의 사법적 장치로 이해될 수가 있을 것이다.[16] 이웃 일본에서는 1928년부터 시행된 「陪審法」에 의거 이를 채택한 후 1943년까지 15년간 운영하다가 동년 「陪審法의停止에관한法律」로 그 시행을 정지하여 오늘에 이르고 있는데, 시행을 정지한 주된 이유는 이용이 격감하였기 때문이라고 하며[17] 일본의 법조인들은 그 부진의 원인으로 국민성에 적합하지 않고 배심의 답신에 구속력을 인정치 않으며 항소를 허용하지 않는 등 제도적 결함이 있었는데다가 군국주의의 시대적 배경도 작용하였다고 보고 있다.[18]

(2) 주요기능

배심제도는 재판에 민중적 요소를 가미함으로써 재판의 민주화에 기여한다는 상징적 의미 외에 다음과 같은 실질적 기능을 수행한다고 볼 수 있다.

첫째, 사실발견자(Factfinder)로서의 기능

형사사건 중에 포함된 사실적인 논쟁을 해결하는 것은 배심원의 몫이다. 일반적으로 배심원들은 다양한 계층에서 선정되므로 분석적인 능력이나 법률적인 훈련은 되어 있지 않다. 그러나 복잡한 사실상의 분쟁은

---

16) 이한구 외, 앞의 책, 12쪽.

17) 배심평의에 부쳐진 사건은 총 459건으로 1929년에는 139건, 1930년에는 66건으로 점차 감소하여 1942년 법정배심 1건, 배심갱신 1건에 불과하였던 것으로 나타나고 있으며, 무죄율은 전체적으로 17.84%로 일반사건에 비하여 상당히 높았던 것으로 보인다. 下村幸雄, 刑事司法を考元る, 勁草書房, 1992, 187쪽.

18) 위 같은 쪽 및 四宮啓, 배심裁判を考元る, 法學セミナー39卷7号(475号), 1994. 7, 44쪽.

개개 증언에 대한 정확한 판단에 의하여 해결된다기보다 오히려 전체적인 증거를 살피는 종합적 인상에 의하여 해결되는 일면도 있으므로 배심원들의 비전문성을 부정적으로만은 볼 수 없다. 그러나 배심제의 운영실태에 있어서는 특히 배심원의 선정절차[19]나 전단기피제(專斷忌避制) 제도(Peremptory Challenges), 또는 배심원은 메모도 못하게 하는 증거조사의 분위기 등이 배심의 사실발견기능을 저해하는 요인으로 지적되기도 한다.

둘째, 법의 결정자로서의 기능

형사사건에서 기소된 사실이 범죄를 구성하지 않는다는 이의가 제기될 경우, 즉 과실, 외설, 비방, 무고, 추행, 언론자유 등과 같이 어떤 쟁점이 법과 사실의 혼합문제를 내포하고 있다고 판단될 경우 대개는 이를 배심에 보내게 되는데, 이런 경우에는 결국 배심이 법을 결정하는 기능을 수행하게 된다고 볼 수 있다. 물론 이에 대하여는 배심원에게 법을 만드는 권리를 인정해서는 안된다는 주장이 강력하지만 결국은 제한적이나마 배심이 법을 결정 내지 판단하는 기능을 일부 수행한다고 보아야 할 것이다.

셋째, 법의 바탕에 신뢰를 도입하는 방법으로서의 기능

배심제가 여러 가지 현실적 허점이 있음에도 불구하고 평가를 받는 것은 그것이 사법에 공중의 신뢰를 도입하는 제도로 생각되기 때문이라고 볼 수 있다. 특히 배심의 평결에 있어 전원일치를 요하는 것은 공동체가 법률에 능통한 사람보다 오히려 그렇지 않은 사람들의 판단에 더 신뢰를 두고 있다는 전제와 함께 그 신뢰를 높이는 암시적 효과가 있다고 생각된다.

---

19) 미국 대부분의 주에서는 지식층의 직업인들을 배심원에서 배제하는 입법을 두고 있는데 예컨대 일리노이주의 경우 공공단체의 출납관, 집배원, 개업변호사, 공무원, 교사, 의사 등이 모두 제외된다.

넷째, 공동체에 있어서의 교육적 기능

배심원으로서의 봉사는 투표 이외에 국민의 국정참가의 유일한 방법이고 따라서 공동체 소속원으로서의 책임의식을 고취시키는 수단이라고도 할 수 있다. 물론 배심제도는 원래 재판의 수단이지 공중을 교육하는 것이 목적이 아니므로 배심의 교육적 기능이란 것은 원래의 재판 기능과는 모순되는 점이 없지 않지만, 어떻든 그것이 국민에 대하여 재판을 친근감있게 느끼게 하고 법과 재판에 대한 신뢰를 도입하는 계기를 만들어 주고 있는 점은 부인할 수가 없을 것이다.

다섯째, 법관의 편견과 부패를 예방하는 기능

법관이라고 하여 편견과 부패에서 완전히 자유로울 수 없다고 본다면 배심은 전문가의 그러한 편견과 부패를 예방하는 지주로서의 기능을 수행한다고 볼 수 있다. 물론 법관의 편견 등은 양형과정에서 반영될 여지가 많기 때문에 배심의 이러한 기능은 실제상 매우 제한적·상징적 의미에 그친다고 할 수도 있을 것이다.

(3) 비　　판

배심제에 대한 비판은 다음 몇 가지 점으로 요약될 수 있을 것이다.

첫째, 공정성의 문제

배심제의 운영으로 형사재판이 얼마나 실체적 진실에 접근할 수 있느냐와 관련하여서는 배심후보자의 선정방식과 비전문가인 배심원들이 얼마나 변호인의 연극적 행위에 대하여 냉철한 판단을 유지할 수 있느냐 하는 것이 흔히 문제된다.

배심후보자의 선정은 선거인명부, 운전면허자명부, 납세자명부, 전화번호부 등이 주로 이용되나 어느 것에 의하더라도 공동체의 완벽한 대표성을 인정하기는 어려운 점이 있고 주에 따라서는 전문직업인들을 제외하고 있다 함은 앞에서 본 바와 같다. 또 아마추어인 배심원들이 숙련된 전문가인 변호사의 교묘한 연출행위에 현혹되는 경우도 쉽게 예상할 수 있으므로 결국은 공정한 판단을 못하는 결과를 초래하게 된다는 것이다. 미국에서도 오랜 사법적 경험에서 배심원들보다는 직업적 재판관이 훨씬 더 정밀하게 사건을 검토하고 올바른 판단을 한다는 주장[20]이 강하게 내려오고 있다.

둘째, 절차지연의 문제

기소배심이든 심리배심이든 배심제 자체가 어느 정도의 절차지연을 예상하고 있는 것일 뿐만 아니라 배심원의 입장에서는 근무기간이 길어짐으로 인하여 생업에 지장을 받는다는 이유로 배심원으로 봉사할 의무로부터 면제받으려는 경향이 농후하여 또 다른 문제점이 되고 있는 것이 미국의 현실이라고 한다.

셋째, 비용의 문제

배심은 헌법상의 의무이므로 주정부는 명목상의 일당만을 지급한다고 하나 그렇더라도 제도의 유지에는 적지 않은 비용이 소요된다. 직업적 검사나 판사 이외에 국민주권의 원리에 입각한 공중의 사법참가라는 이상을 실현키 위하여 얼마간의 비용지출은 불가피하다고 생각되지만 배심제도를 두지 않는 경우와 비교할 때 그것은 결국 국가의 재정부담이 될 것이다.

2. 참 심 제

(1) 발전연혁

독일에서 발전된 참심제(參審制, Schöffen)는 당초 프랑스 혁명 이후 입헌주의에 의한 요구와 관료법관에 대한 불신에서 도입되었던 배심제

20) 상세는 Jerome F. Frank, Courts on Trial: myth and Reality in America Justice, 1950, Princeton, pp. 120, 132.

도가 점차 운영상 문제점이 드러나고 법관의 시민화가 진전됨에 따라 직업법관이 대등하게 사실인정에 참여하는 것이 바람직하다는 자각이 일어남에 따라 1850년 하노버에서 처음 도입되고, 프로이센 법무성의 형사소송법초안을 거쳐 1877년 독일제국 형사소송법과 법원구성법에서 제도화되었다.[21] 처음에는 배심제와 참심제가 병치하는 형태였으나 1924년 사법개혁으로 배심제는 완전 폐지되고 1심인 지방법원과 구법원의 형사재판 및 상소법원 일부에는 참심제를 채용하고 있다.

배심제도와 참심제도는 ① 절차의 주재자와 사실인정자가 분리되어 있느냐의 여부, ② 배심원은 무작위로 추출되어 당사자가 선정에 관여하지만, 참심원은 국가나 자치단체가 임명하므로 당사자가 관여할 수 없다는 점, ③ 배심원은 법관으로부터 완전 독립하여 평의나 평결을 하지만 참심원은 그렇지 않다는 점, ④ 배심원은 담당 사건만 마치면 시민으로 돌아가지만 참심원은 통상 임기가 있어 법관과 함께 여러 사건을 취급한다는 점 등에 차이가 있다고 볼 수 있다.

서구에서는 독일 이외에 그리스, 이태리 등에서 채택하고 있으며 대부분의 사회주의 국가에서도 보편화되어 있다.

(2) 구조와 운영

독일의 경우를 보면 참심제도가 일반화되어 형사재판의 경우에는 참심(Schöffen)이라고 부르고 있으나 상사재판에 있어서의 명예재판관(Ehrenamtlicher Richter)이란 것도 일종의 참심원이며 그 밖에 노동법원법, 사회법원법, 행정법원법 등에서도 참심제도를 규정하고 있다.

어떻든 독일의 법원구성법(Gerichtsverfassungsgesetz)에 따르면 형사참심원은 구법원(Amtgericht)과 지방법원(Landgericht)에서 근무하며 경우

---

21) 三成賢次, "陪審制と 參審制," 司法への 民衆參加, 敎文堂, 1996, 203-205쪽.

에 따라서는 상소심의 재판에도 관여한다.[22] 또 소년사건을 위한 소년 참심원(Jugendschöffen)이 별도로 있다.

참심원은 1974년의 법개정 이후 매 4년마다 선임되는 것으로 정하고 있으며, 참심원의 자격은 25세 이상 70세 미만의 독일국민으로, 금치산자나 준금치산자 또는 본인이나 가족이 생활보호대상자가 아닌 자 등으로 정해져 있다. 참심원으로서의 연임은 최고 8년까지로 제한되고 있다. 참심원에는 정규참심원(Hauptschöffen)과 예비참심원(Hilfschöffen)이 있으며 정규참심원은 1년간 12개정일을 넘지 않게 소집되어야 한다.

참심원은 지방법원장의 통지에 따라 지방자치단체에서 추천명부를 작성하고 동 명부는 각 1주간의 열람 및 이의 신청을 거쳐 구법원에 송부된다. 그리고 구법원에서는 참심원의 선정을 위한 위원회가 개최되며, 동 위원회에서는 주정부가 지명한 관리 1명과 지역 및 직업단체를 대표할 위원 10명으로 구성되고 구법원 재판관이 의장이 되어 심의 후 정규참심원과 예비참심원을 선정하게 된다. 선정된 참심원의 할당은 공개법정에서 추첨으로 정한다고 하며 참심원이 참여하는 개정일은 1년 단위로 미리 법원이 결정한다.

참심제는 앞서 본 바와 같이 선정된 참심원이 전문법관과 분업하는 것이 아니라 함께 합의체를 구성하여 재판을 담당하게 되며, 통상 구법원에서는 1명의 전문법관에 2명의 참심원이 협력하고 지방법원에서는 형사부의 재판에 역시 2명의 참심원이 할당된다. 그리고 일단 선정, 임용된 참심원은 재판장은 될 수 없지만 법관과 같은 정도의 독립성을 보장받으며 증인에 대한 신문권과 심리·결정에 있어서도 동일한 표결권을 가지는 것으로 되어 있다.[23]

---

22) 이에 관하여는 C. Roxin, Strafverfahrensrecht 24 Aufl., 1995, C. H. Becks pp. 30-33 참조.

23) 우리나라 군사법원법(제24조)에서 정한 심판관의 직무권한이 참심원과 비슷하다고 볼 수 있을 것 같다.

3. 검찰심사회제도

(1) 이념과 구성

검찰심사회제도는 제 2 차세계대전 이후 일본에서 「검찰의 민주화」라는 과제를 배경으로 채택된 제도이다.[24] 당초 미 점령군사령부는 미국식의 대배심제도와 검찰관 공선제 등을 요구하였는데 논란 끝에 채택, 시행된 것이 바로 檢察審査會法[25]에 의한 검찰심사회제도이다.

동법 제 1 조에 의하면 검찰심사회는 공소권의 실행에 관하여 민의를 반영하여 그 적정을 도모하기 위하여 설치한다고 되어 있고, 관장사항은 ① 검찰관이 공소를 제기하지 않는 처분(불기소처분)의 당부 심사와 ② 검찰사무의 개선에 관한 건의 또는 권고에 관한 사항(제 2 조)으로 되어 있다. 따라서 검찰권행사에 대한 국민의 참여 내지 통제방안의 하나이기는 하지만, 미국의 대배심제도와 달리 기소권 자체는 검사에게 유보되어 있고 단지 불기소한 처분에 대하여 그 적정 여부를 사후적으로 심사하여 기소상당·불기소부당의 권고만 할 수 있을 뿐이며 더욱이 기소한 사건에 대하여는 비록 그것이 공소권남용에 해당한다고 하더라도 아무런 심사나 권고의 권한이 없다. 동법에 따르면 검찰심사회는 지방법원 및 지원에 설치하는데(다만 예외적으로 동경에는 2개의 심사회가 설치되어 있다), 당해 심사회의 관할구역 내 중의원의원선거권을 가진 자 중에서 추첨으로 선정한 11인의 검찰심사원으로 구성된다(제 4 조).

검찰심사원 및 보충원의 임기는 각 6월이며, 연령이 60세 이상이거나 국회, 지방공공단체의 의원, 관리, 교원, 학생이거나 질병, 해외여행 등으로 사퇴승인을 받은 경우에는 직무를 사퇴하도록 되어 있다(제14조, 제 8 조). 물론 검찰심사회는 독립하여 직권을 행한다(제 3 조).

---

24) 小田中聽樹, 檢察の 民主化と檢察審査會, 法律時報 第610号, 1978. 9, 15쪽.
25) 1948(소화 23). 7. 12. 시행.

(2) 임무와 운영실태

검찰심사회는 불기소처분에 대한 당부의 심사와 검찰사무의 개선에 관한 건의 또는 권고에 관한 사항을 그 임무로 하므로 심사신청은 고소·고발을 한 자, 청구를 기다려 수리할 수 있는 사건에 관하여는 청구를 한 자 또는 범죄로 인한 피해자가 하는 것이 원칙이나(제 2 조 2항, 제30조), 심사원 과반수의 의결이 있을 경우에는 직권으로도 심사를 할 수 있도록 되어 있다(제 2 조 3항).

심사에 있어서는 신청인과 증인을 호출하여 심문할 수가 있고 그 밖에 상당하다고 인정되는 자의 출석을 요구할 수가 있으며 검찰심사회의 요구가 있을 경우 검찰관도 심사에 필요한 자료를 제출하거나 회의에 출석하여 의견을 진술할 수가 있다(제35조 내지 제38조).

심사결과 의결을 할 때에는 이유를 붙인 의결서를 작성하여 그 등본을 당해 검찰관을 지휘·감독하는 검사장 및 검찰관적격심사회에 송부함과 동시에 의결의 요지를 사무국에 7일간 게시하고 심사신청인에게도 통지한다(제40조).

검사장은 위 의결서 등본의 송부를 받은 경우 그 의결을 참고하여 공소를 제기하여야 할 것으로 사료될 때에는 기소 절차를 취해야 한다(제41조). 그러나 반드시 기소를 해야 할 의무는 없으며 그 처리결과 및 이유를 검찰심사회에 보고 또는 통지해야 할 의무에 관하여도 법은 아무런 규정을 두지 않고 있다.[26)]

근간의 일본의 검찰심사회 운영실태를 보면 대개 연 1,000명에서 2,000명을 상회하는 인원이 수리 또는 처리되고 있는데, 1988년에는 기소상당·불기소부당으로 의결된 인원 52명 중 실제로 기소된 인원은 5

---

26) 이와 같이 검찰심사회의 의결이 법적 구속력을 갖지 못한다는 점이 이 제도의 문제점으로 늘 지적되고 있다. 한국형사정책연구원, 검사의 기소재량에 관한 연구, 1993, 53-54쪽.

명(9.6%), 1989년에는 58명 중 8명(13.8%), 1990년에는 37명 중 12명(32.4%), 1991년에는 45명 중 7명(15.6%), 1992년에는 51명 중 17명(33.3%)으로 많아야 3분의 1 정도이고 적을 때에는 6.3%(1987년) 수준밖에 되지 않는 경우도 있다.[27] 그러나 비전문가인 공중의 판단이 전문가인 검사에 의하여 비록 3분의 1 이하 수준만이 공소유지가 가능한 것으로 최종적으로 수긍된다고 하더라도(물론 무죄선고가 되는 사건도 상당수 있음을 감안하여야 한다), 공중에 의한 상식적 판단이 검사의 일방적 불기소처분을 견제하는 효과는 상당히 크다고 하지 않을 수 없을 것이다. 따라서 이 제도의 장점은 바로 이러한 시민의 검찰권행사 당부판단 참여의 상징성에 있다고 할 수 있을 것이다.[28]

4. 그 밖의 제도

(1) 직무집행영장제도

미국에서는 검사가 사건결정에 있어서 불성실 또는 재량권의 남용으로 부당한 불기소처분을 하였을 때 고소·고발인은 법원에 대하여 직무집행영장(Mandamus)의 발부를 요청하여 기소를 강제할 수가 있다. 그러나 언제 기소할 것이냐의 결정은 검사의 재량이고 또 이와 같이 법원에 의한 기소강제가 권력분립의 원칙에 어긋난다는 비판도 있어 이러한 법원에 의한 강제는 그다지 실효적이지 못한 일면도 있는 듯이 보인다.[29] 연방대법원의 판례 중에는 기소 여부의 재량에 대한 심사가 법원의 권능에 속한다는 결정례가 많으나, 실제상으로는 검찰에서 성문화된 기소

27) 犯罪白書, 法務綜合硏究所(平成 6年版), 35, 36쪽.

28) 참여민주사회시민연대 사법감시센터, 국민을 위한 사법개혁, 박영율출판사, 1996, 261쪽.

29) 이에 관하여는 Wayne R. LaFave/Jerold H. Israel, Criminal Procedure, 1992, West Publishing Co., p. 629.

지침제(Written prosecution guidelines)를 운영하거나 불기소이유를 상세히 실시함으로써 이를 극복하고 있다고 한다.

(2) 해임 및 특별검사제[30)]

탄핵소추가 가장 보편적인 검사의 해임방법이지만 미국의 주에 따라서는 주지사, 법원, 법무장관, 선거권자의 소환 등 다양한 해임방법을 정하고 있다. 또 해임의 사유도 "위법, 부정행위, 직무해태, 직무부집행(Malfeasance, Misfeasance, Nonfeasance, Nonadministration in office)," "직무의 무능, 해태 또는 직권남용(Incompetency, Neglect of duty or Misuse of office)" 또는 "무능, 부패, 직무상 위법·비위 기타 충분한 사유(Incompetency, Corruption, Malfeasance of delinquency in office or other sufficient cause)" 등 다양하게 규정하고 있다. 실제로 이와 같은 해임(Removal)이 행해지는 것은 미국에서도 드물다고는 하나 이와 같은 제재제도가 있다는 자체가 검사의 자의적 업무처리를 견제하는 효과가 있는 것으로 보여진다.

특별검사(Special prosecutor, Independent counsel)제도는 행정·사법체계 내의 부정부패나 권력남용 기타 정치적 사건과 같이 이해의 대립으로 검사가 통상적으로는 수사력을 발휘하기 곤란한 사정이 있거나 국민들이 편견없는 국외자(Outsider)가 수사해 주기를 바라는 사건의 경우에, 연방법[31)]에 따라 법무부장관이 3인의 재판관으로 구성되는 연방법원특별부에 임명을 요청하여 수사 및 공소제기를 담당케 하는 제도로서[32)] Morrison V. Olson 사건 이래 미국에서는 그 합헌성을 인정받고 있다. 특별검사는 일반공중의 지지를 받아 중립적 위치에서 공정한 검찰권행사를 할 수 있다는 장점이 있으나 미국 이외의 국가에서는 기존의 형사

---

30) LaFave/Israel, 앞의 책, pp. 631, 632. 또 한국형사정책연구원, 앞의 책, 34쪽.
31) Title 28 of the U.S. Code, Section 49 and 591-598.
32) LaFave/Israel, 앞의 책, p. 632.

사법체계와 운영상 조화를 꾀하여야 하는 등 여러 가지 논란이 있다.

Ⅳ. 바람직한 공중통제방안의 모색

1. 문제 제기

(1) 우리나라 현행 형사소송체계하에서의 검찰권행사에 대한 공중의 통제방법은 앞에서 본 바와 같이 고소·고발인이 검찰항고나 제한된 범위 내의 재정신청과 헌법소원, 그리고 국회나 여론을 통한 간접적인 통제에 그치고 있어 외국의 경우에 비하여 실로 미흡하다고 아니할 수 없다. 현행제도하에서의 공중의 통제방법은 다음과 같다.

첫째, 민의의 반영기회가 적어 형사사법의 민주화요구에 크게 어긋난다. 영미법이 채택한 기소배심제나 일본이 운용 중인 검찰심사회제는 나름대로의 역사적 배경과 운용경험이 있어 일률적으로 논단할 수는 없으나 적어도 기소·불기소의 결정에 공중의 참여기회가 보장된다는 뜻에서 훨씬 민주적이라 할 수 있을 것이다.

둘째, 현행제도는 사후적 통제, 간접통제에 그치고 있어 검찰권행사의 자의를 견제하는 수단으로서 매우 미약하다. 검찰처분에 국민의 의사를 반영하는 것은 전적으로 당해 검사 또는 검찰조직 자체의 재량과 판단에 맡겨지고 이해관계인은 불기소처분이 있은 후 절차에 따라 사후적으로 이에 불복하거나 국회가 법무부장관을 출석케 하여 질문하거나 책임을 묻는 방법밖에 없다. 검찰에서 운용 중인 각종 자문위원이나 소년선도위원 등은 해당 분야에서 검사의 업무를 보조하는 정도에 불과하고 처분에 영향을 미칠 수 있는 입장이 아니다. 여론에 의한 통제도 간접적일 수밖에 없다.

셋째, 현행제도는 그나마 검사의 불기소처분에 대한 불복방법이 주안이고 검사의 부당한 기소, 즉 공소권남용에 대한 통제책은 태무하다. 이론상으로는 검사가 혐의없는 사건을 기소하거나 소추재량을 일탈하거나 불평등한 기소를 한 경우 법원은 형사소송법의 명문규정 여하에 불구하고 공소기각을 하거나 무죄선고를 하여야 한다는 견해[33]도 있으나, 법률제도상으로는 아무런 견제장치가 없고 오로지 법원의 판단에 맡기고 있을 뿐만 아니라 법원이 이에 관하여 어떤 재판을 한다는 명문규정도 없다.

따라서 검찰처분에 민의를 반영하면서 이를 사전에 통제하고 또 불기소처분뿐만 아니라 기소권한을 남용하는 경우에도 이를 통제할 수 있는 방안의 강구가 긴요하며 그렇게 함으로써만이 검찰권행사에 대한 국민적 신뢰의 회복·고양이 가능하다는 점을 우리는 쉽게 추단할 수 있다.

(2) 그러나 미국을 비롯한 다수의 영미법계 국가에서 채택하고 있는 배심제에 관하여는 일단 여기서는 검토대상에서 제외하는 것이 옳다고 생각된다. 왜냐하면 배심제는 그 민주적 상징성과 여러 가지 기능상의 장점에도 불구하고 앞서 본 바와 같은 공정성, 시간, 비용 등의 문제점들로 인하여 이미 상당한 비판을 받고 있고, 국민성이나 문화적 배경과도 관련이 있어 이를 단기간에 쉽게 채택하기가 어려울 뿐만 아니라 전전에 이를 15년간 운용해 본 일본에서도 이미 사실상 실패한 경험이 있기 때문이다.[34]

역시 미국을 중심으로 운용되고 있는 직무집행영장제도 내지 법원에

33) 이에 관하여는 차용석, 앞의 책, 389-399쪽이 비교적 상세하다. 또한 한국형사정책연구원, 앞의 책, 111-118쪽.

34) 下村幸雄, 앞의 책, 187-213쪽은 日弁連 등에 의한 배심제 도입의 의의와 문제점 등에 관하여 논의하고 있다. 또한 우리나라의 참여민주사회시민연대, 앞의 책, 250-253쪽 「시민의 참여」 부분에서도 배심제에 관하여 연구하자고 주장하면서도 도입시의 문제점을 아울러 제시하여 신중론을 펴고 있다.

의한 기소강제제도는 우리나라에서는 주로 재정신청제도의 전면적 부활 또는 대폭적 확장이라는 형태로 주장되고 있고,[35] 특별검사제도 시민단체와 정치권을 중심으로 오래전부터 도입이 주창되고 있는 터이다.[36]

그러나 재정신청제도의 대폭적 확장에 대하여는 검찰항고제와 중복되고 이웃 일본도 그 대상범죄를 우리와 비슷하게 제한하고 있다는 점을 들어, 또 특별검사제에 관하여는 그 실효성이 의문시되고 경우에 따라서는 권력분립의 원칙에 어긋난다는 등의 이유를 들어 법무부·검찰 측에서 이를 집요하게 반대하고 있어 당분간 논란이 계속될 전망이다. 따라서 이하에서는 현행의 형사소송구조를 기본적으로 유지하면서 검사의 자의적 불기소처분이나 공소권의 남용행위에 대하여 일반공중의 참여에 의한 통제방법으로 생각할 수 있는 독일의 참심제와 일본의 검찰심사회 제도를 변용한 모습의 검찰참심회 내지 공소참심회와 법원참심회 또는 재판참심회 구상에 관하여 이를 중점적으로 살펴보기로 한다.

2. 검찰참심회 구상

(1) 검사의 불기소처분의 당부를 평균적 상식을 가진 일반공중으로 하여금 참여, 심사케 함으로써 검찰권행사에 민의를 반영하고 그 적정을 도모케 하는 제도로 도입을 검토할 필요가 있다고 본다. 명칭은 일본의 검찰참심회와 꼭 같아야 할 이유가 없고 공중이 「참여」하여 「심사」한다는 뜻으로 참심회가 무난하다고 생각한다. 검찰참심회는 지방법원(검찰청) 또는 지원(지청)단위로 설치하되 사건수와 인구를 참작하여 관할구역마다 1개 이상은 되어야 할 것이다. 일본의 심사원은 11명으로 구성되어 있으나, 9명 내지 15명의 범위에서 정하는 것이 적정하리라고

35) 신동운, "형사사법제도의 개선방안," 사법제도개선방향, 교육과학사, 1992, 181-183쪽.
36) 참여민주사회시민연대, 앞의 책, 69, 70쪽.

본다. 9명 미만으로는 공중참여의 성격이 박약해지고 15명을 초과한다면 회의의 원활한 진행에 다소의 지장이 예상되기 때문이다. 일본과 마찬가지로 참심원은 국회의원 선거권자 중에서 초등학교를 졸업하지 아니한 자나 일정한 전과가 있는 자 등 결격자를 제외하고 추첨으로 선정하는 것이 좋을 것이며, 주참심원이 부득이한 사유로 출석할 수 없는 경우에 대비하여 예비참심원도 두도록 하여야 할 것이다. 임기는 6개월 내지 1년의 범위에서 정하고 일정기간마다 정수의 반을 교체하는 것[37]이 무난하다고 본다.

검찰참심회 사무국은 법원에 포괄하여 두는 경우와 검찰청에 독립하여 두는 경우를 생각할 수가 있는데 공정성을 담보하고 후술하는 재판참심회와의 통일적 운영을 위하여 일본의 경우와 같이 법원에 두는 방안이 좋으리라고 생각한다. 그 밖에 회의의 비공개와 소집, 의결방법 등은 일본의 예를 참고하면서 우리 실정에 맞게 조정하면 될 것이다.

(2) 검찰참심회의 직무권한에 관하여는 검사의 불기소처분의 당부심사에 관한 사항, 검찰사무의 개선에 관한 건의·권고사항 이외에 검사의 결정과 관련된 자문에 관한 사항도 포함하여, 기소·불기소의 결정은 검사의 전권과 책임하에 하되, 그 과정에서의 사실판단 등에 관한 자문에도 응할 수 있도록 함이 상당하다고 생각한다. 그렇게 되면 고도의 정치적 사건이나 사회적 파급효과가 큰 사건 또는 경제 범죄와 같이 사법적 정의와 그 밖의 사회경제적 이익이 충돌하는 경우에 일반국민의 건전한 상식에 입각한 판단자료를 제공받는 기회로도 활용이 가능할 것이다. 또 상반하는 증거가 대립될 경우 검사의 예단이나 선입견을 배제하는 데에도 도움이 될 것이다. 따라서 참심의 개시도 고소·고발인과 범죄로

37) 예컨대 임기가 6개월로 정해지면 3개월마다, 8개월로 정해지면 4개월마다, 10개월로 정해지면 5개월마다, 1년으로 정해지면 6개월마다 반수를 교체하는 것이 어떨까 한다.

인한 피해자[38]의 신청에 의한 경우 참심회가 직권으로 개시하기로 결정한 사건 이외에 당해 검사(또는 소속 검사장)도 이를 신청할 수 있는 것으로 정하는 것이 좋을 것이다. 참심회 의결의 구속력 문제도 논의는 될 수 있겠으나 기소독점주의, 기소편의주의의 원칙을 무너뜨리지 않는 범위 내에서 공중의 의견을 반영한다는 것이 기본 취지이므로 일본의 경우와 같이 의무적 구속력은 없는 것으로 하는 것이 현실적이라고 본다.

다만 일본의 검찰참심회법상으로는 통지 의무도 없는 것으로 되어 있으나, 참심회의 의결에 대하여는 검찰처분에 이를 참고하고 그 결과를 통지하도록 함이 상당할 것이다.

검찰참심회제도를 채택할 경우 그 방법으로는 형사소송법이나 검찰청법을 개정하는 방법과 독립된 법을 제정하는 방법을 생각할 수가 있겠으나, 규제내용이 상당히 많을 것임을 감안한다면 입법기술상으로는 검찰(공소)참심회법, 또는 후술하는 재판(법원)참심회제도를 포괄하여 검찰참심회 및 법원참심회법 혹은 공소참심회 및 재판참심회법 등 독립된 법 제정형식을 취함이 무난하리라고 본다. 법의 제정 · 시행에는 다소의 유예기간이 필요할 것이다.

3. 재판참심회 구상

(1) 검찰참심회의 구상은 검사의 공소제기단계, 특히 불기소처분에 있어서의 공중의 의사를 반영하여 이를 신중히 처리케 하는 효과는 있겠지만 기소권한을 독점하고 있는 검사가 민의를 무시하고 자의적으로 공소를 제기해버리는 경우에는 무력해진다고 볼 수밖에 없다. 따라서

38) 범죄로 인한 피해자란 개념은 단순한 피해자 또는 고소인의 개념보다 더 광범하다고 볼 수 있다. 예컨대 위증사건의 당사자, 직권남용의 객체가 된 사람, 문서죄로 불이익을 본 사람 등도 포함된다고 할 수 있다.

재판단계에서 공중의 건전한 상식을 반영하고 특히 검사가 공소권을 남용하여 마땅히 불기소하여야 할 사건을 기소한 경우에는 이를 민주적으로 여과하고 견제하는 장치로서 재판참심제의 도입을 생각해 볼 필요가 있다. 현행제도하에서 이러한 경우는 물론 전문법관이 판단하여 무죄 등 상응한 판결선고를 하게 되겠지만 형사소송법상 공소권이 남용되었을 경우의 판단에 관한 명문규정이 없을 뿐만 아니라 공소권이 남용되었다고 볼 것이냐의 여부에 관한 판단도 결코 쉽지 않다. 또한 사법부가 검찰권의 자의적인 행사를 견제하는 기능을 1차적으로 그리고 주도적으로 수행하고는 있지만 사법부 자체의 민주화에 대한 요구 또한 만만치 않은 실정이다.[39] 재판과정에 어떤 형식으로든지 공중이 참여하게 되면 사법의 민주화라는 상징적 의의를 달성할 수 있을 뿐만 아니라, 실제로 전문법관이라고 하더라도 처벌의 가치나 증거의 취사에 있어서 보통사람의 건전한 상식에 입각한 판단을 허심탄회하게 물어보고 싶은 심정도 없다고 할 수 없으므로 재판과정에 있어서 공중참여의 적극적·실질적 의미를 결코 과소평가할 수도 없다고 생각된다. 따라서 앞에서 본 바와 같이 배심제의 도입에는 여러 가지 문제점이 따르겠지만 독일식 참심제의 취지는 제한된 범위에서 이를 다소 변용하여 채택을 검토하는 것도 가능하지 않겠느냐고 생각된다. 이 경우 참심원은 민간의 건전한 사회통념을 재판과정에 반영할 수 있으므로 처벌의 가부를 판단키 어려운 정치적 사건이나 사회경제적 파급 효과가 큰 경제사범의 재판에 도움을 줄 수 있으며[40] 상반된 증거가 대립하여 쉽사리 판단키 어려운 사실의 확정에도 보탬이 될 것이다. 다만 모든 형사재판에 법관과 민간인 참심원이 함께 관여하는 독일 참심제도는 우리 형사소송의 근본적 개혁을 의미하게 되므로 우선 법원의 격렬한 반대가 예상되어 현실성이 없을

---

39) 신동운, 앞의 논문, 179-181쪽. 또한 참여민주사회시민연대, 앞의 책, 241-253쪽.
40) 신동운, 앞의 논문, 181쪽도 이 점에 관한 신중한 긍정론을 펴고 있다.

뿐만 아니라 우리의 사회문화적 여건상으로도 바로 타당한 제도라고는 생각되지 않는다. 그러나 재판참심회를 상설적으로 구성해 두고 법원이 필요하다고 생각될 경우 사실확정 또는 유무죄판단 내지 처벌의 가부에 관하여 의견을 개진토록 한다면 법관의 재판권을 침해하지 않으면서 사법의 민주화를 통한 국민신뢰의 회복·고양에도 크게 기여할 수가 있을 것이다.

(2) 재판참심회의 자격이나 선정과 임기, 인원 등은 검찰참심회에 준하여 정하고 사무국을 법원에서 관장하면 될 것이다. 검찰참심원과 분리하지 않고 통합관리하는 것도 한 방법이다. 문제는 재판참심회에 부의할 사건의 범위와 절차인데, 사견으로는 법원조직법이 정한 합의부사건(또는 그에 준하는 일정한 기준 이상의 중요사건) 중 법원이 참심에 부함이 상당하다고 인정하는 사건 또는 고소·고발인이나 범죄로 인한 피해자가 참심에 부해주도록 신청한 사건으로 정하는 것이 합당하리라고 본다. 검사는 참심 부의를 청구할 수 없는 것으로 정함이 상당할 것이다.

참심원의 의결에 구속력을 인정할 것이냐의 여부도 중요한 문제인바, 일장일단이 있으나 검찰참심회의 의결에 구속력을 인정하지 않은 점과 균형을 생각한다면 일단은 이를 임의적인 것으로 하여 재판에 참고하는 것으로 하면 족할 것이다. 그러나 이것은 결국 사법정책의 문제이므로 일정한 요건을 갖출 경우 사실확정 등에 관하여는 구속력을 인정하는 것이 도입의 취지에는 보다 부합된다고 생각된다. 참심원의 의결은 물론 비공개로 하여야 할 것이다. 도입할 경우의 입법방식 및 유예기간 등에 관하여는 앞에서 본 바와 같다.

Ⅴ. 맺 음 말

이상에서 살펴본 바와 같이 우리의 현행 형사소송체계하에서 검찰권 행사에 대한 공중의 참여 및 통제방법은 매우 취약하고 간접적·사후적일 뿐만 아니라 이해관계인의 불기소처분에 대한 불복신청 위주로 되어 있어 전반적으로 크게 미흡하므로 결국 검찰권행사에 대한 국민의 불신요인이 되어 왔다고 볼 수 있다. 미국의 기소배심제는 공중의 의사를 가장 잘 반영하는 제도라고는 할 수 있으나, 운영상 여러 가지 폐단이 드러나고 그 사회문화적 배경도 우리와는 상이하므로 이를 당장 채용하기에는 어려운 점이 있다. 따라서 독일에서 정착된 참심제와 일본이 전후에 채택한 검찰심사회제도에서 우리는 검찰권행사의 민주화를 위한 많은 시사점을 발견할 수가 있을 것으로 생각된다.

본고에서는 우리의 사회문화적 현실도 감안하여 검찰참심회와 재판참심회의 구상을 중심으로 그 구성, 임무와 운영 등에 관한 개괄적 내용을 제시하고 그 입법형식과 명칭에 관한 의견도 개진해 보았다. 지금까지 현행의 제도와 운영현실에 관한 일반론적 비판과 개괄적인 개선방안에 관한 논의는 더러 있어 왔으나 구체적인 구상을 피력한 것은 처음이므로 다소의 독단이 있지 않은가 하는 우려도 없지 않으나, 학계와 법조실무계의 다양한 의견을 들어 차차 이를 보완하기로 한다.

형사절차에 있어서 검사의 의견청취*

Ⅰ. 머 리 말

형사소송은 적법절차를 통한 실체적 진실의 발견을 이상으로 한다. 그리고 수사, 공소의 제기와 유지, 형의 선고와 집행 등 일련의 절차과정에 있어서 검사는 적법절차의 준수를 위하여서나 실체적 진실의 발견 자체를 위하여서나 법원에 못지않은 중요한 역할을 수행한다고 볼 수 있다. 검사는 수사의 주재자, 공소의 제기 및 유지자, 재판집행의 지휘·감독자일 뿐만 아니라 공익의 대표자로서 법원에 대한 법령의 정당한 적용을 청구[1)]해야 할 임무를 띠고 있기 때문이다. 그러므로 형사절차를 규율하는 법체계인 형사소송법은 여러 개소에서 법원의 재판에 앞서 검사의 의견을 물어 이를 참고하도록 규정하고 있는 것이다. 그러나 중간재판이든 종국재판이든, 또는 실체재판이든 형식재판이든을 가리지 않고 재판의 종국적 책임과 권한은 사법기관인 법원에 속하므로 법원이 검사의 의견을 얼마나 고려 또는 참작하느냐의 문제는 전적으로 법원의

* 1999. 4. '법조'지에 발표한 논문으로 인용한 형사소송법과 형사소송규칙 등 법령은 당시 시행중이던 조문을 기준으로 한 것이다.

1) 검찰청법 제 4 조 3호가 법원에 대한 법령의 정당한 적용의 청구를 검사의 독립된 직무의 하나로 규정한 것은 적법절차(Due process of Law)의 준수를 위한 검사의 적극적 직무권한을 나타낸 것으로 보아야만 의미가 있다고 생각된다.

재량에 속한다고 하지 않을 수가 없다. 따라서 여기에 검사의 의견이 얼마나 적정하고 설득력있게 제시되느냐의 문제와 함께 그 의견이 법원의 재판 결과에 얼마나 합리적으로 반영되느냐의 문제를 검토해 보아야 할 현실적 필요성과 과제가 대두하게 된다. 물론 이 문제는 소송구조에 있어서 검사의 지위를 어떻게 규정하느냐의 여부와 밀접한 관련이 있고, 영미식의 당사자주의 소송관과 대륙식의 직권주의 소송관 사이에 상당한 차이가 있을 수가 있을 것이다. 그러나 현행 형사소송법의 해석상 당사자주의와 직권주의의 어느 한 쪽에 치우친다기보다 양자의 조화·절충이 기대되는 가운데 검사를 당사자로 지칭하든 않든간에 검사가 공익의 대표자로서 이른바 객관의무를 지고 있다는 점에 관하여는 큰 이론(異論)이 없으므로[2] 형사절차에 있어서 검사의 의견도 단순히 민사재판의 원고와는 다른 공익성과 객관성을 띠지 않으면 안된다고 보아야만 할 것이다.

그런데 형사사법 운영의 현실에 있어서는 검사가 제시하는 의견의 적정성과 그 의견의 재판 반영도를 둘러싸고 법원과 검찰 사이에 적잖은 견해 차이가 드러나는 것이 일반적이다. 따라서 이 문제에 대한 연구방법에 있어서도 제도운영의 현황을 분석하고 그 문제점과 개선방안을 제시하는 실증적인 방법과, 형사절차에 있어서 검사의 의견을 청취하는 제도 일반에 관하여 판례분석 등을 통한 그 취지와 해석 및 운용의 기본방향을 제시하는 이론적인 접근방법이 모두 가능하다고 생각된다. 제도운영의 현황분석을 전제로 한 실증적인 방법은 통계자료 입수의 한계

2) 일부 학자는 검사를 당사자로 지칭하는 것은 형사절차의 본질에 반하며, 검사의 피고인신문제도를 설명키 어렵다는 등의 이유로 이를 반대하고 있다. 신동운, 형사소송법 Ⅰ, 법문사, 1996, 518-519쪽. 그러나 검사를 당사자로 지칭하는 경우에도 공익의 대표로서 객관의무를 지고 있다는 점에 관하여는 대부분의 학자들 사이에 별 다툼이 없다. 정영석·이형국, 형사소송법, 법문사, 1996, 70쪽; 이재상, 형사소송법, 박영사, 1997, 97쪽; 배종대·이상돈, 형사소송법, 홍문사, 1997, 81-82쪽 등. 다만 차용석 교수는 다소 다른 견해를 표명하고 있다. 차용석, 형사소송법, 세영사, 1997, 150-155쪽.

등으로 인하여 이를 후일로 미루고, 본고에서는 우선 형사소송법에 규정된 검사의 의견청취절차 전반을 살펴보고 그와 관련된 해석론 및 판례의 경향과 문제점을 고찰한 후 동 절차의 실질화를 위한 몇 가지 기본 방향을 제시하는 것으로 일차적인 목표에 갈음하고자 한다. 지금까지 학계나 실무계에서 현행 형사절차상 검사의 의견청취에 관하여 포괄적인 이론접근을 시도한 논문이 한 편도 없었던 사실도 본 논구(論究)를 시도한 하나의 계기임을 참고로 밝힌다.

Ⅱ. 형사소송법상 검사의 의견청취규정

1. 규정의 개관

(1) 의견청취가 필요적인 경우

(가) 피고인의 구속해제와 관련된 의견

① **보석과 검사의 의견** "보석에 관한 결정을 함에는 검사의 의견을 물어야 한다. 단 검사가 3일 이내에 의견을 표명하지 아니한 때에는 보석허가에 대하여 동의한 것으로 간주한다"(제97조 1항)

② **구속취소와 검사의 의견** "구속의 취소에 관한 결정을 함에 있어서도 검사의 청구에 의하거나 급속을 요하는 경우 외에는 제1항과 같다"(제97조 2항)

③ **구속의 집행정지와 검사의 의견** "전항의 결정(구속집행정지)을 함에는 검사의 의견을 물어야 한다. 단 급속을 요하는 경우에는 그러하지 아니하다"(제101조 2항)

(나) 공판절차와 관련된 의견

① **증인의 법정외신문과 검사의 의견** "법원은 증인의 연령, 직업,

건강상태 기타의 사정을 고려하여 검사, 피고인 또는 변호인의 의견을 묻고 법정외에 소환하거나 현재지에서 신문할 수 있다"(제165조)[3)]

② **간이공판절차결정의 취소와 검사의 의견** "법원은 전조의 결정(간이공판절차의 결정)을 한 사건에 대하여 피고인의 자백이 신빙할 수 없다고 인정되거나 간이공판절차로 심판하는 것이 현저히 부당하다고 인정할 때에는 검사의 의견을 들어 그 결정을 취소하여야 한다"(제286조의 3)

③ **증거조사 후의 검사의 의견: 논고** "피고인신문과 증거조사가 종료한 때에는 검사는 사실과 법률적용에 관하여 의견을 진술하여야 한다. 단 제278조의 경우(검사의 불출석)에는 공소장의 기재사항에 의하여 검사의 의견진술이 있는 것으로 간주한다"(제302조)

④ **공판절차의 정지와 검사의 의견** "피고인이 사물의 변별 또는 의사의 결정을 할 능력이 없는 상태에 있는 때에는 법원은 검사와 변호인의 의견을 들어서 결정으로 그 상태가 계속하는 기간 공판절차를 정지하여야 한다"(제306조 1항)

"피고인이 질병으로 인하여 출정할 수 없을 때에는 법원은 검사와 변호인의 의견을 들어서 결정으로 출정할 수 있을 때까지 공판절차를 정지하여야 한다"(동조 제 2 항)

(다) 재심결정과 관련된 의견

"재심의 청구에 대하여 결정을 함에는 청구한 자와 상대방[4)]의 의견을 들어야 한다. 단 유죄의 선고를 받은 자의 법정대리인이 청구한 경우에

---

3) 형사소송법 제165조에 의하면 법원은 이와 같은 증인의 법정외신문을 수명판사에게 명하거나 수탁판사에게 촉탁할 수도 있다.

4) 형사소송법 제424조에 따르면 재심청구권자는 검사, 유죄의 선고를 받은 자, 유죄선고를 받은 자의 법정대리인이나 그 배우자, 직계친족 또는 형제자매가 되므로 검사가 재심청구를 한 경우는 물론, 유죄의 선고를 받은 자나 그와 일정한 관계가 있는 자가 재심청구를 한 경우에도 검사는 의견을 진술하여야 할 것이다.

는 유죄의 선고를 받은 자의 의견을 들어야 한다"(제432조)

(2) 의견진술이 임의적인 경우

① **구속전피의자심문과 검사의 의견** "검사와 변호인은 법 제201조의 2 제 4 항의 심문(구속영장청구와 피의자심문)기일에 출석하여 의견을 진술할 수 있다"(제201조의 2 제 5 항)

② **체포·구속의 적부심사와 검사의 의견** "검사·변호인·청구인은 법 제214조의 2 제 3 항의 심문(체포와 구속의 적부심사)기일에 출석하여 의견을 진술할 수 있다"(제214조의 2 제 8 항)

③ **항고사건과 검사의 의견**[5] "검사는 항고사건에 대하여 의견을 진술할 수 있다"(제412조)

2. 개별규정의 취지

(1) 위에서 본 피고인·피의자의 구속 또는 구속해제와 관련된 법원의 결정이나, 공판절차와 관련된 법원의 결정 또는 판결 및 재심결정은 어느 것이나 법원의 전권에 속하는 사항임에 의문이 없다. 그러나 형사소송법이 법원의 이러한 결정이나 판결에 앞서 검사의 의견을 청취하도록 한 것은 검사가 수사의 주재자이거나 공소의 제기·유지자로서 공익을 대표하는 기관이기도 하므로 그에게 의견이나 자료 제시의 기회를 주어 이를 참고함으로써 재판의 적정성을 확보하려는 데 근본적인 취지가 있다고 볼 수 있다. 검사의 의견은 보석결정에 관한 경우와 같이 가부의 형태로 표현되는 경우도 있을 것이고, 논고 내지 구형의 경우와 같이 단순한 가부를 넘어 구체적인 내용으로 개진되는 경우도 있을 것이다. 어

---

5) 상소의 경우에 검사가 제출하는 항소·상고이유서나 답변서도 엄격히 보자면 당해 사건에 대한 검사의 의견진술이라고 할 수 있으나, 여기서는 일단 고찰의 대상에서 제외한다.

는 경우이거나 법원이 재판에 앞서 검사의 해당 사안에 대한 의견을 참고하여 보다 신중하고 적정한 결정이나 판결을 기함으로써 사법적 정의를 실현하고 관련 당사자를 승복케 하는 데 그 목적이 있다고 할 수 있을 것이다. 그러나 개별적인 경우에 그 의견청취절차가 검사의 어떠한 소송법상 지위 때문에 의견을 구하도록 규정되어 있느냐의 점에 관하여는 견해의 차이가 있을 수 있을 것이다.

(2) 법원의 피고인에 대한 보석, 구속취소, 구속집행정지결정은 구속영장의 효력이 존속되느냐 또는 보증금의 납입을 조건으로 하느냐 등의 점에 관하여 차이가 있지만 어느 것이나 구속된 피고인의 신병을 풀어준다는 점에서는 공통된다. 따라서 당초 수사의 주재자로서 구속영장을 청구한 검사가 그 구속의 필요성 여부에 관하여 가장 관심을 가지고 있을 뿐만 아니라 사건의 전모도 깊이 파악하고 있는 입장이다.[6)]

또한 구속영장청구와 체포·구속의 적부심사에 즈음한 피의자심문에 검사가 참여하여 임의적으로 의견을 진술할 수 있도록 한 것도 검사가 수사의 주재자로서 구속의 가부에 관하여 가장 깊은 이해관계를 가지고 있기 때문이라고 볼 수 있다. 물론 검사의 수사주재자로서의 지위가 그 공익대표성과 무관할 수 없고 공소의 제기·유지자로서의 지위와도 연계되어 있다고 봄이 당연하지만, 이러한 경우의 검사의 의견청취는 주로 그 수사주재자로서의 지위에 연유한 것으로 해석하여도 무방할 것이다.

반면 증인의 법정외신문이나 간이공판절차결정의 취소, 공판절차의 정지결정 등에 있어서의 검사의견이나 증거조사 후의 논고, 재심결정과 관련된 검사의 의견청취절차 등은 어느 것이나 주로 검사의 공소제기 및 유지자로서의 지위 때문에 마련된 장치라는 성격이 강하다고 볼 수가 있을 것이다. 검사는 공판절차에 있어서 피고인과 대립하는 소송주

6) 高窪喜八郎 외, 학설판례총람 형사소송법 추록(1편), 일본중앙대학출판부, 1954, 25쪽.

체로서 범죄의 혐의를 받고 있는 피고인에게 증거를 제시하고 형벌법령을 적용하여 유죄의 판결을 이끌어 내려고 활동하는 입장이기 때문이다. 물론 이 경우에도 검사는 피고인의 단순한 반대당사자라기보다 공익의 대표자로서 객관의무를 지고 있다는 사실이 간과되어서는 안된다는 점에 관하여는 재삼 강조할 필요가 없을 것이다.

또 항고사건에 대하여 검사에게 의견진술권을 보장한 것은 항고의 전제가 된 결정의 성격에 따라 검사의 수사주재자 또는 공소의 제기·유지자로서의 지위가 각기 고려된 결과로 해석할 수가 있을 것이다.

3. 의견청취절차의 성격

형사소송법상 법원의 결정이나 판결에 앞서 검사의 의견을 묻도록 한 규정은 그것이 필요적이든 임의적이든 검사 이외에 피고인 기타 청구인이나 변호인에게도 대등하게 의견을 진술할 기회를 주는 형식으로 규정된 경우와, 검사의 의견만 따로 묻도록 정해진 형식의 규정으로 나누어진다. 구속영장 청구에 즈음한 피의자심문(제201조의 2), 체포·구속의 적부심사 청구에 있어서의 피의자심문(제214조의 2 제 8 항), 증인의 법정외신문(제165조), 재심결정에 앞선 당사자의 의견(제432조)이 전자의 예라면, 보석, 구속취소(제97조 1항, 2항)와 구속의 집행정지(제101조 2항)에 앞선 검사의 의견, 간이공판절차결정의 취소(제286조의 3), 공판절차의 정지(제306조)와 관련된 검사의 의견, 항고사건에 대한 검사의 의견(제412조) 등은 후자의 예라고 할 수 있다. 법규정의 형식으로 보아서는 본안재판의 증거조사 후 사실과 법률적용에 관한 의견진술(제302조)도 검사에게만 부여하는 것처럼 되어 있으나, 법의 다른 조항에서 검사의 논고에 이어 피고인과 변호인에게도 최종의견의 진술기회를 주고 있으므로(제303조) 이 점은 검사의 의견만 묻도록 되어 있다고 단정할 수는 없을 것이다.

어떻든 검사와 피고인·피의자와 변호인 등에게 대등한 의견진술의 기회를 주고 있는 규정들이 우리의 형사소송구조에서 당사자주의적 정신을 반영한 것들이라면 재판에 앞서 검사의 의견을 필요적으로 듣도록 한 규정들은 실체적 진실의 발견을 위한 검사의 공익적 지위를 고려한 직권주의적 요소의 반영이라고 볼 수가 있다고 생각된다. 따라서 형사소송법상 검사의 의견청취규정도 피고인측과 대립되는 반대당사자 내지 소송주체로서 하는 일종의 공격방법으로서의 의견진술이 있고, 그것보다는 공익의 대표로서 법원과 협조하여 사안의 실체적 진실에 보다 근접하기 위한 법원보충적인 의견진술이 있는 것으로 해석하는 것이 타당하지 않을까 생각한다. 전자를 반대당사자로서의 대립적 의견진술이라고 부른다면 후자는 공익의 대표자로서 보충적 의견진술이라고 부를 수가 있을 것이다. 물론 검사의 피고인과 대립되는 반대당사자 내지 소송주체로서의 성격과 공익의 대표로서의 성격이 언제나 확연히 구별되는 개념이라고 볼 수 없고 오히려 하나의 지위에 용해된 양면적 요청의 개념이라고 할 수도 있겠지만, 우리의 형사소송구조를 앞서 본 바와 같은 당사자주의와 직권주의의 절충적 틀로 이해하는 한 검사의 지위, 따라서 그 의견청취규정의 성격도 이와 같이 이원적으로 해석해 볼 여지는 충분하다고 생각한다.

Ⅲ. 의견청취절차의 해석

1. 의무규정인가 재량규정인가

형사소송법 제201조의 2 제 5 항이 규정하고 있는 구속영장 청구시의 피의자심문과 제214조의 2 제 8 항이 규정하고 있는 체포 · 구속적부심사 청구시의 검사의견에 관하여는 법규정 자체가 검사도 심문기일에 출석하여 의견을 진술할 수 있다고 정하고 있을 뿐이므로 경우에 따라서 판사의 심문기일 및 장소에 관한 통지의무[7)]가 문제될 뿐 검사의견의 청취의무 자체는 문제될 여지가 없다. 또 항고사건에 관한 검사의 의견진술도 검사의 권리라는 측면에서 원칙을 명시한 것이므로 법원의 의무와는 직접적 관련이 없다. 그러나 그 밖의 경우에는 법문 자체가 검사의 의견을 "물어야 한다," "묻고," "들어," "들어야 한다"는 형식으로 규정하고 있으므로 이를 문언 그대로 법원 또는 검사의 필요적 의무사항으로 해석할 것인가 또는 임의적 재량사항으로 해석할 여지가 있는가가 문제될 수 있다. 의무설을 취하는 논거로는, 첫째 법문의 표현 자체가 "하여야 한다"는 형식으로 규정되어 있고, 둘째 재판의 적정을 기하기 위하여는 수사의 주재자이자 공소의 제기 · 유지자로서 공익을 대표하는 검사의 의견을 들어서 참고하는 것이 그 의견의 법원에 대한 구속력 여하와는 관계없이 꼭 필요하기 때문이라고 할 수 있다. 반면에 재량설의 논거로는, 첫째 법문상 "하여야 한다"는 형식으로 규정되어 있다고 하더라도 예컨대 법원의 공소장변경 요구(제298조 2항)의 경우[8)]에서 보는 바와 같이 이를 반드시 의무적인 것으로 해석할 필요는 없고, 둘째 검사의 의견진술은 어디까지나 법원에 대한 참고자료의 제공일 뿐 법원에 대한 구속력이 있다고 볼 수가 없고 결정이나 판결 자체는 법원의 전권에 속하는 사항이므로 재량에 따라 이를 묻지 않아도 무방하다는 것이다.[9)]

---

7) 구속영장 청구시의 피의자심문에 관하여는 형사소송법 제201조의 2 제 4 항이 심문기일과 장소의 통지의무를 규정하고 있고, 체포 · 구속적부심사 청구시의 통지의무에 관하여는 형사소송규칙 제104조 1항이 이를 명시하고 있다.

8) 형사소송법 제298조 2항이 법원은 심리의 경과에 비추어 상당하다고 인정할 때에는 공소장변경을 요구하여야 한다고 규정하고 있음에도 불구하고 우리나라의 판례와 다수학자들은 이를 재량조항으로 해석하고 있다. 배종대 · 이상돈, 앞의 책, 405쪽.

9) 우리나라의 형사소송법 해설서상 이와 같은 검사의 의견청취절차를 명시적으로 법문

생각건대 비록 검사의 의견이 법원에 대한 구속력이 없다고 하더라도 법이 재판의 적정을 기하기 위하여 필요적으로 거치도록 한 절차를 아무런 합리적인 이유없이 이를 임의로 생략할 수는 없다는 점 및 법 소정의 절차 자체를 무시하고 진행하는 것이 가능하다고 보는 것은 자칫 법해석의 범위를 벗어나는 임의적 판단이 될 수도 있다는 점을 고려할 때 동 조항은 어느 것이나 법문의 표현 그대로 의무조항으로 해석하는 것이 순리라고 보여진다. 대법원의 판례도 후술하는 바와 같이 그 의견청취절차가 재판의 본질적 부분은 아니라고 판단하고 있으나 생략할 수도 있다고 명시적으로 판시한 예는 아직 없다고 생각된다.

2. 「물어야 한다」, 「들어야 한다」, 「진술하여야 한다」의 해석상 차이

검사의 의견청취절차 중 의무규정으로 해석되는 경우에도 보석, 구속취소, 구속의 집행정지 등 피고인의 구속해제와 관련된 절차에 있어서는 검사의 의견을 "물어야 한다"로 규정하고, 증인의 법정외신문에 있어서도 검사의 의견을 "묻고" 법정외소환 등을 하는 것으로 정하고 있음에도 불구하고, 간이공판절차결정의 취소, 공판절차의 정지에 있어서는 검사의 의견을 "들어" 결정하고, 재심의 결정도 청구한 자와 상대방의 의견을 "들어야 한다"고 규정하고 있다. 또 증거조사 후의 논고와 구형에 관하여는 검사가 의견을 "진술하여야 한다"는 형식으로 법문이 정하고 있다. 따라서 이와 같은 "물어야" 하는 경우와 "들어야" 하는 경우 및 "진술하여야" 하는 경우를 각기 다른 의미가 있는 것으로 해석하여

의 표현에 관계없이 재량조항으로 해석하는 견해는 없는 듯이 보인다. 다만 부산지방법원 1997. 7. 11.자 97초1376 결정과 같이 하급심의 결정사례 중에는 이러한 견해를 전제로 보석허가결정을 한 예가 있다.

야 할 것인가가 문제된다.

물론 문리상으로는 묻는다는 것은 발송을 의미하고, 듣는다는 것은 수리(受理)를 의미하는 개념이므로 그 의미가 같을 수 없고, 엄격히 말하자면 묻도록 규정된 경우에는 의견을 구하기만 하면 그 의견을 들어 참고하지 않아도 무방하다는 뜻으로 해석될 여지가 있다. 그러나 재판에 앞서 검사의 의견을 구한다는 것은 결국 그 의견을 들어 참고하라는 것이 본지(本旨)이므로 의견을 묻기만 하고 들을 필요가 없다는 것은 재판의 적정을 도모하기 위한 절차의 근본취지에 어긋난다고 하지 않을 수가 없을 것이다. 법이 물어야 하는 것으로 정한 경우와 들어야 하는 것으로 정한 경우의 차이는 결국 검사의 의견을 물었으나 검사가 상당한 기간 내에 아무런 의견을 제시해 오지 않는 경우라고 할 수 있다. 검사의 의견을 들어 참고하고자 이를 물었으나 아무런 의견표명이 없을 때 법원은 무작정 기다릴 수만은 없고 기다린다는 것 자체가 재판의 신속성을 불필요하게 저해하게 될 것이다. 그러므로 이러한 경우에 대비하여 형사소송법은 보석의 경우에 검사가 3일 이내에 의견을 표명하지 아니한 때에는 보석허가에 대하여 동의한 것으로 간주하는 규정(제97조 1항 단서)을 두고 있고, 구속취소나 구속의 집행정지에 있어서도 급속을 요하는 경우에는 검사의 의견을 묻지 않아도 되는 것으로 정하고 있을 뿐만 아니라, 형사소송규칙은 구속취소나 구속집행정지의 경우에도 보석과 마찬가지로 검사는 3일 이내에 의견서를 법원에 제출하도록 규정하고 있는 것이다(규칙 제54조).

증인의 법정외신문의 경우에는 검사나 피고인 등의 의견을 물었으나 아무런 의견표명이 없는 경우에 대비한 규정이 없으나 신문기일과 장소를 통지한 이상 상당한 기간 내에 의견표명이 없다면 역시 재판의 지체를 방지하기 위하여 그 의견을 듣지 않아도 위법이 아니라고 해석[10]하

10) 이와 꼭 같은 사안은 아니나 대법원 1960. 9. 21. 선고 4293형상322 판결에 따르면 증

는 것이 합목적적일 것이다. 따라서 이와 같은 규정과 해석을 전제로 할 때에는 "물어야 한다"는 개념을 실질적으로는 "들어야 한다"는 개념과 같이 해석하여도 무방하리라고 본다.

의견을 "진술하여야 한다"는 것은 법원을 주체로 한 것이 아니고 의견표명자인 검사를 행위주체로 표현한 것에 다름 아니므로 별다른 문제가 없으리라고 본다. 사실심리와 증거조사를 마친 후 검사가 최종적으로 의견을 진술하는 것은 결국 재판기관인 법원을 향한 것이므로 법원이 그 의견을 청취하여 참고해야 함은 당연한 것이며, 다만 법은 이를 법원의 의견청취 의무라는 측면에서가 아니라 공소의 제기·유지자이자 공익의 대표자인 검사의 법원에 대한 의견진술의무[11]라는 형식과 측면에서 규정하고 있을 뿐인 것이다.

3. 의견표명 및 청취의 방식

법원에 대한 검사의 의견표명은 원칙적으로 구두나 서면방식이 모두 가능할 것이다. 그러나 형사소송규칙(제54조)은 피고인의 보석, 구속취소, 구속집행정지와 관련한 검사의 의견은 서면(의견서)으로 제출할 것을 요구하고 있다. 피의자의 심문이나 피고인에 대한 공판절차 또는 구두변론을 거친 재심에 대한 결정[12]과 관련된 검사의 의견은 구두로 하고 이를 조서에 기재하는 것이 보통일 것이나, 서면으로 하는 것도 물론

인의 공판정외신문을 결정함에 있어서 검사나 피고인의 의견을 듣지 않았다 하더라도 증인신문기일과 장소를 미리 소송관계인에게 통지하였고, 다음 공판기일에 그 증인신문결과를 소송관계인에게 고지하여 하등 이의가 없음을 진술하였다면 이는 검사 및 피고인의 참여권을 박탈하였다고 볼 수 없다고 판시하고 있다. 판례총람 형사소송법 2 기판 ① 청림출판, 201쪽.

11) 이와 같은 논고는 검사의 의무인 동시에 권리라는 것이 우리나라의 통설이다. 백형구 외, 형사소송법(주석), 법원사, 1991, 421쪽.

12) 재심청구에 대한 결정단계에서는 구두변론주의 원칙의 지배를 받지 아니하므로 법원은 물론 서면심리만으로 결정을 할 수 있다. 백형구 외, 앞의 책, 630쪽.

가능하다고 보아야 할 것이다. 따라서 법원은 법과 규칙이 정하는 바에 따라 서면 또는 구두로 검사의 의견을 구하고, 의견서를 받아 기록에 철하거나 검사가 표명한 의견을 공판조서에 기재하는 방식으로 의견청취 절차를 완료하게 된다.

물론 대부분의 검사의견은 법원의 결정에 대한 가부의 의사와 그 이유를 제시하는 형태가 될 것이나, 판결선고에 앞선 검사 논고의 경우에는 사실과 법률적용 등에 관한 구체적 내용을 의견으로 제시하는 모습이 될 것이다. 검사의 의견은 재판에 반영하여 그 적정을 기하려는 것이 목적이니만치 단순한 가부나 유·무죄 또는 양형만을 제시하기보다 그에 상응한 근거와 이유를 적시하여 구체적으로 제시하는 것이 보다 설득적일 것이다.

Ⅳ. 검사의 의견청취절차와 관련된 판례의 경향

1. 주요판례

형사소송법상 검사의 의견청취절차와 관련된 대법원의 주요판례를 소개하면 다음과 같다.

(1) 보석과 검사의 의견에 관련된 판례

◉ 검사의 의견을 듣지 않고 보석결정을 할 수 있는 경우
(대법원 1950. 6. 5. 선고 4283형항1 판결: 구법관계)[13)]

(구)형사소송법 제116조 2항에 의하면 보석청구가 있은 때에는 검사의 의견을 듣고 결정할 것을 요구한 바이나 이 의견은 검사가 법원에 대하여 제공하

---

13) 앞의 판례총람, 158쪽. 이 판결 당시에는 현행 형사소송법 제97조 1항 단서와 같은 의제규정이 없었다.

는 일종의 참고자료에 불과하고 구속력을 가진 것은 아니므로 법원은 그 반대의견임에도 불구하고 독립적 입장에서 자유로이 보석의 허부를 결정할 수 있으며, 또 법원이 검사의 의견을 구한 후 그 의견을 회시함에 족한 상당한 기간을 경과하였음에도 불구하고 검사가 정당한 이유없이 그 의견을 회시하지 아니하거나 이를 지연한 경우에는 법원은 검사의 의견을 듣지 않고도 보석의 허부를 결정할 수 있다. 그러므로 검사의 의견은 보석결정에 대한 절대적 필수요건이 아니며, 따라서 설사 법원이 검사의 의견을 듣지 않고 결정한 경우라도 그 의견을 듣지 않았음에 대하여 상당한 이유가 있는 한 그 결정의 효력에는 아무런 영향을 미치지 아니한다고 해석함이 타당하다.

◉ 검사의 의견청취절차를 거치지 아니한 보석허가결정의 효력

(대법원 1997. 11. 27.자 97모88 결정)[14]

공소제기된 피고인의 구속상태를 계속 유지할 것인지 여부에 관한 판단은 전적으로 당해 수소법원의 전권에 속하는 것이다. 법원이 보석에 관한 결정을 함에 있어 검사의 의견을 듣도록 한 형사소송법 제97조 1항의 규정은 검사에게 구속 계속의 필요성에 관한 이유와 자료를 법원에 제출할 수 있는 기회를 부여하고 법원으로 하여금 그 제출된 자료 등을 참고하게 하여 결정의 적정을 기하려는 것을 목적으로 하는 것일 뿐만 아니라 위 규정에 따른 검사의 의견 또한 법원에 대하여 구속력을 가지는 것이 아니라고 할 것이다. 따라서 검사의 의견청취의 절차는 보석에 관한 결정의 본질적 부분이 되는 것은 아니므로 설사 법원이 검사의 의견을 듣지 아니한 채 보석에 관한 결정을 하였다고 하더라도 그 결정이 적정한 이상, 소론과 같은 절차상의 하자만을 들어 그 결정을 취소할 수는 없는 것이다.

(2) 증인의 법정외신문과 관련된 판례

◉ 공판정외에서 하는 증거조사와 당사자의 의견

(대법원 1960. 9. 21. 선고 4293형상322 판결)[15]

제 1 심의 소론 증인 갑을 ○월 ○일 공판정외에서 심문하기로 결정함에 있어 검사 또는 피고인의 의견을 듣지 아니하고 신문하였음은 소론과 같으나, 기록에 의하면 증인신문기일과 장소를 미리 소송관계인에게 통지하였고 또

14) 판례공보 1998. 2. 15. 52호 548-549쪽. 이 판례에 관한 평석은 졸고, "판례연구(형사)," 판례월보, 1998. 12. 37-44쪽 참조.

15) 앞의 판례총람, 201-202쪽.

그 다음 공판기일인 동월 ○일 공판정에서 동 증인신문의 결과를 동 증인신문조서에 의하여 소송관계인에게 고지하였던바, 하등 이의가 없음을 진술하였음이 명백하므로 소론과 같이 검사 및 피고인의 참여권을 부당하게 박탈하였다고 할 수 없다.

(3) 증거조사 후의 검사의 의견진술과 관련된 판례

◉ 검사에게 형사소송법 제302조에 의한 의견진술의 기회가 주어졌는데도 의견진술이 없는 경우의 공판절차의 효력

(대법원 1977. 5. 10. 선고 74도3293 판결)[16]

사실심리 및 증거조사 경료 후에 검사에게 의견진술의 기회가 주어진 경우에는 검사가 사실과 법률적용에 관한 의견진술을 하지 아니하더라도 공판절차가 무효로 되는 것은 아니다.

※ 관련 참고판례: 피고인과 변호인에게 최종 의견진술의 기회를 주지 않은 채 심리를 종결한 판결의 적부(대법원 1975. 11. 15. 선고 75도1010 판결)
피고인과 변호인에게 최종 의견진술의 기회를 주지 않은 채 심리를 마치고 선고한 판결은 위법이다.

(4) 재심청구에 대한 결정과 당사자의 의견에 관련된 판례

◉ 재심의 청구에 대한 결정과 상대방의 의견진술권

(대법원 1977. 7. 4.자 77모28 결정)[17]

법원이 재심을 청구한 자와 상대방에게 의견을 진술할 기회를 부여하지 아니하고 한 재심청구에 대한 결정은 위법이다.

2. 판례의 시사 및 문제점

(1) 위에서 본 대법원의 검사의 의견청취절차와 관련된 주요판례에서 우리는 대체로 다음과 같은 법원의 해석경향을 읽을 수 있다.

① 재판은 법원의 전권사항이므로 검사의 의견은 참고자료에 불과하

16) 앞의 판례총람, 675-676쪽.

17) 앞의 판례총람 ③, 638-639쪽. 또한 대법원 1966. 12. 26.자 66모7 결정과 1983. 12. 20.자 83모43 결정, 1991. 10. 22.자 9모61 결정도 모두 같은 취지이다.

고 법원에 대한 구속력이 없다. ② 그러나 검사든 피고인측이든 법이 규정한 의견진술의 기회를 부여하지 않은 것 자체는 위법이다. ③ 이 경우 검사에게 의견진술의 기회를 주는 것으로 충분하므로 기회를 주었는데도 의견의 진술이 없다고 하여 절차가 무효로 되는 것은 아니다. ④ 검사의 의견을 듣지 않고 재판이 이루어졌다 하여도 재판(내용)이 적정한 이상 그 절차상의 하자는 취소사유가 되지 않는다.

또한 법원은 피고인이나 변호인에게 최종 의견진술의 기회를 부여하지 않은 판결을 위법한 것으로 명시한 예에서 보는 바와 같이, 피고인측의 의견에 대하여는 방어권 확보의 차원에서 비교적 엄격히 이를 보장하려는 데 비하여 검사의 의견진술은 상대적으로 덜 엄격하여 다소 의례적·형식적으로 이를 받아들이는 경향이 있음을 엿볼 수 있다.

(2) 판결이든 결정이든 재판이 법원의 전권사항이고, 검사의 의견이 하나의 참고자료로서 법원에 대하여 구속력이 없다는 점에 관하여는 이론이 있을 수 없다. 또 법이 규정한 의견진술의 기회 자체를 부여하지 않은 것을 위법하게 보는 것도 당연하다. 그리고 대부분 입법적으로 해결이 되었지만, 검사에게 의견진술의 기회를 주었는데도 검사가 의견표명을 하지 않거나 이를 상당한 이유없이 지체하는 경우에 그 의견을 들음이 없이 진행된 절차를 무효로 볼 수 없다는 판시사항도 충분히 수긍할 수가 있다.

그러나 위 ④의 경향에는 분명히 문제가 있다고 생각된다. 즉 우리의 소송구조가 기본적으로 대륙식의 직권주의와 영미식의 당사자주의를 조화·절충하는 형태로 운영됨이 기대되고 있는 데다가 앞서 본 바와 같이 검사의 공익대표적 기관성을 감안한다면 재판에 앞선 검사의 의견청취절차를 단순히 의례적·형식적인 수순으로만 받아들인다는 것은 어느모로 보나 합당하지 않다고 생각되며, 특히 보석허가결정과 검사의 의견에 관한 최근의 대법원결정이 검사의 의견청취절차를 결략(缺略)한 보석허가결정에 대하여 그 절차상의 하자를 인정하면서 그러나 결정 자체가 적정한 이상 결정의 취소사유가 되지 못한다고 판시함으로써 법이 명시적으로 규정한 검사의 의견청취절차를 유명무실하게 만든 것은 지나치게 자의적인 법해석이 아니냐는 의문이 있다.

검사의 의견표명이 형식적으로 이루어지고 있는 운영 현실도 문제이지만, 그렇다고 하여 법규정을 무시하고 검사의 의견을 들음이 없이 내려진 결정을 결정내용이 적정하므로 취소할 수 없다는 논리는 해답을 미리 내놓고 문제를 풀어가는 식의 전도된 이론전개일 뿐만 아니라 자칫 법해석의 범위를 넘어서는 사법편의적인 발상의 소지도 엿보인다. 만약 법원의 이 논리에 따르면 아직 명시적 판례는 없으나 검사에게 형사소송법 제302조 소정의 사실심리와 증거조사 후의 의견진술, 즉 논고의 기회를 주지 않고 판결선고를 한 경우에도 판결내용이 적정한 이상 그 절차상의 하자는 파기사유가 될 수 없다는 결론에 이르게 될 것이며, 이는 결국 법이 검사의 의견청취절차를 마련한 근본적인 취지와 배치되는 결과에 이르게 됨은 다시 말할 필요가 없을 것이다.

지금까지 살펴본 해석론을 토대로 형사소송법상 검사의 의견청취절차가 어떤 방향으로 운용되어야 할 것이냐에 관한 기본적인 검토가 이루어져야 할 필요성이 여기서 대두된다.

V. 의견청취절차 운용의 기본방향

1. 검사 의견표명의 실질화·구체화

법이 검사의 의견청취절차를 둔 근본취지를 생각하면 우선 검사의 의견 자체가 법원의 재판에 현실적 참고가 될 수 있을 만큼 실질적이고 구체적이어야 할 것이다. 아무런 의견표명을 하지 않거나 의견의 제시를 지체하는 것은 물론, 단순히 "불허가함이 상당," "기각 상당," "징역 ○년"이란 식으로 지극히 의례적이고 형식적인 의견만을 제시하는 것도 재판에 앞서 공익을 대표하는 수사주재자 또는 공소관으로서의 검사에게 의견개진의 제도적 장치를 마련하고 있는 취지를 몰각케 하는 부실한 태도라고 하지 않을 수 없다. 따라서 예컨대 보석허가결정의 경우, 불허가 의견이라면 형사소송법 제95조 1호 내지 6호의 어느 사유에 해당된다든가 청구인이 제출한 진단서의 진실성에 의문이 있다든가 청구권자의 자격에 문제가 있어 청구 자체가 부적법하다든가 등의 사유를 구체적으로 제시하고, 허가가 상당하다는 의견일 경우에도 "적의처리하여도 가하다"는 식의 무책임하고 형식적인 의견보다는 어떠어떠한 점으로 보아 허가가 상당하다든가, 허가하되 보증금액 기타의 조건은 어떻게 함이 상당하다고 사료한다는 등으로 책임있고 실질적인 의견을 제시[18]하는 것이 형사사법적 정의실현에 보다 근접하는 방법이라고 생각된다.

또 증거조사 후의 검사의 의견진술에 있어서도 되도록 모든 사건에 관하여 단순히 양형에 대한 의견(구형)만을 제시할 것이 아니라[19] 사실의 증거 및 법률적용 등에 관하여 구체적 의견을 개진하고 서면 논고문을 제출하는 등으로 법원의 판단에 실질적 참고가 되도록 설득·노력하는 것이 의견청취절차를 필요적으로 규정한 법의 취지에 맞는 운영이라고 할 수 있을 것이며, 이러한 자세와 태도는 그 밖의 모든 검사의 의견제시에도 필요하다고 생각된다. 이들 문제와 관련된 운영개선의 구체적

---

18) 사법연수원의 실무교재 등에서는 이렇게 가르치고 있으나, 업무의 폭주 등으로 일선 검찰청에서는 아직도 간략하고 형식적인 의견제시가 많은 것으로 보인다. 사법연수원 편, 검찰실무 Ⅱ, 1998, 83-85쪽.

19) 현재의 관행은 중요사건일 경우 대개 사건의 의미, 증거 및 법률적용에 대한 의견, 정상론 등을 상세히 언급하나, 일반 경미사건은 단순히 구형만을 하는 것이 보통이다. 그러나 검사의 공판활동이 과거에 비하여 많이 충실해지고 있는 것은 사실이다.

방안에 관하여는 체계적으로 분석된 자료를 토대로 별도의 검토가 있어야 할 것이다.

2. 보충적 의견의 적극 검토와 수용

판례의 경향에서 살펴본 바와 같이 법원은 재판이 법원의 전권사항이고 검사의 의견청취는 재판의 본질적 부분이 되지 않는다는 이유로 법이 규정한 검사의 의견청취절차를 다소 의례적·형식적인 과정으로 해석·운용하는 양태를 보여주고 있다. 현실적으로도 판결에 있어서 사실심리와 증거조사 후 검사가 하는 논고와 구형은 이를 토대로 하여 양형 등에 비교적 적극적으로 참고하고 있으나, 그 밖의 대부분의 결정 등에 있어서는 검사의 의견은 거의 의례적인 경유절차쯤으로 보고 별다른 고려의 대상이 되지 않고 있는 것으로 보인다. 이것은 법원의 근본적인 소송구조관과도 연관되는 것으로, 검사를 단순히 피고인과 대립되는 반대당사자라고만 생각하여 법원과 법관의 지위를 가능한 한 검찰과 검사로부터 원심화하려는 근래의 경향과도 일치되는 것으로 생각된다. 그러나 적어도 우리 형사소송법의 구조와 정신을 전제로 하는 한, 검사는 피의자·피고인과 대립하는 단순한 반대당사자가 아니며 공익을 대표하고 때로는 피고인의 이익까지 옹호하여야 할 국가기관이다. 그러기에 수사를 주재하고 공판정에서는 피고인을 신문하며 이른바 객관의무를 지고 있다고 보는 것이다.

검사의 의견 중에는 앞서 본 바와 같이 피고인과 반대되는 소송주체로서의 대립적 의견도 있지만 공익의 대표자로서의 보충적 의견도 있다. 또 하나의 의견 중에도 피의자·피고인에 대한 공격적 성격 이외에 공익적·보충적 성격이 있음을 간과해서도 안될 것이다. 따라서 법원으로서는 사법정의 실현의 차원에서 검사의 이러한 보충의견 내지 보충적 성격의 의견을 실질적으로 검토하여 적극적으로 수용하는 자세가 검사의견의 실질화에 못지 않게 필요하다고 생각된다. 그렇게 본다면 형사소송법 제97조 1항의 명문규정에도 불구하고 검사의 의견을 청취함이 없이 보석허가결정을 내리는 것과 같은 위법적 사례는 지양될 수가 있지 않을까 여겨진다.

3. 상급심에서의 반영

검사의 의견은 항고, 재항고나 항소, 상고를 통하여도 반영될 수 있다. 그러나 검사의 의견청취절차를 거치지 아니한 보석허가결정의 효력에 관한 대법원의 결정례에서 보는 바와 같이 법원은 그 절차상의 하자를 인정하면서도 결정(내용)이 적정하다면 이를 이유로 결정을 취소할 수는 없다고 하여 법이 의무규정으로 정하고 있는 검사의 의견청취절차를 형식화하고 있다. 물론 각종 판결에 대한 상소심에서는 검사의 의견을 받아들여 원심을 파기하는 사례도 많이 있으나,[20] 전반적으로 법원은 재판의 권위와 사법부의 독립이라는 차원에서 검사의 의견으로부터 독자성을 강조하는 법해석 및 운영의 경향을 보여주고 있다고 할 수 있다. 따라서 법해석의 통일을 기하고 사법적 정의의 실현을 위하여서는 상급심에서 공익적·보충적 차원의 검사의견을 보다 적극적으로 반영해 줄 필요가 있다고 생각하며, 검사의 의견청취절차를 거치지 아니한 보석허가결정의 효력에 관한 대법원의 위 사례도 절차의 하자를 인정하였으면 당연히 원결정을 취소하는 것이 형사소송법의 취지에 맞는 결정이었다고 생각된다. 상급심에서의 보다 적극적인 의견반영은 피고인의 권익보호 못지않게 법절차의 준수와 사회방위를 위하여서도 필요하다고

---

20) 1997년의 통계자료에 의하면 검사의 항소 인용률은 14.6%, 상고 인용률은 10.2%로 나타나고 있다. 대검찰청 종합심사분석, 1997, 181-182쪽.

보여진다.

Ⅵ. 맺음말에 갈음하여

현실의 평가가 어떠하든, 우리 형사소송의 구조로 보아 검사는 피고인과 대립되는 단순한 반대당사자라기보다 법원의 견제를 받으면서 공익을 대표하여 사회정의를 실현하는 국가기관이다. 따라서 형사절차에 있어서 검사의 의견은 재판과정에서 보다 실질적으로 보장되어야 한다고 보는 것이 형사소송법의 정신이라고 할 수 있다. 그런데도 근간의 일부 재판운영과 판례는 검사의 의견청취절차를 점차 형식화하는 경향에 있다고 보여져, 법조 공통의 문제 전반에 걸친 법원·검찰간의 원심화 경향과 함께 이것이 과연 형사사법적 정의실현을 위하여 바람직한 방향인가에 관하여 의문이 제기된다. 본고는 형사소송법에 규정된 검사의 의견청취절차를 개관하는 데서 출발하여 그 해석론과 주요 판례 및 의견청취절차 운용의 기본 방향에 관하여 극히 개괄적인 접근을 시도해 본 것이다. 실질적인 운영현황과 개선방향에 관하여는 보다 정밀히 분석된 자료를 토대로 별도의 연구가 행해져야 할 것을 믿는다.

부정경쟁행위와 불공정거래행위*

Ⅰ. 머 리 말

우리 실정법상 부정경쟁행위는 부정경쟁방지및영업비밀보호에관한법률[1](이하에서는 '부정경쟁방지법'으로 약칭)상의 개념이고, 불공정거래행위는 독점규제및공정거래에관한법률[2](이하에서는 '공정거래법'으로 약칭)상의 개념이다. 따라서 일반적으로 부정경쟁행위는 반윤리적 색채를 띠는 부정한 방법에 의한 경쟁행위로서 사법절차에 의한 구제를 주로 하는 사법의 영역에 속하는 행위개념인 데 반하여, 불공정거래행위는 반국민경제적 색채를 띠는 불공정한 경쟁제한적 행위를 행정처분을 중심으로

---

* 2000. 2. '법학논총'(국민대 법학연구소)지에 발표한 논문이며, 인용된 법령의 명칭이나 조항은 당시 시행중이던 것이므로 이를 그대로 게재하였다.

1) 이 법은 원래 1961. 12. 30. 법률 제911호로 제정·공포된 '부정경쟁방지법'이 1986. 12. 31. 법률 제3897호로 전면개정된 후 2차의 부분개정을 거쳐 1998. 12. 31. 영업비밀보호에 관한 부분을 대폭 보완하여 지금과 같은 '부정경쟁방지및영업비밀보호에관한법률'이란 명칭으로 재탄생하여 1999. 1. 1.부터 시행되고 있다.

2) 이 법은 1976. 3. 15.부터 시행된 '물가안정및공정거래에관한법률'의 뒤를 위어 1980. 12. 31. '독점규제및공정거래에관한법률'(법률 제3320호)의 명칭으로 제정·공포되었으며 경제상황의 변동 등에 따라 그동안 7차의 개정을 거쳤다. 그런데 이 법의 약칭에 관하여는 학계에서는 대체로 독점규제법이란 명칭을 선호하는 데 반하여, 공정거래위원회를 비롯한 실무계에서는 거의 공정거래법이란 이름으로 이를 부르고 있다. 법의 내용과 특성으로 보아서는 독점규제법이란 명칭이 더 적절한 듯도 하나, 여기서는 불공정거래행위를 규제하는 법이라는 취지에서 실무계의 관행에 따라 공정거래법이라고 약칭하기로 한다.

규제하는 경제법적 행위개념으로 인식되고 있다. 물론 부정경쟁방지법과 공정거래법은 발전 연혁도 달라, 독일에서는 우리의 부정경쟁방지법에 해당되는 UWG(Gesetz gegen den Unlauteren Wettbewerb)가 1896년에 제정되고 1909년에 전면 개정되었음에 반하여, 우리의 공정거래법과 대체로 가까운 성격이라고 볼 수 있는 GWB(Gesetz gegen Wettbewerbs-beschrankungen)는 1923년의 카르텔령(Kartellverordnung)을 거쳐 2차대전 후인 1957년에야 제정·공포되었으며, 일본과 우리나라에서도 시민법의 영역에 속하는 부정경쟁방지법이 먼저 입법화된 후 시민법을 보완하는 규제적 성격의 공정거래법이 제정·시행되고 있다.

그러나 국민의 경제생활이 복잡해짐에 따라 특정의 반사회질서적인 또는 반도덕적인 행위가 부정경쟁행위에 해당하는가 또는 불공정거래행위에 해당하는 가를 판별하는 것은 사실 그리 용이한 일이 아니다. 현행 부정경쟁방지법 제 2 조 1호 마목에 따르면 "상품 또는 그 광고에 상품의 품질·내용·제조방법·용도 또는 수량의 오인을 일으키게 하는 선전 또는 표지를 하거나 이러한 방법이나 표지로써 상품을 판매하는 행위"는 부정경쟁행위에 해당되는데, 공정거래법 제23조 1항 8호에 따르면 소비자를 오인시킬 우려가 있는 표시·광고를 포함하여 기타 "공정한 거래를 저해할 우려가 있는 행위"는 불공정거래행위로 인정된다. 따라서 예컨대 "지하 150미터의 100% 암반천연수로 만든 H"라는 맥주광고[3]나 "C소주는 순쌀로 빚은 증류식 소주원액을 참나무통에서 1년 이상 숙성했습니다"라는 광고[4]는 만약 그것이 100% 사실과 부합되지 않는다면 불공정거래행위가 됨과 동시에 상품의 제조방법에 관하여 수요자로 하여금 오인을 일으키게 하는 부정경쟁행위가 된다고 볼 수도 있는 것이다. 그렇다면 이러한 행위에 대한 법적 규제는 해석론상 어떻게 해야

3) 1994. 6. 21. 공정거래위 심결례.
4) 1996. 11. 30. 공정거래위 심결례.

할 것이며 입법론상으로는 어떤 것이 바람직하다고 볼 것인가. 부정경쟁행위와 불공정거래행위는 본질적으로 다른 개념이며 양자는 근본적으로 접근·융합이 불가능한 것인가.

본고는 이러한 문제의식에서 출발하여 먼저 우리 실정법을 중심으로 부정경쟁행위와 불공정거래행위의 의의와 유형을 살펴보고, 양 개념을 목적과 보호대상, 법영역과 지도원리, 규제방법과 기관, 구제수단 등의 측면에서 비교·검토한 후 위에서 본 바와 같이 부정경쟁행위와 불공정거래행위가 중첩되는 경우를 중심으로 외국의 입법례를 참고하면서 해석론상의 문제점과 입법론적인 검토의견을 제시하는 형식으로 논구해 나갈까 한다.

Ⅱ. 부정경쟁행위의 의의와 유형

1. 의의: 개념의 정리

경쟁이란 2 이상의 자가 한정된 목적을 달성하려고 노력하는 현상 또는 활동을 의미하고, 부정경쟁이란 부정한 수단·방법에 의한 경쟁활동을 의미한다.

그러나 부정경쟁행위를 부정한 수단·방법에 의한 경쟁행위를 통칭하는 것으로 보더라도 「부정」의 개념을 과연 어떻게 정의하느냐의 문제와 함께 실정법상의 부정경쟁행위의 범위를 어떻게 확정하느냐의 문제는 결코 간단한 일이 아니다.

먼저 「부정」의 개념에 관하여 살펴보면 이는 결국 거래통념에 따라 결정할 수밖에 없지만 일단 「위법」경쟁보다는 포괄적인 개념으로 이해할 수 있을 것이다. 산업재산권 보호를 위한 파리조약(Paris Convention for the Protection of Industrial Property) 제10조의 2 제 2 항[5]은 「공업상 또는 상업상 공정한 관행에 반하는 모든 경쟁행위」는 부정경쟁행위(Unfair Competition)를 구성한다고 규정하고 있고, 부정경쟁행위에 관한 일반조항을 두고 있는 독일의 UWG는 「영업상의 거래에 있어서 경쟁을 목적으로 선량한 풍속(die Guten Sitten)에 반하는 행위」를 부정경쟁행위(Unlauterer Wettbewerb)로 정의하고 있으며, 부정경쟁행위 규제를 위한 스위스연방법(Bundesgesetz über den Unlauteteren Wettbewerb)은 「기만적 수단이나 신의성실(Treu und Glauben)에 반하는 기타의 수단을 통한 경제적 경쟁의 남용」을 부정경쟁행위로 표현하고 있다.

돌이켜 우리 법을 보면 민법 제 2 조 1항은 사법의 지도원리로서 신의성실의 원칙을 천명하고 있고, 법률행위 해석의 일반조항으로 선량한 풍속 기타 사회질서(민법 제103조)를 들고 있으므로 부정경쟁행위에서의 「부정」이란 개념도 결국 「신의성실 및 선량한 풍속 기타 사회질서에 위반되는」 수단의 행위를 의미하는 것으로 해석하는 것이 가장 무난하지 않을까 생각된다.[6] 그러나 사실은 부정경쟁행위 개념 자체를 추상적으로 정의하는 것보다 부정경쟁행위라고 하는 범주 속에 어떤 법위반행위 또는 어떤 유형의 행위를 포섭하여 이해하느냐 하는 것이 더 중요한 문제라고 볼 수도 있다.[7] 그리고 이러한 개념정리에 있어서는 부정경쟁행위를 법적인 개념으로 이해하는 한 실정법과의 관련성을 결코 무시할 수가 없을 것이다.

우리 실정법상 최협의의 부정경쟁행위는 앞서 본 형식적 의미의 부정경쟁방지법 제 2 조 1호가 열거하고 있는 유형의 행위들이라고 할 수 있다.

---

5) Any act of competition contrary to honest practices in industrial or commercial matters constitutes an act of unfair competition이 원문이다.

6) 정성진, "부정경쟁행위론," 경북대학교, 1987, 8쪽; 이기수 외, 지적재산권법, 한빛지적소유권센터, 1996, 1030쪽.

7) 정호열, 부정경쟁방지법론, 삼지원, 1993, 111쪽.

그리고 협의의 부정경쟁행위라고 할 때에는 영업상의 표지보호로서 법원리가 공통된다고 볼 수 있는 상표법위반행위 및 상법상 상호보호규정 위반행위 등을 포함하여 설명할 수가 있을 것이다.

또 광의의 부정경쟁행위라고 할 때에는 상표권 이외에 종래 공업소유권이라고 불리다가 지금은 주로 산업재산권(Industrial property)이라고 통칭되는 특허권, 실용신안권, 의장권 침해행위 등을 포함할 수 있다.[8)]

그리고 최광의의 부정경쟁행위라고 할 때에는 여기에다가 개별행정법규가 규제하는 실질적 부정경쟁행위와 저작권을 포함한 지적소유권(Intellectual property) 전반에 대한 침해행위 및 공정거래법에서 규제하고 있는 불공정거래행위까지를 포괄하는 방법을 상정(想定)할 수가 있다. 물론 우리나라에서 부정경쟁행위란 용어를 이와 같이 최광의로 사용하는 학자는 없지만 입법론으로 부정경쟁행위와 불공정거래행위를 통합할 필요가 있다는 주장을 펼 때에는 이러한 개념정리가 이론적으로는 가능할 수도 있을 것이다.[9)]

어떠한 사회생활상 또는 경제거래상의 행위도 그것을 규율화하는 법체계를 떠나서 관념할 수는 없으므로 여기서 살펴보고자 하는 부정경쟁행위도 이를 직접적으로 규제하고 있는 부정경쟁방지법상의 개념, 즉 위에서 본 최협의의 개념으로 일단은 제한하여 사용하고자 한다. 상표권을 침해한 행위나 상법상의 상호보호규정 위반행위 및 특허권·실용신안권·의장권을 침해한 행위 등도 넓은 의미로는 부정경쟁행위로 못 볼 바 없지만 그 자체로서 독립하여 상표법위반, 상법위반, 특허법·실용신안법·의장법 위반행위 등이 되기 때문에 이들을 포괄하여 불공정거래행위와 대비·고찰하는 것은 자칫 법개념의 혼란을 초래할 우려가

8) 파리조약 제 1 조 2항은 산업재산권의 보호목적은 특허, 실용신안, 산업디자인, 상표, 서비스마크, 상호, 생산지 또는 원산지 표시 등을 보호하고 부정경쟁을 억제하는 데 있다고 규정하여 이들을 한 범주에 넣고 있다.

9) 최광의·광의·협의·최협의의 부정경쟁행위에 관하여는 정성진, 앞의 논문, 8-11쪽.

크기 때문이다. 상적 거래 영역이 아닌 인간의 지적·정신적 문화활동 영역에 있어서의 창작물 보호에 관한 저작권 침해행위도 부정경쟁행위의 개념에서는 제외하기로 한다.

2. 유 형

현행 부정경쟁방지법은 독일법 등과 같은 일반조항을 두지 아니하고 상품의 주체를 혼동케 하는 행위, 영업의 주체를 혼동케 하는 행위, 상품의 원산지 허위표시 등 행위, 상품생산·가공지 오인야기행위, 상품의 질·양 등 오인야기행위 등 5가지 유형의 행위만을 부정경쟁행위로 한정적으로 열거하고 있다(제 2 조 1호).

(1) 상품주체 혼동야기행위

국내에 널리 인식된 타인의 성명·상호·상표·상품의 용기·포장 기타 타인의 상품임을 표시한 표지와 동일 또는 유사한 것을 사용하거나 이러한 것을 사용한 상품을 판매·반포 또는 수입·수출하여 타인의 상품과 혼동을 일으키게 하는 행위는 그 목적의 여하를 불문하고 부정경쟁행위에 해당된다.

다음에 적시된 영업주체 혼동야기행위와 함께 영국법상 이른바 passing-off라고 하는 사칭행위 내지 혼동야기행위의 전형에 속하는 유형이라 할 수 있다.

이 유형의 부정경쟁행위는 ① 국내에 널리 인식된(주지성) ② 타인의 상품표지와 ③ 동일 또는 유사한 것을 사용하여 ④ 혼동을 일으킬 우려를 야기함으로써 성립된다.

주지성과 동일·유사 또는 혼동을 일으킬 우려 등의 해석에 관하여는 상표법 등과의 관련에서 제법 많은 판례가 집적되어 있는 편이나 여기서는 상세한 논급을 약하기로 한다.

(2) 영업주체 혼동야기행위

국내에 널리 인식된 타인의 성명·상호·포장 기타 타인의 영업임을 표시하는 표지와 동일 또는 유사한 것을 사용하여 타인의 영업상의 시설 또는 활동과 혼동을 일으키게 하는 행위 또한 부정경쟁의 목적 여하를 불문하고 부정경쟁행위에 해당되게 된다.

영업이란 경제상의 수지계산 위에서 경제질서의 일환으로 행하여지는 사업활동이다. 따라서 상법상의 영업, 즉 상인에 의한 영리사업보다는 범위가 넓다고 해석하여야 할 것이며, 앞의 가목 행위가 상품을 본위로 그 주체의 혼동을 일으키는 행위를 규정한 데 반하여 이 유형은 영업을 본위로 그 주체를 혼동케 하는 행위를 규정하고 있는 것이다.

(3) 원산지 허위표시행위[10]

상품이나 그 광고에 의하여 또는 공중이 알 수 있는 방법으로 거래상의 서류 또는 통신에 허위의 원산지의 표지를 하거나 또는 이러한 표지를 한 상품을 판매·반포 또는 수입·수출하여 원산지의 오인을 일으키게 하는 행위를 의미한다.

여기서 원산지라 함은 실존하는 지명(나라, 지방, 장소)을 말하며 상품의 산지를 의미하게 된다.

(4) 생산·가공지 오인야기행위

상품이나 그 광고에 의하여 또는 공중이 알 수 있는 방법으로 거래상

---

10) 법문에 충실한다면 원산지 오인야기행위로 표기하는 것이 더 정확하나 다음 목의 생산·가공지 오인야기행위와 구별을 쉽게 한다는 뜻에서 국내 다수의 저서나 논문에서 통상적으로 표기한 대로 원산지 허위표시행위로 그냥 약기한다. 이기수 외, 앞의 책, 1061쪽.

의 서류 또는 통신에 그 상품이 생산·제조 또는 가공된 지역 이외의 곳에서 생산 또는 가공된 듯이 오인을 일으키게 하는 표지를 하거나 또는 이러한 표지를 한 상품을 판매·반포 또는 수입·수출하는 행위를 말한다.

이 유형의 행위는 앞의 원산지 허위표시규정의 취지를 확충한 것으로, 원산지보다는 넓은 개념이므로 가공이거나 암시적인 표지도 해당된다고 보아야 할 것이다. 따라서 국산품을 만약 「외국제」라고만 표시하였다면 이 유형의 부정경쟁행위에 해당될 수 있을 것이다.

(5) 상품질·양 등 오인야기행위

타인의 상품을 사칭하거나 상품 또는 그 광고에 상품의 품질·내용·제조방법·용도 또는 수량의 오인을 일으키게 하는 선전 또는 표지를 하거나 이러한 방법이나 표지로써 상품을 판매·반포 또는 수입·수출하는 행위를 의미한다.

타인의 상품을 사칭한다 함은 가목의 상품주체 혼동야기행위가 상품의 표지에 의한 혼동을 일으키게 하는 행위임에 반하여 구두로 남의 상품을 사칭하는 소위 oral passing-off를 규정한 것으로 보아야 할 것이다.

상품의 질·양 등 오인야기행위는 ① 상품 또는 그 광고에 ② 상품의 품질·내용·제조방법·용도 또는 수량의 오인을 일으키게 하는 선전·표지를 하거나 ③ 이러한 방법이나 표지로써 상품을 판매·반포·수입·수출하는 경우에 성립하며, 상품주체 혼동야기행위나 영업주체 혼동야기행위의 규제가 주로 특정 동업자의 이익 보호에 기여하는 유형인 데 반하여, 위 (3)(4) 유형의 행위와 함께 오히려 동업자 전체의 이익 및 일반 소비자의 이익보호를 위한 규정으로서 기여하는 바가 크다고 생각된다. 그리고 바로 이러한 소비자보호규정으로서의 의미라는 측면에서, 공정거래법이 규정하고 있는 불공정거래행위와 접근 내지 중복되는 현상을 보이고 있는 것이다.

Ⅲ. 불공정거래행위의 의의와 유형

1. 의 의

불공정거래행위는 공정거래법상의 개념으로, 동법 제23조 1항은 부당하게 거래를 거절하는 등 6개 유형의 행위를 예시하면서 그 이외의 행위라도 「공정한 거래를 저해할 우려가 있는 행위」를 불공정거래행위라고 부르고 있다. 1999. 2. 5. 의 공정거래법 제 7 차 개정 이전까지는 허위의 표시·광고를 포함한 7개 유형의 행위를 한정적으로 열거하는 방식을 취했으나, 개정법은 제23조 1항 8호에서 제 1 호 내지 제 7 호[11] 이외의 행위로서 공정한 거래를 저해할 우려가 있는 행위를 금지한다고 정함으로써 한정적이 아닌 예시적 열거의 방식으로 전환하였으므로 결국 현행법은 행위의 구체적 태양이 어떠하든 공정한 경쟁을 저해할 우려가 있는 행위는 모두 불공정거래행위로 규제를 가하고 있는 것으로 보아야 할 것이다.

공정한 「거래」(Fair Trade)의 의미에 관하여는 공정한 경쟁(Fair Competition)보다는 넓은 개념이어서 경쟁의 수단이나 방법의 공정성뿐만 아니라 거래조건의 공정성까지 포함하는 개념이라는 견해[12]와, 거래의 의미를 공정거래법 제 1 조의 목적에 비추어 해석하는 것이 타당하므로 이

11) 이 중 제 6 호: 사업자, 상품 또는 용역에 관하여 허위 또는 소비자를 기만하거나 오인시킬 우려가 있는 표시·광고를 하는 행위는 1999. 7. 1.부터 시행된 표시·광고의 공정화에 관한 법률에 통합되어 삭제되었으므로 형식적으로는 위 예시에서 제외되었다.

12) 권오승, 경제법, 법문사, 1998, 283쪽.

를 미국, 일본에서와 같이 그냥 경쟁의 의미로 보아도 무방하다는 견해[13]가 대립된다.

어의상으로나 부정경쟁방지법의 부정경쟁행위와 차별성을 나타낸다는 뜻으로도 거래의 의미를 경쟁의 의미보다는 다소 넓은 의미로 이해하는 견해(구별설)가 이론적으로는 더 타당하다고 생각되지만, 공정하고 자유로운 경쟁을 촉진한다는 공정거래법의 목적을 보아서는 이를 바로 경쟁의 의미로 해석하는 견해(동일설)도 상당한 현실적 근거가 있다고 생각한다. 공정거래위원회의 심결은 대체로 동일설의 입장을 취하는 것으로 보인다.[14]

저해할 우려가 있다고 함은 공정한 거래를 저해하는 사실이 현실적으로 존재하지 않더라도 그러한 가능성 내지 추상적 위험성이 존재하는 것만으로도 충분하다는 뜻이며 반드시 구체적 위험성까지 요구하는 것은 아니라고 해석하여야 할 것이다.

2. 유　　형

공정거래법 제23조 1항은 6개 유형의 불공정거래행위, 즉

① 부당하게 거래를 거절하거나 거래의 상대방을 차별하여 취급하는 행위

② 부당하게 경쟁자를 배제하는 행위

③ 부당하게 경쟁자의 고객을 자기와 거래하도록 유인하거나 강제하는 행위

④ 자기의 거래상의 지위를 부당하게 이용하여 상대방과 거래하는 행위

⑤ 거래의 상대방의 사업활동을 부당하게 구속하는 조건으로 거래하

13) 이남기, 경제법, 박영사, 1999, 204쪽; 이기수, 경제법, 세창출판사, 1999, 161쪽.
14) 이남기, 앞의 책, 204쪽.

거나 다른 사업자의 사업활동을 방해하는 행위

⑥ 삭제: 후술

⑦ 부당하게 특수관계인 또는 다른 회사에 대하여 가지급금 · 대여금 · 인력 · 부동산 · 유가증권 · 무체재산권 등을 제공하거나 현저히 유리한 조건으로 거래하여 특수관계인 또는 다른 회사를 지원하는 행위를 예시하고,

⑧ 위 1호 내지 7호 이외의 행위로서 공정한 거래를 저해할 우려가 있는 행위도 불공정거래행위로 규정하고 있다.

그리고 동조 제 2 항이 불공정거래행위의 유형 및 기준을 대통령령으로 정한다고 한 바에 따라 동법 시행령 제36조 1항은 별표로써 일반불공정거래행위의 유형 및 기준을 32개(부당한 표시 · 광고항목의 4개 세부유형을 제외하면 28개) 세부유형으로 정하고 특수불공정거래행위에 관하여는 공정거래위원회의 고시로 이를 정할 수 있도록 하고 있다. 공정거래법과 그 시행령이 규정하고 있는 일반불공정거래행위의 유형을 표로 표시해 보면 다음 페이지와 같다.

<table>
<tr><th>공정거래법상 유형
(제23조 1항)</th><th colspan="2">일반불공정거래행위
(시행령 제36조 1항 별표)</th></tr>
<tr><td rowspan="2">1. 부당하게 거래를 거절하거나 거래의 상대방을 차별하여 취급하는 행위</td><td>1. 거래거절
(제 1 호 전단)</td><td>① 공동의 거래거절
② 기타의 거래거절</td></tr>
<tr><td>2. 차별적 취급</td><td>① 가격차별
② 거래조건 차별
③ 계열회사를 위한 차별
④ 집단적 차별</td></tr>
<tr><td>2. 부당하게 경쟁자를 배제하는 행위</td><td>3. 경쟁사업자 배제</td><td>① 부당염매
② 부당고가 매입</td></tr>
</table>

3. 부당하게 경쟁자의 고객을 자기와 거래하도록 유인하거나 강제하는 행위	4. 부당한 고객유인 (제 3 호 전단)	① 부당한 이익에 의한 고객유인 ② 위계에 의한 고객유인 ③ 기타의 부당한 고객유인
	5. 거래강제 (제 3 호 후단)	① 끼워팔기 ② 사원판매 ③ 기타의 거래강제
4. 자기의 거래상의 지위를 부당하게 이용하여 상대방과 거래하는 행위	6. 거래상 지위의 남용	① 구입강제 ② 이익제공 강요 ③ 판매목표강제 ④ 불이익 제공 ⑤ 경영간섭
5. 거래상대방의 사업활동을 부당하게 구속하는 조건으로 거래하거나 다른 사업자의 사업활동을 방해하는 행위	7. 구속조건부거래 (제 5 호 전단)	① 배타조건부거래 ② 거래지역 또는 거래상대방의 제한
	8. 사업활동방해 (제 5 호 후단)	① 기술의 부당이용 ② 인력의 부당유인 · 채용 ③ 거래처이전 방해 ④ 기타의 사업활동 방해
6. 〈삭제〉 1999. 7. 1.	9. 〈삭제〉	
7. 부당하게 특수관계인 또는 다른 회사에 대하여 가지급금 · 대여금 · 인력 · 부동산 · 유가증권 · 무체재산권 등을 제공하거나 현저히 유리한 조건으로 거래하여 특수관계인 또는 다른 회사를 지원하는 행위	10. 부당한 자금 · 자산 · 인력의 지원	① 부당한 자금지원 ② 부당한 자산지원 ③ 부당한 인력지원
8. 위 1호 내지 7호 이외의 행위로서 공정한 거래를 저해할 우려가 있는 행위		

3. 부당한 표시·광고행위

1999. 1.에 국회를 통과하여 동년 7. 1.부터 시행된 표시·광고의 공정화에 관한 법률이 시행되기 이전까지는 사업자, 상품 또는 용역에 관하여 허위 또는 소비자를 기만하거나 오인시킬 우려가 있는 표시·광고행위도 불공정거래의 한 유형으로 공정거래법의 직접적 적용대상이었다.[15] 그러나 허위·과장광고 등으로 인한 소비자피해에 효과적으로 대처하기 위하여 미국, 영국, 일본 등 선진제국의 예에 따라 표시·광고를 규제하는 특별법을 제정·시행함에 따라 부당한 표시·광고행위는 별개의 법에 따라 규제되는 하나의 독립된 불공정거래행위의 유형으로 자리잡게 되었다고 볼 수 있다.

허위·과장광고는 식품위생법(제11조), 약사법(제63조), 의료법(제46조), 농약관리법(제22조), 비료관리법(제17조) 등 개별 법규가 각각의 법목적에 따라 이를 금지하고 있기도 하나 위 표시·광고의 공정화에 관한 법률이 제정·시행됨으로써 동법에 따른 일반적인 규제를 받게 되었으며, 동법은 상품이나 용역에 관한 표시·광고에 있어서 소비자를 속이거나 소비자로 하여금 잘못 알게 하는 부당한 표시·광고를 방지하고 소비자에게 바르고 유용한 정보의 제공을 촉진함으로써 공정한 거래질서를 확립하고 소비자를 보호함을 목적으로 하고 있다(제 1 조).

물론 현행 공정거래법은 제23조 1항 8호에서 불공정거래행위의 정의에 관한 일반조항을 두고 있으므로 표시·광고의 공정화에 관한 법률의 직접적 규제 대상이 된 부당한 표시·광고행위도 일반적 불공정거래행위의 개념에 포섭될 수가 있음은 당연하다. 그러나 불공정거래행위 중

15) 뿐만 아니라 1981. 4. 1.부터 1994. 12. 31.까지 공정거래위원회가 일반불공정거래행위에 대하여 내린 총 692건의 심결 가운데 부당한 표시·광고건이 모두 317건으로 45.8%를 차지하고 있을 정도로 그 비중이 큰 것으로 나타나고 있다. 권오승 외, 공정거래법심결례 100선, 법문사, 1996, 33-34쪽.

가장 빈발하고 또 여러 개의 법률에 산재되어 효율적 규제가 미비하다고 생각되던 부당 표시·광고행위를 하나의 독립된 범주에 묶어 특별법을 제정한 취지를 본다면, 이는 불공정거래행위의 한 특수태양으로 별개의 고찰대상이 되어야 할 것이고 다만 부정경쟁행위와 대비되는 한도에서는 불공정거래행위의 개념에 포함하여 생각하면 될 것으로 본다.

표시·광고의 공정화에 관한 법률 제 3 조에 따르면 부당한 표시·광고행위란 소비자를 속이거나 소비자로 하여금 잘못 알게 할 우려가 있는 표시·광고행위로서 공정한 거래질서를 저해할 우려가 있는 허위·과장의 표시·광고(1호), 기만적 표시·광고(2호), 부당하게 비교하는 표시·광고(3호), 비방적인 표시·광고(4호)를 의미한다.

표시·광고의 공정화에 관한 법률은 소비자에게 제공되어야 할 필요가 있는 중요한 정보는 의무적 표시·광고사항으로 공정거래위원회가 이를 고시할 수 있도록 한 이른바 중요정보공개제도(동법 제 4 조)와, 사업자 등은 표시·광고 중 '사실과 관련된 사항'은 실증할 수 있어야 함을 규정한 이른바 광고실증제(제 5 조)를 도입하였으며, 그 밖에 불공정거래행위에 대하여 공정거래위원회가 명할 수 있는 시정조치와 과징금 부과 외에 표시·광고행위가 부당하다고 명백히 의심되고 당해 표시·광고행위로 인하여 소비자 또는 경쟁사업자에게 회복하기 어려운 손해가 발생할 우려가 있어 이를 예방키 위한 긴급한 필요가 있다고 인정될 때에는 공정거래위원회가 사업자 등에 대하여 당해 표시·광고행위를 일시 중지할 것을 명할 수 있는 임시중지명령제도(제 8 조)를 채택하고 있다.

Ⅳ. 부정경쟁행위와 불공정거래행위의 비교

1. 부정경쟁방지법과 공정거래법

연혁적으로는 사법의 영역에 속하는 부정경쟁방지법이 먼저 발달하였고 경제법의 영역에 속하는 독점규제법 내지 공정거래법은 비교적 늦게 입법화되었다고 볼 수 있다. 우리 부정경쟁방지법도 1961년에 독일의 UWG와 일본의 부정경쟁방지법을 본따 제정되었으나, 공정거래법은 1963년경부터 여러 차례의 시도 끝에 1975년에 물가안정및공정거래에관한법률이란 이름의 매우 불완전한 모습으로, 그리고 1980년에 비로소 현행과 같은 독점규제및공정거래에관한법률의 이름으로 제 모습을 갖추었다고 할 수 있다.[16] 그러나 독일의 경우 부정경쟁방지법(UWG)과 경쟁제한방지법(GWB)이 전자는 경쟁에 있어서의 공정을 보장키 위한 협의의 경쟁법으로 후자는 경쟁 자체의 자유를 보장키 위한 카르텔법으로 병행적으로 존재·기능하고 있음에 반하여, 우리의 독점규제및공정거래에관한법률은 일본법과 마찬가지로 미국 연방거래위원회법(Federal Trade Commission Act: FTC법)이 규제하고 있는 불공정거래행위[17]에 대한 규제조항을 독점규제조항과 함께 둠으로써 결국 부정경쟁행위는 부정경쟁방지법의 규제대상이 되고 불공정거래행위는 독점규제및공정거래에관한법률(공정거래법)의 규제대상이 되는 결과가 되고 말았다. 그리고 바로 그러한 이유에서 그렇다면 부정경쟁행위와 불공정거래행위는 과연 어떻게 구별되어야 할 것이며 양 행위가 중첩될 경우에는 어떻게 규율되어

16) 독점규제및공정거래에관한법률의 성립 경과에 관하여는 경제기획원, 공정거래백서, 1984, 3-66쪽이 상세하다.

17) 동법 제 5 조는 "상거래에 있어서 불공정한 경쟁방법과 불공정하거나 기만적인 행위 또는 관행은 이를 위법으로 한다"고 규정하고 있다.

야 할 것인가가 새로운 학문적인 또는 실무적인 쟁점이 되기에 이른 것이다.

부정경쟁행위와 불공정거래행위를 비교하는 것은 그 규제법률을 염두에 두고 본다면 결국 부정경쟁방지법과 공정거래법을 비교·검토하는 것과 같은 문제에 귀착된다고 할 수 있을 것이다.

2. 양 행위의 비교

(1) 목적과 보호대상

부정경쟁행위를 규율하는 부정경쟁방지법과 불공정거래행위를 규제하는 공정거래법은 모두 경제적 경쟁질서의 유지를 목적으로 '경쟁'을 규율한다는 점에서는 같지만, 전자는 '부정한 내지 불공정한' 경쟁을 금지하는 법체계이고 후자는 '자유롭지 못한' 경쟁을 제한하는 법체계이다. 따라서 부정경쟁방지법이 '경쟁의 공정'을 법목적으로 하는 불공정법(Unlauterkeitsrecht)이라면 공정거래법은 기본적으로는 '경쟁의 자유'를 법목적으로 하는 카르텔법(Kartellrecht)이라고 이해되고 있다. 따라서 전자가 경제정책적으로는 중립적임에 반하여 후자는 다분히 경제정책적인 법이라고 할 수가 있을 것이다. 우리의 현행 부정경쟁방지법은 그 목적을 '… 등의 부정경쟁행위와 타인의 영업비밀을 침해하는 행위를 방지하여 건전한 거래질서를 유지함을 목적으로 한다'고 규정(동법 제1조)[18] 하고, 공정거래법은 '…하여 공정하고 자유로운 경쟁을 촉진함으로써 창의적 기업활동을 조장하고 소비자를 보호함과 아울러 국민경제의 균형있는 발전을 도모함을 목적으로 한다'(동법 제1조)고 규정하여 다소 복합적 함의를 띠고는 있으나 요컨대 전자는 건전한 거래질서의 유지,

18) 동법의 목적에 관하여 1986년의 개정 전까지는 '부정한 수단에 의한 상업상의 경쟁을 방지하여 건전한 상거래의 질서를 유지함을 목적으로 한다'고 규정하고 있었다.

후자는 공정할 뿐만 아니라 자유로운 경쟁을 통한 국민경제의 균형적 발전 쪽에 무게를 두고 있다고 보아야 할 것이다.

따라서 부정경쟁행위의 규제로 보호되는 대상은 상품이나 영업주체의 혼동야기행위 등으로 피해를 보는 동업자나 대기업 쪽이 많을 것이고, 불공정거래행위의 규제로 보호되는 대상은 일반 소비자나 중소기업자일 가능성이 많다고 생각할 수 있을 것이다. 그러나 물론 부정경쟁행위의 규제로 일반소비자가 보호된다든가 불공정거래행위의 금지로 대기업이 보호될 수도 있다는 측면을 전혀 부정할 수는 없다.

(2) 법영역과 지도원리

전통적인 눈으로 보면 부정경쟁방지법은 불법행위법의 특수법으로 사법의 영역에 속하는 반면 공정거래법은 자본주의의 고도화 과정에서 등장한 제 3 의 법역이라고 할 수 있는 경제법(Wirtshaftrecht)의 영역에 속한다고 볼 수 있다. 물론 우리 부정경쟁방지법은 1986년의 개정에서 부정경쟁행위의 성립요건에 주관적 요소를 배제하고 특허청장이 시정권고를 할 수 있게 하는 등 전통적인 시민법원리에서 벗어나 소위 '객관화' 하는 경향[19]에 있고, 공정거래법도 사법적 구제방법을 완전히 배제하는 것이 아니어서[20] 양자는 접근·융화의 여지가 크다고 할 수는 있겠지만 적어도 지금까지는 서로 다른 법영역에 속하는 것으로 관념되어 왔다고 볼 수 있다.

따라서 전자에 있어서는 전통적인 과실책임주의의 법원리가, 후자의 경우에는 무과실책임주의의 법원리가 지배하고 있다고 할 수 있다.

---

19) 정호열, 앞의 책, 97쪽.

20) 예컨대 현행 독점규제및공정거래에관한법률 제57조 1항 단서는 동법에 의한 손해배상청구는 민법의 불법행위규정에 의한 손해배상청구를 제한하지 아니한다고 명시하여 양 청구권의 병존을 인정하고 있다.

(3) 규제방법과 기관

부정경쟁행위에 대하여는 후술하는 바와 같이 금지·예방의 청구나 손해배상청구 또는 신용회복조치청구와 같은 구제수단이 모두 법원에 의하여 이루어지므로 당연히 사법적 방법의 규제가 주가 될 수밖에 없다. 그러나 불공정거래행위에 대하여는 부당한 표시·광고행위를 포함하여 어느 것이나 사법적인 규제보다는 공정거래위원회에 의한 시정조치나 과징금 부과와 같은 행정적 규제가 주가 되고 있다. 물론 부정경쟁방지법은 부정경쟁행위에 대한 특허청장의 시정권고(동법 제8조)가 가능하다고 규정하고 있고, 공정거래법도 불공정거래행위에 대하여 피해를 가한 사업자 또는 사업자단체의 사법적인 손해배상책임(동법 제56조)을 규정하고 있지만 이러한 행정적 또는 사법적 규제는 어디까지나 주된 규제수단에 대한 보충적 방법에 불과하다고 보아야 할 것이다.

그리고 행정적 규제의 주무기관도 불공정거래행위의 경우에는 당연히 공정거래위원회가 되겠지만, 부정경쟁행위의 경우에는 현행법상 특허청이 위반행위의 중지나 표지의 제거·폐기 등 시정권고의 주무관청으로 되어 있다.

(4) 구제수단

현행법상 부정경쟁행위에 대하여는 사법적으로는 금지·예방청구(부정경쟁방지법 제4조), 손해배상청구(제5조), 신용회복조치청구(제6조) 등이 가능하고, 행정적으로는 특허청장의 시정권고(제8조)가 가능하다. 물론 부정경쟁행위는 형사처벌의 대상이 되며 이 경우 고발은 소추요건이 되지 않는다.

금지·예방청구권은 ① 객관적으로 위법한 부정경쟁행위가 있고 ② 그 부정경쟁행위로 인하여 영업상 이익이 침해되었거나 침해될 우려가 있는 경우에 청구 가능하며, 법원에 당해 행위의 금지 또는 예방을 청구할 수 있는 외 부정경쟁행위를 조성한 물건의 폐기, 제공된 설비의 제거 기타 필요한 조치를 함께 청구할 수 있다(동법 제4조 2항).

금지청구권 등이 인정되기 위하여는 부정경쟁행위자의 고의·과실이나 부정경쟁의 목적과 같은 주관적 요건이 필요치 않음은 법문상 명백하며,[21] 그 성질에 관하여는 불법행위적 성격이 강하여 물권적으로 되었다는 견해나 불법행위적 성격에 공법적 성격이 가미되었다는 견해도 있으나 이를 굳이 권리일반론 또는 불법행위이론 일반론으로 연역하기보다 법이 동업자 및 일반소비자 보호를 위하여 특별규정을 둔 것으로 해석하면 될 것으로 본다.[22]

손해배상청구권은 민법상의 불법행위로 인한 손해배상청구권을 확인적으로 규정한 특별규정이며 따라서 행위자의 고의·과실을 요건으로 하는 등 불법행위의 일반원칙이 그대로 적용되고 소멸시효도 손해 및 가해자를 안 날로부터 3년, 부정경쟁행위가 있은 날로부터 10년간 행사하지 않으면 소멸하는 것으로 해석하여야 할 것이다.

신용회복조치청구권이란 부정경쟁행위로 인하여 영업상 이익이 침해된 자가 손해배상을 청구할 경우에, 손해배상에 갈음하여, 또는 손해배상과 함께 영업상의 신용을 회복하는 데 필요한 조치를 청구하는 것을 의미하며 판결문의 게재나 통지에 의한 사죄방법 등이 그 예일 것이다. 신문·잡지에 사죄광고를 게재케 함이 보통의 방법이기는 하나 이는 헌법상 양심의 자유에 위반되는 과도한 기본권제한이라는 헌법재판소의 결정례[23]가 있으므로 남용할 것은 아니라고 본다.

부정경쟁행위에 대하여는 이상의 사법적 구제 외에 특허청장이 부정

21) 같은 취지: 유남순, "부정경쟁행위와 금지청구권," 사법연구자료 20집, 1993, 542쪽.
22) 이에 관하여는 정성진, 앞의 논문, 81-82쪽 참조.
23) 헌재 1991. 4. 1. 선고 89헌마160 결정. 헌재판례집 Ⅲ, 149쪽 이하.

경쟁행위를 한 자에 대하여 30일 내의 기간을 정하여 그 행위를 중지하거나 표지를 제거 또는 폐기할 것 등 그 시정에 필요한 권고를 할 수 있도록 규정하여 행정청의 직권에 의한 구제조항을 두고 있다.

시정권고에 의한 행정적 규제를 효율적으로 하기 위하여 관계공무원에게 조사권한을 부여하고 있으며(동법 제 7 조), 시정권고를 위하여 필요한 경우에는 당사자나 이해관계인 등의 의견을 청취하여야 하는 것으로 정하고 있다.

불공정거래행위에 대하여는 행정적인 구제수단으로 공정거래위원회에 의한 시정(조치)명령(공정거래법 제24조) 및 권고(제51조)와 과징금 부과(제24조의 2)가 있고, 불공정거래행위를 한 사업자 또는 사업자단체는 이와 같은 행정적 규제와는 별도로 피해자에 대하여 사법적인 손해배상의 책임도 진다(제56조). 물론 불공정거래행위는 형사처벌의 대상도 되지만 부정경쟁행위의 경우와는 달리, 공정거래위원회의 고발이 있어야 소추할 수 있는 전속고발사항으로 되어 있다(제71조).

공정거래위원회의 시정명령은 불공정거래행위를 한 사업자에 대하여 당해 불공정거래행위의 중지, 계약조항의 삭제, 법위반 사실의 공표 기타 시정을 위한 필요한 조치를 명하는 것을 의미하고, 시정권고는 당해 사업자나 사업자단체에 대하여 시정방안을 정하여 이에 따른 것을 권고하는 처분인데, 시정권고를 받은 자가 이를 수락한 때에는 시정조치를 명받은 것으로 보게 된다.

또 과징금은 형사벌이나 행정질서벌과는 다른 새로운 형태의 금전적 행정제재금으로서 공정거래위원회는 불공정거래행위를 한 자에 대하여 일정한 범위에서 매출액에 100분의 2를 곱한 금액을 초과하지 않는 범위 안에서(매출액이 없는 경우 등에는 5억원을 초과하지 않는 범위) 과징금을 부과할 수도 있다.

그 밖에 불공정거래행위의 특수유형인 부당한 표시·광고행위에 대하여는 임시중지명령이 가능하다는 점에 관하여는 전술하였다.

공정거래법 제56조가 규정하고 있는 손해배상청구권은 민법의 불법행위조항이 규정하고 있는 손해배상청구권과는 달리, 행위자의 고의·과실을 요하지 않는 무과실책임주의의 지배를 받고, 공정거래법에 따른 시정조치가 확정된 후가 아니면 청구할 수 없으며, 행사할 수 있는 날로부터 3년을 경과하면 시효소멸하는 등의 특징이 있다.

3. 본질적으로 다른 개념인가

이상 우리 실정법상 부정경쟁행위와 불공정거래행위는 목적과 보호대상, 법영역과 지도원리, 규제방법과 기관, 구제수단 등에서 구별된다는 점에 관하여 살펴보았는데 그러면 양 개념은 본질적으로 서로 용해·융합될 수 없는 다른 성질의 것인가를 여기서 한 번 짚어 볼 필요가 있다.

부정경쟁행위에서의 「부정」은 신의성실 또는 선량한 풍속 기타 사회질서에 위반된다는 뜻으로 해석할 수 있다는 점에 관하여는 앞에서 논급한 바가 있고, 불공정거래행위에 있어서의 「불공정」에 관하여는 여러 견해가 있을 수 있으나[24] 이를 공서양속(사회질서), 신의성실에 위반된다는 뜻으로 해석한다면 부정과 불공정은 결국 같은 뜻으로 이해하지 못할 바가 아니라고 생각된다. 또 「경쟁」과 「거래」는 이론상 「거래」가 좀 더 넓은 개념으로 보이기는 하지만 이를 같은 뜻으로 해석하는 견해도 유력할 뿐만 아니라 공정거래위원회의 심결례에서는 이를 동일하게 보는 입장을 취하고 있다고 함에 관하여는 앞에서 기술한 바가 있다. 결국 부정경쟁행위와 불공정거래행위는 그 개념 자체로서는 본질적 차이가 없고 단지 우리 실정법상 다른 법의 규제를 받고 있으므로 앞에 본

---

24) 이에 관하여는 이남기, 앞의 책, 202-203쪽; 권오승 편(필자 정호열), 공정거래법강의, 303-307쪽.

바와 같은 제도적 차이점을 드러내고 있다고 할 수 있다. 그렇다면 양 개념은 그 내포나 외연에 있어서 서로 포섭될 수 있는 동질적인 것이고 입법기술적인 조정 여하에 따라서는 적어도 지금보다는 훨씬 명료한 통일적 개념으로 정리될 수 있는 여지가 크다고 생각된다. 그리고 이 문제는 다음에 보는 바와 같이 하나의 행위가 부정경쟁행위가 됨과 동시에 불공정거래행위로도 해석될 경우를 살펴보면 더욱 분명해진다.

Ⅴ. 부정경쟁행위와 불공정거래행위가 중첩되는 경우

1. 사례와 실정법적 규제

공정거래위원회는 1995. 6.에 국민투자신탁(주)이 실적배당상품인 '국민미래주식' 제10호 내지 19호를 판매함에 있어, 일정수익률을 보장하는 것이 증권투자신탁업법에 의해 제도적으로 불가능하다는 사실을 잘 알고 있으면서도 연 12-15%의 확정수익률을 보장한다고 고객에게 설명하거나 그러한 내용의 각서 등을 교부·제시하는 등의 방법으로 고객을 오인시켜 경쟁사업자의 고객을 자기와 거래하도록 부당하게 유인하였다는 취지로 심결[25]하면서 시정조치명령을 내린 바 있다(사례 ①).

또 1996. 11.에 (주)진로가 자신이 제조·판매하는 소주인 '참나무통 맑은소주'와 관련하여 '참나무통 맑은소주는 순쌀로 빚은 증류식 소주원액을 참나무통에서 1년 이상 숙성했습니다'. '소주의 개념을 바꾼 숙성소주, 숙성소주이기에…'라는 등의 표현과 그림광고 등을 통하여, 사실은 숙성된 증류식 소주원액이 그중 5-9%만에 첨가되고 있고 91-95%는 숙성되지 아니한 주정이 사용되고 있음에도 마치 제품 전체가 숙성된

25) 국민투자신탁(주)의 부당고객유인행위건(1995. 6. 5), 이남기, 앞의 책, 228-229쪽.

증류식 소주원액으로 만들어지거나 숙성된 소주인 것처럼 표현함으로써 소비자를 오인시키거나 오인시킬 우려가 있는 부당한 과장광고를 하였다는 취지로 심결[26]하면서 역시 시정조치명령을 내린 바 있다(사례 ②).

이들 행위 중 사례 ①은 공정거래법 제23조 1항 3호의 부당하게 경쟁자의 고객을 자기와 거래하도록 유인한 행위에 해당하고, 사례 ②는 당시로서는 동조 제 1 항 6호의 사업자, 상품 또는 용역에 관하여 허위 또는 소비자를 기만하거나 오인시킬 우려가 있는 표시·광고를 하는 행위에, 현행법상으로서는 표시·광고의 공정화에 관한 법률 제 3 조 1항 1호의 허위·과장의 표시·광고에 각 해당되는 불공정거래행위가 됨은 의문이 없다.

그러나 이들 행위를 경제법적 측면에서라기보다 피해자 보호를 위한 사법적 측면에서 보면 바로 부정경쟁방지법이 규제하는 부정경쟁행위에도 해당되게 된다. 즉 사례 ①의 경우는 부정경쟁방지법 제 2 조 1호 마목의 상품 또는 광고에 상품의 품질·내용의 오인을 일으키게 하는 선전이나 이러한 방법으로 상품을 판매하는 행위에 해당될 것이고, 사례 ②의 경우는 역시 같은 목에서 규정한 상품의 품질·제조방법의 오인을 일으키게 하는 선전 또는 표지를 하거나 이러한 방법이나 표지로써 상품을 판매하는 경우에 적확히 해당되기 때문이다.

2. 해석·운영상의 문제점

그렇다면 부정경쟁행위와 불공정거래행위가 경합·중첩되는 위 전형적 사례를 부정경쟁방지법으로 의율하는 경우와 공정거래법으로 의율하는 경우에 어떠한 실제적 차이가 있는가.

먼저 실제 적용된 바와 같이 이를 불공정거래행위로 보아 공정거래법

26) (주)진로의 부당표시·광고행위건(1996. 11. 30), 이남기, 앞의 책, 261-262쪽.

으로 의율하게 되면 공정거래위원회가 당해 행위의 중지, 법위반사실의 공표, 정정광고 등과 같은 시정조치를 명할 수 있고, 과징금을 부과할 수도 있으며, 사업자가 피해자에 대하여 손해배상책임을 질 경우 고의·과실을 불문하되 위 시정조치가 확정된 후가 아니면 재판상 주장을 할 수가 없게 된다(시정조치전치주의). 또 형사처벌은 공정거래위원회의 고발이 없는 한 불가능하다고 볼 수 있다.

그러나 만약 같은 행위에 대하여 부정경쟁방지법을 적용하게 된다면 공정거래위원회가 아닌 특허청장이 시정권고를 할 수 있을 뿐이며, 피해자가 법원에 손해배상청구를 하는 경우에도 불법행위의 일반 법이론에 따라 사업자의 고의·과실 있음을 입증하여야 할 것이다.

반면에 당해 행위로 인하여 자신의 영업상 이익이 침해되거나 침해될 우려가 있다고 인정하는 자는 법원에 그 행위의 금지 또는 예방을 청구할 수 있고, 고의·과실에 의한 부정경쟁행위로 영업상의 신용이 실추된 자는 손해배상청구에 대신하여 또는 손해배상청구와 함께 법원에 신용회복에 필요한 조치를 청구할 수 있게 된다. 또 부정경쟁행위에 대하여는 고발이 없더라고 형사처벌이 가능하다.

부정경쟁방지법과 공정거래법은 앞에서 본 바와 같이 성격도 다르고 규제의 측면도 다르므로 동일행위가 양법의 구성요건을 모두 충족하는 경우에 양법이 중복적용되는 것은 당연하다고도 볼 수 있으며 실제 독일과 일본에 있어서는 이 견해가 통설화되어 있다[27]고 할 수 있다. 따라서 행정적 규제에 관하여는 GWB나 私的獨占의禁止및公正取引(去來)確保에관한法律이, 그리고 사법적 구제에 관하여는 UWG나 부정경쟁방지법이 주로 적용될 것이다.

그러나 우리나라의 경우에는 부정경쟁방지법 제15조 2항이 공정거래

---

27) 小野昌延, 주해부정경쟁방지법, 청림서원, 1990, 37쪽; Baumbach/Hefermehl, Wettbewerbsrecht, 198, C. H. Beck, pp. 90-91.

법에 다른 규정이 있을 경우에는 공정거래법의 우선적용을 명시하고 있어 이 문제를 입법적으로 해결하고 있다.[28] 따라서 위 사례 ①, ②와 같은 경우에는 법문에만 따르면 부정경쟁방지법은 적용될 여지가 없는 듯이 생각될 수가 있다. 당시 입법자의 의도는「독점규제및공정거래에관한법률에서 정하고 있는 불공정거래행위와 중복되지 않는 범위 내에서 부정경쟁방지법을 적용」하겠다는 취지[29]로 알려지고 있으나, 이러한 태도가 양법의 성격을 충분히 이해하지 못한 데서 유래한 것은 물론 피해자의 보호를 위하여서도 매우 불리한 해석이라고 하지 않을 수가 없다. 특허청의 시정권고와 같은 조치는 공정거래위원회의 시정명령에 비추어 미약하므로 이를 배제하더라도 무방하겠지만,[30] 부정경쟁행위의 피해자가 법원에 당해 행위의 금지나 예방을 청구하지 못한다거나 신용회복조치청구를 할 근거가 없다는 것은 매우 부당하다고 보지 않을 수가 없는 것이다. 이것은 결국 우리 법이 독점규제를 주안으로 해야 할 법에 경쟁의 자유보다 경쟁의 공정성을 해치는 행위를 무원칙하게 쓸어 담고, 부정한 경쟁행위를 금지하는 시민법에 행정청의 시정권고와 같은 외국 법제에는 없는 행정규제를 뒤섞어 규정함으로써 야기된 혼란으로, 장차 입법론적으로 검토·조정해야 할 사안으로 보인다.

28) 부당한 표시·광고에 관하여는 표시·광고의 공정화에 관한 법률 부칙 제5조에 따라 공정거래법에 갈음하여 표시·광고의 공정화에 관한 법률이 우선적용되는 것으로 해석된다.

29) 1986. 11. 17. 특허청의 국회상공위 제출자료, 3쪽; 정호열, 앞의 책, 100쪽.

30) 이와 같은 조항을 둔 취지는 같은 행위에 대하여 공정거래위원회와 특허청의 이원적 감독으로 인한 혼란을 방지하자는 취지도 있는 것으로 짐작된다.

Ⅵ. 입법론적 검토

1. 외국의 입법체제

앞에서도 부분적으로 언급된 바와 같이 독일의 경우에는 부정경쟁방지법(UWG)과 경쟁제한방지법(GWB)을 경쟁법(Wettbewerbsrecht)[31)]의 양축으로 운영하면서, 불공정거래행위에 대하여는 민법의 특별법으로서의 부정경쟁방지법이 기본법으로 적용된다고 볼 수 있다. 물론 경쟁제한방지법도 거래관계에 의한 경쟁제한 등 일부 유형의 불공정거래행위에 대한 규제를 두고 있지만, 기본적으로는 UWG 즉 부정경쟁방지법이 그 제 1 조에서「영업상의 거래에 있어서 경쟁을 목적으로 선량한 풍속에 위반하는 행위」를 부정경쟁행위로 해석하는 일반조항을 두고 중지와 손해배상청구 등 사법구제절차를 규정하고 있다. 그리고 GWB는 카르텔법으로, 시장지배적 사업자나 기업결합에 대한 통제 등 경쟁제한적 행위를 행정적으로 규제하는 경제법으로 역할하고 있다. 따라서 우리 법에서처럼 부정경쟁행위와 불공정거래행위가 이원적인 개념이 될 여지는 없다고 생각된다.

미국의 경우에도 연방거래위원회법(FTC법) 제 5 조[32)]가 규정하고 있는「불공정한 경쟁방법(Unfair Methods of Competition) 및 불공정 또는 기만적인 행위 또는 관행(Unfair or Deceptive Acts or Practices)」을 일종의 일

31) 보통 전자를 협의의 경쟁법, 후자를 카르텔법이라고 부르며 양자는 광의의 경쟁법영역에 속하는 것으로 이해하여 왔으나, 근래에는 두 법영역의 통합이 어렵다는 견해도 유력한 듯하다. F. Rittner, Wettbewerbs-und Kartellrecht(권오승 역, 독일경쟁법, 법문사), 1997, pp. 1-2.

32) 미국의 불공정거래행위규제는 하나의 독립된 장이나 단행법에 의하여 규제되고 있지 않으며, 위 조항도 1914년의 FTC법에 이어 1938년 Wheeler-Lea Act에 의하여 뒷부분의 문언이 추가되었다.

반조항으로 삼아, FTC가 불공정거래행위를 구체적으로 특정하는 거래규제규칙(Trade Regulation Rule: TRR)을 제정, 시행하고 있어 우리의 공정거래법상 불공정거래행위는 물론 부정경쟁방지법상의 부정경쟁행위도 포괄될 수 있는 통일적인 개념으로 이를 규제하고 있다고 보아야 할 것이다.

일본은 우리 법과 유사한 부정경쟁방지법을 두고 있는 외 미국의 FTC법을 본따 私的獨占의禁止및公正去來確保에관한法律 제19조에서 「불공정한 거래방법」의 금지에 관한 규정을 두고, 동법 제 2 조 9항에서는 불공정거래방법에 관한 6가지 유형을 열거하면서 공정거래위원회가 이를 지정하는 것으로 정하고 있다. 따라서 외형적 형식만으로 보면 우리 법은 일본법의 체제를 따라 부정경쟁방지법상의 부정경쟁행위와 공정거래법상의 불공정거래행위(일본법의 불공정한 거래방법)를 이원적으로 취급하고 있는 것으로 생각할 수가 있다. 그러나 일본에서는 불공정한 거래방법의 금지를 독점금지의 보완적 제도로 이해하는 것이 통설[33]이며 사법적 측면에서의 단순한 불공정한 행위는 경쟁제한적인 성격을 인정할 수 없으므로 동법상의 불공정한 거래방법으로 볼 수 없다고 해석하고 있다.[34] 그리고 부정경쟁방지법에도 우리 법이 규정하고 있는 것과 같은 특허청장의 시정권고나 관계공무원의 조사권 등 규정이 없고, 부정경쟁방지법과 독점금지법이 경합할 때에는 양법을 중복적용할 수 있다고 해석하고 있다.

2. 입법론적인 재검토

결국 선량한 풍속 기타 사회질서나 신의성실에 반하는 수단·방법에

33) 小野昌延, 앞의 책, 36쪽.

34) 윤주한, "독일의 불공정거래행위규제에 관한 비교법적 고찰," 상사법학 1호, 1994, 94쪽.

의한 경쟁행위라는 뜻에서 본질적인 차이를 인정할 수 없는 부정경쟁행위와 불공정거래행위를 이원적으로 취급하게 된 것은 우리 입법체계가 경쟁의 자유를 제한하는 독점규제법에 독점규제와는 직접적 관련이 적은 불공정한 수단의 경쟁행위를 무원칙하게 집어넣고, 경쟁의 윤리적 공정성을 보호하기 위한 시민법에 행정청의 시정권고와 같은 행정규제 조항을 혼입(混入)함으로써 법의 성격이 불투명해지고 규제기능에도 혼선이 초래되었기 때문으로 볼 수 있다. 또 이것은 피해자나 일반소비자 보호에도 비효율적인 결과를 드러내고 있다고 보여진다. 따라서 이를 투명하고 효율성있게 입법론적으로 조정·재구성하는 방법으로는 다음의 3가지 방식을 생각해 볼 수가 있을 것이다.

(1) 〈방식 1〉은 현행의 불공정거래행위 규정을 부정경쟁방지법으로 통합하는 방안이다. 이것은 독일의 예를 모델로 하여 현행 독점규제및공정거래에관한법률의 규정 중 불공정거래행위에 관한 부분은 부정경쟁방지법으로 이관하고 공정거래법은 독점규제법으로서의 성격으로 일관하는 방법이라고 할 수 있다.[35]

이 방식은 시민법으로서의 부정경쟁방지법과 경제법으로서의 독점규제법의 성격이 순수·명료해지고, 부정경쟁방지법에 부정경쟁행위 내지 불공정거래행위에 관한 일반조항을 두면 불공정경쟁행위 전반에 걸친 통일적 규율이 가능하다는 장점을 생각할 수 있을 것이다. 그러나 부정경쟁방지법과 독점규제(금지)법이 접근·융화하는 경향이 있다고 하더라도 기본적으로 전자는 사법적 구제를 수단으로 하는 법제인데 모든 불공정경쟁행위를 사법적으로만 구제한다는 것은 결국 행정적 규제를 포기한다는 것을 의미할 수 있고 이는 결국 일반 소비자를 위한 보호의 후

35) 정호열 교수가 과거 이 방식을 주창하였다. 정호열, 앞의 책, 286-287쪽. 다만 동 교수는 그 후 현행 부정경쟁방지법이 정하는 부정경쟁행위의 유형들을 불공정거래행위의 유형으로 편입시켜 공정거래위의 통일적 관할에 맡기는 것이 바람직하다고 입장을 다소 바꾼 듯하다. 권오승 편, 앞의 책, 302쪽.

퇴를 초래할 수가 있을 것이다. 그리고 현행의 부정경쟁방지법을 기준으로 한다면 동법상의 주무행정기관은 특허청이 되므로 동 행정청이 과연 상당한 운영경험을 축적하고 있는 공정거래위원회만큼 효율적인 규제를 할 수 있을는지도 의문시된다. 부정경쟁방지법을 대폭 보완하여 그 규제기관을 공정거래위원회로 조정하는 방법도 생각할 수가 있으나, 그렇게 하면 동법의 성격 자체가 모호해질 수 있고 단일의 법체계 아래 통합한다는 의미도 퇴색할 것이다.

(2) 〈방식 2〉는 부정경쟁방지법과 독점규제및공정거래에관한법률의 불공정거래행위 규제조항 기타 소비자보호법이나 하도급거래공정화에 관한법률 등에 산재돼 있는 불공정거래 관련조항 등을 모두 포괄하여 새로운 불공정거래행위규제법을 제정하는 방안이다.[36)]

이 방식은 불공정경쟁행위 전반을 별도의 단행법으로 묶어 공정거래위원회의 관장하에 둠으로써 통일적이고 효율적인 행정규제가 가능하다는 장점이 있고 이론적으로도 명료한 방안이라고 할 수 있다. 그러나 법의 성격이나 연혁을 무시하고 단지 하나의 통일적인 법체계로 묶는 것이 과연 어떤 실질상의 의미를 가져올 것인가에 대한 의문은 여전히 남을 수가 있다. 기왕의 부정경쟁방지법은 특수한 불법행위법으로서 사법의 영역에서 나름대로의 기능을 수행해 오고 있다고 볼 수 있는데 이들 사법규정과, 행정규제를 주로 하는 경제법적 규정을 하나로 묶어 새로운 법을 만든다는 것은 너무 법만능적인 편의적 발상이 아닌가 하는 비판도 있을 수 있을 것이다. 그리고 이렇게 묶더라도 약관의 규제라든가 할부거래, 방문판매 등과 가장 최근에 독립 법규제대상이 된 부당한 표시·광고 등은 어차피 단일법으로 포괄하기가 무리일 것이며 공정거래위원회의 규제사항이라 하여 반드시 법기술상 단일법의 지붕 아래 두어야 한다는 논리도 성립한다고 볼 수가 없을 것이다.

36) 윤주한, 앞의 논문, 128-130쪽.

(3) 〈방식 3〉은 현행대로 부정경쟁방지법과 독점규제및공정거래에관한법률의 이원체제를 유지하되, 법의 성격에 맞지 않는 불투명하고 비효율적인 내용을 정비하여 전자는 불공정한 경쟁수단에 의한 거래행위를 규율하는 시민법으로, 후자는 경쟁자유를 제한하는 시장구조 및 거래행태의 개선을 통한 경제법으로서의 기능과 역할에 보다 충실하도록 조정하는 방안이다.

따라서 현행 부정경쟁방지법 중 특허청장의 시정권고(동법 제8조), 관계공무원의 조사권(제7조) 등 실효성이 적은 행정규제조항은 삭제하고 제15조 2항의 공정거래법 우선적용조항도 삭제하여 사법으로서의 본래 성격에 맞게 운영하는 한편, 경합시 중복적용도 가능하게 하여 피해자 및 일반 소비자 보호를 도모할 필요가 있고, 공정거래법이 규정하고 있는 불공정거래행위도 독점규제를 보완하는 행위 위주로 이를 제한하여 운영할 필요가 있다는 취지라고 할 수 있다.

이 방식은 관련법의 전면적 재편에까지 이르지 아니하고 불공정거래행위 규제에 관한 공정거래위원회의 기왕의 운영경험과 실적을 활용하면서 최소한의 법개정 내지 보완으로 관련법의 체계를 정비할 수 있는 장점이 있다고 생각된다. 독일식 법체계를 굳이 따르지 않고 국내적 규제여건과 효율성을 고려한 현실부응적 방안이라고 볼 수 있으나, 독점규제법의 성격이 희석되고 불공정경쟁행위에 대한 규제가 이원화되는 현실을 근본적으로 개선하지 못한다는 비판이 가능할 것이다.

생각건대 위와 같은 입법론적 검토과정에서 우리는 다음과 같은 몇 가지 명백한 사실을 전제로 하여야 할 것으로 본다. 즉 ① 부정경쟁행위와 불공정거래행위는 본질상 다르지 않은 개념인데도 단지 우리 실정법상 규제법규가 다른 관계로 구별되는 개념으로 취급되고 있다. ② 부정경쟁방지법과 독점규제법 내지 공정거래법은 비록 접근하는 경향에 있다고 하더라도 기본적으로 전자는 시민법(사법)으로, 후자는 경제법으로 그 성격과 보호대상, 지도원리 등이 다른 법체계에 속하며 각기 독자의 법영역을 가지고 있다고 보아야 한다. ③ 현행 부정경쟁방지법은 법의 성격과 내용에 다소 불투명한 점이 있고, 부정경쟁행위에 대한 행정규제기관이 다원화되는 것도 바람직하지 않다.[37] ④ 불공정경쟁행위에 대한 행정규제기관은 공정거래위원회로 하는 것이 효율적이다.

이와 같이 공통적으로 추출될 수 있는 인식을 전제로 부정경쟁행위와 불공정거래행위에 대한 법적 규제의 체계를 입법론적으로 재검토해 본다면 사견으로는 위 〈방식 3〉이 현실적으로 가장 타당하다고 생각된다. 우리 독점규제및공정거래에관한법률이 시장지배적 지위의 남용, 기업결합, 부당한 공동행위 등과 같은 독점규제 이외에 불공정거래행위 규제조항을 함께 둔 것에 관하여는 논란의 여지가 없지 않겠으나, 1981년에 동법이 시행된 이후 불공정거래행위분야에서 공정거래위원회가 축적한 실적과 경험이 압도적으로 많아[38] 이제는 동 규제업무가 궤도에 올랐다고 보여질 뿐만 아니라 입법의 타당성 여부는 그 규율의 바탕이 되는 사회현실도 적극 고려한 위에서 판단되어야 할 것으로 보기 때문이다. 따라서 불공정거래행위에 대한 규제를 동법에 존치함으로써 독점규제법으로서의 성격이 다소 희석된다든가 법적 규제가 이원화된다는 등의 이론적인 문제는 그로 인해 효율적 소비자보호 및 공정한 경쟁질서의 확립에 기여할 수 있다고 하는 역사적·현실적 긍정요인을 넘어설 수 없다고 본다. 일본이 대체로 이와 같은 규제방식을 취하고 있으나 일본의 부정경쟁방지법은 우리의 경우보다 더 사법적 성격이 뚜렷한 것으로 보인다.

---

37) 규제근거법령이 소관부처 위주로 편성되어 다수의 법령이 중복하여 연관되면 이에 따라 다수의 부처가 중첩적으로 관여하게 되어 국민 입장에서는 중복규제 내지 유사규제가 많이 발생하는 문제점을 드러내게 된다. 오준근 외, 경제규제행정의 투명성 제고를 위한 법제정비방안, 한국법제연구원, 1996, 73쪽.

38) 1981. 4. 1.부터 1994. 12. 31.까지 공정거래위원회가 내린 심결례를 분석한 결과, 총 1,493건 중 규제사항별로는 일반 및 특수불공정거래행위가 합계 946건으로 63.4%를 차지하고 있다. 권오승 외, 앞의 책, 33-34쪽.

Ⅶ. 맺 음 말

이상 실정법상 부정경쟁방지법이 규율하는 부정경쟁행위와 공정거래법이 규제하고 있는 불공정거래행위에 관하여 그 의의와 유형을 살펴보고 각 규제법의 목적과 보호대상, 법영역과 지도원리, 규제방법과 기관, 구제수단 등을 비교한 다음 양 행위가 중첩되는 경우의 문제점을 적시하고 입법론적인 검토를 하여 보았다. 사실 부정경쟁행위와 불공정거래행위는 본질적으로 차이가 없는 반사회질서적·반신의칙적 경쟁행위임에도 불구하고 이와 같이 다르게 취급되는 것은 결국 현행 규제법규가 부분적으로 투명하지 못하고 행정규제기관이 특허청과 공정거래위원회로 이원화되어 있는 등 효율적이지 못한 일면이 있기 때문이다. 따라서 입법론적으로는 부정경쟁행위와 불공정거래행위를 통합하여 부정경쟁방지법의 단일 규제하에 두든가, 별도의 불공정거래행위규제법을 제정하는 등 방법을 생각할 수가 있다. 그러나 필자는 1981년에 공정거래법이 시행된 후 공정거래위원회가 나름대로 국민의 경제생활 속에 뿌리를 내리며 축적해 온 경험 등을 감안하면 규제법의 대대적 재편이나 새로운 법의 제정보다, 현행의 이원적 법체계를 유지하면서 부정경쟁방지법은 경쟁수단의 공정성을 보장키 위한 시민법으로, 독점규제및공정거래에관한법률은 경쟁의 자유보장 쪽에 중점을 둔 경제법으로 각기 효율적으로 기능하게 하는 것이 보다 현실적이라고 생각한다. 다만 부정경쟁방지법 중 특허청장의 시정권고 등 별 실효성이 있어 보이지도 않는 행정규제조항이나, 양법이 경합될 경우 공정거래법이 우선적용된다는 조항 등은 이를 정리하여 법의 투명성을 높이고 선택적 구제가 가능하도록 하여 실질적인 피해자 및 소비자 보호를 도모하는 것이 타당하다고 본다.

한국의 법치주의 왜 어려운가*
—그 원인과 대책을 중심으로—

Ⅰ. 논의의 전제

1. 국민의 법치주의에 대한 인식

세계은행은 금년 6월에 발표한 '2007년 세계 각국의 통치 지표'(Worldwide Governance Indicators)에서 OECD 34개국의 평균 법치수준이 100점 만점을 기준으로 90.3점인 데 비하여 한국의 법치수준은 75점에 불과한 것으로 평가하였다.[1] 또한 한국법제연구원이 지난 7월 한국갤럽에 의뢰해 전국의 성인 3,000명을 대상으로 실시한 '국민법의식 조사연구'결과 발표에 따르더라도 우리 사회의 법준수 정도에 관하여 조사대상자의 62.8%가 '법이 지켜지지 않고 있다'라고 응답한 반면 '법이 지켜지고 있다'고 응답한 비율은 37.2%에 불과한 것으로 나타나고 있다.[2]

우리 국민의 법이나 법집행기관에 대한 인식은 그때그때의 사회적 현

* 이 논문은 2008. 8. 25. 건국 60주년 기념 한국법률가대회심포지엄에서 발표한 것이며, 한국법학원에서 2008. 9. 발행한 '저스티스'지에 게재되었다.

1) 2008. 6. 27.자 조선일보, A2면 '한국 민주주의 · 법치수준 OECD 회원국 중 최하위' 제하의 기사.

2) 2008. 7. 17.자 위 같은 신문, A2면 '80% 인터넷 실명제 해야' 제하의 기사.

안이나 쟁점에 따라 다소 차이가 있으나 최근 약 5년간 언론매체에 드러난 자료만 살펴보아도 그 성향은 비교적 쉽게 파악할 수가 있다.

2004년 7월 한국인의 전통적 경제문화와 법치원리에 관련된 프로젝트를 수행하였던 한국정신문화연구원 전택수 교수는 서울 및 수도권에 거주하는 성인남녀 1,000명을 대상으로 한 조사에서 '우리나라에서 법이 잘 지켜지고 있다고 생각하느냐'는 질문에 대하여 '그렇다'라고 응답한 사람이 17.9%, '보통'이라고 응답한 사람이 46.5%, '지켜지지 않는다'라고 응답한 사람이 35.6%에 이르렀다고 하면서, 결국 전체 응답자의 82.1%가 우리 사회의 준법수준에 회의를 품고 있다는 뜻으로 이를 설명한 일이 있다.[3)]

2005년 8월 법무부가 전국의 성인과 중 · 고등학생 2,000명을 대상으로 조사한 '국민법의식 여론조사'결과에 의하더라도 성인의 88.8%, 학생의 88.7%가 '법보다 재산이나 권력의 위력이 더 크다', 또한 성인의 72.5%, 학생의 83.8%가 '법대로 산다고 훌륭한 것은 아니다'라고 응답하였음을 알 수 있다. 동 자료에 의하면 또 성인의 68%, 학생의 53%는 '법이 누구에게나 공평하게 집행되지 않는다'고 밝히고 있다고 한다.[4)]

또 2006년 12월 한국개발연구원(KDI)은 '사회적 자본 실태' 보고서에서 공공기관과 민간기관에 대한 전국의 1,500명을 대상으로 한 면접에 의한 신뢰 조사 결과를 발표하면서 10점을 기준으로 경찰이 4.48점, 법원이 4.29점, 검찰이 4.22점임을 밝혀, 이는 국회(2.95점), 정당(3.31점), 정부(3.35점)보다는 높지만 노동조합(4.61점), 대기업(4.68점), 언론(4.91

---

3) 2004. 7. 21.자 연합뉴스, 정치분야 '국민 80% 법 지켜지지 않는다' 제하 김경희 기자 작성 기사. 동 기사는 이는 미국의 정치학자인 James L. Gibson과 Gregory A. Caldeira가 1996년 유럽연합 12개국을 대상으로 수행한 연구에서 영국, 덴마크, 네덜란드 국민의 70% 이상, 나머지 회원국 국민의 50% 이상이 '법이 잘못됐다 하더라도 지킨다'라고 응답한 것과 대비되는 결과라고 전교수는 지적했다고 쓰고 있다.

4) 2005. 10. 31.자 중앙일보, '한국인 89% 법보다 재산 · 권력이 더 위력' 제하의 기사.

점), 시민단체(5.41점) 등보다는 오히려 낮아 우리 사회가 법과 제도를 신뢰하지 못하는 결과를 보여 주고 있음을 우려한 바 있다.[5)]

2007년 4월 '법의 날'을 앞두고 한국일보와 주간한국 인터넷 법률 포털사이트 로마켓이 전국의 성인 남녀 5,000명을 대상으로 법조계의 신뢰도에 대한 온라인 설문조사를 한 결과도 이와 비슷하여 '법원, 검찰, 변호사업계를 모두 대체로 신뢰한다'는 응답은 20.5%인 데 비하여 '모두 신뢰하지 않는다'는 응답이 56%에 이르고 있으며, 이른바 법조삼륜 중에서는 그나마 법원에 대한 신뢰가 16.8%, 검찰에 대한 신뢰가 3.6%, 변호사업계에 대한 신뢰가 3.1%로 나타났다고 한다.[6)]

최근 특별검사를 선임할 정도로 사회적 이목이 집중되었던 한 사건의 1심 재판결과를 두고 중요 일간지가 한 면 전체를 할애하여 '무너진 사법정의', '밥을 위한 법 전락' 등의 표현을 써가며 비판하고,[7)] 전·현직 대통령의 기록물 인계문제와 관련하여 우리나라는 '법치의 선봉이어야 할 권력부터 법을 예우하지 않는 나라'라는 평가[8)]를 받는 것도 결국 법치주의에 관한 국민들의 이러한 인식 전반과 무관하지 않다고 보아야 할 것이다.

2. 법치주의의 개념정리

법치주의란 보통 '국가가 국민의 자유와 권리를 제한하든가 새로운 의무를 부과하려 할 때에는 국민의 의사를 대표하는 국회가 제정한 법

5) 2006. 12. 26.자 문화일보, 4종합면 '불신사회 위험수위' 제하의 기사.

6) 2007. 4. 23.자 한국일보, 2종합면 '국민 법조신뢰도 더 낮아졌다' 제하의 기사.

7) 2008. 7. 18.자 경향신문 10면은 삼성그룹 전 회장의 경영권 편법승계 의혹 등 사건과 관련된 1심 판결과 기타 대기업 총수들의 사법처리 현황에 대한 사법처리 결과를 비판하고 있다.

8) 2008. 7. 18.자 동아일보, A26면 횡설수설 '또 대장놀이' 칼럼.

률에 의하거나 법률에 근거가 있어야 하며, 또 법률은 국민만이 아니고 국가권력의 담당자도 규율한다'는 헌법상의 원리를 의미하는 것으로 관념되고 있다.[9)]

따라서 법치주의를 실현하기 위하여서 법은 반드시 국회에서 또는 국회의 참여로 제정되어야 할 뿐만 아니라 독립된 법원에 의하여 적용되고, 모든 행정도 법에 근거하여 집행되어야 할 것이 요구된다.

법치주의는 적극적 의미에서는 국민의 대표인 국회가 제정한 법률이 국가권력 발동의 근거가 된다는 뜻에서, 소극적 의미에서는 국민의사의 결정체인 바로 그 법률이 국가권력을 제한·통제한다는 뜻에서 그 기능을 수행하고 있다고 볼 수 있다.

우리나라에서 논의되는 법치주의 이론은 주로 독일에서 발달하여 우리나라에도 수용된 법치국가(Rechtsstaat) 원리를 바탕으로 한 것으로 보지만, 영미에서 보편화된 법의 지배(Rule of Law) 이론과도 무관하다고 할 수가 없고 대개의 경우 오히려 상호 보완적으로 논의되고 있는 실정이다.

아시다시피 법치국가 원리와 법의 지배 이론은 법체계나 기반 또는 발전과정이 상이하고, 전자가 주로 행정의 법률기속과 같은 법치 행정 국가적 측면을 강조하였던 데 비하여 후자는 국가권력의 기속이라는 사법 국가적 측면이 강조되었던 것으로 볼 수도 있으나, 이제는 실질적 법치국가란 명분 아래 법치국가론에서도 사법에 의한 권력통제가 본질적 요소로 간주되고 영미법계 국가에서도 대륙법적 행정절차가 재인식되는 등 양자는 서로 동질성을 확대하거나 상호 접근현상을 보이고 있다고 보아야 할 것이다.[10)]

---

9) 김철수, 헌법학개론(제18전정신판), 박영사, 2006, 191쪽. 또한 이홍락, "헌법상 법치국가원리에 관한 연구," 서울대 법학석사학위논문, 1990 등도 같은 취지이다.

10) 이홍락, 앞의 논문, 95-97쪽.

독일에서의 법치국가론은 당초 국가의 목적이나 내용을 의미하기보다 그것을 실현하기 위한 방법과 성격을 의미한다는 이른바 형식적 법치국가론이 주류를 이루었으나, 바이마르 헌법과 나치시대를 겪으면서 이른바 합법성의 원리(Legalitätsprinzip)가 모든 국가생활을 지배하는 최고의 원리가 된다는 것은 결국 법질서가 국가와 동일시되어 법실증주의와 연결된다는 의미에서 한계를 나타내게 된다. 말하자면 나치시대 법률의 형식으로 이루어진 불법통치경험을 한 이후 독일에서는 합법성보다는 정당성(Legitimität)을 중요시하며 자유, 평등, 정의와 같은 가치를 실현시키는 실질적인 법의 국가, 이른바 실질적 법치국가(Materieller Rechtsstaat)론이 더 큰 설득력을 얻고 있다.[11] 또한 19세기적 시민적 법치국가론은 국가로부터의 자유를 통하여 법적 평등과 시민적 자유, 기득의 재산권 보장이라는 투쟁적 소득을 얻어냈지만, 20세기의 현대적 산업사회 상황에서 새로운 사회적 불평등과 부자유를 초래한 측면이 있으므로 이제는 단순한 시민적 법치국가의 기능을 넘어서 국가가 적극적으로 사회적 정의를 위하여 간섭하고 배려, 배분하는 이른바 사회적 법치국가(Sozialer Rechtsstaat)로 이행되어야만 한다는 것이 독일 기본법의 정신으로 나타나 있다고 보아야만 한다.[12]

우리나라에서도 실질적 법치국가 및 사회적 법치국가론을 주장하는 입장이 대체로 유력하다고 생각되지만, 법치국가에서의 국가작용은 형식과 내용, 합법성과 정당성이 동시에 보장되어야 한다는 뜻에서 형식적 법치국가론과 실질적 법치국가론은 상호 보완적이며 포괄적 개념으로 사용하는 것이 바람직하고, 실질적 법치국가론과 사회적 법치국가론

---

11) 형식적 법치국가와 실질적 법치국가론에 관하여는 대부분의 헌법교과서 외에 위 이홍락의 앞의 논문, 32-48쪽이 비교적 상세히 논급하고 있다. 또 최봉철, "한국의 법문화와 법치주의의 과제," 법학연구 11권 1호, 연세대학교 법학연구소, 2001, 78-81쪽에서도 집필자의 시각이 소개되고 있다.

12) 김철수, 앞의 책, 193쪽.

또한 관점은 다르나 같은 정의국가적 가치를 추구한다는 점에서 역사적·사회적으로는 거의 동일개념으로 파악하여도 무방하다는 견해가 설득력이 높다고 보아야 할 것이다.[13)]

우리 헌법에 구현된 법치주의의 구체적 내용에 관하여는 학자에 따라 조금씩 설명이 다르나 대체로 (1) 기본권 보장과 (2) 권력 분립, (3) 사법적 권리 보장 및 위헌법률 심사제 그리고 (4) 법치행정의 보장을 위한 포괄적 위임입법의 금지, (5) 국가권력 행사의 예측 가능성 보장을 위한 행정 각부와 대법원을 비롯한 각급 법원의 조직 등을 법률로 정하도록 한 규정 등에 관하여는 공통적 견해를 보이고 있으며, 그 밖에 성문헌법의 채택과 의회민주주의 제도, 적법절차 규정 등을 들기도 한다. 또 헌법재판소의 판례 중에는 신뢰보호, 명확성의 원칙, 자기책임의 원리 등을 법치국가원리의 한 표현으로 제시하고 있기도 하다.[14)]

학자들 중에는 법치이론을 제 1 층위 권력제한, 제 2 층위 자유와 권리보호, 제 3 층위 민주주의와 법치로 나누면서, 서양에서의 역사적 뿌리와 자유주의적 공화제 법치관 그리고 주권과 법치의 관계 등을 매우 심층적으로 연구·정리해 낸 분도 있어[15)] 앞으로의 연구에 더 많은 기대를 해도 좋으리라고 믿고 있다.

법치주의를 논구함에 있어서 특히 유의해야 할 것은 다스리는 자와 다스림을 받는 자의 자동성(自同性)이 인정되는 현대국가에 있어서, 법은 단순한 강제적 명령시스템으로부터 합의·의론에 의하여 행동조정을

---

13) 이홍락, 앞의 논문, 42 및 45-48쪽. 또한 독일에서의 법치국가의 원리에 관하여는 김효전 교수가 편역한 "법치국가의 원리," 법원사, 1996판에 나온 10편의 논문 참조.

14) 헌재 1997. 7. 16. 선고 97헌마38 결정. 헌재판례집 9권 2집 94쪽 이하. 또 헌재 1998. 4. 30. 선고 95헌가16 결정. 헌재판례집 10권 1집 327쪽 이하. 헌재 2004. 6. 24. 선고 2002헌가27 결정. 헌재판례집 16권 1집 716쪽 이하 등.

15) 김도균, "근대 법치주의의 사상적 기초," 법치주의의 기초 — 역사와 이념, 서울대학교 출판부, 2005, 3-121쪽.

하는 절차적 틀로서의 기능 변화가 더 강조되고 있다는 점[16]이다.

전통 한국사회에서의 법치주의는 개인과 공동체가 조화를 이루어 가며 인간존중의 이념을 바탕으로 생활 속에서 실질적 법치를 추구해 왔다[17]는 낙관적 견해가 없는 것도 아니지만, 함병춘 선생이 일찍이 지적하신 바와 같이 서양의 법률적 문화(Legalistic culture)에 비하여 우리의 전통사회는 샤머니즘적 종교 의식, 가족주의, 유교윤리 등과 같은 비법률적 문화(Alegalistic culture)가 지배해 왔으므로 사회규범도 인정 중심의 윤리로부터 권리의식을 토대로 한 법규범 위주로 전환해 가지 않으면 안된다는 인식이 보편화될 것으로 보아야만 할 것이다.[18] 이에 관하여는 다시 후술하기로 한다.

3. 논의의 초점

위에서 우리 국민의 법치주의에 대한 인식과 법치주의의 개념을 정리해 본 것은 '한국의 법치주의가 왜 어려운가?'라고 하는 오늘의 중심과제에 접근하기 위하여서 우선 이들 전제되는 문제들에 대한 어느 정도의 인식 공유가 필요하다고 보았기 때문이다.

확실히 서구에서의 법치주의가 시민계급이 군주나 국가권력으로부터 그들의 자유와 재산을 지키기 위하여 힘들여 발전시켜 온 데 비하여, 우리나라를 비롯한 아시아권에서는 법에 의한 지배보다 사람에 의한 지배를 감수하며 오히려 덕망있는 지도자의 선정에 기대해 온 역사적 측면이 강하였다고 볼 여지가 많다.[19] 그러나 이런 요인만이 모두라고 단정가

16) 田中成明, 法的空間, 동경대학출판부, 1993, 제 1 장 중 3-18쪽 참조.

17) 최종고, "한국에서의 법치사상의 역사적 발전," 법치주의의 기초 — 역사와 이념, 서울대학교 출판부, 2005, 216쪽.

18) 최종고, 앞의 논문, 312-314쪽.

19) 좌승희 역, 법치로 가는 길, 21세기 북스, 2002, 54-55쪽. 이 책은 Barry M. Hager가

해버릴 수는 없을 것이다.

이 과제에 관하여는 그동안 많은 학자, 법률가와 정책담당자들이 다각적으로 분석과 접근을 시도해 왔고 앞으로도 그러한 노력이 꾸준히 지속되겠지만, 이 자리에서는 그동안 법집행자와 대학교수로서 과분한 경험을 했던 한 법학도의 입장에서 관찰한 바를 그 원인과 대책을 중심으로 간략히 정리해 보려 한다.

Ⅱ. 한국의 법치주의를 저해하는 요인

1. 유교 문화적 전통

조선시대에도 법치주의를 강조하고 초기부터 '경국대전' 등 법전편찬 사업을 계속하였다고는 하나,[20] 대체로 조선왕조는 유교이념에 따라 표면적으로는 법에 의한 통치보다 도덕에 의한 통치, 예(禮)에 의한 통치를 표방하여 정령(政令)보다 교화를 우선하였다고 보는 것이 일반적이다.[21]

다산 정약용 선생이 '경세유표'에서 썼다고 하는 예주법종(禮主法從)의 사상이 이를 잘 표현하고 있는데, 그에 따르면 천리와 인정에 합당한 것이 예이며 선왕들은 예를 법으로 삼았음(以禮而爲法)에 반하여 후왕들은 법을 법으로 삼는다고 하여 이를테면 예가 다스림의 근본이고 법은 예치를 위한 보조수단인 것처럼 나타내고 있다. 물론 이에 관하여는 법과 예가 서로 모순되지 않고 예가 법을 포괄하는 상위개념으로서, 도덕과 예, 법은 상호 이질적인 것이라기보다 오히려 일원적으로 연결되는

1999년에 쓴 The Rule of Law를 번역한 것이다

20) 박병호, 한국법제사, 한국방송통신대학 출판부, 1986, 13-39쪽.

21) 정긍식, 한국근대법사고, 박영사, 2001, 160쪽.

개념으로 해석함이 타당하다는 견해[22]가 유력한 것도 사실이다.

그러나 오랜 세월 실정법보다는 도덕과 윤리 또는 예의 관념 위주로 생활해 온 국민들 입장에서 보면, 더구나 개화기와 일제강점기, 그리고 광복 후의 권위주의적 통치기간까지 거치면서 부단히 요구받아 온 법준수 내지 법치에 합당한 생활방식을 쉽게 체득할 수는 없었다고 보아야 할 것이다.

지금도 '법없이도 살 사람', '평생 법원, 경찰서의 문 앞에도 안 가 본 사람' 등의 인간적 평가가 긍정적으로 받아들여지고, 사소한 일로 고소나 고발한 사람을 동네에서는 오히려 부정적인 시각으로 보는 세간의 경향 등이 이를 잘 나타내 주고 있다고 보인다.

요컨대 이것은 타율적이거나 강제적인 것을 배제하고 이(理)와 예를 숭상하였던 조선조 이래의 유교적 전통과 관련된 것으로 볼 수밖에 없으며, 만약 문화라는 것이 퐁띠에 교수의 표현처럼 "모든 것을 잊어버려도 남는 것이고, 모든 것을 배워도 모자라는 것"[23]이라면 바로 그러한 남아 있는 유교 문화의 일부라고 해석하는 것에 큰 무리가 없으리라고 생각한다.

2. 법운영과 관련된 역사·사회적 경험

조선 말 개화기에는 일부 사회진화론자들을 중심으로 서양의 법치주의를 수용하여 국내 법제를 경장(更張)해 가자는 주장도 있었으나, 이는 결국 일본의 군주주권론 및 제국주의적 상황과 연계되어 행정부 중심의 법실증주의를 강조한 수준에 불과하였다고 평가되고 있다.[24]

---

22) 최종고, 앞의 논문, 258쪽.

23) Jean Marie Pontier, '프랑스 문화정책과 문화법', 2006. 5. 11. 법제처 특강 중(그는 에마르세이유 3 대학의 공법 교수였다).

24) 정긍식, 앞의 책, 161-166쪽.

일제하에서는 '토지조사령'이나 '치안유지법'의 예에서 보듯이, 시행된 모든 법령이 결국 식민통치를 합법화하는 수단이었고 권위주의적인 법집행만 강조되었으므로 실정법의 규율에 익숙치 않던 대다수 사람들로서는 법이란 무릇 불편하고 구속감을 줄 뿐만 아니라 타율적이라는 인식만을 주로 갖게 되었다고 할 수 있을 것이다.

광복 후의 혼란기와 자유당 정부하에서는 반민특위 운영, 사사오입 개헌파동, 3·15부정선거 등 법을 넘어서는 정치상황과 전란 후의 대통령 중심 체제로 법치주의가 온전히 자리잡기 어려웠다고 보인다.

1961년 군사혁명과 특히 1972년의 이른바 유신헌법 이후 단순히 헌법개정만을 주장해도 입건, 구속되는 것과 같은 대통령 긴급조치가 남발되고, 그 후로도 비정통적 군사정부의 통치를 합법화하는 수단으로 각종 실정법과 법률가 집단이 동원되자 일반 국민의 법운영에 대한 불신은 더욱 가중되었다고 볼 수 있다.

결국 1895년 고종이 '재판소구성법'을 우리나라 최초의 근대적 성문법으로 공포한 이후 일제 식민지 시대와 광복 후의 혼란과 개발독재시대를 겪으면서 우리 국민들은 법에 의한 통치 또는 법의 지배의 원리를, 국민을 편하거나 자유롭게 한다기보다 오히려 옭아매고 귀찮게 하는 타율적인 것으로 인식하기에 이르렀다고 보아야 할 것이다. 또한 이와 같은 역사·사회적 경험은 우리나라의 민주주의가 선진국 수준으로 향상된 1990년대의 이른바 문민정부 이후에도 정치 불신 현상을 중심으로 일종의 타성처럼 남아 한국의 법치주의 발전을 저해하고 있다고 보아야 할 측면도 결코 부인할 수는 없을 것이다.

3. 법제정 및 법집행기관에 대한 불신

위와 같은 역사·사회적 경험을 통하여 우리 국민들은 법제정과 집행을 담당하는 입법 및 행정, 사법기관에 대한 불신을 은연중 키워 왔다고 보아야 할 것이다. 이것은 최근의 이른바 파워조직에 대한 영향력 및 신뢰도 조사에서도 잘 드러난다.

2008년 6월 중앙일보사와 동아시아연구원(EAI)이 전국의 성인남녀를 대상으로 파워조직 25곳에 대한 신뢰도 등 조사를 한 결과[25]에 의하면 주요기업들에 대한 신뢰도가 가장 높고, 그 다음으로 헌법재판소가 10점을 만점으로 보아 5.75점, 대법원이 5.60점이며, 경찰이 4.78점, 검찰이 4.63점, 그리고 청와대, 국정원 등에 이어 각 정당은 4.11점 이하의 최하순위에 있는 것으로 나타나고 있다. 동 자료에 따르면 결국 우리 사회의 신뢰도는 집단별로 보아 대기업이 1순위, 헌재를 포함하여 사법부가 2순위, 검찰과 경찰을 포함한 권력기관이 3순위, 시민단체와 이익집단이 4순위 그리고 정당이 5순위가 되는 셈이다.

국민의 대의기관이기도 한 입법부에 대한 불신은 정치전반에 대한 염증과 함께 개원과 예산심의 등 지연, 정략적 이해에 따른 법안 발의와 제·개정, 의원 개개인에 대한 윤리적 문제 등 다양한 사유가 있을 것이고, 행정기관에 대한 불신은 주로 공정하지 못한 법집행과 행정서비스의 부족에 그 원인이 있을 것이다. 그리고 사법부 등 법조에 대한 불신과 관련해서는 이른바 전관예우를 포함한 법조비리와 권위적 수사·재판태도 등이 종래부터 거론돼 왔다.[26]

물론 이러한 불신은 시대상황에 따라 다르고 또 점차 개선되는 추세에 있다고는 보지만, 오랫동안 일반 민중들이 제도권에 대하여 가졌던

---

25) 2008. 6. 14.자 중앙일보, 6면 '파워조직 신뢰도 25곳 중 13곳 추락' 제하의 기사 및 1면 순위표.

26) 앞에 본 2007. 4. 23.자 한국일보, '국민 법조신뢰도 더 낮아졌다' 제하의 기사에서는 사법부 불신의 원인으로 법조비리 62.6%, 권위적인 재판태도 19%를 꼽았고, 특히 응답자의 절대다수가 권력(95.9%) 또는 전관예우(93%)가 판결에 영향을 미친다고 답할 정도로 '유전무죄, 무전유죄'의식의 뿌리도 깊었다고 쓰고 있다.

잠재적 불만과도 무관하지 않은 측면이 있으므로 단시일 내에 획기적으로 신뢰가 높아진다고 생각하기는 쉽지 않을지 모른다.

그러나 2007년 10월 국정홍보처가 월드리서치에 의뢰하여 실시한 '법의식에 대한 일반국민과 청소년 의식조사' 조사 보고서에 따르면 '우리나라의 법은 누구에게나 공평하다고 생각하십니까'라는 질문에 대하여 공평하다고 응답한 일반국민은 53.3%(불공평 46.7%), 청소년은 55.6%(불공평 44.4%)에 불과하고, '우리나라 법원, 검찰 등 국가기관에서 법률에 근거하여 내린 결정들이 얼마나 올바르다고 생각하십니까'라는 질문에 대하여도 긍정적으로 응답한 일반국민이 69.2%(올바르지 않다 30.8%), 청소년은 64.2%(올바르지 않다 35.8%) 수준[27]에 그치고 있는 점을 보면 법집행의 공정성에 관한 국민신뢰는 아직도 더 개선의 여지가 많다고 보아야 할 것이다.

4. 이념문제와 참여 민주주의적 욕구

우리나라는 비교적 단기간 내에 경제발전과 민주주의를 함께 이루어낸 나라로 국제사회에서 평가받고 있다. 그러나 광복 후의 좌우대립과 한국동란, 그리고 반독재투쟁과정에서 국민들의 이념성향이 보수와 중도, 진보 등으로 나뉘고[28] 다수의 시민들이 스스로 시위나 파업 등의 모습으로 제도권에 대한 불만을 표시하는 행태도 적지 않으므로, 이제는 소위 이념의 문제나 국민다수의 참여 민주주의적 욕구도 통상적인 법치

---

27) 2007. 10. 월드 리서치, 법의식에 대한 일반국민과 청소년 의식조사 보고서, 제 3 장 조사결과 분석, 40-43쪽.

28) 2006. 1. 10.자 동아일보, 1면 '보수층 10년새 두꺼워졌다' 기사에 따르면 한국인의 이념성향을 동사 부설 21세기 평화재단에서 한국사회과학데이터센터에 의뢰해 조사한 결과, 2005년을 기준으로 보수가 39.1%, 중도가 32.3%, 진보가 28.6%로 나타났다고 보도하고 있다.

를 저해하는 한 요인으로 검토해 보지 않을 수 없을 것이다.

국가보안법이나 집회 및 시위에 관한 법률 또는 노동, 환경, 군사기지나 농어업 관련 법률 등의 적용에서 자주 부딪칠 수 있는 문제로, 이 경우에는 실정법의 엄격한 취지와 법위반 당사자들의 믿음 사이에 간극이 큰데다가 대부분 언론의 관심사항이기도 하므로 그 집행과정에서의 엄격함과 슬기로움 여부는 법치주의의 정착과 확산에 매우 큰 영향을 준다고 보아야 할 것이다.

국회나 정부청사 부근 또는 법원인근에서 거의 매일 1인 시위나 이해관계를 같이하는 다수 사람들의 집단행태를 보면서 한국의 법치주의를 걱정하지 않는 사람은 그리 많지 않을 것이다. 국민다수가 의사결정과정에 자발적으로 참여하는 민주주의를 포괄적으로 참여 민주주의라고 부른다고 하더라도, 그 참여는 대의제가 원칙이고 시민 개개인이나 시민단체를 통한 참여는 국민의 대표인 국회가 제정한 법률이 정한 절차에 따라야만 된다는 점을 끊임없이 인식시켜야만 할 것이다.

물론 1999년 후반 일산과 분당 등 지역에서 있었던 숙박업소 허가나 고속도로 통행료 납부와 관련된 지역민들의 불만이 표출된 일종의 법불복종 운동과 같은 사례[29]는 이해관계인들이 승복할 수 있는 합법적이고도 정당한 행정으로 법치의 훼손을 미리 막았어야 했다고 본다.

5. 교육과 언론의 문제

법치선진국이라고 할 수 있는 미국에서는 1960년대 이래 변호사협회와 법무부의 청소년비행예방사무국(OJJDP) 그리고 다수의 재단을 중심으로 청소년과 시민들을 위한 법교육을 실시하고 1978년에는 법교육법(Law-Related Education Act)까지 제정·시행하고 있으며, 영국도 1999년

29) 최봉철, 앞의 논문(주 11), 82-83쪽.

공표한 국가 교육과정에서 초등학교 시절부터 법적 권리와 책임 등 내용이 포함된 시민성(Citizenship)과목을 반드시 가르치도록 하고 있으나,[30] 우리나라에서는 이에 대한 관심이 매우 희박한 것이 현실이다.

일선 교사들도 다양한 조사경험 등을 예시하며 우리나라에서는 대체로 교과서의 지루한 내용과 교사들의 안이한 수업방법 및 사회적 분위기 등으로 학생들의 법적 흥미감과 신뢰감이 낮고 특히 학년수준이 올라갈수록, 또 여학생보다는 남학생이 전반적으로 법에 대한 무력감과 기피성향을 많이 보이고 있음을 우려하고 있다.[31]

다행히 우리나라에서도 금년 3월에 의원입법의 형식으로 '법교육지원법'이 공포되기는 하였으나, 현실적으로 국정교과서나 검정교과서의 내용을 개정하는 작업이 꽤 어려운 절차를 거쳐야 한다는 점이나, 일선 교사들의 법에 대한 인식과 자세를 획기적으로 높이는 방안도 그리 간단한 문제가 아니라는 점을 생각할 때 이 분야는 정말 장기적 관점에서 신중하고 세밀하게 검토되어야 할 것으로 본다.

언론의 사실보도와 건전한 여론조성 기능 때문에 법의 제정이나 집행 또는 판단은 하루도 빠짐없이 신문이나 방송 또는 인터넷 미디어의 보도 내지 평론의 대상이 되고 있는데, 그 내용과 방향 여하에 따라 일반 국민들의 국가 법치작용에 대한 인식도 크게 영향을 받지 않을 수 없다. 물론 종국적인 판단은 독자와 시청자의 몫이 되겠지만, 다양한 매체 중에서 만에 하나라도 사실 확인의 착오나 이념 또는 이해관계가 반영된 특정의견 제시가 있어 그것이 적법하게 시행 중인 법체계와 모순된다거나 사법기관에 대한 불신을 야기한다면 이러한 문제 또한 법치주의의

30) 우리나라 법교육의 발전방향, 법교육연구위원회 최종보고서, 법무부 발행, 2006, 9-13쪽.

31) 박성혁, "초중고생의 법태도 발달과 법교육 개선에 관한 연구," 서울대학교 교육학 석사논문, 1992, 51-60쪽. 또 박금영, "사회과 교육에서 법교육의 문제점과 개선방향," 광주교육대학교 교육학 석사논문, 2004, 28-33쪽 등.

올바른 정착을 위하여 자율적으로, 또는 정해진 절차에 따라 시정됨이 바람직하다고 보아야 할 것이다.

Ⅲ. 어떻게 극복해 갈 것인가: 대책론

이상 한국의 법치주의를 저해하는 요인에 관하여 요약해 보았지만 유교 문화적 전통과 같은 부분은 그 자체로 더욱 심층적인 분석이 필요할 뿐만 아니라 문화적 배경과 관련된 내용을 단순한 대책론으로 논급한다는 것도 적절치 않다고 생각되므로, 이하에서는 주로 입법, 사법, 행정 분야에서의 정책적인 개선노력과 법교육 및 법준수 의식의 계도 그리고 한국적 법문화에 대한 연구 필요성 등을 중심으로 검토해 보고자 한다.

1. 법제정기관에 대한 국민의 신뢰 제고

법치주의의 연혁으로 보나 국민의 의식수준으로 보나 국민을 대표하는 입법기관인 국회의 법제정 활동에 대한 신뢰를 높이는 일이 무엇보다도 중요하다고 생각된다. 제17대 국회의 의원발의 법안이 2008년 4월 18일 현재 정부 제출 법안 1,101건의 약 6배에 이르고 제16대 국회의 1,912건보다도 3배 이상 많은 6,354건에 이르렀음에도 불구하고 그 처리율은 53.2%, 가결률은 21%(정부법안 51%)에 불과하였다는 보도[32]내용이나, 제18대 국회가 국회법의 규정을 어기고 총선 후 41일 만에 처음으로 개원하였다는 등 보도가 국민들의 국회관이나 법치의식에 어떤 영향

32) 2008. 5. 29.자 경향신문, 6면 '남의 법안 베끼고 한줄 고쳐 개정안' 제하의 기사. 또한 2008. 5. 27.자 동아일보 A5면도 기준일자 관계로 수치는 다소 다르나 유사한 내용을 보도하고 있다.

을 미칠지는 쉽게 짐작할 수가 있다.

또 1960년대의 특수상황에서 제정되어 사실상 이미 사문화된 '부정축재처리법', '정치활동정화법' 등을 방치하고, 헌법재판소에서 위헌 또는 일부 위헌결정이 난 2000년 1월의 개정 '학교용지확보에 관한 특례법',[33] 2007년 12월의 이른바 BBK특검법 제정사례 보도 등을 보면서도 일반 국민들은 국회의 권능과 책임에 일부 회의적 의견을 가질 수도 있었을 것이다.

그러나 국회가 국민, 정당과 이익단체에 의하여 통제받고 권력분립의 원칙에 따라 정부나 법원 또는 헌법재판소에 의하여 견제·균형을 받는 측면이 있다고 하더라도, 헌법상 국민의 대표기관이자 입법기관이며 정책통제 기관임과 동시에 최고기관의 하나인 지위에는 변함이 있을 수 없다. 특히 그 입법기관으로서의 역할은 행정기능의 전문화·복잡화와 국가기능의 확대에 따른 위임입법의 증가로 통법부(通法府)화하는 경향[34]이 불가피하다고는 하지만, 주권자인 국민이 직접 뽑아서 맡긴 국회의 입법기능에 무언가 신뢰할 수 없는 미흡한 점이 드러난다면 이는 법치주의의 정착·확산에 매우 부정적인 영향을 끼칠 수밖에 없을 것이다.

2. 사법 운영과 법조 전반의 신뢰성 확보

앞에서 본 2007년 4월 23일자 한국일보 보도에 따르면 동사 등이 시

---

33) 이 개정법은 300세대 이상 공동주택 피분양자에게 학교용지부담금을 부과한다는 내용으로, 2005. 3. 31. 헌재에서 무상교육에 위배된다는 취지의 위헌결정이 있었으며 동년 4월에 '학교용지부담금 환급 등에 관한 특별법'안으로 국회에서 재발의되어 2008. 1.에 국회를 통과하였으나 정부가 법적 안정성 침해 등을 이유로 재의요구하여 일부 조항을 수정 후 동년 2월에 다시 국회를 통과, 3월에 공포되었다.

34) 김철수, 앞의 책(주 9), 1085쪽.

행한 법조계 신뢰도에 대한 온라인 설문조사 결과 '법원을 어느 정도 신뢰하느냐'는 질문에 대하여, 응답자의 62.4%가 부정적으로 응답하였고 그 불신의 원인으로는 62.6%가 법조비리, 19%가 판사들의 권위적 재판태도, 13.7%가 판결에 대한 불만을 들었다고 한다. 또 2006년 1월 10일자 동아일보 보도에 의하더라도 단체·기관에 대한 2005년도 신뢰도 조사에서 사법부는 면접대상자의 50.8%만 긍정적인 반응을 보여 신문(64.3%), 시민단체(62.8%), 군대(51.9%)보다도 오히려 낮은 순위를 보인 바 있다.[35)]

법무부와 국정홍보처가 2005년에 (주)유니온조사연구소에 의뢰하여 일반인과 중고생 각 1,000명을 대상으로 실시한 국민법의식조사결과에 의하더라도 '법은 권위적이다'라는 응답이 일반인의 86.9%, 중고생의 77.5%, '법은 친근하지 못하다'는 응답이 일반인의 87.1%, 중고생의 87.3%에 이를 뿐만 아니라 '법적으로 해결하자'는 말에 대하여는 평균 47.7%의 응답자가 몰인정하거나 불쾌하다는 반응을, 또 '법을 어기면서도 잘 사는 사람은 능력있는 사람이다'는 견해에 대하여도 평균 40.2%의 응답자가 그렇다는 반응을 보인 것으로 나타나고 있다.[36)]

사법부가 검찰, 경찰이나 변호사들에 비하여는 상대적인 신뢰가 높고 또 법조 전반이 대국민 인식도를 제고하기 위하여 근간 많은 노력을 기울이고 있는 것은 사실이다. 또 특히 금년부터는 대법원이 그동안 꾸준히 추진해 오던 사법개혁 작업이 나름대로 결실을 보아 공판중심주의의 원칙을 강화하는 내용의 개정 형사소송법과 '국민의 형사재판참여에 관한 법률'도 시행되어 국민의 기대 속에 운영되고 있다.

또 한동안 시끄럽던 검·경 수사권 논쟁이 잠복하고 변호사단체도 공익법무활동을 강화하는 모습을 보여 주는 등 법조 및 유관기관에서 국

35) 주 28)에서 본 동아일보의 A5면 좌상단 '이 단체·기관을 신뢰한다' 표 참조.
36) 주 30)에서 본 우리나라 법교육의 발전방향, 20-21쪽.

민의 신뢰를 확보하기 위한 노력을 활발히 전개하고 있음은 부인할 수 가 없을 것이다.

그러나 대법원에 설치된 양형위원회가 최근에 밝힌 설문조사 결과에서 보는 바와 같이 일반국민들은 아직도 법원의 형사판결 형량에 대하여 73.9%가 '일관성이 없다'고 하고, 59.2%는 '관대하다'고 평가하고 있다. 또 형사판결문과 기록을 분석한 결과 일반국민들의 법감정과 달리, 사기사건은 구속률이 48.8%, 실형선고비율이 47.5%인 데 반하여 뇌물사건은 구속률이 15.8%, 실형비율은 28.8%에 불과하다고 한 것으로 나타나[37] 특히 법원의 형사사건 재판결과는 일반국민들의 의식과 상당한 거리가 있는 것이 사실이다. 대법원을 중심으로 한 사법개혁 노력에 대하여도 정당이나 사회집단을 배제한 상태에서는 현재와 같은 법조인 집단의 카르텔구조를 해소하기 어렵다는 일부 비판[38]이 없지 않은데다가 법원 이외의 검찰이나 경찰, 변호사들에 대한 현재의 신뢰 수준도 아직은 특히 말할 여지가 없다.

결국 다소의 어려움이 있고 또 얼마간 시간이 걸리더라도 사법부와 법조유관 직역 전반에 걸친 국민들의 신뢰가 뚜렷이 확보되지 않고는 우리나라에서 법치주의가 제대로 뿌리내리기 어렵다는 사실이 자명하다고 보아야만 할 것이다.

3. 엄격한 법집행과 계층간 위화감 해소노력 등을 통한 법 불복종 풍조의 극복

우리 사회에는 오랜 민주화 투쟁과정에서 실정법 규정이 어떠하든 자

37) 2008. 6. 16.자 조선일보, A12면 '뇌물·횡령에 절도보다 중형을' 제하의 기사.

38) 2008. 7. 7.자 경향신문, 11면 '법조인 중심의 사법개혁 엘리트주의만 더욱 강화' 제하의 기사. 동 기사는 최장집 교수가 대법원에 제출한 '한국 민주주의와 사법부의 좌표' 중 일부내용을 인용하고 있다.

연법적 양심과 헌법정신에 따라 행동하는 것은 용납되어야 한다는 인식이 보편화된 바 있고, 그러한 인식은 민주화 이후의 합법적이고 정당한 정부 아래서도 불법시위나 파업 등을 합리화하는 구실로 자주 이용되고 있는 측면이 있다. 이른바 쇠고기 파동으로 불리는 지난 6월 이후의 촛불집회에서도 그런 우려가 일부 있었지만 이것은 경우에 따라 법에 대한 불복종 운동으로 번져나가 법치주의의 한 문제현상으로 지적될 수도 있을 것이다.

이에 관하여는 현대 시민들이 통치대상으로 머무르기를 거부하면서 4, 5년 만에 한 번씩 하는 투표만으로 만족치 않고 직접 정치과정에 참여하기를 바라므로 정부도 이제는 협치(協治)라고도 할 거버넌스(Governance)를 상시화하는 것이 바람직하다는 견해[39]나, 한국에서 대중동원의 신화는 여전히 현재진행형이고 집회·시위가 가지는 역사적 무게에 버거운 점도 있으므로 그것이 정당정치를 대체할 수는 없지만 정부도 겸허한 자세로 이를 성찰할 필요는 있다는 의견[40]도 유력하다고 볼 수 있다.

물론 정부는 헌법정신에 따라 실질적 법치국가 내지 사회적 법치국가의 이념을 실현해야 할 의무가 있고, 행정차원에서도 계층간 위화감 해소를 위한 통합적 노력을 꾸준히 하여 실질적 민주화와 질 높은 선진화의 과제를 달성해야 할 책임이 있다고 보아야 한다. 그러나 동시에 투명하고 일관된 법집행으로 엄정한 사회질서를 유지하지 않으면 국민의 안전과 행복을 근본적으로 보장할 수가 없게 된다.

우리 사회에서 법치주의가 잘 지켜지지 않고 있다는 시각 중에는 힘없고 어려운 사람들에게 법이 잘 집행되지 않고 있다는 견해보다는 정부 스스로를 포함하여 정치인과 기업인 등 이른바 가진 사람들에 대한

---

39) 2008. 6. 25.자 동아일보, A27면 '시민권력과 거버넌스' 제하의 정성희 논설위원 글.
40) 2008. 7. 24.자 중앙일보, 5면 '민주화 이후에도 살아남은 대중동원의 신화' 제하 동아시아연구원 김선혁 민주주의센터 소장 분석.

법집행이 불공평하다는 견해[41]가 훨씬 유력한 편이다. 그러므로 법치주의의 정착을 위해서는 정부수반을 포함한 사회지도층의 솔선수범적 법준수와 이른바 노블레스 오블리주(Noblesse Oblige)의 실천이 필수적이라고 하지 않을 수 없다. 1948년에 제정되어 약 60년 만인 지난 해 처음 작은 개정이 이루어진 사면법에 의한 사면권 남용이 비판받아 온 것도 그러한 취지로 보아야 할 것이다.

4. 법교육과 법준수 의식 계도

국민의 법준수 의식은 주로 청소년기에 형성됨이 바람직함에도 불구하고 우리나라의 경우에는 교과과정이나 교사들의 여건 부족으로 구미 선진국에 비하여 이 분야가 매우 취약한 것이 현실이다. 다행히 금년 6월 29일부터 '법교육지원법'이 시행되어 법교육의 정책방향 설정과 법교육 기본계획을 심의하는 법교육위원회가 설치되고 그 수행기관으로 법문화진흥센터도 지정하도록 제도화는 되었다고 볼 수 있다.

그러나 초·중등학교 시절부터 시민으로서의 의무나 질서의식보다 학력을 위주로 한 경쟁력 강화에 치중하고 있는 우리의 교육현실에서, 법적 분쟁이나 비행을 예방하고 선진적 법의식 함양을 목적으로 한 법교육이 쉽사리 이루어진다고 보기는 매우 어렵다. 교과과정에의 반영이나 교사들의 준비도 아직은 부족하다고 보지 않을 수 없다.

법무부는 2005년부터 나름대로 법교육 추진 종합계획안을 수립[42]하고 그동안 법교육 교재의 개발과 보급, 법교육 출장강연제 등 프로그램의 개발, 고교생 생활법 경시대회, 법교육 직무연수, 학생자치법정과 모

41) 2008. 7. 23.자 경향신문, 31면 '불구속-집유-사면의 공식' 제하의 김상조 집필 경제칼럼.

42) 주 30) 우리나라 법교육의 발전방향, 66-72쪽.

의재판 경연대회, 시민 법률콘서트 등을 적극적으로 추진해 왔다고 하지만, 아직 범정부적 차원의 사업으로 발전하거나 민간 및 대학과 충분한 협력망이 구축되어 있는 단계는 아닌 것처럼 보인다. 무엇보다 학교의 교육과정에 의무적인 법교육이 반영됨이 바람직한데, 현행 제7차 교육과정에서는 초등학교 6학년 2학기와 중학교 2학년에서만 각기 한 단원씩 편성되어 있고 고등학교 2·3학년은 '법과 사회'가 선택과목으로 되어 있을 뿐이라고 하니 한국의 법치주의 장래를 위하여서 매우 우려되는 일이라 하지 않을 수 없다. 위 '법교육지원법'의 시행을 계기로 교육과학기술부와 협조하고 학계 및 민간단체와도 연계하여 보다 활성화된 법교육이 이루어져야 한다고 본다.

물론 언론과 사회단체 등을 중심으로, 국민들 사이의 약속인 법을 철저히 준수하고 반법치적 행태에 대하여는 냉철히 비판하는 사회적 분위기를 조성함으로써 준법의식을 계도하는 공동체의식도 확산시켜가야 할 것이다.

5. 한국적 법문화에 대한 성찰과 연구

지금까지 살펴본 법치주의는 주로 조선 말기 외세의 영향 아래서 서구의 법제를 수용한 이후의 관념에 터 잡은 것임을 부인할 수 없지만 만약 우리 고유의 정신문화를 염두에 둔다면 그 접근방식은 달라질 수도 있음을 인정하지 않을 수 없다.

예컨대 고소·고발은 서구적 권리관념에서 보면 너무나 당연하고 칭송받아야 할 일이겠지만, 한국의 유교문화적 관점에서는 동네 어른들께 의론드리고 관가에 가지 않고서도 해결할 수도 있는 문제를 야박하게 송사화하였다고 비난할 여지도 없지 않은 것으로 보아야 한다.

말하자면 전통적인 도덕관념과 현실의 법규정이 충돌하는 경우인데,

이럴 때 실정법규만을 앞세운다면 그는 비록 법적 다툼에서 이기더라도 동네에서는 야박하고 인정머리 없는 사람으로 치부되고 마는 것이다.

한국사회에서 법치주의의 정착이 어려운 이유 가운데는 이러한 국민적 심성과 정서도 분명 있다고 보이지만 이를 체계적으로 조사하고 분석한 연구결과는 그리 많지 않다고 생각된다.[43] 더구나 일본 식민지 시대 이래로 법집행에 종사한 사람은 대부분 관료들이었으므로 보통의 백성들로서는 권력과 가깝다고 보이는 행정관료나 그들이 집행하는 법을 모두 기피하려는 경향도 없지 않았을 것이다.

따라서 이제는 앞에서 본 법불복종 경향과 함께 국민적 기질과 심성에 바탕한 이러한 요인들에 대하여도 보다 객관적이고 과학적인 성찰과 연구가 이루어져야 할 것이다.

Ⅳ. 맺 음 말

법치주의는 헌법적인 원리일 뿐만 아니라 국가경쟁력의 강화[44]를 위하여서도 한국사회가 반드시 정착·확산시켜야 할 정신이다. 법보다는 인륜과 도덕을 중시하는 유교 문화적 전통에다가 일제의 식민통치와 개발시대의 권위주의적 정부를 거치면서 법의 남·오용이 적지 않았고 제대로 된 법교육조차 시행되지 않았던 것이 과거의 현실이었으므로, 그

43) 최봉철, 앞의 논문(주 11), 84-88쪽도 이 문제를 언급하고 있으며, 김부찬 교수, 류시조 교수 등의 견해도 소개하고 있다.

44) IMD(International Management Development)는 국가경쟁력을 기업의 가치창출과 국민의 경제적 번영을 지속시킬 수 있는 제반 여건을 창출하고 유지할 수 있는 국가의 능력으로, WEF(World Economic Forum)는 국민들에게 높은 수준의 경제적인 번영을 가져다 줄 수 있는 국가의 능력으로 각각 정리하고 있으며, 법과 제도의 틀, 사법부의 독립성 등도 포함된 매우 다양한 평가항목으로 각국의 경쟁력을 평가하여 발표하고 있다.

동안 한국의 법치수준이 저평가된 데에는 나름대로의 이유가 없지 않다고 볼 수도 있다.

그러나 법치주의의 확립 없이는 올바른 국민통합도, 떳떳한 선진국 진입도 불가능함이 분명하다고 생각되는 이상 이제라도 모든 법률가와 사회지도층이 지혜와 힘을 모아 효율적이면서도 사회적 공감이 큰 방안을 꾸준히 찾아보도록 노력하지 않으면 안될 것이다.

위에서 입법기관에 대한 신뢰 제고, 사법운영과 법조전반의 신뢰성 확보, 행정과정에서의 엄정한 법집행과 법불복종 풍조 극복노력, 지속적이고 체계적인 법교육과 계도, 그리고 한국적 법문화에 대한 성찰과 연구 등의 문제를 개괄적으로 살펴보았지만 모든 과제에 구체적인 정책수립과 실천대책이 뒤따라야 함은 말할 나위가 없을 것이다. 필자의 사견으로는 입법, 행정, 사법 등 각 분야 지도층의 수범적인 법지키기 노력과 엄정무비한 법집행 그리고 지속적인 교육·계도로 사회적 약속인 법의 준수를 국민의 생활화·기풍화하는 노력이 가장 중요하다고 생각해 본다.

Why the Rule of Law is Difficult in Korea?*

— Focused on the reasons and measures —

Ⅰ. Premise of the Discussion

1. People's Awareness on the rule of law

According to the '2007 Worldwide Governance Indicators' announced by the World Bank in June 2008, the Rule of Law for Korea scored only 75 points when the average score for Rule of Law for 34 OECD countries was 90.3 points out of 100 points.[1) According to the 'Research Study on People's Awareness on Law' conducted on 3,000 adults all over the country by Gallup Korea in last July at the request of Korea Legislation Research Institute, 62.8% of the respondents responded regarding the level of observance of the law by the Korean society that "Law is not observed," and only

* 이 영문 논문은 대한변호사협회가 건국 60주년을 기념한 한국법률가대회에서 있었던 연설문과 심포지엄의 기조발표 등을 번역하여 'Promoting the Rule of Law'란 표제로 발간한 책자의 26쪽 내지 52쪽에 수록된 것이다. 다만 동 수록문에는 발표자 본인의 영문표기를 본인이 통상 사용하는 Soung Jin Chung 대신 Seong Jin Jeong으로 하고 있다.

1) Chosun Ilbo dated June 27, 2008, p. A2 News article titled 'Korean democracy-constitutionalism ranks the lowest among the OECD members'.

37.2% responded that “Law if observed.”[2)]

Although the people's awareness on the Korean law or law enforcement institutions differed in each occasion depending on the pending question or issue in the society, we can relatively understand easily the trend if we look at the data provided by the press for the last 5 years.

Professor Taek Su Jeon at the Academy of Korean Studies, who performed a project regarding Korean traditional economic culture and principle of governance by law in July 2004, conducted a research on 1,000 men and women living in Seoul and in the Metropolitan area regarding our society's level of observance of law. With respect to a question which reads, “Do you think the law is well observed in Korea?,” 17.9% of the respondents responded “Yes,” 46.5% responded “So-so,” and 35.6% said “No.” As a result, Professor Jeon explained that 82.1% of the entire respondents is skeptical about our society's level of observance of law.[3)]

According to the ‘Survey Research on People's Awareness of Law’ conducted on 2,000 adults and Junior high and high school students all around the country by the Ministry of Justice in August 2005,

---

2) Chosun Ilbo dated July 17, 2008, p. A2 News article titled ‘80% urges introduction of Internet real-name system’.

3) Politics sector in the Yonhap News dated July 21, 2004, News article titled ‘80% of the people says the law is not observed’ prepared by reporter Kyung Hee Kim. This article says that Professor Jeon pointed out that the foregoing result is in contrast with the result in the research conducted on 12 EU countries by James L. Gibson and Gregory A. Caldeira, American political scientists, in 1996 where more than 70% of England, Denmark, and Netherlands, and more than 50% of the rest of the member nations responded that they will observe the law even if the law is not right.

88.8% of the adults and 88.7% of the students responded that 'Property of authority is more powerful than law', and 72.5% of the adults and 83.8% of the students responded that 'It is not always good to live by the law'. According to the said data, 68% of the adults and 53% of the students said that 'Law is not enforced equally to everyone'.[4)]

While announcing the result of the trust survey conducted by way of having interviews with 1,500 people around the country regarding public and private agencies, which is provided in the report regarding 'Actual State of Social Capital', in December 2006, Korea Development Institute(KDI) stated that the police, the court, and the prosecution each scored 4.48 point, 4.29 point, and 4.22 point out of 10 points. KDI expressed concerns regarding the survey result because although these scores were higher than the National Assembly(2.95 point), political party(3.31 point), and government(3.35 point), they were rather lower than trade union(4.61 point), conglomerate(4.68 point), press(4.91 point), civil group(5.41 point), etc., showing our society's doubt against the law and system.[5)]

With 'Law Day' near at hand, the Hankook Ilbo and Lawmarket, Korean internet law-related portal site, conducted online survey research on 5,000 men and women around the country regarding reliability on legal circles in April 2007. The result was similar. While

---

4) JoongAng Ilbo dated October 31, 2005, News article titled '89% of the Korean people thinks property and authority is more powerful than law'.

5) Munhwa Ilbo dated December 26, 2006, General section in p. 4, News article titled 'Distrust society at dangerous level'.

20.5% responded, 'I generally trust overall the court, prosecution, and lawyer circles', 56% responded, 'I do not trust any of them'. Out of the so-called limb of the law, reliability on the court was 16.8% at that, and reliability on the prosecution and the lawyer circles were 3.6% and 3.1%, respectively.[6)]

Recently, a major daily newspaper used one full page to criticize the trial court's result on one case where it drew public attention to the extent of appointing a special prosecutor to this case, and used expressions such as 'collapsed judicial justice', 'legal strategy for one's own share', etc.[7)] With respect to the issue of former president handing over records to the present presidents, Korea is evaluated as 'a country where not even the authority that should be in the van of governance by law does not treat the law with respect'.[8)] We can say that all of these are not totally unrelated to the people's such overall awareness on the constitutionalism.

2. Concept of the rule of law

In general, the Constitutionalism refers to the following meaning of the principle of the constitution; 'When a country intends to

---

6) Hankook Ilbo dated April 23, 2007, General section in p. 2, News article titled 'People's reliability on the legal profession became lower'.

7) Kyunghyang Shinmun dated July 18, 2008, p. 10 criticizes the trial court's judgment on the case regarding expedient management succession by the former chairman of Samsung Group and judicial measures taken against heads of other conglomerates.

8) Dong-A Ilbo dated July 18, 2008, A26 p. Column called 'Hoingsheolsuseol' under the title of 'Playing commander game again?'.

restrict people's freedom and rights or impose new duty, it shall be in accordance with the laws legislated by the National Assembly, or shall be based on legal grounds. In addition, the laws shall govern not only the people but also the persons responsible for the national authority'.[9]

Therefore, the law must be legislated by the National Assembly or by the participation of the National Assembly in order to realize the Constitutionalism. Also, the law must apply through the independent court, and all administration must be enforced based on the law.

We can understand that the Constitutionalism fulfills its function in and active and passive meaning; In an active meaning, the law legislated by the National Assembly, representative of the people, serves as the ground of the operation of the national authority, and in a passive meaning, the very law, which is the crystal of the people's decision, restricts and controls the national authority.

Although, it is deemed that the theory of the Constitutionalism discussed in Korea is based on the Rechtsstaat principle, which was mainly developed in Germany and then, was accepted in Korea, we cannot say that it has no relation to the Rule of Law theory, generalized in Britain and United States, and in most cases these are discussed mutually and complementarily.

As we know, the Rechtsstaat principle and the Rule of Law theory have different law system or foundation or are different in terms of

---

9) 「Introduction to Constitution」, Cheol Su Kim: Pakyoungsa, 2006, 18th new edition, p. 191 Also, 「Study on Rechtsstaat under the Constitution」, Heung Rak Lee: Master of Thesis in Law at Seoul National University in 1990 shares the same purport.

how they have developed. We may deem that while the former mainly emphasized on the aspect of a law-governed and administrative nation like administration bound by the law, the latter emphasized on the aspect of a judicial nation like bounding the nation's power. However, authority control by the judicature is deemed as a substantial factor in the Rechtsstaat principle under the cause of a substantial law-governed country, and administrative procedures in terms of the Continental Law are reconsidered in the countries adopting the Britain and United States law system. As such, it would be correct to deem that these two theories have extended their similarities or are approaching each other.[10)]

The main current in the Rechtsstaat principle in Germany did not mean the purpose or content of a country, but was rather the so-called formal law-governed country, which means the method and characters for realizing a country. However, while experiencing the Weimar Constitution and the Nazi era, there were limits because when the so-called Legalit tsprinzip becomes the best principle that controls all of people's lives, it meant that the law order is identified with the country, consequently connecting to the legal positivism. In other words, after experiencing illegal administration formed in the form of laws in the Nazi era, the so-called Materieller Rechtsstaat, Which pub more emphasis on the Legitimit rather than on the lawfulness, and a country of substantial law realizing values like freedom, equity, and justice, is more persuasive in Germany.[11)] In

10) Heung Rak Lee, pp. 95-97 of the aforementioned thesis.

11) pp. 32-48 of the aforementioned thesis written by Heung Rak Lee mentions formal

addition, although civil Rechtsstaat theory in the 19th century gained struggling profit such as legal equity and civil freedom, and vested securing of property rights through the freedom from the country, there is also an aspect of causing new social inequality and lack of freedom in the status of the modern industrial industry in the 20th century. Accordingly, the spirit of the basic law in Germany is the so-called Sozialer Rechtsstaat in which a country must actively interfere with, care, and distribute for the purpose of social justice beyond the function of simple civil Rechtsstaat.[12)]

We may think that the position taking the Materieller Rechtsstaat and Sozialer Rechtsstaat is strong in Korea. However, in the meaning that operation of a country in a law-governed country must guarantee the type and content, lawfulness and Legitimit at the same time, formal law-governed country and Materieller Rechtsstaat are mutually supplementary and it is reasonable to use these two ideas in a comprehensive concept. Although Materieller Rechtsstaat and Sozialer Rechtsstaat have different views, these two pursue the same national values. In this context, it is more persuasive to deem these two theories as almost the same concept historically and socially.[13)]

Scholars explain the specific details of the constitutionalism

---

law-governed country and Materieller Rechtsstaat in detail relatively aside from most of the Constitution textbooks. In addition, 「Task in Korean Legalization and Constitutionalism」, Bong Cheol Choi: Institute of Legal Studies Yonsei University, No. 1 of Volume 11 of 2001 Law Studies, pp. 78-81 introduces the writer's perspective.

12) Bong Cheol Cho, p. 193 of the aforementioned book.

13) Heung Rak Lee, p. 42 and pp. 45-48 of the aforementioned thesis. In addition, with respect to Rechtsstaat in Germany, refer to 10 pieces of theses in 1996 edition of 「Rechtsstaat」 edited and translated by professor Hyo Geon Kim(Bubwonsa).

realized in our Constitution little differently with each other. However, scholars mainly share the same view regarding (1) guarantee of basic right, (2) separation of authority, (3) guarantee of judicial right and judicial review, and (4) prohibition of comprehensive delegation of legislation for the purpose of guaranteeing the law-governed administration, and (5) regulation prescribing organizations of each level of courts including every administrative departments and the Supreme Court for the purpose of guaranteeing predictability of enforcement of national power as laws and regulations. In addition, there are adoption of written Constitution, parliamentary democracy system, regulation of substantial due process, etc. Some precedents of the Constitutional Court use expressions like guaranteeing principle of trust, principle of clarity, principle of self-liability for one's own act, etc. as one of the ways to express the Rechtsstaat.[14)]

A scholar has divided the constitutionalism into 3 levels; first level is restriction of authority, second level is protection of freedom and rights, and third level is democracy and governance by law. He did an in-depth study of the historical roots and view of liberal and republic governance by law in the West and the relationship between sovereignty and governance by law, etc. and summarized

14) Constitutional Court Decision for Case No. 97*Hunma*38 rendered as of July 16, 1997 described in pp. 94ff. of the second series of Collection of Precedents of Constitutional Court Vol. 9, Constitutional Court Decision for Case No. 95*Hunga*16 rendered as of April 30, 1998 described in pp. 325ff. of the first series of Collection of Precedents of Constitutional Court Vol. 10, and Constitutional Court Decision for Case No. 2002*Hunga*27 rendered as of June 24, 2004 described in pp. 716ff. of the first series of Collection of Precedents of Constitutional Court Vol. 16, etc.

them. I believe that we can expect further studies in the future.[15)]

In discussing the constitutionalism thoroughly, What we need to particularly pay attention to is that in a modern country where a person governing and a person being governed are acknowledged to be the same, more emphasis is put on the change of function of the law where it is changed from simple compulsory order system to procedural formality that adjusts behaviors according to the consensus theory.[16)]

It is true that there is optimistic view that the constitutionalism in the traditional Korean society has sought substantial governance by law in everyday lives based on the respect for man's life and dignity by harmonizing with individuals and community.[17)] As pointed out by Professor Byung Choon Ham in early days, since our traditional society has been under the control of alegalistic culture such as religious ritual based on shamanism, familism, Confucian ethics, etc. compared to the Western legalistic culture, we must deem that awareness that social norm must also change from humanity-centered ethics to laws based on consciousness of right will be generalized.[18)] More details will be mentioned later.

---

15) 「Ideological Basis for Modern Constitutionalism」, Do Kyun Kim: Seoul National University Press, 2005, pp. 3-121 among Basis, History and Ideology of Constitutionalism.

16) 田中成明, 法的空間: University of Tokyo Press, 1993, refer to pp. 3-18 among Chapter 1.

17) 「Historical Development of Constitutionalism in Korea」, Jong Go Choi: Seoul National University Press, 2005, p. 216 among Basis, History and Ideology of Constitutionalism.

18) Jong Go Choi, pp. 312-314 of the aforementioned book.

3. Focus of the Discussion

Reason why I mentioned Korean people's awareness on the constitutionalism and the concept of the constitutionalism in the above was because I believed that it is necessary to share awareness of some issues in which the foregoing serves as a premises to some level in order to approach today's core issue, which is "Why the Constitutionalism is difficult in Korea?"

Compared to the constitutionalism in the west where the bourgeoisie has developed the constitutionalism in a hard way in order to protect their freedom and property from monarch or national authority, it is for sure to deem that there has been strong historical aspect in the Asian countries including Korea where people have been depending on good administration by a leader of high moral repute while enduring governance by a person rather than governance by the law.[19] However, we cannot jump into conclusion that there exist only these factors.

A lot of scholars, jurists, and persons responsible for implementing policies have tried to analyze and approach this issue from many other angles, and there will be on-going effort. In this paper, I will try to roughly mention what I have observed from a point of a law student who has experienced unmerited experiences as a law enforcer and as a university professor until now focused on the

19) 「The Rule of Law」, Seung Hee Jwa: 21st Century Book, 2002, pp. 54-55. This book is a translation of the book 「The Rule of Law」 written by Barry M. Hager in 1999.

reasons and measures.

Ⅱ. Factors Obstructing the rule of law in Korea

1. Confucian Cultural Tradition

Although it is deemed that the constitutionalism was emphasized in the Chosun era and people continued to edit code of laws such as '*Gyeonggukdaejeon*'(translator's note: code of laws in the Chosun era), etc. in the early stage,[20] it is a general view that the Chosun Dynasty adopted governance by morality and propriety rather than governance by law superficially based on the idea of the Confucianism, and took precedence over enlightenment rather than government ordinance.[21]

The *Yaejubeopjong* idea provided in the '*Gyeongsaeyupo*' written by *Dasan* Yak Yong Jeong gives a good description of the foregoing. According to the said idea, what is adequate to the laws of nature and benevolence is the propriety, and the preceding kings adopted the propriety as the law. On the other hand, the near-past kings adopted the law as the law. In other words, the propriety is the basis of governance, and the law is a supplemental measure for governance by the propriety. It is true that it is an influential view to interpret that the law and propriety are not contradictory to each

20) 「Korean History of Laws」, Byung Ho Park: Korea National Open University Press, 1986, pp. 13-39.

21) 「Korean Modern Law Thinking」, Geung Sik Jeong: Pakyoungsa, 2001, p. 160.

other and the propriety is a upper level concept that covers the law, and that morality, propriety and law are connected to each other unitarily rather than being disparate.[22)]

However, from the people's position where they have lived their lives based on the morality and ethics or propriety rather than the positive law for a long period of time, it would be reasonable to deem that it was not easy for the people to comprehend the lifestyle appropriate to observing the law or governance by law that has been requested constantly while going through the flowering time, Japan's colonial rule of Korea, and period of authoritative governance after the restoration of independence.

Even now, humane evaluations such as 'a person who can live without the law', 'a person who has never stepped his foot on the front door of the court or police station for his entire life', etc. are thought to be positive, and the neighborhood has a negative perspective on anyone who files a criminal complaint for a trivial matter. The society's such trend well shows the foregoing issue.

In summary, we have no other choice but to deem that such perspective is connected with the Confucian tradition since the Chosun era where something heteronomous or compulsory was excluded and the reason and propriety were pursued. Given that the culture is, as Professor Pontier put it, "Culture is what is left when everything is forgotten and what is still not enough when we have learnt everything,"[23)] I believe that we can interpret that such

22) Jong Go Choi, p. 258 of the aforementioned book.

23) 「Culture Policy and Culture Law in France」, Jean Marie Pontier, from a special

perspective is a part of the Confucian culture that is still with us.

2. Historical and Social Experience relating to Operation of the Law

Some Social Darwinists in the flowering time at the end of the Chosun era insisted on renovating the legal system in Korea by adopting the Western constitutionalism. However, it is evaluated that at the end it was only at the level of emphasizing the administration-centered legal positivism upon linking with Japan's theory of monarchial sovereignty and imperialistic situation.[24)]

As we can see from the examples of 'regulation regarding land investigation' or the 'Maintenance of the Public Order Act' under the Japanese colonialism, all the regulations and laws enforced served as the means to justify the colonial rule, and only enforcement of the authoritative laws was emphasized. Thus, we may say that most people came to think of law as something that is somewhat uncomfortable and binding, and also recognize it as heteronomous.

In the times of chaos after the restoration of independence and under the administration of the Liberal Party, it was difficult for the constitutionalism to take root soundly due to political situation where incidents going beyond the boundaries of the law such as operation of special investigation commission for anti-national activities, the so-

---

lecture at the Ministry of Government Legislation(He was a public law professor at Universite d'Aix-Marseille Ⅲ).

24) pp. 161-166 of the aforementioned book written by Geung Sik Jeong.

called 'rounding to the nearest whole number(translator's note: the party in the office passed the proposal to amend the Constitution illegally so that the then president Seung Man Lee could be elected president for the third term by applying the theory of rounding to the nearest whole number to cover being not enough for a quorum), fraudulent election on March 15th, etc. took place and due to the president-centered system after the disturbances.

After the military revolution in 1961 and the so-called Constitution for revitalizing reform in 1972, urgent measures by the President such as booking or arresting anyone if he/she simply insists on making amendment to the Constitution were issued excessively. When various positive laws and groups of jurists were mobilized as a means to justify the governance by the non-traditional military government even after that, general people's distrust in the operation of the law was aggravated more.

In conclusion, after King Gojong promulgated the 'Court Organization Act' as Korea's first modern statutory law in 1895, our people came to recognize governance by law or the principle of the rule of law as something that is binding, troublesome and heteronomous rather than something that makes people comfortable or makes them free while experiencing the period of Japan's colonial rule and times of chaos after the restoration of independence. In addition, we can never deny the aspect that such historical and social experience as mentioned above is still with us like a sort of force of habit with the symptom of distrust in the politics in the center even after the so-called civilian government in the 1990s where our democracy has improved to the level of an advanced country, consequently obstructing development of the Constitutionalism in Korea.

3. Distrust of Legislation and Law Enforcement Institutions

Through such historical and social experience as mentioned above, distrust of legislative, administrative and judicial institutions responsible for legislation and enforcement of law has grown in our people's mind tacitly. Such distrust is well shown in the research conducted recently regarding the power of influence and reliability of the so-called power organizations.

According to the result of the research conducted by the JoongAng Ilbo and East Asia Institute(EAI) in June 2008 regarding the reliability, etc. of 25 power organizations for men and women around the nation,[25] reliability on major companies was the highest, and followed the Constitutional Court, the Supreme Court, the police, and the prosecution with 5.75 point, 5.60 point, 4.78 point, and 4.63 point out of 10 points, respectively. Then, each political party ranked the lowest with 4.11 following the Blue House and the National Intelligence Service. According to the said data, we may conclude that our society's reliability on each organization is as follows; conglomerate in the first place, the judiciary branch

25) JoongAng Ilbo dated June 14, 2008, p. 6, News article titled '13 out of 25 power organizations fell' and rank table in p. 1.

including the Constitutional Court in the second place, the authoritative organizations including the prosecution and police in the third place, civil groups and interest groups in the fourth place, and the political party in the fifth place.

There may be various reasons such as delay of the opening of the National Assembly and budget deliberation together with repugnance against the overall politics, proposal of a bill and legislation and revision according to political interest, ethical issues regarding individual member of the National Assembly, etc. behind such distrust of the legislative organization, which is also the people's representative organization. As for the distrust of the administrative organization, we may find such reasons mainly in unfair enforcement of law and lack of administration service. With respect to the distrust of the legal circles including the judicial branch, there has been discussions regarding judicial corruption including offering honorable treatment to the former high-ranking officers, and authoritative investigation and court attitude, etc.[26)]

Of course, such distrust differs depending on the status of each period, and also is on the trend of improving gradually. However, there is an aspect where it is related to the potential dissatisfaction

---

26) In the news article titled 'People's reliability on the legal profession became lower' in Hankook Ilbo dated April 23, 2007, corruption in the legal profession(62.6%) and judges' authoritative attitude in the court(19%) were pointed out as the reasons for distrusting the judicial branch. In particular, it said that the mind of "The wealthy are always innocent, while the poor are always guilty" is deeply rooted in respondents as to the extent of thinking that the majority responded that authority(95.9%) or honorable treatment to the former high-ranking officers(93%) has an influence over the judgements.

that the general people had regarding the systematic circles. Thus, it may not be easy to think that people's reliability will increase rapidly in a short period of time.

At the request of the Government Information Agency, World Research conducted survey research of 'Research regarding legal awareness of people and younger generation' in October 2007. According to the research report, with respect to the question, 'Do you think the Korean law is fair to everyone?', only 53.3% of the general people(not fair: 46.7%) and 55.6% of the young people(not fair: 44.4%) responded that it was fair. With respect to the question, 'How proper do you think decisions made by national institutions including Korean court, prosecution, etc. based on laws are?', only 69.2% of the young people(not proper: 35.8%) responded positively.[27) This report shows that there are still a lot to be improved in the people's reliability on the fairness of enforcing the law.

4. Ideology Issue and Desire for Participatory Democracy

The international society evaluates Korea as a country that has achieved economic development and democracy together in a relatively short period of time. However, while experiencing right-left conflict and the Korean War after the restoration of independence, and in the course of fighting against dictatorship, people's

27) October 2007, World Research, 'Research regarding legal awareness of people and younger generation', Chapter 3(Research Result and Analysis) in pp. 40-43.

trend in ideology was divided into conservative, moderate, and progressive.[28)] A lot of people expressed their complaint against the systematic circles in forms of participating in demonstration or in strike. Accordingly, we must review the so-called ideology issue or a lot of people's desire for participatory democracy as one factor obstructing the general governance by the law.

Such issue may become disputable when applying the National Security Act, the Assembly and Demonstration Act or Act regarding labor, environment, military base or agriculture and fishery business. In such case, there is a big gap between the strict purport and scope of the positive law and the belief of the persons concerned, and also such issue draws the media's attention. Thereby, whether or not there is strictness and wisdom in the enforcement process has a great influence on the settlement and spread of the constitutionalism.

There would be not many people who are not concerned about the Korean constitutionalism while watching one person demonstration going on almost everyday around the National Assembly building or the Government Complex or near the court or a lot of people sharing the same interest taking group actions. Even though we call democracy that allows the majority of people to participate in the decision-making process the participatory democracy compre-

---

28) Dong-A Ilbo dated January 10, 2006, p. 1, According to a news article titled 'Conservative more stronger in 10 years', Korean Social Science Data Center conducted a research at the request of 21 PEACE, an affiliated organization of Dong-A Ilbo, regarding the tendency of ideology in Koreans, and the result showed that the conservative was 39.1%, moderate was 32.3%, and progressive was 28.6%.

hensively, we must continue to make people aware that such participation involves representative system in principle and participation through individual citizen or civil groups must be in accordance with the procedures set forth by the laws legislated by the National Assembly.

Of course, with respect to the incidents involving a sort of movement for disobeying the law in which discontent of the local residents having interest in the permit for accommodation facilities in areas like Ilsan and Bundang in late 1999 or payment of highway toll,[29)] I believe that damage to the governance by law should have been protected in advance by lawful and fair administration acceptable by the interested persons.

5. Issues in Education and Media

In the United States of America, what we can call and advanced country for governance by law, law-related education has been provided to juveniles and citizens with the American Bar Association and Office of Juvenile Justice and Delinquency Prevention(OJJDP), part of the US Department of Justice, and a lot of foundations in the center since the 1960s, and the Law-Related Education Act was legislated and enforced in 1978. In England, the national curriculum proclaimed in 1999 made it mandatory to teach citizenship subject that includes contents like legal rights and responsibilities from the

29) pp. 82-83 of the thesis written by Bong Cheol Choi mentioned in Note 11).

elementary period.[30] However, it is our reality that such interest is very weak in Korea.

Some teachers, by giving examples of various research experiences, show their concern about students because students have little interest in the law and low reliability on the law due to reasons such as boring content in the textbooks, teachers' easy-going teaching method, social atmosphere, etc., and in particular, as grade goes up and boys rather than girls generally show greater helplessness regarding the law and tendency of evading the law.[31]

Fortunately, 'Law-Related Education Support Act' was promulgated in March this year in the form of legislation by proposal by member of the National Assembly. However, realistically speaking, we need to go through a quiet difficult process to amend the contents of the government designated textbooks or authorized textbooks, and it is not a simple task to think of a plan to enhance teachers' awareness of and attitude towards the law substantially. In light of the aforementioned issues, I believe that this field must be reviewed carefully and closely from a long-term perspective.

Due to the media's function of providing a fact-based report and creating sound public opinion, legislation or enforcement of law or

---

30) 「Directions for Development of Law-related Education in Korea」, issued by the Ministry of Justice in 2006, Final report by the Law-related Education Research Commission, pp. 9-13.

31) 「Study on Development of Elementary Students' Attitude towards Law and Improvement of Law-related Education」, Seung Hyuk Park: Master's thesis for pedagogy in Seoul National University, 1992, pp. 51-60, and 「Problems in Law-related Education in Social Studies Education and Directions for Improvement」, Guem Young Park: Master's thesis for pedagogy in Gwangju National University of Education, 2004, pp. 28-33, etc.

judgments are dealt by newspapers or broadcasting or report or review in internet media in every single day. General people's awareness of how governance by law operates is greatly influenced by the content and directions presented by such media. Although the final decision must be made by readers and viewers, if the media out of many kinds of media makes a mistake in confirming the fact or ideology or certain interest is reflected to a particular opinion, becoming contradictory to the law system that is duly implemented currently or causing distrust in the judicial institutions, it would be reasonable to correct such issue self-regulatively or in accordance with the procedure provided for proper settlement of the constitutionalism.

Ⅲ. How to Overcome: Measures

I have summarized the factors obstructing the constitutionalism in Korea in the above. Not only do I believe that parts like Confucian cultural tradition needs more in-depth analysis as it is but also I believe that it is not appropriate to mention the details regarding cultural background in terms of a simple measure. Thereby, I intend to review mainly focused on the efforts for improvement in policies in the fields of legislation, judicature, administration and enlightenment of awareness of law-related education and law observance, and necessity for study on Korean legalization, etc. in below.

1. Enhancement of People's Trust in Legislative Institution

In terms of the history of the constitutionalism or people's level of awareness, I believe that enhancing people's trust in the legislative activities of the National Assembly, which is the legislative institution representing the people, is the most important thing. There was a news report saying that despite the fact that the number of bills proposed by the members of the 17th National Assembly amounted to approximately six(6) times the number of bills submitted by the government(1,101 bills) as of April 18, 2008, and amounted to 6,354 bills, which is more than three(3) times the number of bills proposed by the 16th National Assembly(1,912 bills), percentage of how many bills were handled was only 53.2% and percentage of how many bills were adopted was 21%(bills submitted by the government: 51%).[32] There was another news report saying that the 18th National Assembly opened the National Assembly after 41 days for the first time after the general election upon violating the regulation of the National Assembly Act. We can easily presume how this kind of news reports would influence the people's view on the National Assembly or awareness on governance by law.

In addition, when people watch news report regarding neglecting the 'Act on Treatment of Wealth Accumulated by Illicit Means', 'Act

---

32) The Kyunghyang Shinmun dated May 29, 2008, p.6, News article titled 'Amendment by copying other's bill and revising one line'. Also, Dong-A Ilbo dated May 27, 2008, A5, provides a similar news with numbers a little bit different due to different basic date.

on Purification of Political Activities', etc., which were legislated in the special circumstance in the 1960s and have already become invalid, or news report regarding the 'Act on Special Cases concerning Securing of School Site(amended in January of 2000)',[33] which was rendered a decision of violation of the constitution or partial violation of the constitution by the Constitutional Court, legislation of the so-called BBK Special Prosecutor Act in December 2007, the general people might have skeptical opinion regarding the competency and responsibility of the National Assembly partially.

Even if there is an aspect where the National Assembly is subject to control by the people, political parties and interest groups, and is subject to check and balance by the government, court, or the Constitutional Court in accordance with the principle of separation of powers, there cannot be any change to the status of the National Assembly, which is the representative institution of the people under the Constitution and also the legislative institution, one of the highest institutions and at the same time, institution that controls policies. In particular, we cannot avoid the tendency where the role as a

---

33) This amended law is related to imposing charge for school site on persons of more than 300 households that purchased the land in lots for common houses. On March 31, 2005, the Constitutional Court rendered a decision of violation of the Constitution on standing against the free education. A proposal of the 'Act on Special Cases concerning Refund of Charge for School Site, etc.' was proposed once again at the National Assembly in April of the same year, and thus, was passed in the National Assembly in January 2008. However, the government requested reconsideration of the said proposal on the ground of infringement of legal security, etc., and consequently, it passed the National Assembly in February of the same year once again after revising some provisions, and then, was promulgated in March.

legislative institution is becoming a universal law due to increase of delegation of legislation as administrative function becomes specialized and complicated and as the national function is increased.[34) If we find something unsatisfactory that we cannot trust in the legislative function of the National Assembly, which was elected and entrusted directly by the people, the sovereign, this will definitely have a very negative impact on the settlement and spread of the constitutionalism.

2. Operation of Judicial Branch and Securing of Reliability on the Overall Legal Profession

According to the news report by Hankook Ilbo dated April 23, 2007 as mentioned in above, the result of the online survey conducted by Hankook Ilbo and others regarding the reliability on the legal circles showed that 62.4% of the respondents provided a negative response with respect to the question, 'How much do you trust the court?' Reasons for such distrust were as follows; corruption in the legal profession(62.6%), judges' authoritative attitude in the court(19%), and dissatisfaction in the court ruling(13.7%) Also, if we look at the 2005 reliability research regarding groups and organizations provided in the news report by Dong-A Ilbo on January 10, 2006, only 50.8% of the interviewees showed positive response regarding the judicial branch, ranking in lower place than

34) p. 1085 of the aforementioned book written by Cheol Su Kim in Note 9).

newspaper(64.3%), civil group(62.8%), and military(51.9%).[35)]

According to the result of the survey research on people's awareness of law conducted on 1,000 adults and 1,000 junior high and high school students by Union Research Institution at the request of the Ministry of Justice and the Government Information Agency in August 2005, 86.9% of the adults and 77.5% of the students responded that 'Law is authoritative', and 87.1% of the adults and 87.3% of the students responded that 'Law is not familiar with me'. Also, with respect to the saying, "Let's settle it by law," 47.7% on the average gave an unfeeling or displeasing response, and with respect to an opinion that 'A person who lives well even by violating the law is a competent person', 40.2% on the average responded positively.[36)]

It is true that the judicial branch gains relatively higher reliability than the prosecution, police or lawyers, and the overall legal profession has been putting a lot of effort lately to enhance people's awareness. In particular, the judicial reform that the Supreme Court has been pursuing for a long period of time has come to show some results. The amended Criminal Procedures Act with the content of strengthening the court-oriented trials, and implementation of the 'Act on People's Participation in Criminal Trials' are some of the results, which are in operation with the hope of people.

Also, we cannot deny the fact that the legal profession and the

35) Refer to the table of 'I trust this group or institution' provided on the left top of A5 of Dong-A Ilbo in Note 28).

36) pp. 20-21 of 「Directions for Development of Law-related Education in Korea」 in Note 30).

related institutions are putting their utmost effort to secure people's reliability. For example, the dispute regarding the rights to investigate between the prosecution and police, which was a controversial issue for a while, is no longer a big issue and the lawyer groups are reinforcing legal activities for public good, tec.

However, according to the result of the survey research recently announced by the Sentencing Commission installed in the Supreme Court, the general public evaluated the court's sentencing in the criminal cases as follows; 73.9% responded 'not consistent', 59.2% responded 'generous'. According to the result of analyzing the judgments in criminal cases and records, it showed that, unlike the general public's feelings about the law, the ratio of detention was 48.8% and ratio of sentence of imprisonment was 47.5% in fraud cases, but in bribery cases, ratio of detention was only 15.8% and ratio of sentence of imprisonment was only 28.8%.[37] Especially, it is true that there is a big gap between the court's judgments rendered in criminal cases and what the general public thinks of it in their minds. Regarding the effort towards the judicial reform with the Supreme Court in the center, some people criticize that it is difficult to solve the cartel structure of the current legal profession group when the political parties or social groups are excluded.[38] Also, there is not much particular thing to mention regarding the current

37) Chosun Ilbo dated June 16, 2008, A12, News article titled 'Heavier sentencing on bribery and embezzlement than theft'.

38) Kyunghyang Shinmun dated July 7, 2008, p. 11, News article titled 'Judicial reform with the legal profession in the center reinforces elitism more' The said news article quotes some part of 'Coordinates of Korean Democracy and Judicial Branch' submitted to the Supreme Court by professor Jang Jip Choi.

level of reliability on the prosecution or police or lawyers besides the court yet.

In conclusion, unless we can secure general public's trust in the judicial branch and the overall legal profession related field no matter how difficult it is of how long it takes, it is obvious that it is difficult for the constitutionalism to properly take root in Korea.

3. Overcome Tendency of Disobedience to Law through Strict Law Enforcement and Effort to Resolve Sense of Incongruity between Classes, etc.

In the course of fighting for the democracy for a long period of time, our society has come to think in general that acting in accordance with conscience in terms of the natural law and the principle of the Constitution must be accepted no matter how regulations are prescribed in the positive law. There is an aspect where such thinking is often used as an excuse to justify illegal demonstration or strike, etc. under the lawful and reasonable government since the democratization. Although some people showed such concerns regarding the candle demonstration since last June due to the so-called mad cow disease crisis, this may be pointed out as one of the problematic phenomena of the constitutionalism when it is spread out as a movement for disobedience to law depending on each case.

With respect to the foregoing issue, there are several convincing views as follows; Since the modern citizens are not satisfied at casting a vote once in every 4 or 5 years while rejecting to remain as someone subject to governance, and wish to take part in the process of politics in person, it is reasonable that the government makes governance, which can be put as collaborative governance, an ordinary thing.[39] Also, since the myth of mobilizing the general public is still on-going in Korea, and there are issues too much to handle in terms of historical weight that assemblies or demonstrations have, this cannot replace the party politics, but it is necessary that the government examines itself regarding this issue with a modest attitude.[40] Of course, the government has on obligation to materialize the ideas of Materieller Rechtsstaat and Sozialer Rechtsstaat, and by continuing to put integrative efforts to resolve sense of incongruity between classes at the level of administration, and also has an obligation to fulfill the task of substantial democratization and high-quality advancement. However, if the government fails to maintain rigid social order through transparent and uniform enforcement of law at the same time, the people's safety and happiness cannot be guaranteed fundamentally.

Among the viewpoints that the constitutionalism is not well complied in our society, the view that enforcement of law against the so-called people having much such as politicians and businessmen including the government itself is not fair is far stronger

---

39) Dong-A Ilbo dated June 25, 2008, A27, Column titled 'Civil Power and Governance' by editorial writer Seong Hee Jeong.

40) JoongAng Ilbo dated July 24, 2008, p. 5, Analysis titled 'Myth of mobilizing the general public still alive even after the democratization' written by Sun Hyeok Kim, head of Center for the Study of Democracy under the East Asia Institute.

than the view that the law is not properly enforced against those who are powerless and in difficult circumstance.[41] Accordingly, it is indispensable that the leaders of the community including the government head observe the law as a role model for the general public for the settlement of the constitutionalism, and execute the so-called Noblesse Oblige. We can understand the criticism of the abuse of the right to amnesty pursuant to the Amnesty Act to which small amendment was made for the first time last year since approximately 60 years from its legislation in 1948 with such purport.

4. Law-related Education and Enlightenment of Awareness of Law Observance

Despite the fact that it is desirable that people's awareness of law observance is mainly developed during the adolescent period, it is our reality that this field is very weak compared to other advanced countries like Europe and America due to deficient curriculum or insufficient circumstance of teachers. Fortunately, as the 'Law-related Education Support Act' is enforced as of June 29, 2008, it is systematized that the Law-related Education Commission, which deliberates establishment of directions in law-related education policies and basic plan for law-related education, is established, and Legalization Promotion Center is appointed.

41) Kyunghyang Shinmun dated July 23, 2008, p. 31, Economic column titled 'Formula of non-detention, suspended sentence-amnesty' written by Sang Jo Kim.

However, it is very difficult to expect that in the midst of our education reality where our education is focused on reinforcing one's competitive power rather than awareness of duties or order as a citizen from the period of elementary, junior high or high school, the law-related education with the purpose of preventing legal disputes or misconduct and developing advanced legal awareness will be provided easily. It is still insufficient to reflect such issues in the curriculum or teachers are not yet well prepared.

The Ministry of Justice has established a comprehensive plan for pursuing law-related education since 2005,[42] and has been pursuing development and spread of teaching materials for law-related education, development of programs such as law-related education lecture program, etc., street law competition for high school students, training for law-related education duties, competition for teen court and mock trial, law concert for citizens, etc. However, it is deemed that it has not yet developed into a government-wide business or is not at the level where sufficient cooperation network with civil groups and universities is established. Of all things, reflecting mandatory law-related education to the school curriculum would be appropriate. However, it is described in the current 7th curriculum that only one unit is provided in the second term of the sixth grade and in eighth grade in junior high school, respectively, and a subject called 'Law and Society' is an elective subject for second-year and third-year students in high school. As such, we

42) pp. 66-72 of 「Directions for Development of Law-related Education in Korea」 in Note 30).

have to say it is very worrisome for the future of the constitutionalism in Korea. With the enforcement of the said 'Law-related Education Support Act', I believe that more vitalized law-related education must be performed by cooperating with the Ministry of Education, Science and Technology and by linking with academic circles and civil groups.

With the media and social groups in the center, sense of community that enlightens the law-abiding consciousness must be spread out by observing the law, which is a promise among the people, thoroughly and by forming a social atmosphere that criticizes behaviors showing anti-constitutionalism cool-headedly.

5. Review and Study of Korean Legalization

Although we cannot deny that the constitutionalism that we have reviewed so far has established its foundation mainly in the conception after accepting the Western legal system under the influence of the foreign power at the end of the Chosun era, if we consider our unique spiritual culture, we must admit that how to approach it may become different.

For example, although filing a compliant is something that is so natural and something that must be praised for from the Western conception of rights, from the Korean Confucian cultural perspective, there is a room for being criticized for suing a person coldheartedly with a problem that can be resolved by discussing with the seniors in the neighborhood without bringing the matter to the court.

In other words, such case involves conflict between traditional moral concept and regulations in the reality. In such case, if he/she insists on only the actual regulations, he/she may win in the legal dispute, but may be regarded as a coldhearted person without any benevolence in the neighborhood.

I definitely believe that there is such national mentality and sentiment serving as one of the reasons why settlement of the constitutionalism is difficult in Korea. However, there are not many reports that have researched and analyzed such issue systematically.[43] Moreover, since those who engaged in enforcement of law were government officials since Japan's colonial rule of Korea, the general people must have had a tendency of avoiding administrative officials who were deemed to be more close to the authority or the law enforced by them in entirety.

Thereby, I believe that more objective and scientific review and study must be conducted regarding such factors, which are based on national temperament and mentality, along with the tendency of disobeying the law from now on.

Ⅳ. Conclusion

Not only the constitutionalism is the spirit of the Constitution, but

---

43) pp. 84-88 of the thesis written by Bong Cheol Choi in Note 11) mentions this issue, and introduces opinions of professor Bu Chan Kim and professor Si Jo Ryu, etc.

also it is a spirit that must be settled and spread in the Korean society for the strengthening of the national competitive power.[44) While going through Japan's colonial rule and authoritative government in the times of development in addition to the Confucian cultural tradition putting greater importance on humanity and morality than on the law, there were many cases involving abuse or misuse of the law, and not even proper law-related education was provided in the past. Accordingly, it may be deemed that there actually were some reasons why the level of the Korean constitutionalism was undervalued until now.

However, as long as we believe that it is impossible to integrate the people properly or step forward as one of the advanced countries honorably without the establishment of the constitutionalism, all the jurists and leaders of the community must keep on trying hard to find a plan that is effective and creates great social sympathy by gathering their wisdom and power now.

I have reviewed issues such as enhancement of trust in legislative institutions, operation of judicial branch and securing of reliability on the overall legal profession, overcoming tendency of disobedience to law through strict law enforcement and effort to resolve sense of incongruity between classes, etc., law-related education and en-

44) IMD(International Management Development) summarizes national competitive power as a nation's capability to create and maintain various conditions that enable creation of corporate values and continuance of people's economic prosperity. WEF(World Economic Forum) summarizes it as a nation's capability to bring high level economic prosperity to the people. These institutions evaluate each nation's competitive power with various assessment items including formality of law and system, independency of judicial branch, etc., and announce such data.

lightenment of awareness of law observance, and review and study of Korean legalization in the above generally. However, it is needless to say that establishment of specific policies and practical measures must be followed. From my personal point of view, I believe that the effort to make observance of law, which is a social promise, people's everyday lives and traits through efforts by leaders in each field including legislation, administration, and judicial, etc. to observe the law like setting an example for others and through strict enforcement of law and on-going enlightenment of the law-related education is the most important thing.

피내사자에 대한 변호인의 접견교통권*

— 대상판결: 대법원 1996. 6. 3.자 96모18 결정[1] —

Ⅰ. 대법원 결정요지

(1) 변호인의 조력을 받을 권리를 실질적으로 보장하기 위하여는 변호인과의 접견교통권의 인정이 당연한 전제가 되므로, 임의동행의 형식으로 수사기관에 연행된 피의자에게도 변호인 또는 변호인이 되려는 자와의 접견교통권은 당연히 인정된다고 보아야 하고, 임의동행의 형식으로 연행된 피내사자의 경우에도 이는 마찬가지이다.

(2) 접견교통권은 피고인 또는 피의자나 피내사자의 인권보장과 방어준비를 위하여 필수불가결한 권리이므로 법령에 의한 제한이 없는 한 수사기관의 처분은 물론 법원의 결정으로도 이를 제한할 수 없다.

[원심결정] 서울지방법원 1996. 3. 11. 자 96보2 결정
[재항고인] 동대문경찰서장
[주 문] 재항고 기각
[이 유] 헌법 제 10조는 "모든 국민은 인간으로서의 존엄과 가치를 가지며 행복을 추구할 권리를 가진다"고 규정하고 있고, 같은 법 제12조 제 1 항 후문은 "누구든지 법률에 의하지 아니하고는 처벌·보안처분 또는 강제노역

* 1997. 10. 판례월보 게재.
1) 법원공보 1996(제1021호) 2255쪽.

을 받지 아니한다"고 규정하여 형사소송에 있어서 적법절차를 선언하고 있으며 이를 구체화하기 위하여 같은 조 제 4 항은 "누구든지 체포 또는 구속을 당한 때에는 즉시 변호인의 조력을 받을 권리를 가진다"고 규정하고 있으며, 형사소송법 제30조 제 1 항은 피고인 또는 피의자는 변호인을 선임할 수 있다고 규정하여 변호인의 조력을 받을 권리를 불구속 피고인 또는 피의자에게까지 확대하고 있는바, 이와 같은 변호인의 조력을 받을 권리를 실질적으로 보장하기 위하여는 변호인과의 접견교통권의 인정이 당연한 전제가 된다고 할 것이므로, 임의동행의 형식으로 수사기관에 연행된 피의자에게도 변호인 또는 변호인이 되려는 자와의 접견교통권은 당연히 인정된다고 보아야 할 것이고, 임의동행의 형식으로 연행된 피내사자의 경우에도 마찬가지라 할 것이다. 형사소송법 제34조는 변호인 또는 변호인이 되려는 자에게 구속을 당한 피고인 또는 피의자에 대하여까지 접견교통권을 보장하는 취지의 규정이므로 위 접견교통권을 위와 달리 해석할 법령상의 근거가 될 수 없다. 이와 같은 접견교통권은 피고인 또는 피의자나 피내사자의 인권보장과 방어준비를 위하여 필수불가결한 권리이므로 법령에 의한 제한이 없는 한 수사기관의 처분은 물론 법원의 결정으로도 이를 제한할 수 없다고 할 것이다(당원 1991. 3. 28.자 91모24 결정 참조). 따라서 같은 취지로 판단한 원심결정은 정당하고 이를 다투는 논지도 이유없다.

그러므로 재항고를 기각하기로 하여 관여 법관의 일치된 의견으로 주문과 같이 결정한다.

Ⅱ. 연　구

1. 본 결정의 의미

신체구속을 당한 피고인 또는 피의자의 인권보장과 방어준비를 위하여 변호인 또는 변호인이 되려는 자가 이들과 접견교통할 수 있는 권리에 관하여는 헌법(제12조 4항)과 형사소송법(제30조 1항, 제34조)이 명시적으로 규정하고 있을 뿐만 아니라 대법원도 이미 1990. 2. 13.자 89모

37 결정,[2)] 1991. 3. 28.자 91모24 결정[3)] 등을 통하여 수차례 그 필수불가결성과 불가제한성을 천명해 온 바 있다.

따라서 대법원의 위 결정은 신체구속을 당한 피고인이나 피의자에 관한 한 전혀 새로운 내용이 아니며 신체구속을 당하지 아니하였다고 하더라도 임의동행의 형식으로 수사기관에 연행된 피의자에게도 접견교통권이 당연히 보장됨을 전제로, 피의자가 아닌 피내사자에 대하여도 변호인과의 접견교통권이 보장되어야 하며 그 또한 법령상의 제한이 없는 한 수사기관의 처분은 물론 법원의 결정으로도 제한할 수 없음을 명시적으로 밝힌 최초의 결정이라는 데에 그 의미를 찾을 수 있다고 생각된다.

그런데 위 결정에서 거시한 이른바 피내사자란 개념은 형사소송법에 등장하는 개념이 아니고 종래 수사기관에서 관용되어 오면서 사법경찰관리집무규칙과 검찰사건사무규칙 등에서 사무처리 요령을 규정한 내사의 대상자를 지칭하는 것이므로, 그렇다면 피의자와 피내사자의 법적 지위가 어떻게 다른 것으로 보아야 하느냐, 피내사자에 대한 접견교통권을 피의자의 경우와 똑같이 보아도 이론상 또는 실무상 아무런 문제가 없겠느냐는 등의 점에 관하여 우리의 학적 관심이 미치지 않을 수 없게 된다.

그러므로 이하에서는 먼저 피의자와 피내사자의 구별에 관하여 살펴

2) 형사소송법 제34조가 규정한 변호인의 접견교통권은 신체구속을 당한 피고인이나 인권보장과 방어준비를 위하여 필수불가결한 권리이므로, 법령에 의한 제한이 없는 한 수사기관의 처분은 물론, 법원의 결정으로도 이를 제한할 수 없다고 판시하고 있다.

3) 변호인의 조력을 받을 권리를 규정하고 있는 헌법 제12조 4항 전문, 절차상 또는 시기상의 아무런 제약없이 변호인의 피고인 또는 피의자와의 접견교통권을 보장하고 있는 형사소송법 제34조, 구속피고인 또는 피의자에 대한 변호인의 접견교통권을 규정한 동법 제89조, 제90조, 제91조 등의 규정에 의하면 변호인의 접견교통권은 신체구속을 당한 피고인이나 피의자의 인권보장과 방어준비를 위하여 필요불가결한 권리로서 법령에 의한 제한이 없는 한 역시 수사기관의 처분이나 법원의 결정으로 제한할 수 없다고 판시하고 있다.

보고, 접견교통권의 의의와 내용, 침해에 대한 구제 등을 간략히 되짚어 본 다음, 피내사자에 대한 접견교통권 보장의 당위론과 실무상의 문제 등을 검토함으로써 본 대법원 결정이 시사하는 이론상·입법상 또는 실무운영상의 과제를 한 차례 조명해 볼까 한다.

2. 피의자와 피내사자

(1) 개념의 구별

수사기관은 범죄의 혐의가 있다고 사료되는 때에 언제든지 수사를 개시할 수 있다. 또 고소·고발이나 자수에 의하여도 수사는 개시된다. 이와 같이 수사가 개시된 후 수사기관에 의하여 범죄의 혐의를 받고 수사의 대상이 되어 있는 자를 우리는 피의자라고 부른다. 그런데 이와 같이 본격적인 수사를 개시하기에 앞서 신문 기타 출판물의 기사나 익명의 신고 또는 풍설 등에 따라 범죄혐의의 유무를 확인하기 위한 예비적인 조사활동은 흔히 수사와 구별하여 내사라고 부르고 있는데, 바로 그 내사의 대상이 된 사람을 피내사자로 호칭하게 된다. 내사의 결과 범죄의 혐의가 있다고 인정할 때에는 입건하여 수사를 개시하게 되므로 내사란 곧 수사기관의 입건 전 조사활동이라 할 수 있고, 피내사자란 바로 수사기관의 입건 전 조사활동의 대상자라고 볼 수가 있을 것이다. 결국 피의자나 피내사자는 모두 수사기관에 의하여 범죄의 혐의를 받고 조사대상이 되고 있다는 점은 같으나, 피내사자는 입건 전단계의 대상자이고 피의자는 입건 이후의 수사대상자라는 점에서 구별될 수 있을 것이다. 입건[4]은 범죄를 인지하였을 때 행하여지는 것이므로 양자는 인지의 전후

4) 입건이란 용어는 일본식 표현이라는 느낌은 있으나 이미 오랫동안 관용되어 왔고, 검찰사건사무규칙(1981. 12. 24. 법무부령 제230호) 제121조 1항 1호와 2호 등에서도 입건처리, 불입건이라는 표현을 쓰고 있으므로 법령상 공인된 개념으로 볼 수밖에 없다.

단계에 따라 구별된다고도 볼 수 있을 것이다.

물론 실무상으로는 이렇듯 수사와 내사를 구별하고 인지 또는 입건의 전후단계에 따라 피내사자의 피의자도 다르게 관념하지만, 그것은 어디까지나 수사기관 내부의 절차상 구별에 불과하고 적법절차적 규제라는 측면에서 볼 때에는 어느 것이나 결국 범죄혐의를 확인하기 위한 수사기관의 권력작용에 다름아니므로 양자를 굳이 구별해야 할 이론상의 필연성은 없다는 반론도 가능할 것이다.

(2) 법적 근거

현행 형사소송법의 법조상으로는 수사 또는 피의자라는 용어 이외에 내사 또는 피내사자란 용어는 어디에서도 찾아볼 수가 없다. 그럼에도 불구하고 법무부령인 사법경찰관리집무규칙 제20조는 "범죄의 내사"란 제하에 "① 범죄에 관한 신문 기타 출판물의 기사, 익명의 신고 또는 풍설이 있을 때에는 특히 출처에 유의하여 그 진상을 내사한 후 범죄의 혐의가 있다고 인정할 때에는 즉시 수사에 착수하여야 한다. 다만, 내사를 빙자하여 막연히 관계인의 출석을 요구하거나 물건을 압수하는 일이 없도록 하여야 한다"고 정하고, 이어 내사 결과 범죄혐의가 없다고 인정될 때에는 내사종결처분을 할 것임과 익명 또는 허무인 명의의 진정 탄원 및 투서나 실존인물 명의의 진정이라도 그 내용이 형벌법규에 저촉되지 아니함이 명백한 경우에 내사하지 아니할 수 있음을 ②, ③, ④항에서 규정하고 있다. 또 같은 법무부령인 검찰사건사무규칙도 그 제119조에서 내사사건의 수리, 제120조에서 내사사건부의 기재, 제121조에서 내사사건의 처리 등에 관하여 상세한 절차 규정을 두고 있다.

검찰이나 경찰 등 수사기관에서 실무상 수행하고 있는 내사는 이들 규칙에 근거하고 있다고 볼 수 있는데, 그렇다면 이러한 내사의 형사소송법적 근거는 무엇으로 볼 것이냐가 여기서 문제될 수가 있을 것이다.

내사란 수사의 전단계에서 범죄의 혐의 유무를 확인하기 위한 수사기관의 조사활동으로 비록 입건 전의 활동이라고는 하나 형사절차상 결국 광의의 수사의 일부라고 볼 수밖에 없다면, 형사소송법 제199조 1항이 "수사에 관하여는 그 목적을 달하기 위하여 필요한 조사를 할 수 있다. 단 강제처분은 이 법률에 특별한 규정이 없으면 하지 못한다"고 규정한 내용이 바로 내사의 근거조항이라고 볼 수 있을 것이다. 일반적으로 동 조항은 우리 형사소송절차에 있어서 임의수사의 원칙과 강제처분법정주의를 명시한 조문으로 해석되고 있는데, 이와 아울러 그러한 임의수사 내지 조사활동의 일환으로서의 내사의 근거조항이 되는 것으로 해석하여도 큰 무리가 없을 것으로 생각한다.[5)]

(3) 실무상의 문제

형사소송법이 수사와 구별되는 내사의 개념을 별도로 상정하지 않고 있음에도 불구하고 실무상 내사와 수사, 피내사자와 피의자를 구별하는 실익은 어디에 있는가.

학자에 따라서는 피의자에 대하여는 헌법과 형사소송법이 정한 각종 권리를 행사할 수 있고 기본권이 침해되었음을 이유로 헌법소원을 제기할 수도 있지만, 피내사자는 단순한 용의자에 불과하여 일반시민에 대한 기본권 보장의 한도 내에서만 그 권리를 보호받으며 피의자가 가지는 증거보전청구권 등 소송법상의 권리를 행사할 수 없고 진정에 기하여 이루어진 내사사건에서 내사종결처분이 내려지더라도 헌법소원을 제기할 수도 없다는 점에서 그 구별의 실익이 있는 듯이 설명하고 있는 예가 있다.[6)] 그러나 이 설명은 부분적으로는 타당하지만 형사소송법이 추구하고 있는 적법절차의 원칙(Due Process of Law)이라는 측면에서 볼

5) 정성진, "내사론," 법조, 1997. 3, 7쪽.
6) 신동운, 형사소송법 Ⅰ, 법문사, 1996, 40, 61쪽.

때 피내사자에게는 피의자에게 보장되는 것과 같은 진술거부권을 비롯한 제반 방어권이 보장되지 않아도 좋다고 하는 뜻으로 해석될 여지가 없지 아니하므로 전적으로 옳다고는 볼 수 없다.

오히려 수사개시의 단서로서의 고소·고발이나 자수가 있는 경우에는 수사기관이 어쩔 수 없이 수사를 시작하게 되지만, 진부를 확인할 수 없는 범죄관련 기사나 신고 또는 풍설이 있는 경우에 빠짐없이 그 대상자를 입건하여 바로 수사를 개시한다면 그 내용이 진실이 아니라고 판명될 경우 이는 엄청난 수사력의 낭비가 될 뿐만 아니라 당사자 본인에게 대하여도 인권침해의 결과가 되기 십상이므로 수사를 개시하기에 앞서 수사기관이 간접적이고 은밀한 방법으로 범죄혐의 유무를 확인하는 조사활동을 선행시켜 국가수사력의 낭비와 국민에 대한 인권침해를 미연에 방지하고자 하는 데 그 제도적 의의가 있다고 본다면, 양자의 구별실익은 피내사자와 피의자의 권리라는 측면에서 찾을 것이 아니라 내사도 또한 광의의 수사의 일부로서 고소·고발이나 자수에 의한 수사가 아닌, 이른바 인지 수사의 경우[7]에 범죄혐의가 확인되어 인지 입건을 하기 전 단계의 초기혐의(Anfangsverdacht)에 대한 조사활동을 의미하는 단순한 절차적 개념으로 이해하는 것이 타당하리라고 본다.

따라서 양자의 구별도 실질적 구별이라기보다 형식적·시간적 구별로 보아야 할 것이며, 그러한 의미에서 피내사자나 피의자나 그 본질적인 권리의 측면에서는 차이가 없다고 보아야 할 것이다. 다만, 피내사자는 아직 형사입건이 되지 않은 상태에 있으므로 형사소송법이 입건된 피의

---

7) 보통 수사개시의 단서로 ① 고소·고발과 자수 등 수사기관 이외의 타인의 체험에 의하여 수사가 개시되는 경우와 ② 현행범 체포, 변사자 검시, 불심검문, 타사건 수사 중의 범죄발견, 기사, 익명의 신고, 풍설 등에 따라 수사기관 자신의 체험에 의하여 수사가 개시되는 경우로 나누어 설명하고 있는데, ②의 경우에 범죄혐의가 인정되면 인지에 의하여 혐의자를 입건하게 되므로 내사란 바로 그 인지·입건 전의 조사활동을 의미한다.

자의 권리로 규정하고 있는 각종 방어권을 어느 범위에서 피내사자에게도 그대로 인정할 것이냐가 실무상 문제로 되며, 위 대법원의 결정도 변호인의 접견교통권에 관하여 이를 피내사자에게 대하여도 피의자의 경우와 똑같이 인정하지 않을 이유가 없음을 명시한 데 그 의의가 있다고 해석되는 것이다.

(4) 피내사자의 지위와 권한

앞에서 살펴본 바와 같이 피내사자나 피의자나 국가 수사기관이 범죄혐의를 확인하기 위한 조사의 대상자란 점에서 본질적인 권리의 차이가 있을 수는 없다. 따라서 헌법과 형사소송법이 규정하고 있는 고문을 받지 않을 권리, 자기에게 불리한 진술을 강요받지 않을 권리, 변호인의 조력을 받을 권리, 무죄를 추정받을 권리 등은 아직 입건 전의 내사단계라고 하여 피내사자를 그 보호대상에서 제외할 하등의 이유가 없다. 문제는 형사소송법상 수사가 개시된 이후, 즉 절차상으로 말하자면 형사입건된 이후의 자만을 피의자라고 지칭하므로 피의자에 대한 진술거부권의 고지(형사소송법 제200조 2항), 증거보전의 청구(동법 제184조)와 같은 권리를 피내사자에게도 인정할 수 있겠느냐 하는 점에 있다. 판례는 증거보전의 청구에 관하여 피의자로 형사입건되기 전단계에서는 이를 할 수 없다는 입장을 취하고 있는데,[8] 형사입건 여부가 미확정 상태인 피내사자에게 대하여 피의자와 같은 권리를 인정할 수 없다는 점에서는 수긍할 수가 있으나, 피의자에 준하는 방어권의 확보라는 측면에서 볼 때 논란의 여지가 있을 수 있다고 본다.

진술거부권의 고지에 관하여는 헌법이 누구나 자기에게 불이익한 진술을 강요당하지 않을 권리를 보장한 이상 피내사자도 당연히 진술거부권은 갖되, 수사의 합목적성을 고려한 형사소송법의 취지로 보아 수사

8) 대법원 1979. 6. 12. 선고 79도792 판결. 판례총람 2기관 ① 청림출판 215쪽.

기관이 피의자가 아닌 자에게 일일이 이를 미리 고지해야 할 의무는 없는 것으로 새겨도 좋을 것으로 생각한다. 체포·구속에 따르는 피의자의 권리에 관하여는 피내사자의 신분에서 바로 체포·구속을 상상할 수 없는 이상 준용 여부를 검토할 여지는 없으나, 법적 요건을 갖춘 체포 또는 구속이 아닌 사실상의 신체자유가 제한된 상태하의 피내사자에 대하여는 변호인과의 접견교통권 등이 문제될 수 있으며 위 대법원의 결정도 바로 이러한 피내사자의 권리에 관한 것으로 볼 수 있다.

3. 변호인의 접견교통권

(1) 의의와 성질

형사소송법 제34조는 "변호인 또는 변호인이 되려는 자는 신체구속을 당한 피고인 또는 피의자와 접견하고 서류 또는 물건을 수수할 수 있으며 의사로 하여금 진료하게 할 수 있다"고 규정하고 있는데 이러한 접견권, 교통권, 수진권을 포괄하여 보통 변호인의 접견교통권(Verkehrsrecht)이라고 부른다. 변호인의 접견교통권에 의하여 헌법 제12조 4항이 규정하고 있는 변호인의 조력을 받을 권리가 실질적으로 보장된다고 할 수 있으며, 인신구속을 당한 자의 방어준비와 실질적 인권보장이 가능해진다. 접견교통권은 변호인의 고유권으로 해석되고 있다.

(2) 내 용

접견교통권의 주체는 변호인 또는 변호인이 되려는 자이며 특별변호인도 포함된다고 해석된다.

또 접견교통권의 상대방은 신체구속을 당한 피의자, 피고인이므로 체포·구속영장에 의하여 체포·구속된 자는 물론 현행범으로 체포된 자, 긴급체포된 자, 감정유치장에 의하여 감정유치 중에 있는 자 등이 모두 포함된다. 임의동행의 형태로 수사 중인 피의자에 대하여도 종래 법절차에 따른 구속은 아니지만 사실상 신체자유가 제한되고 있다고 보아 접견교통권의 상대방이 되는 것으로 보아 왔다.

변호인의 접견교통권은 법원의 결정 또는 수사기관의 처분으로도 제한할 수 없는 것으로 보고 있으며 접견의 비밀은 보장되어야 하는 것으로 해석되고 있다.

(3) 침해에 대한 구제

피고인의 접견교통권이 침해된 경우에는 형사소송법 제403조 2항의 규정에 따라 항고 및 재항고(제415조)가 가능할 것이고, 수사단계에서 검사 또는 사법경찰관이 피의자와 변호인간의 접견교통권을 침해한 경우에는 동법 제417조의 정한 바에 따라 법원에 그 접견금지 내지 불허가처분의 취소변경을 구하는 준항고를 제기할 수 있을 것이다. 법원의 기각결정에 대하여는 재항고가 가능할 것이며 재항고가 기각될 경우 헌법소원의 제기가 가능하다고 보아야 할 것이다. 물론 이 경우에 헌법상의 기본권 침해를 이유로 하는 헌법소원 청구의 주체는 변호인이 아니라 당해 피의자로 보아야 할 것이다.

그 밖에 접견교통권은 피의자의 방어권의 본질적 내용을 이루고 있으므로 접견교통권이 부당하게 제한되고 있는 상황에서 작성된 피의자신문조서는 그 증거능력이 부정되는 것으로 판례[9]는 보고 있다.

4. 피내사자에 대한 변호인의 접견교통권

(1) 보장의 당위론

신체구속을 당하였거나 임의동행의 형식으로 사실상 수사기관의 통제

9) 대법원 1990. 8. 24. 선고 90도1285 판결. 앞의 판례총람 66쪽.

하에 있는 피의자에 대하여 변호인과의 접견교통권이 보장되어야 함에 관하여는 형사소송법의 명문규정과 판례에 의하여 의문의 여지가 없다. 아직 형사입건이 되지 아니하여 피의자라고 부를 수 없는 피내사자에 대하여도 접견교통권을 똑같이 인정하여야 할 것이냐에 관하여는 형사소송법상 피내사자의 지위를 피의자의 지위와 어떻게 다르게 해석하여야 할 것이냐에 달려 있다고 할 수 있을 것이다. 앞에서 살펴본 바와 같이 내사란 광의의 수사의 일부이고, 피내사자란 피의자와 실질적으로 구별되는 별개의 지위라기보다 입건 여부에 따라 구분되는 시간적·절차적 지위에 불과하다고 본다면 방어권 보장의 측면에서 피내사자에 대하여 변호인과의 접견교통권을 피의자의 경우와 달리 취급해야 할 이유가 전혀 없을 것이다.

따라서 대법원의 본 결정이 임의동행된 피의자에서 한 걸음 나아가 피내사자에 대하여도 접견교통권이 보장되어야 함을 천명한 것은 적어도 이론상으로는 지극히 당연한 법리의 선언이라고 할 수 있을 것이다.

그러나 한편 초기혐의에 따라 사안의 진상을 규명키 위하여 피내사자의 주변을 은밀히 내사하고 마지막으로 피내사자를 조사하여 입건 여부를 결정코자 하는 수사기관의 입장에서는, 아직 범죄인지도 하지 않은 상태에서 변호인이 피내사자와의 접견을 주장하고 나선다면 그 진실규명활동에 상당한 지장을 받을 수 있음도 쉽게 짐작할 수 있는 일이다. 그러므로 여기에 내사현실과 접견교통권의 문제를 조화롭게 해석해야 할 필요성이 대두된다고 볼 수 있다.

(2) 내사현실과 접견교통권보장문제

내사란 수사기관이 범죄혐의를 확인하기 위하여 입건 전의 단계에서 수행하는 조사활동을 의미하므로 원칙적으로 피내사자의 주변조사, 사실조회, 감정, 참고인조사, 감시, 미행, 사진촬영 등 간접적인 방법에 의하여 피내사자 본인에 대한 조사는 입건 여부를 결정키 위하여 내사의 마지막 단계에 하는 것이 통상적이다.[10] 물론 피내사자 본인을 조사함이 없이 간접내사에 의하여 범죄혐의를 충분히 인정할 수 있다면 피내사자는 이미 범죄인지와 입건을 전제로 조사를 받게 될 것이므로, 이 단계에 이르면 피내사자의 지위는 피의자의 지위로 바꾸게 되어 종전의 판례에 따르더라도 접견교통권의 보장은 별다른 문제가 없다. 그러나 간접내사에 의하여 범죄혐의가 충분히 확보되지 않은 상태에서 오히려 피내사자 본인의 자백을 기대하고(수사현실에서는 의외로 이러한 경우가 많은 듯이 보인다) 피내사자 자신을 조사하는 것과 같은 경우에는 피내사자에 대한 접견교통권의 보장은 그의 방어권 확보를 위하여 참으로 중대한 의미가 있다고 할 수 있다. 형사입건을 전제로 하지 않은 구속 등 강제처분은 상상하기 어려우므로 피내사자에 대한 조사는 당사자에 대한 출석요구 또는 이른바 임의동행의 방법에 의하여 대개 긴급체포의 유효시한인 48시간 이내에 조사를 마치는 것이 작금의 내사 내지 수사관행으로 보여지는데, 이 시간에 피내사자와 변호인간의 접견교통이 보장되느냐 하는 문제는 수사기관의 내사목적 달성을 위하여서나 피내사자 본인의 방어를 위하여서나 피차 결정적 의미를 지닌다고 할 수 있다.

실무상으로는 우리 형사소송법(제243조)이 법문상 피의자신문에 변호인의 참여를 인정하지 않고 있음을 전제로[11] 현재 조사 또는 신문이 진행 중이므로 접견이 불가하다는 등 이유로 접견이 사실상 제한되고 있을 뿐만 아니라 내사 내지 수사의 밀행성이라는 특수성 때문에 피내사자의 정확한 신병소재를 알아내는 데도 상당한 시간이 소요되는 것이 현실이므로, 피내사자와의 접견은 피의자의 경우에 비하여서도 훨씬 어

10) 정성진, 앞의 논문, 17-20쪽.

11) 물론 이에 대하여는 형사소송법 제48조 5항 등을 근거로 변호인의 신문참여권이 보장되어야 한다는 꾸준한 반론이 있다. 신동운, 앞의 책, 141, 142쪽.

려운 것이 실정이라고 생각된다. 더구나 수사기관과 법리적으로 다투어 접견교통권의 완벽한 보장을 관철하기보다, 수사기관의 온정에 의존하여 제한적인 변호인의 역할수행에 만족하려는 타협적인 변호자세가 다수인 현실을 감안한다면 이 문제는 보다 합리적으로 해결되어야 할 중요한 과제 중의 하나로 보여진다. 법상 제한이 불가능한 접견교통권의 완전무결한 보장과 제한된 시간 내에 내사를 진행하여 피내사자의 입건 여부를 결정해야 할 수사기관의 입장은 필연적으로 상충될 수밖에 없기 때문이다.

5. 일본의 입법과 판례

(1) 일본 형사소송법 제39조 3항

일본 형사소송법 제39조 1항은 우리 형사소송법 제34조와 마찬가지로 신체의 구속을 당한 피고인 또는 피의자와 변호인간에 접견 및 서류·물건의 수수를 할 수 있음을 규정하면서 특히 그 제 3 항에서 "검찰관, 검찰사무관 또는 사법경찰직원은 수사를 위한 필요가 있을 경우 공소제기 전에 한하여 제 1 항의 접견 또는 수수에 관하여 그 일시, 장소 및 시간을 지정할 수 있다. 다만, 그 지정은 피의자가 방어를 준비하는 권리를 부당히 제한하는 것이어서는 아니된다"고 규정하여 피의자의 방어권확보를 위한 접견교통권 보장과 수사활동의 합목적적 수행간의 조화를 꾀하는 제도적 장치를 마련하고 있다.

이것은 일견 수사기관에 의한 접견교통권의 제한이라는 모습으로 비춰질 수도 있으나, 신체구속을 당한 피의자의 조사에 관하여는 시간적 제약이 있기 때문에 실체적 진실을 밝히기 위한 수사의 필요성과 접견교통권과의 조정을 도모하면서 그 지정이 접견교통권의 본질을 부당히 침해할 수는 없는 것으로 정하고 있는 것이다.

동 규정의 운영과 관련된 일본의 판례들을 살펴보면 피의자 및 피내사자와 변호인간의 접견교통권의 현실적 운영에 적잖은 참고가 되리라고 본다.

(2) 판　　례

① **最高裁 判決** 1978(소화 53). 7. 10. **民集** 32권 5호 820쪽[12]: **접견교통권과 접견지정의 기본정신**

[판결요지] 변호인과의 접견교통권은 신체구속을 당한 피의자가 변호인의 조력을 받을 수 있기 위한 형사절차상의 가장 중요한 기본적 권리에 속함과 동시에 변호인으로부터 보더라도 그 고유권의 가장 중요한 것 중의 하나이다.

신체구속을 당한 피의자의 조사에 관하여는 시간적 제약이 있기 때문에 변호인 등과 피의자와의 접견교통권과 수사의 필요와의 조정을 도모하기 위하여 형사소송법 제39조 3항에서 수사상 필요가 있을 경우 위의 접견 등에 관하여 그 일시, 장소, 시간을 지정할 수 있다는 규정을 둔 것이지만, 변호인 등과의 접견교통권은 헌법상의 보장에 유래하는 것이므로 수사기관이 행하는 접견의 일시 등 지정은 어디까지나 부득이한 예외적 조치로서 피의자의 방어준비를 위한 권리를 부당히 제한하는 것을 허용치 아니한다.

따라서 수사기관은 변호인 등으로부터 피의자와의 접견신청이 있을 경우 원칙적으로 언제든지 접견의 기회를 부여하지 않으면 안되고, 현재 피의자를 조사 중이거나 실황조사나 검증에 참여시킬 필요가 있는 등 수사중단에 의한 지장이 현저한 경우, 변호인과 협의하여 가능한 한

12) 三井誠/井上正仁 편, 판례교재 형사소송법, 동경대학출판회, 1989, 167-173쪽. 이하 결정도 같은 책, 173-178쪽에서 인용.

빠르게 접견을 위한 일시 등을 지정하여 피의자가 방어를 위하여 변호인과 협의할 수 있도록 조치하지 않으면 안된다.

② **秋田地裁 決定** 1983(소화 58). 8. 12. **판례타임스** 527**호** 162**쪽: 일반적 접견지정의 적부**

[결정요지] 검찰관이 별도로 발하는 지정서에서 지정하는 일시, 장소, 시간에 한하여 접견을 허용한다는 것은, 변호인이 검찰관이 구체적 지정서를 지참하지 않는 한 피의자는 변호인과의 접견교통이 금지되는 형태로서 일반적으로 접견을 금지하고 예외적으로 금지를 해제한다고 하는 상태를 가져오므로 위법이다.

③ **名古屋地裁 決定** 1982(소화 57). 8. 5. **판례시보** 1086**호** 157**쪽: 구체적 지정서 지참요구의 적부**(위법)

[결정요지] 형사소송법 제39조 3항은, 접견의 일시, 장소, 시간 등을 지정할 수 있다고 정하면서 그 지정방식에 관한 규정은 없다. 따라서 지정방식은 검찰관의 합리적 재량에 맡겨져 있다고 해석함이 상당하다. 그러나 전화로 접견요청을 한 변호인에게 검찰청에 출두하여 지정서를 교부받아 이를 지참하지 않으면 접견할 수 없다고 한 것은 변호인에게 이유없는 부담을 강요한 것이며, 지정서의 지참이 원할한 접견수행에 필요한 것으로 볼 특단의 사정이 없는 한 위법이다.

④ **東京地裁 決定** 1982(소화 57). 11. 29. **판례시보** 1086**호** 157**쪽: 구체적 지정서 지참요구의 적부**(적법)

[결정요지] 서면에 의한 접견지정은 지정내용을 명확히 하고 접견을 둘러싼 과오나 분쟁을 미연에 방지하며 불복시 심판대상을 명확히 하는 등 이점이 있으므로, 특히 변호인이 즉시 접견치 않으면 안될 긴급의 필요성이 있든가 서면지정서를 수취하기 위하여 검찰청에 출두하는 것이

변호인에게 현저한 부담이 된다는 등의 특단의 사정이 없는 한 검찰관이 접견지정한 서면을 작성하여 변호인에게 이를 받아가라고 요구하는 것은 허용된다고 해석하여야 할 것이다.

(3) 평　가

우리 형사소송법상으로는 물론 수사기관에 의한 접견 등의 일시, 장소, 시간지정에 관한 규정이 없다. 뿐만 아니라 일본의 위 판례들은 모두 구속된 피의자의 접견교통에 관련된 것이다. 우리 형사소송의 운용 현실에서는 구속된 피의자는 모두 경찰서 유치장 또는 구치소에 수용되는 것이 원칙이므로 이들과의 접견교통에 관한 한 별다른 문제가 있을 수 없다. 그러나 아직 입건절차를 밟지 않은 채 수사기관의 통제하에 조사를 받고 있는 피내사자의 경우에는 앞에서 살펴본 바와 같은 사유로 사실상 접견이 제한되고 있는 것이 또한 현실이다. 변호인의 조력을 받을 권리는 헌법이 보장하고 있는 기본권의 하나이지만 제한된 시간 내에 조사를 완료하여 피내사자에 대한 입건 여부를 결정해야 할 수사기관의 입장 또한 전혀 무시할 수는 없을 것이다. 극단적인 경우 접견교통권이 보장된다고 하여 수인의 변호인이 연속적으로 접견신청을 한다면 한정된 시간 내의 수사에 현실적인 지장 내지 방해를 초래할 수도 있기 때문이다.

그러므로 여기에 일본 형사소송법의 규정 및 운용에서 보는 바와 같은 접견지정의 방법이 접견교통권의 보장과 적법절차에 따른 수사의 필요성이라고 하는 두 가지 요청을 조화시킬 수 있는 하나의 현실적 방안이 될 수도 있다고 생각하게 되는 까닭이 있는 것이다. 물론 이 방안은 현재의 수사기관에 의한 파행적인 접견봉쇄를 타개하는 한 방법이 될 수 있겠지만, 당연히 입법적 근거가 마련되어야 할 것이고 그럴 경우에도 접견교통권의 본질을 훼손하는 내용이 되어서는 안될 것이다.

6. 결　　론

변호인 또는 변호인이 되려는 자와 신체구속을 당한 피고인 또는 피의자와의 접견교통권 보장은 형사소송법이 명문으로 정하고 있고, 이러한 접견교통권은 법령에 의한 제한이 없는 한 수사기관의 처분이나 법원으로도 제한할 수 없다는 점과, 접견교통권 보장의 대상인 피의자 중에는 이른바 임의동행에 의하여 수사기관에 연행된 피의자도 포함된다고 하는 점은 종전의 판례에 의하여서도 수차 확인된 바이다. 따라서 대법원의 본 결정은 피의자뿐만 아니라 수사기관의 내사대상인 이른바 피내사자에 대하여도 접견교통권이 보장되어야 함을 최초로 천명한 데에 그 의의가 있다.

그런데 수사와 내사, 피의자와 피내사자와는 어떻게 구별되어야 하느냐에 관하여는 이론적으로 충분히 연구된 바가 없으므로 이 결정은 우리의 수사 내지 내사현실과 관련하여 새로운 문제를 제기한다.

내사를 광의의 수사의 일부로서 수사기관이 범죄혐의를 확인하기 위하여 입건 전의 단계에서 수행하는 조사활동으로 이해한다면 적법절차적 규제의 측면에서 볼 때 내사와 수사 사이에 본질적 차이는 없다고 보여지므로 위 결정은 당연한 법리를 선언한 것이다.

그러나 간접적인 방법에 의한 내사를 원칙으로 하면서 내사과정의 마지막 단계에서 피내사자를 제한된 시간 내에 조사하여 인지·입건 여부를 결정하려는 수사기관의 입장에서는, 변호인의 접견신청이 있을 경우 대개는 아직 조사 중이라는 등의 이유로 사실상 접견교통을 유보 내지 불허하는 것이 또한 우리의 현실이다. 이 문제는 변호인의 피의자신문에의 참여권을 인정할 것이냐의 여부와도 연관이 되는 문제로, 변호인과 피의자의 접견교통권을 보장하되 검사나 사법경찰관이 그 접견의 일시, 장소, 시간을 지정할 수 있도록 규정한 일본 형사소송법 제39조 3항의 운용경험은 우리에게도 적지않은 시사를 준다. 법의 테두리 외에서 탈법적 운용을 하기보다, 실제로 피내사자를 조사 중이거나 압수·수색·검증 등에 참여시킬 필요가 있는 등 수(내)사를 중단함에 의한 지장이 현저한 경우 이외에는 변호인과 협의하여 접견의 기회를 주도록 함으로써 접견교통권의 실질적 보장과 수사의 필요성을 조화시키는 입법적 조치도 생각해 볼 수 있을 것이다. 그러나 물론 그러한 조치가 접견교통권의 실질을 침해하는 방향이어서는 안될 것임은 말할 나위도 없다.

검사의 의견청취절차를 거치지 아니한 보석허가결정의 효력*

— 대상판결: 대법원 1997. 11. 27.자 97모88 결정[1] —

Ⅰ. 재판경과 및 대법원결정 요지

[재판의 경과]

피고인 갑은 같은 을과 합동하여 1997. 6. 17. 03:00경 부산 시내 모 아파트 상가에 있는 피해자 A 경영의 가게 앞에 설치되어 있던 오락기 1대와 그 안에 들어있던 주화 등 시가 100여만원 상당을 절취하고, 그 무렵 피고인의 부 소유인 승용차를 운전면허없이 운전하여 그곳에서부터 약 7킬로미터를 무단운행한 사실(특수절도 및 도로교통법위반)로 1997. 7. 3. 부산지방법원에 구속·기소되었다.

부산지방법원은 위 공소제기가 있은 직후 피고인측으로부터 보석허가청구가 있자 같은 해 7. 11. 보석허가청구에 대한 의견요청서를 검찰에 송부하고 이를 수리하지 않은 상태에서 바로 그 날짜로 피고인에 대한 보석허가결정을 하였다.

이에 검사는 동 결정이 보석결정을 함에 있어서는 검사의 의견을 필요적으로 물어야 한다는 형사소송법 제97조 1항을 위배하였음을 이유로 항고를 제기하였으나 기각되자 대법원에 이 건 재항고를 하기에 이르렀

* 1998. 12. 판례월보 게재. 따라서 형사소송법규정 인용은 당시 시행중인 조문을 기준으로 한 것이다.

1) 판례공보 1998. 2. 15. 제52호 548-549쪽.

다(재항고인 검사, 원심결정 1997. 8. 13.자 97로9 결정).

[대법원 결정 요지]

주문: 재항고를 기각한다.

이유요지: 공소제기된 피고인의 구속상태를 계속 유지할 것인지 여부에 관한 판단은 전적으로 당해 수소(受訴)법원의 전권에 속하는 것이다. 법원이 보석에 관한 결정을 함에 있어 검사의 의견을 듣도록 한 형사소송법 제97조 1항의 규정은 검사에게 구속계속의 필요성에 관한 이유와 자료를 법원에 제출할 수 있는 기회를 부여하고 법원으로 하여금 그 제출된 자료 등을 참고하게 하여 결정의 적정을 기하려는 것을 목적으로 하는 것일 뿐만 아니라, 위 규정에 따른 검사의 의견 또한 법원에 대하여 구속력을 가지는 것이 아니라고 할 것이다.

따라서 검사의 의견청취의 절차는 보석에 관한 결정의 본질적 부분이 되는 것은 아니므로 설사 법원이 검사의 의견을 듣지 아니한 채 보석에 관한 결정을 하였다고 하더라도 그 결정이 적정한 이상, 소론과 같은 절차상의 하자만을 들어 그 결정을 취소할 수는 없는 것이다. 같은 취지의 원심결정은 정당하고 거기에 소론과 같은 위법이 있었다고 할 수 없다. 논지는 모두 이유없다.

그러므로 재항고를 기각하기로 하여 관여 법관들의 일치된 의견으로 주문과 같이 결정한다.

Ⅱ. 연　　구

1. 머 리 말

우리 형사소송법 제97조 1항은 보석과 검사의 의견에 관하여 "보석에 관한 결정을 함에는 검사의 의견을 물어야 한다. 단, 검사가 3일 이내에 의견을 표명하지 아니한 때에는 보석허가에 대하여 동의한 것으로 간주한다"고 규정하고 있는데, 대법원의 위 결정은 동 조항을 위반하여 검사의 의견을 듣지 아니한 채 내려진 보석허가결정에 대하여, 보석허가결정에 있어서 검사의 의견청취절차는 결정의 본질적 부분이 아니므로 그러한 절차상의 하자가 있더라도 이는 보석허가결정을 취소할 사유가 되지 못함을 명시적으로 밝힌 최초의 대법원결정이라고 할 수 있다.

동 결정은 보석허가결정을 함에 있어서 검사의 의견을 묻도록 한 법의 취지를 우선 밝히고 그것이 법원을 구속할 수 없음을 확인한 다음, 따라서 이에 위반된 보석허가결정은(비록 절차상 하자가 있다고 하더라도) 그 하자가 결정 자체의 효력을 좌우할 본질적 하자라고 할 수 없으므로 보석허가결정의 취소사유가 될 수 없음을 천명하고 있다. 이하에서는 먼저 보석제도의 취지와 그 과정에서 검사의 의견을 필요적으로 묻게 한 취의(趣意)를 살펴보고, 형사소송법 제97조 1항이 검사의 의견을 '물어야 한다'고 규정한 의미를 동항의 단서규정 및 형사소송법의 다른 조항들과 관련하여 해석해 본 다음, 위 대법원 결정의 이유설시의 문제점 및 그 부당함에 관한 이론을 순차로 전개해 볼까 한다.

2. 보석제도와 검사의 의견청취 취지

(1) 보석(Bail, Sicherheitsleistung)은 보증금 납부를 조건으로 구속된 피고인 또는 피의자에 대한 구속의 집행을 정지하고 이들을 석방하는 제도이다. 원칙적으로 구속된 피고인을 대상으로 하지만 1997. 1.부터 시행된 개정 형사소송법이 피의자에 대하여도 보증금 납입을 조건으로 체포·구속적부심사결정에 의한 석방을 명할 수 있도록 규정(제214조의 2 제4항)함으로써 제한된 범위에서나마 피의자에 대한 보석이 허용되고

있는 점 및 구속영장의 효력이 존속된다는 점에서는 구속취소와 구별되고, 보증금의 납입을 조건으로 한다는 점에서는 통상의 구속집행정지와 구별된다는 점은 이미 잘 알려진 사실이다.

보석의 제도적 의의에 관하여는 헌법(제37조 4항)이 보장하고 있는 무죄추정의 법리와 피고인·피의자의 방어권 보장을 통한 실질적 당사자주의의 강화라는 측면과, 부수적으로 미결구금의 폐해방지 및 구속에 따르는 국가비용의 절감을 드는 것이 일반적이다.[2] 무죄추정의 법리에서 본다면 피고인의 자유가 박탈된 상태에서 재판을 받는다는 것은 원칙이 아니므로 보증금 납부를 조건으로 피고인을 석방하여 그로 하여금 자유로운 상태에서 방어의 준비를 하게 하자는 것이 제도의 취지이고, 따라서 형사소송법은 피고인과 변호인, 법정대리인, 배우자, 직계친족, 형제자매, 호주에게 보석청구권을 인정(제94조)하고 있는 외 상당한 이유가 있는 때에는 직권에 의한 보석결정도 가능한 것으로 정하고 있다(제96조).

(2) 법원이 보석에 관한 결정을 함에 있어서 검사의 의견을 물어야 하는 것으로 정한 취지는 위 대법원 결정이 설시한 바와 같이 수사의 주재자이자 공익을 대표하는 검사에게 구속계속의 필요성에 관한 이유와 자료를 법원에 제시케 하여 석방 여부의 판단에 반영함으로써 보석결정의 적정을 도모하려는 데 있다고 볼 수 있다.[3] 피고인에게 당초 죄를 범하였다고 의심할 만한 상당한 이유가 있고 주거부정, 증거인멸 또는 도망의 염려 등 형사소송법 제70조 1항 각호에 해당하는 사유가 있다고 보아 구속영장을 청구한 것은 검사이고[4] 검사는 또한 공익을 대표하는 기

2) 정영석·이형국, 형사소송법(전정판), 법문사, 1996, 197쪽; 차용석, 형사소송법, 세영사, 1997, 465쪽; 이재상, 형사소송법(제 5 판), 박영사, 1997, 258쪽.

3) 같은 취지. 김희옥, "인신의 자유와 보석제도에 관한 연구," 동국대 박사학위논문, 1984, 82쪽.

4) 이론상으로는 불구속피고인을 법원이 형사소송법 제70조에 따라 직접 구속한 경우에

관이기도 하므로 보석의 가부에 관한 결정을 하기에 앞서 검사에게 의견이나 자료제시의 기회를 주어 이를 참고로 함으로써 보다 신중하고 적정한 결정을 기하려는 데에 그 목적이 있다고 볼 수 있다. 우리 형사소송법 제97조 1항과 같은 취지인 일본 형사소송법 제92조 1항의 해석과 관련하여 일본의 학자들도, 이는 기소 전은 물론 기소 후에도 구속의 요부(要否)에 관하여는 검찰관이 가장 관심을 가지고 있을 뿐만 아니라 사건의 전모도 깊이 파악하고 있는 입장이기 때문이라고 해석하고 있다.[5] 그러나 이론상으로는 보석허가결정에 검사의 의견을 묻도록 한 근본취지가 검사가 수사의 주재자이기 때문인가, 공익의 대표자이기 때문인가 하는 것을 일단 문제삼아 볼 수가 있을 것이다. 사견으로는 검사의 수사주재자로서의 지위와 공익의 대표기관이라는 성격이 서로 모순되는 것이 아니고, 해석상 법원이 직접 불구속 피고인을 구속한 경우에도 보석결정에 앞서 검사의 의견을 묻도록 되어 있는 취지로 보아 이는 검사의 수사주재자적인 지위와 공익을 대표하는 기관으로서의 성격이 모두 고려된 것으로 풀이함이 옳을 것으로 본다.

3. '물어야 한다'의 해석

(1) 필요적 규정인가 임의적 규정인가

(1) 형사소송법 제97조 1항이 "검사의 의견을 물어야 한다"고 규정한 취지를 해석함에 있어서 이를 문언 그대로 필요적·의무적 규정으로 해석하는 입장과 문언과 관계없이 임의적·재량적 규정으로 해석하는 입장이 있을 수 있다. 의무설 내지 필요적 규정설의 논거로는, 첫째 법문

도 보석은 가능하겠지만 직접 구속 후 보석석방이라는 것은 법원의 자기모순적 결정으로 비춰질 수 있으므로 실제상으로는 그런 사례가 그리 많지 않을 것으로 생각된다.

5) 高窪喜八郎 외, 학설판례총람 형사소송법 추록 1편, 중앙대학출판부, 1954, 25쪽.

의 표현 자체가 하여야 한다고 정하고 있고, 둘째 보석결정의 적정을 기하기 위하여는 수사의 주재자이자 공익을 대표하는 검사의 의견을 반드시 들어서 참고하는 것이 그 의견의 법원에 대한 구속력 여하와는 관계없이 꼭 필요하기 때문이라고 할 수 있다. 반면에 재량설 내지 임의적 규정설의 논거로는, 첫째 법상 문언이 하여야 한다고 규정되어 있다고 하더라도, 예컨대 법원의 공소장변경 요구(제298조 2항)의 예에서 보는 바와 같이[6] 이를 반드시 의무적인 것으로 해석할 필요는 없고, 둘째 보석결정에 있어서 검사의 의견을 묻도록 한 취지는 단순히 이를 참고하기 위한 것일 뿐 법원에 대한 구속력이 있다고 볼 수가 없고, 구속을 계속할 필요 유무에 대한 판단은 법원의 전권에 속하는 사항이므로 재량에 따라 이를 묻지 않아도 무방하다는 것이다.

생각건대, 이 문제는 법의 문언상 명백히 '물어야 한다'고 규정되어 있는 것을 '물을 수 있다' 또는 '상당한 이유가 있을 때에는 묻지 않을 수도 있다'는 뜻으로 해석할 만한 합리적 또는 합목적적 이유가 있는가의 점과 형사소송법의 다른 조항의 해석에 있어서 유사한 해석이 일반적으로 통용되는가의 여부와 관련이 있다고 보여진다. 또한, 소송구조와 관련하여 본다면 이 문제는 형사절차에 있어서 검사의 기능과 지위를 과연 어떻게 보아야 하는 점과도 밀접한 상관관계가 있다고 생각된다.

(2) 먼저 보석결정에 있어서 검사의 의견 외에 형사소송법상 검사, 피고인 또는 변호인이나 그 밖의 자의 의견을 묻거나 듣도록 정해진 규정들을 살펴보면 다음과 같다.

(가) '물어야 한다' 또는 '묻고', '물은 후'로 명시된 경우

① 제97조 2항(구속의 취소): 검사의 의견을 "물어야 한다."

---

6) 형사소송법 제298조 2항이 법원은 심리의 경과에 비추어 상당하다고 인정할 때에는 공소장변경을 요구하여야 한다고 규정하고 있음에도 불구하고, 대법원 1985. 7. 23. 선고 85도1092 판결을 비롯한 판례와 우리나라의 다수설은 이를 재량조항으로 해석하고 있다. 이재상, 앞의 책, 395쪽.

② 제101조(구속의 집행정지): 검사의 의견을 "물어야 한다."

③ 제165조(증인의 법정외 신문): 검사, 피고인 또는 변호인의 의견을 '묻고' 법정 외에 소환하거나 현재지에서 신문할 수 있다.

④ 제293조(증거조사결과와 피고인의 의견): 재판장은 피고인에게 의견을 '묻고' 권리보호에 필요한 증거조사를 할 수 있음을 고지하여야 한다.

⑤ 제335조(집행유예의 취소절차): 피고인 또는 대리인의 의견을 "물은 후" 결정하여야 한다.

(나) '들어야 한다', '들어', '들어서'로 명시된 경우

① 제286조의 3(간이공판절차 결정의 취소): 검사의 의견을 '들어' 취소하여야 한다.

② 제306조(공판절차의 정지): 검사, 변호인의 의견을 '들어서' 결정으로 공판절차를 정지한다(제 1 항). 또 공판절차를 정지함에는 의사의 의견을 '들어야 한다'(제 3 항).

③ 제432조(재심에 대한 결정과 당사자의 의견): 청구한 자와 상대방의 의견을 '들어야 한다'. 단, 유죄선고를 받은 자의 법정 대리인이 청구한 경우에는 유죄선고를 받은 자의 의견을 '들어야 한다'.

형사소송법의 여러 개소에서 등장하는 이러한 의견청취절차는 어느 것이나 법원 또는 재판장이 결정에 앞서 대립소송주체나 그 대리인 또는 이해당사자나 전문가의 의견을 들어 참고함으로써 결정 자체의 적정을 기하려는 데에 목적이 있다고 보여진다. 따라서 그 의견이 의견인 한에 있어서는 법원이나 재판장에 대한 구속력은 없다고 하더라도 제도 자체의 취지로 보아 그 절차를 생략해 버릴 수는 없다고 해석하는 것이 당연할 것이다. 법의 문언 자체가 '물(들)어야 한다' 또는 '묻(듣)고', '물은 후', '들어'와 같은 의무형의 형식을 취하고 있음에도 불구하고 결정이 법원의 전권에 속한다는 이유로 법 소정의 절차 자체를 무시한다는

것은 법해석의 범위를 넘어서는 것이라고 하지 않을 수 없기 때문이다. 물론, 의견을 요청하였음에도 불구하고 상당한 기간 내에 아무런 의견을 표명해 오지 않는다든가 하는 따위의 합당한 이유가 있을 경우에는 그 의견을 기다리지 않고 결정이 가능한 것으로 해석하는 것이 합리적일 수도 있겠지만, 보석의 경우에는 형사소송법 제97조 1항 단서가 "검사가 3일 이내에 의견을 표명하지 아니한 때에는 보석허가에 대하여 동의한 것으로 간주한다"는 규정을 두어 절차의 지연으로 인한 피고인의 불이익을 방지키 위한 장치를 두고 있는 취지[7]로 보아 이를 특별히 달리 해석할 아무런 합리적 이유가 없다고 하지 않을 수 없을 것이다. 우리나라의 형사소송법 해설서나 판례상으로도 위와 같은 의견청취절차 자체를 법원이 재량으로 생략할 수 있다고 명시한 예는 없다고 보여질 뿐만 아니라 대법원 결정에서도 후술하는 바와 같이 검사의 의견청취절차를 법원이 임의적인 것으로 보아 이를 무시하였음에도 불구하고 아무런 절차상 하자가 없는 것으로 판단한 것은 아니라고 해석하는 것이 옳다고 생각된다.

(3) 이 문제는 또한 검사의 소송법상 지위를 영미식의 당사자주의 구조의 측면에서 파악하느냐 대륙식의 직권주의 구조의 측면에서 이해하느냐의 여부와도 밀접한 관련이 있다고 생각된다. 만약, 검사를 피고인과 대립되는 반대당사자로만 본다면 검사의 의견청취는 단지 형평을 유지키 위한 의례적인 이의신청 정도의 차원으로 해석될 여지가 없지 않겠지만, 당사자주의적 요소와 직권주의적 요소의 조화로운 운영이 기대되는 가운데 검사의 지위를 피고인의 단순한 반대당사자가 아닌 객관의무를 지는 공익의 대표기관으로 본다면[8] 그의 의견청취절차는 형사사법

---

7) 더구나 형사소송규칙 제55조는 보석의 허부결정은 검사의 의견서 제출일 또는 위 단서의 기간종료일(3일)로부터 7일 이내에 하도록 정하고 있다.

8) 신동운, 형사소송법(I), 법문사, 1996, 475쪽; 이재상, 앞의 책, 97-98쪽; 정영석·이형국, 앞의 책, 70쪽 등 대다수 학자들이 이 점에 관하여는 같은 견해를 보이고 있다.

에 있어서 법원과 협조하여 정의를 실현하고 피고인에 대한 구속계속의 필요 여부에 관하여 법원 판단의 신중성과 적정성을 사전에 자문 내지 담보하는 의미를 가지는 것으로 해석할 수도 있다고 본다.

(2) '물어야 한다'와 '들어야 한다'를 달리 해석할 것인가

보석결정을 함에 있어서는 법원이 공판절차를 정지하기에 앞서 의사의 의견을 "들어야 한다"고 정한 경우나 재심결정을 하기에 앞서 청구한 자와 상대방의 의견을 "들어야 한다"고 정한 경우와는 달리, 검사의 의견을 "물어야 한다"고 규정하고 있다. 따라서 법원은 검사의 의견을 들을(수리) 필요는 없이 단지 묻기만(발송) 하면 족하다고 볼 것이냐가 문제될 수 있다.

실제로 본건 대법원 결정의 기초가 된 사건의 재판경과를 보면 제 1 심 법원은 피고인측의 보석허가청구가 있자 검사의 의견요청서를 검찰에 송부하기만 하고 그 의견을 들음이 없이 당일자로 바로 보석허가결정을 한 것으로 보아, 형사소송법 제97조 1항의 문리해석상 검사의 의견을 묻기만 하면 결과를 듣지 않더라도 적정하다는 판단을 기초로 본건 보석허가결정에 이른 것으로 보인다.

그러나 의견을 요청함에 있어 묻기만 하고 제시하는 의견을 들을 필요도 없다는 것은 우선 법이 의견을 묻도록 한 취지에 어긋나는 해석일 뿐만 아니라 보석의 경우에는, 특히 제97조 1항 단서가 3일 이내에 검사의 의견표명이 없을 때에는 허가에 동의한 것으로 간주한다는 의제(擬制)규정을 두고 있는 점으로 보아 적어도 3일간은 검사의 의견표명을 기다려 이를 수리, 참고하라는 뜻으로 받아들이지 않을 수가 없을 것이다.

물론 '물어야 한다'는 것은 발송을 의미하고 '들어야 한다'는 것은 수리(도달)를 의미하는 개념이므로 문리상으로는 같을 수가 없고, 의견을 물었음에도 불구하고 상당한 기간 내에 아무런 의사표시가 없다면 그

의견을 듣지 않고 결정을 하더라도 위법하다고 볼 수가 없겠지만, 적어도 이런 경우를 대비하여 동의간주의 단서조항까지 둔 보석의 경우에는 의견을 물어야 한다는 개념을 곧 그 의견을 들어야 한다는 뜻과 같은 것으로 해석하여도 무방하리라고 본다.

본건 대법원의 결정도 그 이유를 꼼꼼히 살펴보면 제 1 심법원이 검사의 의견을 듣지 아니한 채 보석허가결정을 한 것은 절차상의 하자가 있다고 판단한 것임을 쉽게 알 수 있다(다만, 그러면서도 원심결정의 취소사유에는 해당되지 않는다고 하고 있다).

4. 대법원결정의 이론구조는 충분히 설득력이 있는가

(1) 본건 대법원의 결정은 ① 피고인에 대한 구속상태의 계속유지 여부에 대한 판단은 수소법원의 전권에 속한다. ② 법원이 보석에 관한 결정을 함에 있어서 검사의 의견을 듣도록 한 취지는 검사에게 구속계속의 필요성에 관한 이유와 자료를 제출할 기회를 주고 이를 참고하여 결정의 적정을 기하려는 데에 있고 그 의견이 법원에 대하여 구속력을 가지는 것도 아니므로 검사의 의견청취절차는 보석에 관한 결정의 본질적 부분이 아니다. ③ 따라서 검사의 의견을 듣지 않고 결정을 한 절차상의 하자가 있다고 하더라도 결정 자체가 적정한 이상 그 결정의 취소사유는 되지 못한다는 이론구성을 취하면서 원심결정의 취소를 구한 검사의 재항고를 기각하였다.

보석허가결정이 법원의 전권사항이고 검사의 의견이 법원에 대하여 구속력이 없다는 점에 관하여는 과거의 판례로나 학설상으로도 이미 다툼이 없고,[9] 검사의 의견을 묻도록 한 취지와 "물어야 한다"를 둘러싼 해석에 관하여는 앞에서 살펴보았다. 대법원의 본 결정도 형사소송법의

9) 대법원 1950. 6. 5. 선고 1950형항1 결정; 김희옥, 앞의 논문, 82쪽.

동 조항이 의무규정임을 전제로 법원이 검사의 의견을 듣지 아니한 채 보석에 관한 결정을 한 것은 일단은 절차상의 하자가 있는 경우에 해당하는 것으로 판단하였다고 볼 수 있다. 다만 문제는 그 의견청취절차가 보석에 관한 결정의 본질적 부분이 아니므로 결정 자체가 적정한 이상 그와 같은 절차상의 하자만을 이유로 결정을 취소할 수는 없다고 판단한 데에 있다고 보여진다.

(2) 주지하는 바와 같이 재판에는 이유를 명시하여야 하고(제39조), 그 이유 명시의 정도는 재판의 합리성을 담보하고 소송관계인의 비판이 가능할 정도로 구체적이어야 함을 요한다고 해석하고 있다.[10] 그리고 재판에 이유를 명시하도록 한 근본적인 이유는 결국 법관의 자의적인 재판을 방지하고 재판에 대한 비판과 불복을 가능하게 함으로써 국민의 기본권을 보장하기 위한 것이라고 일반적으로 말해지고 있다.[11] 따라서 재판의 이유는 그것이 판결이든 결정이든 비약과 모순이 없이 논리정연하여 소송관계인들을 납득시키는 설득력이 있어야 함이 당연하다고 할 수 있다. 그런데 본건 대법원 결정의 핵심부분은 우선 그 논리전개의 구조에 있어서 결정 자체가 적정함을 전제로 검사의 의견을 듣지 아니한 절차상 하자가 있지만 그것만으로 결정을 취소할 수 없다는 형식을 취하고 있다. 결국, 형식상 하자가 있지만 실질상 결정내용이 적정하므로 취소사유가 되지 않는다는 판단을 취하고 있는 셈인데, 이것은 형사소송에 있어서 비록 절차상 하자가 있더라도 실질상의 결론만 옳으면 그 하자는 문제삼을 필요가 없다는 매우 위험한 사고를 바탕에 깔고 있다고 보여진다. 이는 예컨대, 공판절차에 있어서 검사에게 의견진술의 기회를 주지 않거나 피고인·변호인에게 최종진술권을 주지 않았다고 하

10) 백형구 외, 형사소송법, 법원사, 1991, 83쪽.

11) 노진곤, "대법원의 형사재판에 대한 형사소송법적 고찰," 정성근교수 회갑기념논문집, 1997, 949쪽.

더라도 그 판결결과가 적정하다면 파기사유가 될 수 없다고 해석[12]하는 것이 과연 합당한지를 생각해 보면 자명해진다. 형사소송법은 주로 절차에 관한 법인만큼 절차의 중대한 하자만으로도 그에 터잡은 재판이 적정하지 못하다는 판단이 충분히 가능하다고 생각한다. 결정이 적정한 이상 절차상 하자가 있지만 취소할 수 없다는 논리는 비약이자 논리의 전도(顚倒)라고 하지 않을 수 없다.

더구나 위 대법원 결정은 검사의 의견청취절차가 보석에 관한 결정의 "본질적" 부분이 아니므로 설사 이를 듣지 아니하였다고 하더라도 결정의 취소 사유는 되지 못한다는 취지로 판단하고 있으나, 본질적이라는 개념 자체가 명료하지도 못할 뿐만 아니라 법이 사법적 정의를 위하여 의무적으로 거치도록 명시한 절차를 본질적이 아닌 것으로 단정한 것도 근거가 빈약하다고 하지 않을 수 없다.

(3) 또한, 본건 대법원 결정은 그 이유설시에 위에서 본 바와 같은 비약과 불비가 있어 설득력이 없다고 보여질 뿐만 아니라 보석에 관한 결정에 있어서 검사의 의견청취절차는 필요적이라는 검사의 재항고이유에 대해서도 명시적인 판단을 유탈하고 있다. 전후 문맥으로 보아 검사의 의견청취절차가 필요적·의무적이긴 하나 그것이 보석결정 자체를 좌우하는 본질적인 것은 아니므로 이를 이유로 보석허가결정을 취소할 수는 없다는 뜻으로 해석되기도 하나, 그렇다면 필요적이고 의무적인 절차를 결략(缺略)한 결정이 왜 취소되어서는 안되는 것인지 설명하기가 곤란하다. 결정의 실질적 내용이 적정하므로 절차의 하자가 있지만 취소할 수 없다는 것은 해답을 먼저 전제하고 문제를 풀이해 가는 것과 같은 부당

---

12) 판례는 피고인과 변호인에게 최종의견진술의 기회를 주지 않은 채 선고한 판결은 위법으로 보고 있으며(대법원 1975. 11. 15. 선고 75도1010 판결 외), 검사에게 논고의 기회를 주었으나 논고를 하지 않은 경우의 공판절차는 위법이 아니라고 보고 있으나(대법원 1977. 5. 10. 선고 74도3293 판결), 의견진술의 기회 자체를 주지 않았다면 당연히 위법으로 보아야 할 것이다.

한 논리의 전개라고 아니할 수 없다. 검사의 의견을 묻도록 규정한 형사소송법 제97조 1항이 필요적 의무규정이고 그 의견의 표명을 들음이 없이 결정한 것이 절차의 하자에 해당된다면 그러한 중대한 절차의 하자 자체로 원심결정은 취소를 면할 수 없다고 생각한다. 재항고심 법원으로서는 만약 원심의 결정을 유지하는 것이 제반정황에 비추어 실질적으로 타당하다고 보여진다면, 오히려 절차의 하자로 원심결정은 마땅히 취소되어야 할 것이나 취소하더라도 피고인이 이미 형사소송법 제70조 1항 소정의 구속사유에 해당되지 않는다고 보여져 새로이 구속수감할 상당한 이유가 없다고 판단된다거나, 결정을 취소할 실익이 없기 때문에 결국 이유없어 기각하는 것으로 설시하는 것이 옳지 않았을까 생각된다.

5. 맺 음 말

대법원의 본 결정은 우리의 형사소송구조에 대한 법원의 당사자주의적 소송관을 반영하고 있다고 보여진다. 법원이 보석에 관한 결정을 함에 있어 검사의 의견을 물어야 한다고 규정한 형사소송법 제97조 1항을 필요적 의무규정으로 보아 검사의 의견을 듣지 아니한 채 이루어진 결정을 절차상의 하자가 있는 것으로 판단한 것은 타당하다고 생각되나, 결정 자체가 적정한 이상 절차상의 하자를 들어 그 결정을 취소할 수 없다고 판시한 것은 합당한 논리의 전개라고 볼 수 없다. 절차의 하자가 중대하다면 그 절차에 근거한 결정은 위법이며, 위법을 이유로 취소함이 마땅할 것이다. 만약, 예상되는 검사의 불허가 상당 의견을 참작한다 하더라도 보석허가결정이 실질상 타당하다고 보여졌다면, 설시와 같이 결정이 적정한 이상 절차상의 하자는 취소사유가 될 수 없다는 전도된 논리를 전개할 것이 아니라 오히려 취소하더라도 현 시점에서 피고인에게 형법 제70조 1항 소정의 구속사유가 특별히 있다고 보여지지 아니하므로 이를 취소함이 상당하지 않다거나 취소할 실익이 없다는 등의 이유를 제시하는 편이 보다 설득력있는 결정이었다고 본다.

法治
自由

2

대담 / 회견

검찰권행사, 시민 법감정에 맞아야

'옷 로비' 의혹, 파업유도 공작설 파문 등 검찰에서 발원(發源)한 최근의 의혹사건들이 여야의 특별검사제 도입 공방으로 다시 물굽이를 틀고 있다. 검찰사상 검찰과 전·현직 검찰수뇌가 특별수사대상으로 올라있는 미증유의 사태가 코앞에 다가오고 있는 것이다.

주간조선은 6월 21일 대검찰청 중수부장을 역임한 국민대 정성진 교수와 경제정의실천시민연합 시민입법위원장으로 있는 이석연 변호사를 초청, 김창수 차장대우의 사회로 특별 좌담을 가졌다.

사회: 지금 국회에선 특별검사제 도입 문제가 논란이 되고 있습니다. 여당에서는 이번 사건에 국한시켜 특별검사제를 한시적으로 도입해야 한다는 주장이고, 야당은 특검제의 전면도입을 얘기하는 등 '총론'부터 입장이 다릅니다. 우선 의혹설과 공작설의 진원지로 검찰이 지목되고 있는 오늘과 같은 상황이 어떻게 초래됐는지 간단히 짚고 들어가지요.

정성진: 검찰에 대한 국민의 신뢰가 추락한 데는 상당히 깊은 배경이 있다고 봅니다. 근본적 원인은 이번에 일련의 민감한 사건들에 대한 검찰권 행사가 국민정서나 감정과 맞지 않으면서 검찰권 행사의 중립성·독립성에 대한 의구심이 일어난 것입니다. 더 멀리 올라가 보면 과거 일제시대나 군사통치하에서부터 검찰권 행사는 편의적인 국

가통치 수단으로 운영됐고 이것이 누적돼 왔습니다. 여기에는 우리 고유의 문화적 배경도 관련이 있습니다. 우리는 법 지배 사회라기보다 인연이나 예 같은 유교적 가치관이 우선시돼 온 사회입니다.

이석연: 우리 검찰은 비교법적으로 볼 때 세계에서 가장 강한 검찰권을 휘두르고 있습니다. 기소독점주의와 편의주의를 갖고 있고 게다가 수사도 편의주의식으로 운영하는 태도마저 보이고 있습니다. 이런 막강한 검찰권을 갖고 있지만 외부의 통제 장치는 미흡합니다. 특히 검찰 상층부가 검찰권을 개인적인 출세 도구로 사용해 왔고, 권력자들은 검찰을 장악하기 위해 검찰 상층부에 대한 회유랄까, 영합까지 해 왔습니다. 그걸 막아내지 못했기 때문에 대다수 성실하고 사명의식이 있는 검사까지 한 묶음으로 정치검찰이란 비판과 오명을 들어야 했습니다.

사회: 검찰이 수사 기소하는 사건을 100으로 보면 그중 80-90은 잘 하는데 극히 일부인 정치적 사건을 잘못 처리해서 결국 대국민 이미지에서 결정적인 훼손을 입었다는 얘기가 전부터 있었습니다.

이: 김대중 대통령은 취임 초기에 '검찰이 바로 서야 나라가 바로 선다'며 자신한테 충성하지 말고 법원칙에 따라 하라고 당부했지만, 지금 단계에서 그런 말이 과연 정말로 지켜졌는지 평가하기 어렵습니다. 검찰이 99%의 일반 사건을 열심히 처리하다가도 1% 정도 되는 정치적 사건 때문에 국민들로부터 제대로 평가받지 못한다는 말을 하지만, 사실 국민들의 관심이 집중되고 정권의 도덕성이 걸린 그 1%가 검찰을 재는 척도입니다.

때문에 저는 이런 정치적으로 민감한 사건에 대한 검찰의 중립성을 확보하기 위한 대안으로 특검제 도입을 주장해 왔습니다. 검찰의 입장에서도 그러한 사건을 특별검사에 떼어줌으로써 공정성 시비에서 벗어날 수 있다고 봅니다.

정: 실제로 검찰의 수사 개시나 종결, 그리고 불기소 처분 등에 대해 정치권에서 직접 영향력을 행사하는 경우는 많지 않다고 봅니다. 오히려 정치권의 지혜롭지 못한 조치나 예단성 발언 등이 국민들의 오해를 불러일으키는 예가 더 많습니다. 예를 들어 정당의 책임있는 위치에 있는 분들이 검찰이 내사중인 사건에 대해 '더 이상 내사할 수 없는 것으로 안다'고 예측적인 발언을 하게 되면 검찰이 나름대로의 기준과 증거에 의해 진행하고 있는 사건임에도 불구하고 국민들이 보기엔 정치권과 검찰이 교감이 있는 게 아니냐는 오해를 살 여지가 있습니다. 또 하나 국민들의 오해를 사는 이유 중 하나는 인사와 관련된 문제입니다. 인사권이 행정부에 의해 좌우되는 상황에서 정치권으로부터 신뢰를 받지 못하면 검찰총장 같은 자리에 올라가기 어려운 측면이 있습니다. 이런 근본적인 문제가 정치권의 자제와 지혜, 그리고 인사권의 바람직한 운영 등으로 해결된다면 굳이 특검제를 도입할 필요는 없다고 봅니다.

이: 특별검사제와는 별도의 제도적 개선책으로 검사동일체 원칙의 폐지도 고려해봤으면 합니다. 준사법권을 행사하는 검찰이 군대조직과 같은 상명하복 제도를 유지하는 것은 모순이라고 봅니다.

또 수사결과 범죄 혐의가 있더라도 검찰이 용서하고 기소를 유예하는 기소 편의주의도 재검토해봐야 합니다. 독일 같은 경우는 범죄 혐의가 있으면 반드시 기소하는 기소 법정주의를 따르고 있습니다. 검찰의 정치적 중립성을 확보하는 방안으로 권력형 비리나 대형 부정축재사건에 한해서는 기소 법정주의를 제한적으로 채택했으면 좋겠습니다.

정: 이 변호사께서 말씀하신 가운데 검사동일체 원칙의 폐지나 재검토, 기소 법정주의의 제한적 채택에 대해서는 다소 생각이 다릅니다. 검사동일체 원칙은 여러가지 문제가 있지만 기본적으로 사건처리의 전

국적 통일, 즉 동일한 유형의 사건 처리에 대한 불균형을 방지하자는 취지를 갖고 있습니다. 또 요즘은 범죄가 광역화하고 있기 때문에 전국적인 긴밀한 연락체제 하에서 수사하는 것이 바람직합니다. 그리고 검찰권이 바로 선다면 굳이 기소법정주의로 되돌아갈 이유는 없지 않나 합니다.

이: 검찰 중립성 확보방안의 하나로 재정신청을 전 범죄로 확대할 필요도 있습니다. 원래 유신 전까지 재정신청은 전 범죄를 대상으로 운영해 왔습니다. 전 범죄로 확대하는 것은 사법개혁차원에서 필요합니다.

정: 검찰권 행사가 정치적으로 민감한 사건에서 국민 정서와 유리되고, 신뢰를 못한다는 것은 검찰권 행사에 평균적 보통시민의 감정이 반영되지 않고 있다는 겁니다. 지난번 5·17, 12·12 사건에서 전형적으로 나타나지 않았습니까. 일본의 경우 선거권을 가진 시민을 무작위로 선발해 각 지검별로 검찰심사위원회를 구성하고 있는데, 검사가 불기소한 사건을 회부하면 독자적으로 증인심문이나 조회 등을 해 기소상당 의견을 내놓기도 합니다. 검찰권 행사에 보통 사람의 법 의식을 반영하고 검찰권 행사를 중립화하는 방법의 하나로서 정책적으로 검토해볼만 합니다.

이: 검찰심사위원회 도입은 저도 동의합니다. 다만 우리가 채택할 경우에는 좀 더 공정성과 전문성을 확보해서 그 결정에 검찰이 따를 수 있도록 강제적 장치를 마련하는 게 필요하다고 봅니다.

또 하나 앞서도 지적했지만 검찰의 최대 문제점은 검찰총장이 그동안 정치적 외풍을 지켜주는 방파제 역할을 제대로 하지 못했다는 점입니다. 따라서 검찰총장에 대한 인사청문회 제도의 도입이 필요합니다. 만약 그렇게 못한다면 검사나 일선 법조인이 참여하는 선거인단에 의한 검찰총장 선임 제도 같은 걸 생각해볼 수 있습니다. 지금도 이해가 안가는 것은 현행 제도 하에서도 검찰총장의 중립성이 지켜지지 못한다는 겁니다. 대통령이나 법무장관 누구도 수사를 담당하는 특수부장이나 중수부장에게 직접 지시를 못하게 돼 있습니다. 검찰총장을 통해야만 합니다. 하지만 언론 보도 등을 보면 이런 지시가 직접 이뤄지고 있는 것으로 보입니다. 정 교수님의 경우 중수부장 등을 거쳤는데 실제 어떻습니까?

정: 정치권에서 직접적으로 수사를 개시하라 종결하라는 식의 간섭이 있다는 것은 별로 생각할 수 없습니다. 다만 검찰 운용의 책임을 지고 있는 사람들이 사회적 분위기라든가 정치현실 등을 고려해서, 말하자면 알아서 하는 경우는 더러 있었을 것입니다. 그런 정치적 고려에 의한 검찰권행사는 외부의 간섭에 의한 것이 아니라 하더라도 썩 바람직한 것은 아닙니다.

또 하나 실제로는 정치권의 영향이나 간섭이 없는데도 불구하고 마치 간접적으로 영향력을 행사하는 것 같은 오해를 사는 경우도 있습니다. 지난번 여당 단독 외환위기 청문회 과정에서 김영삼 전 대통령과 김현철씨가 출석을 하지 않자 국회 쪽에서 고발해서 기소유예하는 방법도 있지 않겠느냐는 얘기가 흘러 나왔습니다. 기소하느냐 마느냐는 것은 그야말로 검찰의 몫인데 정치권에서 기소유예 발언이 나오는 것 자체가 검찰권 행사에 정치권이 영향력을 행사하고 있다는 오해를 불러일으킬 수 있는 겁니다.

사회: 이번에 사시 8회에서 검찰총장이 나오자 고검장 내지 지검장급 이전 기수와 동기 등 10여명이 한꺼번에 물러났습니다. 일본의 사례를 빌려온 측면이 있는데 사실 일본의 경우에는 검찰총장이나 고검장급 정도에서는 동기층이 굉장히 얇습니다. 동기 2-3명이 경합하다 한 사람이 총장이 되면 나머지는 옷을 벗는 식입니다. 이번 경우는 국가 예산 낭비고 인력의 손실이라고 봅니다.

정: 저는 조금 다른 측면에서 말씀 드리겠습니다. 검찰권 행사가 국민들의 신뢰를 받고 공정성을 확보하기 위해서는 조직의 안정이 굉장히 중요합니다. 특히 지금처럼 조직이 흔들리고 있는 시기에는 검찰에 몸담고 있는 대다수 선량하고 사명감에 불타는 사람들의 사기 문제를 생각해야 합니다. 그런 측면에서 본다면 한꺼번에 너무 많은 사람을 사퇴시키는 것은 조직의 안정이라든가 사기 측면에서 보면 문제가 있다고 생각합니다.

이: 이번에 보면 나름대로 일 처리를 잘 했다는 평가를 받는 일부 검사장이 사표 제출을 거부하고 관행에 저항한 사례도 있었습니다. 그런 경우 과연 조직 안정이랄까 쇄신책의 기준이 무엇인지 회의가 듭니다. 국민의 기준이 아니라 단순히 권력과 조직이기주의 차원에서의 기준에 따른 것이 아니냐는 겁니다.

이와 관련, 후배 기수가 선배보다 먼저 승진하면 선배 기수는 모두 사표를 내는 검찰의 관행도 없어져야 합니다. 정치권의 구미에 맞게끔 검찰권을 행사한 검사가 승진이 빠를 경우 상대적으로 소신을 지킨 검사가 먼저 옷을 벗어야 합니다.

사회: 우리 검찰사는 누구한테나 존경받는 검사를 갖고 있지 못하다고 합니다. 스스로 몸을 던져 '검사라는 게 이런 것'이라는 표상을 보여주는 사람이 한 둘만이라도 나왔더라면 대한민국 검찰이 오늘 이 지경이 되지 않았을 것이라는 지적도 있습니다.

정: 기본적으로 동감합니다. 이상적으로 말하면 검사 한 사람 한 사람이 법률지사 내지 법 경륜가의 모습을 지향해야지 단순히 법 기능인, 법률 기술자 같은 차원으로 떨어져서는 우리 법조계의 장래가 암담합니다. 아직 이런 모델이 없을 수 있지만, 모두 이런 가치 정향성을 갖고 노력해야 합니다.

이: 우리에게도 소신있는 검사들이 간혹 있었습니다. 하지만 인사상 불

이익을 받고 다 나갔고 총장이나 법무장관에 오른 사람은 없는 것으로 알고 있습니다. 때문에 그런 훌륭한 검사상이 일반 국민들에게 일반화되지 못한 겁니다.

사회: 앞으로 국회에서 특검제에 대한 구체적 법안이 논의될 예정인데, 이에 대한 '각론'으로 들어간다면 어떤 의견들을 갖고 계십니까?

이: 미국에서 특별검사제는 국정조사의 방법 내지 수단으로 활용돼 왔습니다. 따라서 국정조사는 특별검사제와 병행해서 실시돼야 합니다. 또 특검제를 한시적으로 운영할 게 아니라 제도화·상설화시켜 놓고 정치적 사안이 발생할 때마다 그때그때 운영하는 식이 바람직하다고 봅니다. 자꾸 미국의 예를 드는데 국민이 원하면 한번 시행해 볼 필요가 있습니다. 우리의 정치 사법문화가 특별검사를 원하고 있기 때문입니다. 한국의 실정에 걸맞는 '한국형 특별검사제'를 도입해 오히려 외국에서 모델로 삼을 수 있는 제도로 발전 정착시켜야 할 것입니다.

정: 개인적으로는 특검제에 많은 문제점이 있다고 생각합니다. 논란이 되고 있는 바와 같이 권력분립의 원칙, 실효성의 문제, 특별검사의 여론 영합과 정치적 운영 등 우려할 만한 측면이 많습니다. 진형구 전 대검 공안부장의 발언 파문처럼 검찰과 직접 관련된 문제를 검찰조직이 수사해서는 도저히 국민을 납득시킬 수 없다는 점에서 특별검사제를 불가피하게 채택한다면, 부분적이고 한시적인 도입으로 그쳐야 한다고 봅니다.

이: 저는 이번 기회에 사정기관에도 경쟁원리를 도입하자는 생각입니다. 국민의 입장에서 어떻게 하면 기본권을 보장받고 범죄로부터 보호받을 수 있느냐는 문제에 대해 효율적 경쟁원리를 도입하자는 겁니다. 하지만 야당이건 여당이건 특검제를 정쟁 수단으로서 정략적으로 이용하는 것에는 반대합니다. 특검제가 국민의 기본권을 충실

히 보장하는 장치로서 논의되는 것인데, 제도의 본질은 어디로 가고 정치권이 앞장서서 정략적 수단으로 이용하고 있냐는 말입니다.

사회: 앞으로 법안이 만들어지는 과정에서 특별검사 임명권이 쟁점이 될 것 같습니다. 특별검사 임명을 국회에서 하느냐, 아니면 법무장관이 대한변호사회의 복수추천을 받아 대통령이 임명하느냐를 놓고 논란이 벌어질 것으로 보입니다.

정: 저는 특검제 자체가 바람직하지 않다고 보기 때문에 구체적으로 말할 입장이 아닙니다. 다만 일반적으로 권력 분립 원칙에 어긋나지 않고, 실효성을 보장받을 수 있고, 낭비적 요인을 없애며, 여론과 정치에 영향을 받을 우려가 적은 방향으로 임명 절차가 모색돼야 할 것으로 봅니다.

이: 이 문제는 특검제에서 가장 중요한 부분일 수 있습니다. 특검제 도입의 가장 큰 이점은 그동안 검찰 사정을 둘러싼 여야간의 소모적 정쟁을 줄이는 데 있습니다. 때문에 특별검사 임명에 있어서는 국회가 실질적으로 관여해야 한다고 봅니다. 즉 야당도 승복할 수 있는 시스템이 돼야 합니다. 저는 대한변협이 특별검사 후보 3배수를 추천하면 국회에서 여야 동수로 심사해 실질적으로 추천한 뒤 대통령이 형식적으로 임명하는 방식을 밟아야 한다고 봅니다. 꼭 특별검사가 한명일 필요는 없고 여야동수로 추천해 복수로 운영해도 됩니다.

정: 저는 특별검사제에 대한 몇 가지 문제점을 지적하고자 합니다. 지난 86년 이란 콘트라 사건 당시 로렌스 월시 특별검사는 7년간 3500만 달러를 쓰고도 특별한 결론을 내리지 못했습니다. 그래서 국민과 공화당으로부터 호된 비판을 받았습니다. 우리도 특별검사제에 대한 입법이 되더라도 과연 어떤 변호사가 이런 부담을 떠안고 맡으려 할지 걱정이 됩니다. 또 특별검사제를 운영하기 위해서는 기존의 검찰 조직을 활용할 수밖에 없는데 검찰이 얼마나 적극적으로 협조할지도

걱정입니다.

이: 검찰의 협조는 법에 명문화하면 됩니다. 만약 조직 이기주의 때문에 국민적 관심 사항에 대한 수사에 협조를 하지 않는다면 우리의 민도 수준이 그렇다는 것이고 우리에게는 희망이 없습니다. 과거 미국의 특별검사를 방문한 적이 있는데 연방검사들이 나와 자기 일처럼 일하고 있더군요. 운영상의 문제에 대해서는 시민단체 등에서도 감시해 나갈 것입니다.

〈주간조선 특별좌담 1999. 7. 1〉

검찰 = 통치수단 유혹 제도적으로 끊어야

— 전문가 좌담: 검찰개혁 어떻게 할 것인가 —

검찰이 전 국민적인 개혁요구에 직면해 있다. 검찰이 독점적 수사권의 자의적 행사로 불신을 받아온 것이 어제 오늘의 일은 아니지만 지금은 갈 데까지 간 최악의 위기상황이라는 데 누구도 이견이 없다. 국가 공권력의 상징인 검찰이 정치권과의 유착을 넘어 벤처 사기꾼, 조폭 등 주변부 인물들과도 연계되는 일까지 빚어지면서 권위가 뿌리째 흔들리고 있다. 전문가들을 초청, 오늘날 검찰이 처한 위기상황을 총체적으로 짚어보고 대안을 모색해보는 자리를 마련했다. (참석자: 정성진 국민대 총장, 박원순 참여연대 사무처장, 강병태 한국일보 논설위원)

정성진: 이번 검찰총장 사퇴는 어찌 됐든 불행한 일입니다. 무엇보다 인사의 중요성을 다시 한번 일깨워준 계기가 됐습니다.

박원순: 권력은 집중되면 부패하기 마련입니다. 이를 막기 위한 시스템의 핵심이 권력분산입니다. 그런데 우리는 초임검사부터 검찰총장까지 모두 검사 동일체의식으로 뭉쳐 있습니다. 자정기능이 제대로 작동할 리 없지요. 뉴욕경찰의 감사인력은 전원 외부인사로 충원되고, 뉴질랜드의 법무부 국장급 이상 간부들 중에는 수십 년 변호사를 한 사람이 태반입니다.

강병태: 우리는 제왕적 대통령제를 비롯, 모든 시스템이 여전히 권위주의시대 국가중심주의를 반영하고 있다는 게 문제죠.

정성진: 사실 검찰뿐 아니라 국가정보원, 국세청 등 권력기관마다 권력집중의 문제는 비슷합니다. 인사문제, 검찰 수뇌부의 자세, 엄정한 법 집행 등에서 새로운 분위기 진작이 필요한 시점입니다. 조직 전반의 제도적 문제, 국정운영 전반의 재정비가 필요하다는 거지요.

“검찰=통치수단 유혹 제도적으로 끊어야”

●전문가 좌담●

검찰개혁 어떻게 할 것인가

인사청문회 도입·검찰권 독점 분산필요

사람보단 法운영… 정치권 협조 절대적

美 윤리규정 수백개… 자정노력 따라야

강병태: 과거 권위주의 시대에도 검찰이 권력의 압력을 받았지만 문민시대 이후처럼 검찰이 문제가 되고 이로 인해 권력이 상처받는 일은 드물었습니다. 운용상의 문제, 사람의 문제도 무시할 수 없다는 겁니다. 검찰과 권력의 관계가 오히려 전보다 왜곡된 측면이 있어요.

정성진: 동감합니다. 지금 국정운영은 시스템보다는 통치권자가 편한 대로, 사람중심으로 운영하는 느낌이에요. 한정된 인사 풀에서 사람을 고르다 보니 문제가 생기고 이것이 국민불신을 조장합니다.

박원순: 지금까지 뼈를 깎는 아픔과 각성을 어디 한두 번 했습니까. 이제는 왜 안 되는가 하는 측면에 주목할 때입니다. 검찰총장에 대한 국회동의, 즉 인사청문회가 필요하고 예민한 정치적 의혹사안에 대해서는 특검제를 신설해야 합니다. 또 우리처럼 검찰권이 독점된 나라가 없습니다. 미국은 기소대배심이 있어 일반 시민이 기소여부를 결정하고, 독일은 일정요건을 갖춘 사안은 무조건 기소토록 하고 있습니다. 일본은 일반 시민으로 구성된 검찰심사회가 검사의 부당한 수사에 대해 재수사를 요구할 수 있습니다. 우리는 청와대 파견 검

사가 다시 검찰에 복귀합니다. 이들이 정치권력과 검찰의 통로가 될 것은 뻔한 일이죠. 상명하복의 원칙이란 것도 그래요. 부당한 명령에 대해서는 당연히 항의해야 하는 것 아닙니까?

강병태: 하지만 우리나라의 사법체제에 특검제가 맞지 않는 측면이 분명히 있습니다. 미국도 포기한 바 있고요. 특검제보다는 기존의 정상적 사법체계가 제 역할하는 것이 바람직하다는 것이 개인적인 생각입니다.

정성진: 특검제의 실효성 문제, 특히 여론에 휘둘릴 우려 등이 제기됐는데, 그러나 실제로 우리가 운영해 보니 의외로 국민기대에 부응하는 측면이 있었어요. 때문에 이제는 긍정적 측면에서 고려해야 한다는 분위기가 있습니다.

강병태: 지역 패거리의식으로 인해 검찰이 권력과 공생관계, 심한 경우 공동운명체가 되었다는 지적이 나오고 있습니다. 검찰이 실패를 거듭하면서 권력과 함께 추락하는 양상이라는 거지요.

박원순: 검찰이 권력의 전리품이라는 얘기도 있지 않습니까. 모 여당 인사가 "검찰 없이 어떻게 국정을 운영하느냐"고 말하더군요. 인사권이 대통령 1인에 집중된 체제하에서는 모든 검사들이 그 의중을 헤아리지 않을 수 없습니다. 중립적 인사위원회가 시급합니다. 미국은 차관급 이상 공직자에 대해 모두 인사청문회를 실시하고 있습니다.

정성진: 검찰이 신뢰를 회복하고 제대로 기능하기 위해서는 인사권자를 포함한 정치권의 협조가 절대적입니다. YS, DJ 모두 과거 공안정국에서 피해를 입어 검찰에 대한 구원(舊怨)이 깊은 사람들입니다. 그런데도 이들은 집권 후 검찰장악을 위해 동문과 동향 사람들을 요직에 배치했습니다. 무엇보다 통치권자가 검찰을 통치수단으로 삼는 유혹에서부터 벗어나야 합니다.

강병태: 인사위원회 구성을 유독 검찰만 따로 하기는 어려울 겁니다. 인

사권자가 국민여론에서 벗어나지 않는 인사를 하고, 검찰을 장악하려는 생각에서 벗어나는 것이 급선무겠지요. 국민의 정부 들어서도 인사를 바로잡는다면서 자기들 사람만 심었습니다. 정치권력과 대립하는 검찰 본연의 자세를 방기하는 상황이 초래된 거죠.

정성진: 개개 검사, 특히 수뇌부의 의식과 자세가 매우 중요합니다. 법률기능인이 아니라 스스로를 법률지사(志士), 내지는 법률경영인으로 생각하는 자세를 갖추었다면 현재의 위기는 오지 않았을 겁니다. 검찰 간부진의 의식쇄신은 아무리 강조해도 부족합니다. 스스로를 무오류 집단이라고 생각하는 은연중의 자만심과 오만을 버리고 국민여론을 직시하면서 자정 노력을 기울여야 합니다.

박원순: 법학도 시절 누구나 '하늘이 무너져도 정의를 세우라'는 격언에 매료되지 않습니까? 일본 자민당의 실세였던 가네마루 신(金丸信)이 단순 벌금형으로 기소됐을 때 삿포로 고등검사장은 아사히 신문에 기고한 글을 통해 도쿄지검 후배들의 수사를 문제 삼았습니다.

강병태: 직업으로서 검사가 갖는 사회적 위상에 대한 재인식이 필요한 때가 아닌가 하는 생각도 듭니다. 과거 검사는 엘리트적 자부심과 사명감의 결합으로 사회주류를 이뤘지만 점차 사회가 다양화하면서 지금은 상황이 전 같지 않습니다.

정성진: 나아가 사회 전반에 걸쳐 법치주의에 대한 존경심이 강화돼야 합니다. 지난해 형사정책연구원 조사에 따르면 '법을 지키지 않을 수도 있다'는 응답이 25%에 달했고 젊은 층일수록 응답비율이 높았습니다. 이런 분위기에서 검찰이 제대로 기능하기 어렵습니다.

박원순: 정치권력과 재벌권력에 용감히 맞서는 모습을 검찰이 보여줘야 신뢰가 쌓일 수 있습니다. 참여연대가 소액주주운동을 하면서 '총회꾼'을 증거와 함께 고발했는데도 서울지검은 무혐의 처리했습니다. 하지만 도쿄지검은 노무라증권의 총회꾼 사건을 처리하면서 희대의

정경유착 사건을 밝혀냈지요.

강병태: 대통령이 특별수사검찰청 설치를 언급했습니다. 그러나 옥상옥(屋上屋)이라는 우려가 적지 않습니다.

정성진: 특별수사검찰청 설치 문제는 특검제의 상설적 도입에 대한 대응논리로 법무부 등에서 거론되는 안입니다. 고육책이자 여론 무마책으로 보입니다. 결국 논란은 기존 검찰조직으로부터 얼마나 독립성 있게 운영될 것인가에 귀착될 듯 합니다. 하지만 상설적 특검제가 아닌 특별수사검찰청 설치로 검찰에 대한 비판이 해소될 수 있을지 의문입니다.

박원순: 특별수사검찰청 아이디어는 타협적인 것입니다. 그러므로 검찰총장 지위와는 별도로 독립적으로 수사토록 법으로 규정해야 합니다. 다른 이야기이지만 호주처럼 수사권 이원화도 문제될 것 없다고 봅니다. 우리는 수사권이 배타적으로 너무 한 곳(검찰)에 집중돼 있지요.

강병태: 특검제는 그동안 제한적이긴 하지만 상당한 성과가 있었습니다. 그러나 상설화할 경우 기능여부를 떠나 어떤 사건을 맡기느냐가 논란이 될 듯 합니다. 특별수사검찰청 설치도 같은 맥락입니다. 국회나 여론의 압력에 의해 구체적 수사 대상이 결정될 가능성이 높습니다.

정성진: 특별수사검찰청 설치는 정부 신뢰와 밀접한 관계가 있습니다. 현 정권이 국민요구에 따라 부패방지위원회니 인권위원회 등을 뒀지만 과연 얼마나 효율성을 발휘하고 있습니까.

박원순: 검찰개혁은 전체적으로는 각종 제도와 작동 풍토를 어떻게 만드느냐가 중요합니다. 미국검찰의 검사윤리가 수백개에 이른다는 사실을 알아야 합니다. 막연히 "잘해보자"는 식으로는 안됩니다.

강병태: 검찰 인사가 너무 자주 이루어진다는 생각도 듭니다. 검사가 인

사에 항상 신경써야 하므로 본연의 임무보다 다른 곳에 더 신경을 쓰게 됩니다. 자연스럽게 권력에 줄을 대려고 하지요.

정성진: 당장은 신임 검찰총장을 중심으로 빠른 시일 내에 검찰조직을 추스려 국민신뢰를 회복하기 위한 각고의 노력을 기울여야 합니다. 동시에 인사권자와 국민들은 감정에 치우치지 않고 국가사회의 법치주의 확립에 도움이 되도록 냉철하게 검찰을 채찍질 하는 분위기가 조성돼야 합니다.

〈한국일보 전문가 좌담 2002. 1. 16〉

‘검찰 인사파동’ 검찰엔 자성의 기회…
개혁테러 돼서도 곤란

요즘 검사들의 ‘인사파동’으로 세상이 시끄럽다.

급기야 노무현 대통령이 팔을 걷어 부치고 평검사들과 직접 만나 사태수습에 나섰을 정도다. 그러나 검찰 개혁과 중립성 확보 문제는 여전히 논쟁적이다. 정성진(鄭城鎭) 국민대 총장은 정치권의 때가 묻지 않은 검찰의 원로로 불린다.

그는 검찰의 인사파동을 보며 착잡한 듯 했다. 정총장 자신이 문민정부 초반인 1992년 대검 중수부장에 임명됐으나 단지 ‘물려받은 재산이 많다’는 이유로 공직자 재산공개 파동에 휩쓸려 낙마했던 아픈 경험을 가지고 있다.

이후 정총장은 학자로서의 인생의 길을 다시 걷기 시작했고 어느덧 총장의 자리에까지 올랐다.

북악산 기슭에 있는 국민대 총장실에서 만난 그는 “검사들이 국민 여론을 직시하고 스스로에 엄격해져야 한다”면서도 인사파동에 대해선 “개혁 테러가 되어서는 곤란하다”며 특유의 거침없는 말들을 쏟아냈다.

– 총장님이 검찰에 재직하실 때보다 요즘 검찰은 무척 많이 달라진 것 같습니다. 수사 환경도 변했고 권력을 향해서도 거침없이 이야기 하는 모습입니다.

“권위주의 정권시절 검찰은 역할이 제한돼 있었고 국민들의 기대도 적었습니다.

‘문민정부’와 ‘국민의 정부’를 거치면서 검찰이 본연의 역할을 수행할 토양이 갖춰졌지만 국민이 기대하는 역할을 제대로 못했지요. 타성에 젖고 정치권과 유착되는 등 1차적으로는 검찰 자체의 책임이 큽니다. 새 정부가 들어서면서 검찰이 개혁의 대상으로 된 것도 같은 맥락이죠."

– 말씀 하신 것처럼 과거 검찰은 정권 출범과 함께 개혁의 주체로 '사정정국'을 주도했는데 이번 정부 들어서는 오히려 '개혁대상 제1호'로 지목되는 분위기입니다. 법조계 원로로서 느끼는 감회는.

"검찰이 통치권의 수단이 돼서 국가를 다스리고 야당을 탄압하는 등 정권에 이용된 측면이 있어요. 법치주의의 대변인, 인권옹호의 파수꾼, 사회정의의 실현자로서의 검찰상이 구현되지 못했던 게 사실입니다. 최근 검찰파동은 이런 검찰의 이상적인 모습을 찾아가는 과정의 진통이라고 봅니다."

– 최근 대통령과 검사들과의 대화를 본 소감은.

"먼저 시대가 변했다는 느낌을 받았고 대화 자체는 긍정과 부정적 측면이 다 있었다고 봅니다. 국민여론을 의식하면서 직접 대통령이 평검사를 설득한다는 것은 좋았지만 법무장관이나 검찰총장이 처리할 문제에 대통령이 직접 나설 수밖에 없었는지는 아직까지 의문점이 남습니다.

검찰개혁이라는 국민적 의지를 공개적인 자리에서 확인했다는 점에서 대통령의 승리가 아니었나요(웃음)."

– 김각영 전 검찰총장은 '인사를 통한 검찰 장악의 의도가 드러났다'며 대통령을 향해 정면으로 도전하고 사표를 냈습니다.

"사실 김 총장이 떠날 시점을 실기한 걸로 봅니다. 대통령의 불신을 확인한 뒤에야 사표를 냄으로써 국정운영에 저항하는 것처럼 비쳐진 점도 유감이지요. 사실 '인사로 검찰을 장악해선 안된다'는 말은 옳지요.

그러나 김 총장이 아니라 국민적 공감과 신망을 받는 분이었다면 그런 반발이 더 설득력이 있지 않았을까요. 대통령이 총장 임기를 보장하겠다고 했지만 마음으로는 사퇴하기를 바랐던 것 같아요."

– 이번 토론회 이후 검찰 내부에서는 후련하다는 반응이지만 일반인들은 '역시 검찰은 개혁대상이다'라는 상반된 반응을 보이고 있는데요.

"후배 검사들은 현실을 직시해야 합니다. 검사들은 나름대로 사명감을 가지고 열심히 일한다고 생각하지만 여론은 검찰에 대해 그렇게 호의적이지 않지요.

검사들 말에 공감이 가고 눈물겨운 부분도 있지만 다수 국민은 검찰에 대해 반감이 강하고 '역시 검사는 특권의식을 가진 부류구나'하는 시각을 가지고 있다는 점을 직시해야 합니다."

– 검사들이 대통령에게 직설적으로 공격하는 듯한 모습을 보이자 국민들은 심리적인 거부감을 느꼈던 것 같습니다.

"검찰 선배로 보자면 검사들이 당당히 의견 개진하는 것이 신선해 보였고 검찰 장래도 밝다고 생각합니다. 그러나 은연중에 검사들의 직업적 속성이 나왔고 이것이 오만하게 비쳐졌지요. 검찰이 버릇없고 특권의식에 젖었다는 일반 여론이 강한 것은 사실입니다.

그러나 검찰은 국민을 위해 인권침해를 방지하고 사회정의를 세우기 위해 일을 하는 조직입니다. 국민들도 검찰 기능을 제대로 할 수 있도록 만들자는 시각으로 이 문제를 봐야지 '그 동안 특권을 누린 놈들 이제는 맛 좀 봐라'는 식의 반응은 곤란합니다."

– 검찰개혁의 화두 중 하나는 법무부와 검찰의 분리인데 이에 대한 견해는 어떤가요.

"한번 시도해 볼 만한 방법이라고 생각해요. 지금까지 법무부는 장관을 포함 대부분 간부가 검사의 신분이었기에 환골탈태의 모습을 보이는

데 한계가 있었어요.

검찰권 행사에 대한 뿌리 깊은 불신을 근본적으로 치유한다는 측면에서도 시도해 볼만한 일입니다."

– 검사들은 서열파괴에 대해 '나이만 낮춘다고 개혁이 되느냐'며 의문을 제기합니다.

"준사법기관이라는 검찰의 특수성 때문에 서열이 존중돼 온 것은 나름의 타당성이 있어요. 검찰동일체 원칙도 살아있는 상황에서 '서열파괴는 개혁으로 옳은 것이고 서열을 존중하는 것은 수구적이다'는 인식은 동의할 수 없어요.

서열파괴 인사를 하더라도 검찰 내부가 공감할 수 있는 절차에 따라 진행됐다면 저항이 덜했을 텐데 그런 지혜가 아쉬워요."

– 비 검찰출신의 40대 여성인 강금실 장관의 발탁에 대해 검찰 일부에선 "검찰 전체를 욕보이는 것"이라는 시각도 있는 듯 합니다.

"나도 법조인 출신으로 처음에는 생경했어요. 그러나 인식을 고쳐야지요. 기수가 낮고 여성이라는 이유로 장관이 될 수 없다는 것은 시대에 역행하는 생각입니다. 인사권자의 의도를 존중한다는 자세에서 출발하지 않으면 구시대적인 사고라는 비난을 받을 수밖에 없어요."

– 이번 파동은 상당한 후유증을 남길 것으로 보입니다.

"검찰이 왜 국민으로부터 불신과 외면을 받는지 스스로 돌아볼 수 있는 기회가 돼야 합니다. 검찰은 국민의 편에 서서 국민을 옹호하고 법을 지켜나가는 기관이기 때문에 대통령도 검찰을 타율적이라는 시각으로 보지 말고 국민의 검찰이 되도록 이끌어가는 지혜가 필요한 겁니다.

극단적으로 개혁의 대상이라는 관점에서 대립각을 세우지 말았으면 합니다. 검찰은 뼈아픈 자성의 기회로 삼고 대통령은 국민이익과 법치주의 정착을 위한 기구로 본연의 기능을 수행하도록 분위기를 만들어 나가야 합니다."

– 이번 파동이 검찰발전을 위한 자양분이 될 수 있을까요.

"검찰입장에서는 국민의 혹독한 비판이라는 절차를 거쳤다고 보아야 합니다. 다시 태어났다는 기분으로 출발해야죠.

다만 총장 이하 인적쇄신이 이뤄졌는데 물러나는 전문가 집단에 대한 배려가 아쉬워요. 공안부 검사로 일생을 바친 김원치 검사장만 해도 긍지와 자부심을 살릴 수 있는 방법을 찾을 수도 있었는데 '청산대상이니 나가라'는 식은 바람직하지 않아요."

– 인적청산의 방법이 틀렸다는 말인가요.

"대통령이나 민정 · 사정에서 유념해야 할 부분이에요. 광범한 정보에 의해 개혁의 대상을 선별했다고 하지만 검사들이 보기엔 민주사회를 위한 변호사 모임 등 한정된 부류의 사람들만 대상으로 했다고 오해할 여지가 있습니다.

대통령이 정치력을 발휘해 정치인과 각계 원로 등의 여론을 듣는 모양새를 갖추고 인사위원회의 정신을 살리는 방법을 사용했더라면 밀실인사라는 말이 나오지 않지 않았을까 하는 아쉬움이 남아요."

– 총장님도 검찰을 떠날 때 억울함을 겪으신 걸로 알고 있습니다만.

"그래서 이번에 떠나는 분들의 심정을 누구보다 잘 압니다(웃음). 전직 대통령들은 검찰을 쓰면서 편하다는 이유로 검찰을 통치권의 수단으로 활용했어요.

검찰권 행사에 직접 관여하기 보다 법무장관이나 검찰총장 등을 통해 검찰을 통제해 온 것이 사실이에요. 이런 과정이 누적되면서 검사들은 피해의식이 커졌고 반대로 국민들은 검찰을 불신하는 악순환이 된 겁니다."

– 검찰개혁을 위해 제언이 있다면.

“검찰권 행사에 정치권의 의사가 반영되거나 영향력 행사가 있어서는 안 됩니다. 독자적인 검찰권을 행사하는데 정치권이 인사문제로 제동을 걸어왔기 때문에 검찰이 반발하는 것이지요. 상대적으로 젊은 검찰 지휘부가 잘할 것입니다.

인사문제를 포함해 검찰의 독자성을 인정하면 모든 것이 잘 풀릴 것입니다. 그런데도 만약 검찰이 권력화·파쇼화한다면 시민의 참여로 통제해야 하겠지요.

검찰의 자기반성이 선행돼야 하지만 인사권을 통한 정치권의 간섭만 없으면 검찰개혁은 가능하다고 봅니다.

아 참, 그리고 검사들에게 하고 싶은 말이 있습니다. 제 경험에 비추어 큰 물결이 올 때는 개인이 거스를 수 없습니다. 자신을 되돌아 보고 이를 겸허하게 수용하면서 질적 변화의 계기로 삼아야 합니다.”

〈한국일보 인터뷰 2003. 3. 12〉

정치자금 수사에 총선 전략 담겨

— 박관용·정성진 시대를 논하다(상) —

“정치자금 수사에 총선 전략 담겨”

사회=정운영 논설위원

정운영 위원

박관용 의장은

정성진 총장은

정성진 국민대 총장

현 검찰 국민 신뢰 높아
특검 대신 수사 맡기도록

박관용 국회의장

대통령 말에 검찰 영향
수사확대는 경제에 부담

사회: 정운영 논설위원

10년 전 잘 나가던 대검 중수부장이 갑자기 검찰을 떠나야 했다. 개혁 구호로 서슬이 퍼렇던 문민정부 출범 초기였다. 공직자 재산 공개 결과 오직 재산이 많다는 이유로 그는 개혁의 도마에 올랐다. 부인이 상속받은 재산이 화근이었다.

당시 청와대 비서실장은 오늘의 박관용(65) 국회의장이고, 미국 유학을 떠난 전직 중수부장은 강산이 변한 지금 대학총장이 됐다. 4일 저녁 박의장은 한남동 의장 공관을 들어서는 정성진(63) 국민대 총장에게 그때 일을 잊지 않고 사과부터 했다.

"내가 간여하지는 않았지만 그때는 많이 민망했습니다."

"제게는 새로운 길이 열려서 오히려 좋았습니다."

정치권과 검찰이 피고와 원고로 마주선 대선 자금 수사 정국에서 6선의 국회의장과 검사 출신 대학총장의 특별한 만남은 이렇게 시작됐다.

사회: 두 분이 느끼는 한국 정치에 대한 감회부터 들려 주시지요.

박의장: 오랜 정치생활을 해온 저에겐 정말 만감이 교차됩니다. 정권이 바뀔 때마다 일어나는 정치자금 소동이 아무런 교훈도 남기지 못한 채 일과성으로 끝나곤 했습니다. 그러나 이번에는 근본적으로 뜯어 고쳐야 한다는 데 많은 사람이 공감하고 있고, 이 요구가 국회를 책임진 저한테는 더욱 절실하게 다가옵니다.

정총장: 권위주의를 청산하고 문민정부와 국민의 정부를 거치면서 우리가 획득한 것은 민주화입니다. 지금의 혼란도 민주화를 굳히기 위한 과도적인 학습과정이라고 봅니다. 좀 괴롭지만 이번 기회에 정치자금을 비롯한 제반 개혁 논의를 한 단계 발전시키는 정치사적 계기가 되도록 해야 합니다.

사회: 대통령 말씀의 '진의'를 따져야 하는 현실이 유감입니다만 대선자금 전모를 수사하자는 발언의 진의는 뭐라고 보십니까?

정총장: 선의로 본다면 이 기회에 대선자금의 전모를 밝혀 제도개혁의 계기로 삼자는 것으로 보입니다. 다만 그분도 정치를 오래 했고, 또 현재 여야의 의석분포 등으로 국정운영이 애로에 봉착한 데다 측근들의 비리가 터지니까 뭔가 국면 전환을 하자는 생각도 했을 것입니다.

박의장: 정치인이 정파의 이해관계에 따라 움직이는 것은 동서고금을 막론하고 변함이 없습니다. 노대통령은 국회에서 소수 정당, 그나마 당내의 부분적 지지 속에서 탄생했습니다. 또 대선 때 같이했던 사람과 아니했던 사람들의 갈등으로 분당 사태를 맞았습니다. 이런 상황은 총선을 앞두고 대단히 불편할 것입니다. 이 때문에 대통령으로서는 어떻게 하면 자신의 지지 정당이 과반수를 차지하겠느냐는 욕심이 없을 수 없고, 그런 점에서 총선을 겨냥한 정략적 의도가 담겨 있다고 봅니다.

사회: 정총장이 말씀하신 국면 전환과 박의장이 말씀하신 총선 전략, 이런 것들이 '진의'의 하나라면 성공 확률은 어느 정도나 되겠습니까?

정총장: 정치자금 문제를 포함한 제도개혁 전반에 문제를 제기한 것이기 때문에 상당한 호응이 뒤따를 것 같습니다. 그런 분위기를 대통령이 시대적 과제로 몰아가고, 국민의 지지를 바탕으로 개혁에 대한 정치권의 합의를 이끌어내면 성공할 가능성이 있다고 봅니다.

박의장: 그러나 재신임 안을 내놓은 뒤 그 공을 국회에 던져놓은 채 정치자금 수사에 박차를 가하는 것은 일처리의 순서가 맞지 않는다고 생각합니다. 제가 듣기로 국민의 신임은 상당히 멀어지고 있습니다. 멋진(?) 대용품을 내놔 애초의 물건과 바꿔치기한 것이 아닌가 하는 느낌마저….

사회: 그렇다면 대선자금 전모 수사에 반대하는 야당의 태도는 당연한 것인가요?

박의장: 잘못된 관행을 고치자는 국민의 요구를 야당이 거부하기는 어려운 상황입니다. 야당이 지금 지구당과 후원회를 없애는 등 과거에는 상상도 못할 안들을 들고 나오는데, 이것은 솔직히 궁지에서 살아남기 위한 일종의 선명성 경쟁이라 할 수 있습니다.

정총장: 평균적인 국민의 생각은 야당의 대선자금 규모가 대통령 측보

다 크지 않을까 하는 것입니다. 야당으로선 전모가 노출될 때 비난 받을 일을 염려해 반대하는 측면도 있을 것이고요. 나아가 내년 총선을 겨냥한 전략이 아니냐는 의구심에서 반발하는 걸로 보입니다.

사회: 그러면 야당이 말하는 개혁도 역시 진의가 있겠군요.

박의장: 아까 말한 것처럼 각 정파는 정치적 이해관계에 따라 결정할 수밖에 없습니다. 국민의 공감을 얻는 것이 일차적 명분이기 때문에 더 혁신적인 방향으로 치닫는 형국입니다. 아주 묘한 상황이죠.

사회: 대선자금 수사에 반대할 명분이 없다면 문제는 그 '전모'의 범위일 텐데요.

정총장: 대단히 어려운 질문입니다만, 법률적으로는 공소시효가 만료되지 않은 사안을 모두 포함해야 하겠죠. 그러나 기술적으론 과거의 모든 것을 수사할 수도 없고, 국민이 납득할 수 있는 어떤 한계를 설정해야 하겠지요. 그런데 대통령이 지난 기자간담회에서 수사의 방향과 범위에 관해 언급한 것은 잘한 게 아닙니다. 총선자금 아닌 대선자금에, 비자금 아닌 정치자금에 국한하자는 발설 자체에 오류가 있는 것은 아니지만….

박의장: 대통령이 말한 전모가 무슨 뜻인지 모르겠으나 지금 드러난 것 이상으로 수사하라는 뜻이라면, 연말연시의 바쁜 시간을 빼고 나서 수사는 내년 2-3월까지 갈 것입니다. 총선까지 갈 수도 있습니다. 가뜩이나 어려운 상황에서 경제에 어떤 부담을 줄는지 걱정입니다. 지금은 이런 일이 재현되지 않도록 새 장치를 만드는 것이 더 중요합니다. 다음에 청와대에 가면 이 얘기를 꼭 할 것입니다만….

사회: 과거의 체험으로 미뤄 수사방향을 미리 제시하는 듯한 대통령의 발언이 검찰에 대한 압박이 될 수 있습니까?

정총장: 압력의 의도는 없었다고 봅니다. 그러나 인사권을 가지고 있고 또 과거의 권력 행태로 볼 때 그런 발언이 검찰 수사에 간접적인 영

향을 줄 수 있기 때문에 한층 신중했어야 합니다. 다만 현재의 검찰이 그런 정도의 말에 흔들리지는 않을 것이라고 봅니다.

사회: 그러니까 과거 검찰과 지금 검찰은 차이가 있다는 것입니까?

정총장: 차이가 있다고 봐야죠. 현재 검찰총장을 중심으로 한 검사들의 의지가 좀더 분명하고 국민의 신뢰도가 과거보다 높습니다. 당연히 달라야 될 것이고 현재까지 봐선 다르게 진행되고 있다고 봅니다. 허허허.

박의장: 글쎄요, 제가 보기엔 검찰의 반응에서 대통령의 발언에 상당히 보조를 맞추는 경향이 나타납니다. 대통령은 행정부 수반입니다. 그분의 말이라면 검찰이 영향을 받을 수밖에 없습니다. 아무리 깨끗한 수사관이라도 인간이기 때문에 명예욕이 있고, 승진하고 싶은 법입니다. 그래서 가능한 한 검찰에 영향을 미칠 만한 발언은 삼가야 합니다. 오늘의 검찰이 과거와 상당히 다른 모습이란 점은 인정합니다만 그럴수록 검찰에 맡겨두는 것이 상책입니다.

사회: 야당의 특검 제안을 어떻게 보십니까?

박의장: 한나라당이 특검을 주장하는 이유를 들어보니 왜 여당은 적당히 수사하고 야당은 그렇게 집중적으로 하느냐는 것입니다. 이것은 역대 정권에서 목도한 검찰의 탈선행위에 대한 기억에서 완전히 벗어나지 못했기 때문이라고 봅니다. 반면 여권이나 검찰에서는 과거와 달리 잘 하고 있는데 왜 의심하느냐고 반문합니다. 저는 양쪽 주장에 나름대로 일리가 있다고 봅니다.

사회: 의장님 개인으로는 특검에 찬성합니까, 반대합니까?

박의장: 검찰이 한나라당이 요구하는 것에 대해 약속하고 공정하게 실행한다는 보장만 있다면 검찰에 맡기는 것도 방법입니다.

정총장: 현재 검찰이 제대로 수사하고 있고 국민의 기대도 높으니 일단 검찰에 맡겨야 합니다. 국민이 납득할 수 없는 사정이 생긴다면 그

때 특검으로 가도 늦지 않습니다.

사회: 재계에는 주고도 불려다닌다는 자조(自嘲)의 소리가 높은데요.

정총장: 재계가 정치권의 강요에 의해 정치자금을 제공한 피해자라면 여러 제도적 개선책을 모색해야 합니다. 그러나 무언가 이득을 노리고 매수를 했거나 알선을 부탁했다면 반드시 시정돼야 합니다.

사회: 정총장께서는 어느 측면이 강하다고 보십니까?

정총장: 지금 기업을 악(惡)으로 대해선 안 되고 보호해야 합니다. 기업이 피해를 본 면, 시달린 면에 중점을 둬야 합니다.

박의장: 과거 집권과정에서 기업들이 미움을 사 망한 것을 많이 봤습니다. 대선 때 어려운 기업들이 돈을 낼 때 왜 목적이 없겠습니까. 이른바 보험금으로, 당선 뒤에 보호받겠다는 생각이죠. 정치권이 먼저 요구해 내는 경우도 마찬가지입니다. 요구에 응하지 않으면 피해를 볼 수 있다는 위기의식 때문에 결과적으로 보험에 가입하는 셈입니다. 기업만 억울하다고 하기보다 모두 같이 유착의 고리를 끊어야 합니다.

사회: 대선자금 수사 정국의 갈등을 어떻게 풀어가야 하겠습니까?

정총장: 판단이 어려울 때는 원칙으로 풀어야 합니다. 국민의 납득이 가장 중요합니다. 제가 검사 출신이라 검찰 생각을 더 하는지 모르겠지만. 하하. 검찰 수사로 진상을 밝히는 게 맞습니다. 그리고 기업과 정치권의 협조가 필요합니다. 이번 일을 통해 국민이 제도개혁을 바란다는 사실을 직시하고 정치발전의 계기로 삼는 마음가짐이 중요합니다.

박의장: 범죄 수사는 혐의가 있을 때 하는 것 아닙니까? 지금 제기되고 부각된 부분은 국민이 익히 알고 있는 사실이므로 철저히 조사해야 합니다. 진실 공개가 지금으로서는 최선의 길입니다. 다만 또 다른 것, 자꾸 새로운 것을 캐낸다면 고구마 줄기처럼 수사가 끝이 없을

것이라는 걱정이 듭니다. 수사를 끝낸 뒤 진상을 공개하고, 정치권은 고해성사를 통해 새 출발의 계기로 삼아야 합니다.

◉ **박관용 의장**: 1938년 부산에서 태어났다. 동아대 3학년 때 4·19를 주도했다. 67년 이기택 전의원의 비서관으로 정계에 입문해 81년 11대 국회에 등원해 16대까지 내리 6선을 했다. 김영삼 정부의 초대 대통령비서실장, 한나라당 총재대행을 거쳐 지난해 7월 헌정사상 첫 야당 출신 국회의장에 선출됐다.

◉ **정성진 총장**: 1940년 경북 영천에서 태어났다. 서울대 법대를 나와 63년 사시 2회에 합격했다. 서울지검 특수 3 부장, 대구지검장에 이어 93년 3월 대검 중수부장에 임명됐다. 그해 8월 재산공개 파동으로 법조계를 떠난다. 이후 국민대 법학과 교수, 중앙선거관리위원을 거쳐 2000년 국민대 총장이 됐다.

〈중앙일보 대담 2003. 11. 6〉

지구당 폐지로 고비용 정치 깨뜨려야

— 박관용·정성진 시대를 논하다(중) —

사회: 정운영 논설위원

대담 개시 전 식탁에서 정성진 국민대 총장은 "의장님은 하실 말씀이 많지요"하고 인사를 전했다. 이에 박관용 의장은 "정치 경험이 많을수록 요즘은 할 얘기가 점점 없어져요"라며 오히려 난감한 표정을 지었다.

경륜이 오랠수록 할 말이 적어진다는 이 시대의 역설을 현실정치 밖의 우리는 이해하기 어렵다. 그러나 정치를 직업으로 하는 사람들에게도 지금의 혼돈은 크게 낯설고, 그래서 영욕의 정치가 영(榮)보다는 욕(辱)에 가까운 시절인 듯하다.

사회: 근자에 정치 혼란, 정치 난맥을 개탄하는 사람이 부쩍 늘어나는 느낌인데요.

박의장: 역대 정권의 경우 10개월 정도는 여야의 밀월관계가 이어졌습니다. 이번엔 그게 없었습니다. 이런 사태에 대해 저는 대통령이 자초한 측면이 크다고 봅니다. 이를테면 예고 없이 행하는 기존 가치의 전복이나 정제되지 않은 말의 남발이 그 혼란의 원인이라고 봅니다.

정총장: 기본적으로는 정치 현실에 대한 대통령의 불신과 혐오감이 워낙 깊은 탓이겠지만 다수 의석을 확보하지 못한데 따르는 한계, 그리고 리더십이랄까, 포용력 부족 때문에 혼란이 가중되지 않나 하는 생각입니다. 대통령 본인 뿐만 아니라 주변 사람들의 아마추어리즘

도 원인으로 꼽을 수 있겠죠.

박의장: 정치하는 사람은 자기 지지 세력에게 보답할 수밖에 없는데 노 대통령은 비교적 이상주의적 젊은 층들의 지지를 받았기 때문에 그들에게 화답하다가 생긴 문제도 있습니다. 그들과 호흡을 같이하다 보니 새로운 시도가 지금까지 우리 사회가 지녔던 생각이나 가치들과 상당히 거리가 먼 것이 사실입니다. 대외 정책도 그렇고, 대북 정책도 그렇고, 노동 정책도 그렇고….

사회: 정치라는 말 뒤에 습관적으로 개혁이 따라다니는 세상이 됐습니다. 현재의 정치 개혁 공세는 야당이 더 맹렬한 느낌인데 지구당 폐지가 현실적으로 가능한 얘기입니까?

박의장: 특별한 활동이 없어도 한달에 거뜬히 1천만원 이상 드는 게 지구당입니다. 지구당 폐지는 고비용 정치구조의 혁파를 의미합니다. 입법화에 걸림돌은 있겠지만 이를 위한 관계 법 개정이 연내에 가능할 것으로 봅니다.

정총장: 지구당 폐지가 정치적 고려 때문에 불가능하다면 최소한 지구당 위원장은 현역 의원이 겸하지 않는 제도로 가야 됩니다. 지구당은 고비용의 원천이니까요.

박의장: 정당 조직 중심의 선거체제를 계속하려면 지구당이 있어야 합니다. 그러나 이제는 조직보다 정책 대결로 가야 해요.

사회: 다른 정당들의 동조 없이 어떤 한 정당만의 지구당 해체가 가능할까요?

박의장: 그래서 법제화를 통해 일률적으로 해체해야 한다는 말씀입니다.

사회: 후원회 역시 대안 없는 폐지가 가능할지 의문입니다.

박의장: 후원회 폐지에는 두 가지 전제가 필요합니다. 첫째 선관위든 어디든 기탁금을 받아서 정치자금을 배분하고, 둘째 그래도 부족하면 국고 보조금을 지원한다는 전제가 있어야 합니다. 정치인이 의원 활

동이나 정당 생활을 하다 보면 엄청난 비용이 듭니다. 일종의 민주주의 비용인데, 5백만원이 안되는 현재의 세비만으로는 그것을 충당할 길이 없습니다.

정총장: 정당이 기업에서 바로 돈을 수취하는 체제가 바뀌어야 합니다. 모든 부패와 유착이 거기서 비롯되기 때문입니다. 기업이 정치자금을 선관위 등에 기탁하고, 선관위에서 그 돈을 일정 기준에 따라 배분하면 됩니다.

사회: 생색 안나는 기부에 기업이 얼마나 호응할까요?

정총장: 정치자금을 양성화해도 기탁자의 선택을 존중하는 방법이 있습니다. 가령 본인 의사에 따라 절반은 골고루 배분하고, 나머지는 그가 지명하는 당에 배분하는 식으로 보완이 가능합니다.

박의장: 재미있는 얘기를 하나 하겠습니다. 제가 청와대 비서실장이던 1993년 봄 김영삼 대통령이 갑자기 정치자금을 한푼도 안받겠다고 선언한 거예요. 그 뒤 많은 기업인들이 전화로 그거 참말이냐, 불안해서 못살겠다고 하소연합디다. 하하하. 왜 불안하냐고 물었더니 기업인은 정치자금을 내고 정권과 우호관계를 유지해야 안심하고 사업을 하는데 이러다가 언제 뒤통수를 맞을지 모르겠다는 겁니다. 이런 풍토가 바로 문제가 아닐까요?

사회: 거산(巨山) 대통령께서는 안받았을지 모르나 대신 받은 사람이 있지요? 소산(小山)이니 소통령이니 하는 얘기도 들렸고….

박의장: 허허허. 대통령은 분명히 약속을 지켰는데 그 사람들 때문에 빛이 안 나는 결과가 되고 말았죠.

사회: 정치 개혁에 사람과 제도 중 어느 쪽이 우선해야 합니까?

박의장: 국회 개혁을 위해 나름대로 제도를 고치고 해보니 결국 구성원들의 질적 변화가 제일 중요하다는 생각이 듭디다. 다음 총선에는 각 정당이 공천 과정에서부터 새로운 국회를 만들겠다는 각오로 임

해 주고, 국민도 이제는 밥 얻어 먹고 돈 몇 푼 얻어 쓰는 것을 떠나 정말 제대로 된 사람을 뽑아주시기 바랍니다. 그중에도 중요한 것이 지역주의 혁파입니다.

정총장: 저는 제도가 선행하고 사람이 뒤따라야 한다고 봅니다. 근본적으로는 사람이 문제겠지만 그것을 뒷받침할 제도가 갖춰져야 하니까요.

사회: 정치자금 수수를 둘러싸고 정치인에 대한 수사와 대통령 측근에 대한 수사가 공평하지 않다는 불평이 나오는데요.

정총장: 저는 검찰 수사가 형평을 잃었다고 믿고 싶지 않습니다. 다만 과거의 타성 때문에 그럴 가능성은 언제든지 있습니다. 당장 최도술 씨에 대한 기소에서 가령 돈의 용처가 불분명하다든가, 굉장한 충격을 받았다는 대통령의 언급과 관련된 부분은 문제삼지 않았다든가, 이런 점들이 오해를 야기할 소지는 충분히 있습니다.

박의장: 형평성에 관해 딱 부러지게 얘기할 사람은 아무도 없을 것입니다. 그런데 믿을 만한 언론사의 여론조사에서 검찰을 '신뢰한다'가 52%, '신뢰하지 않는다'가 48%로 나온 것을 봤습니다. 국민의 반이 믿고, 반이 믿지 않는다면 썩 좋은 결과는 아닙니다.

사회: 측근 대접을 못받아 억울한 정치인도 있겠지만, 정치인이 못 돼 억울한 사람들도 있는데 혹시 아십니까?

박의장: 글쎄요. 정치인에 대한 신뢰가 원체 추락돼 있으니….

사회: 어느 정치인은 4억원을 자시고도 끄떡없이 버티는데, 서울시 공직자는 같은 데서 1천만원 받고 감옥가지 않았습니까?

박의장: 그런 얘기에 대해선 정말 드릴 말씀이 없습니다(모두 웃음).

사회: 검찰 수사에서 기업이 얼마나 '정직할' 수 있을까요? 여야에 차별 없이 모든 사실을 다 불 수 있을까요?

정총장: 기업은 기본적으로 이윤을 추구하는 집단입니다. 그러니 기업에 이익이 되는 방향으로 진술할 것은 당연합니다. 기업의 생존에

어려움이 닥친다면 정직할 수 없을 가능성이 크다고 봐야죠. 수사란 진실을 밝히는 것이 목적이기 때문에 수사 과정에서 검찰은 기업과 머리 싸움을 하지요(웃음). 기업의 전문성이나 훈련도로 봐서 저 개인적으로는 기업이 검찰을 앞선다고 봅니다. 한국 검찰의 능력보다 대기업의 능력이 더 우수하다고 보는 사람이 많지 않을까요. 허허허.

박의장: 제가 야당을 오래 했는데, 여당에 불리한 얘기보다는 야당에 불리한 얘기 쪽으로 기우는 검찰의 관행을 봐왔습니다. 마찬가지 이유로 여당에 불리한 얘기는 기업이 아주 조심스러워 할 것으로 생각합니다.

사회: 난마같이 얽힌 이 정국을 수습할 복안을 여쭤보겠습니다.

박의장: 재신임 현안도 대통령이 제기한 것이고, 정치자금 수사도 측근 비리에서 제기된 것입니다. 국회의장으로서 제가 수습에 보탬이 된다면 무슨 일이든 해야겠지만, 지금은 수습책을 내놓을 상황이 아닌 것 같습니다. 검찰 수사가 관련 문제를 다 해결한 뒤 이것을 바탕으로 그 동안 말로만 주장했던 정치 개혁을 입법화하는 일을 추진할 생각입니다.

사회: 정총장께서는 시민으로서, 유권자로서 어떤 말을 보태시겠습니까?

정총장: 대통령이든 여당이든 야당이든 국민에게 불신받고 있으니, 그야말로 죄인이라는 기분으로 몸을 낮춰 현안을 뚫고 나가는 자세가 중요합니다. 자칫하면 정치권 전체가 공멸한다는 의식에서 제도 개혁을 이루도록 지혜를 모아야 합니다.

사회: 총선이 5개월 정도 남았는데 선결 과제를 짚어주시죠.

정총장: 선거 제도라든가, 정당 제도 전부를 손질해야겠지만 제 생각엔 우선 정치자금에 관한 부분이라도 총선 전에 개혁해 적어도 내년 선거가 과거처럼 혼탁하고 타락했다는 말을 듣지 않도록 해야 합니다.

박의장: 4년간 이 나라를 감시하고 감독할 입법부의 막중한 역할을 생

각한다면 총선만은 객관적이고 공정한 분위기로 치르는 것이 무엇보다 시급한 과제입니다. 선거에 영향을 주는 어떤 정략적 행동도 국민이 눈을 부릅뜨고 감시해야 합니다. 이와 관련해 저는 재신임 투표는 위헌이라고 확신합니다. 정치학자와 헌법학자 등 많은 사람을 만났지만, 정당이 모여 합의하더라도 위헌이 합헌으로 바뀔 수는 없다고 합니다. 헌재에서 100% 위헌 판결이 날 것이랍니다. 따라서 이 문제는 제 책임 아래 적절한 시기에 결론을 내릴 생각입니다.

사회: 어떤 결론인지 대강만이라도 들려주시지요. 대통령께 철회를 권고하겠다는 말씀이십니까?

박의장: 그렇죠. 위헌인지 알면서도 밀고 나갈 수는 없습니다. 헌재에서 위헌 결정이 나거나, 그렇지 않더라도 뒷날 누가 또 신임 투표를 요구하는 혼란을 막기 위해서라도 분명한 교통 정리가 필요합니다. 재신임 투표는 개헌을 하지 않는 한 불가능합니다.

사회: 정총장께서도 재신임 투표가 위헌이라고 보십니까?

정총장: 대통령의 신임 자체만을 묻는 것은 위헌적 요소가 많죠.

〈중앙일보 대담 2003. 11. 7〉

보험성 후원금도 언제든 '대가성' 돌변

— 박관용·정성진 시대를 논하다(하) —

사회=정운영 논설위원

"보험성 후원금도 언제든 '대가성' 돌변"

정당이 기업돈 직접 못받게 法 고쳐야

'공멸 위기' 몰린 지금이 개혁할 기회

사회: 정운영 논설위원

여야가 경쟁적으로 내놓는 정치 개혁안이 얼마나 성공하겠느냐는 다소 자조적인 질문에 정성진 총장은 "지금이 국가적 위기라는 인식 때문에 가능하다"고 했고, 박관용 의장은 "현재의 난국에서 벗어나려는 노력 때문에 가능하다"고 대답했다. 위기든 난국이든 오히려 그것이 정치 개혁의 기회라면서, 두 사람은 이런 현실 진단을 바탕으로 전화위복의 메시지를 전했다.

사회: 지난 대선에서 한나라당은 2백 24억원을, 민주당은 2백 74억원을 썼다고 중앙선관위에 보고했는데요.

박의장: 그것이 정직한 보고라고 누가 믿겠습니까(모두 웃음). 정치자금에 관한 한 정치인 누구도 다른 누구를 욕할 입장이 못 된다는 것이 제 솔직한 생각입니다.

사회: 그러면 정직하게 보고하면 얼마나 되겠습니까?

박의장: 일부 국한된 사람 외에 누가 정확히 알겠습니까마는 아마도 상당한 액수겠지요.

사회: 최돈웅 의원이 SK 한 기업에서 받은 돈만도 1백억원이니 그 '상당한 액수'에 현기증이 납니다. 정치자금은 왜 항상 문제가 되고 뒤탈이 납니까. 거둔 만큼만 쓰면 될 텐데요.

정총장: 우리의 정치문화나 사회 풍토와 관련이 있겠지만 무엇보다도 정치자금이 음성적으로 거래되는 것이 문제의 발단이라고 봅니다. 정권이 바뀌면 특혜든 보복이든 그 결과가 대가로 돌아오지 않습니까.

박의장: 그리고 우리 정치의 오랜 관행 아니겠습니까. 돈 안 쓰려는 후보와 돈 쓰게 하려는 '정치꾼'들 사이의 싸움이 정치자금 문제의 핵심입니다. 유권자들은 으레 정치인이 향우회든 동창회든 다른 어디든 돈을 내놓으려니 하고 생각합니다. 고비용 구조가 여기서 생겨난 거죠.

사회: 대가성이란 말이 참 희한한데요. 정치인이 뇌물을 받아도 대가성이 없다면 면죄부가 주어지지 않습니까. 대통령도 대가성이냐 보험성이냐에 따라 수사의 방향이 달라져야 한다고 했는데 현실적으로 그런 구분이 가능합니까?

정총장: 법률적으로는 의미가 있습니다. 대가가 따르면 알선수재 등의 파렴치한 범죄가 되지만, 보험성이라면 단순한 정치자금법 위반으로 가니까요. 하지만 현실적으로 순수한 보험성은 없죠. 결국 이득과 혜

택을 바라고 주는 것 아니겠습니까. 허허허.

사회: 그러면 소위 당선 축하금은 대가성입니까 보험성입니까(모두 웃음)?

정총장: 금액과 수수 방법에 따라 다르겠지만 규모가 작고 의례적 범주라면 동양적 예의 차원의 인사라고 볼 수 있겠죠. 그러나 그게 아니라면 대부분 대가성이라고 봐야 합니다.

사회: 어느 측근이 받았다는 11억원 정도면 어떻게 됩니까?

정총장: 글쎄 그 정도라면 아무래도…. 허허 허허허.

박의장: 보험성이란 말이 아주 편리하게 쓰이는데 솔직히 나는 그 정확한 의미를 모르겠어요. 어느 의원이 개인 후원회를 열어 기업인한테서 순수한 후원금을 받았다고 칩시다. 그런데 그 기업인이 얼마 뒤 국세청 사람을 소개시켜 달라고 해서 어쩔 수 없이(?) 인사시킬 경우 순수 후원금은 대가성으로 바뀝니다. 그런 관계를 악용해 수사기관은 정치자금 후원을 아주 편리하게 써먹습니다. 정치인끼리 모이면 '닭장에 총쏘기'라고 해요. 아무나 불러다가 얼마 받았느냐고 묻고, 기업에 가서 장부 뒤지면 다 드러나니까요. 정치자금 수수가 정치 보복이나 야당 길들이기 수단이 되는 것입니다.

사회: 그런 것을 고칠 권한을 바로 국회가 가지고 있지 않습니까.

박의장: 공개 지원이나 국고 보조 외에는 방법이 없습니다. 개별 후원에는 반드시 문제가 따릅니다. 따라서 관계법을 고쳐야 하는데, 영양실조로 눈이 안 보이는 사람한테 안약만 넣는 식으로 고쳐서는 안됩니다. 법인세 1%를 정치자금으로 내게 하자는 논의도 있으나, 기업들이 자꾸 해외로 빠져나가고 오히려 법인세를 낮춰달라는 마당에 또 하나의 준조세 부과는 국민적 공감을 얻기 어려울 것 같습니다.

사회: 대통령은 검찰 수사가 경제에 영향을 주지 않아야 한다고 했는데, 경제에 영향을 주지않는 수사가 실제로 가능합니까?

정총장: 수사의 궁극 목표가 불법 정치자금이지, 기업 활동이 아니라면

검찰의 개입과 절제는 균형을 이뤄야 합니다.

사회: 대통령은 정당 장부를 먼저 본 뒤에 기업을 조사하자고 했는데요.

정총장: 말은 쉽지만 정당 쪽에서 그렇게 쉽게 수사에 협력하겠습니까. 기업의 협조 없이는 불가능합니다.

박의장: 검찰은 검찰의 역할이 있는데, 경제에 영향을 주지 말라는 것은 무리하고 불필요한 요구입니다.

사회: 그러니까 경제에 지장이 있어도 조사를 하든지, 지장이 있으니 절제를 하든지 그런 판단까지 검찰에 맡기라는 말씀인가요?

정총장: 그렇습니다.

박의장: 그 판단은 대통령 통치 행위에 속합니다.

사회: 재계에서는 수사 결과 못지않게 수사 과정이 중요하다고 합니다. 설사 수사를 하더라도 짧게 끝내달라는 말인 듯한데요.

정총장: 그래야지요. 포토라인에 세워놓고 사진 찍는 것도 전근대적 행태입니다.

사회: 고백성사니 대사면이니 하는 얘기들이 나오고 있습니다만….

박의장: 지금은 그런 얘기를 할 단계가 아닙니다. 고백성사를 하더라도 의혹이 밝혀진 뒤 할 일입니다. 절차의 우선 순위를 지켜야지요.

정총장: 일반사면은 기소된 사항에만 하는 것이 아니고, 죄를 범한 경우에도 공소권을 없애줍니다. 그러나 그것은 진실이 어느 정도 밝혀지고 나서 국민이 납득할 경우에나 고려할 수 있습니다.

사회: 재계에 당부하고 싶은 말씀이 있습니까?

정총장: 대통령 주변을 포함한 소위 386 세대들의 반기업적 정서가 문제입니다. 기업이 사회적 책임을 다하지 못하고 기업윤리를 결여하고 있다는 비판입니다. 이에 기업도 할말이 있을 것입니다. 무엇보다도 나라를 부강하게 만들었으니까요. 그러나 사회적 책임과 윤리에 관한 인식을 높여 기업 자신이 사회의 친기업적 환경을 만들어 가야

합니다.

박의장: 보험금을 내는 자세에서 벗어나 민주주의 비용을 감당하는 자세로 기업의 각오가 바뀌어야 합니다. 이 기회에 제도와 법으로 그 변화의 물꼬를 트겠습니다.

사회: 의원들이 무엇이 문제인지 몰라서 개혁이 안된 것은 아니지 않습니까.

박의장: 이번이 절호의 기회라고 생각합니다. 정치인으로서는 최악의 상황이기 때문에 오히려 전화위복의 계기가 될 수 있습니다. 정치개혁 과제들의 실현 가능성이 아주 큽니다.

사회: 국민이 어떻게 도와야 개혁이 순조롭게 이뤄지겠습니까?

정총장: 부끄러워서라도 정치인이 손을 못 벌리고, 시대적 개혁 요구에 반대하지 못하게 하는 무언의 압력이 최선책일 듯합니다.

박의장: 이번에는 정치권 합의보다 국민적 차원의 합의를 도출하는 방식이 훨씬 더 효과적일 것으로 보입니다. 또 정당정치가 안정돼야 합니다. 분당·합당·당명 개정 등 변화가 너무 잦은데 이는 과거의 잘못을 그대로 덮어버리는 행위입니다. 제가 6선인데요, 민한당·신민당·통일민주당·민자당·신한국당·한나라당 등 단 한번도 같은 당 공천으로 당선된 적이 없어요. 탈당은 딱 한번 했을 뿐입니다. 탈세하고 회사 이름 바꾸고, 탈세하고 사장 갈아치우는 행동과 뭐가 다릅니까.

사회: 하도 속아서 그런지 국민은 한번 수술하고 나면 새살이 돋는다는 말을 귓등으로 넘겨버리는데요.

박의장: 이와 같이 엄청난 혼란과 고통을 겪으면서도 전향적 자세를 갖지 못하는 정치인과 정파가 있다면, 내년 선거에서 결코 용서받지 못할 것입니다. 과거의 행태를 벗어버리지 않으면 모두 다 떨어집니다.

사회: 그 말씀 믿어도 됩니까. 언제는 국민이 용서해서 그런 정치를 했

습니까?

박의장: 믿으세요. 무엇보다 국민의 의식이 달라지고 있습니다. 제가 피부로(!) 느낍니다. 이왕의 엄청난 실망감에서 국민은 현 상태를 더는 묵과할 수 없다는 각오를 다지고 있습니다. 그래서 저는 정치인들에게 이번 사태는 적당하게 시간만 벌면 원상태로 돌아오는 그런 것이 아니라고 말합니다. 빅뱅이 일어나고 있습니다. 정치권도 과거와는 전혀 다른 분위기예요.

정총장: 국민의 저력도 있고 시대도 변했기 때문에 기대만큼은 아닐지 몰라도 새살은 분명히 돋아납니다. 저는 낙관적으로 봅니다. 문제는 이를 뒷받침하는 정치권과 국민의 의지입니다. 의지가 있다면 못할 게 뭡니까.

사회: 현 시점에서 가장 시급한 과제 한두 가지만 구체적으로 말씀해 주십시오.

정총장: 허허. 세상사에 만병 통치약이 어디 있겠습니까. 저는 우선 대통령·국회의원·국민 모두가 '내 탓이오' 의식을 가졌으면 좋겠어요.

박의장: 내년 총선에서 완전히 선진국처럼 달라질 수는 없겠지요. 다만 현재 상황이 국민에게 너무 실망을 주고 폐해가 크니까, 말로 안 되면 법으로라도 규제책을 만들어야 합니다. 그래서 부패 정치를 척결해야 합니다. 적어도 돈에 관한 한 정치인이 달라지는 모습을 보여주고, 국민의 신뢰를 되찾도록 이끄는 노력이 시급합니다. 선거 때 돈 뿌리고, 부당한 방법으로 기업에서 돈 뜯어내던 이제까지의 관행은 법과 제도를 통해 내년 총선까지 반드시 고치겠습니다.

차를 마시던 중에 종교 얘기가 나왔다. 정성진 총장은 "나는 유신론자는 분명한데 아무 데도 안 다니고 있다"고 말했다. 가톨릭 신자라고 밝힌 박관용 의장은 "의원 중에 가톨릭 신자가 많다"며 "지난 정부 때는 대통령(김대중), 야당 총재(이회창)가 다 가톨릭 신자였다"고 했다. 사회자가 "하느님 믿는 사람이 그렇게 많고, 고백성사를 하자는 사람이 그렇게 많은데 정치는 왜 이 모양입니까"라고 뼈있는 농담을 하자 모두 씁쓸한 웃음만 지었다. 잘못을 고백하자는 정치보다 잘못을 저지르지 않는 정치가 모습을 드러낼 때 이 씁쓸함이 가실 텐데….

〈중앙일보 대담 2003. 11. 8〉

Nation's Anticorruption Fight Recharged with Whistle-Blowers

Although the nation's anticorruption drive has brought about notable changes in officialdom, it still doesn't seem enough to meet the expectations of the public, which is becoming increasingly sensitive to corruption.

So, the country's top corruption fighter is looking to a new weapon-whistle-blowers.

"The root of corruption in Korean society runs deep in history. Government-initiated measures are not enough to ferret out corruption in our society. That's why cooperation from the public, or checks by individuals, is crucial," Chung Soung-jin, chairman of Korean Independent Commission Against Corruption said in a recent interview with The Korea Herald.

"Especially now we have in place an anticorruption law that does not lag behind the international standard. So we need to mobilize all the resources, including the civil society, to make it work in reality," he added.

The 65-year-old Chung, who served over 20 years as a public prosecutor before becoming the vanguard of the country's fight

Nation's anticorruption fight recharged with whistle-blowers

HERALD INTERVIEW

By Lee Sun-young

Although the nation's anticorruption drive has brought about notable changes in officialdom, it still doesn't seem enough to meet the expectations of the public, which is becoming increasingly sensitive to corruption.

So, the country's top corruption fighter is looking to a new weapon — whistle-blowers.

"The root of corruption in Korean society runs deep in history. Government-initiated measures are not enough to ferret out corruption in our society. That's why cooperation from the public, or checks by individuals, is crucial," Chung Soung-jin, chairman of Korean Independent Commission Against Corruption said in a recent interview with The Korea Herald.

"Especially now we have in place an anticorruption law that does not lag behind the international standard. So we need to mobilize all the resources, including the civil society, to make it work in reality," he added.

The 65-year-old Chung, who served over 20 years as a public prosecutor before becoming the vanguard of the country's fight against corruption in August last year, was particularly pleased about provisions in the recently revised Anti-Corruption Act that guarantees better protection and rewards for whistle-blowers.

Effective yesterday, the revised law is expected to shield those at government offices who follow their conscience and divulge misconduct at work. It seeks to prevent retaliation by employers and promises a financial reward of up to 2 billion won if certain requirements are met.

In many other parts of the world, whistle-blowers are increasingly seen as a key check on both public and private companies. However, in Korean society, they are still considered betrayers, Chung said.

"It is a cultural thing — although the act was for a greater cause, a betrayal to your fellow coworkers and employers is a betrayal. We need to tackle that culture first," he stressed.

Armed with the stronger legislation, the agency also aims to catapult its corruption fight to a new dimension.

"It is about time that our anticorruption strategies shift from its ex post facto approach like taking punitive measures onto a more synthetic and preventative level to promote transparency and integrity in the society," he said.

In a symbolic move, the agency changed its Korean name to "Korea Integrity Commission" as of yesterday to match its new active and positive mindset.

"It is to show that we will not only fight corruption but will take on more active role of promoting transparency and integrity," however the committee keeps its English name — KICAC, he explained.

Alongside the efforts to root out corruption, measures to make known Korea's accomplishments and shed its die-hard image as a corrupt nation on the international stage should follow, he said.

Despite the decline in the actual number of corruption cases, the perception of both Korean public and foreigners on how corrupt Korea is has not improved much.

Korea's scoring in the Transparency International's Corruption Perceptions Index was 4.5 out of a perfect 10 in 2004, ranking 47th out of 146 countries. In a separate survey of Korean people, over 87 percent said the level of corruption in Korea is serious.

According to a KICAC report, however, the actual number of government officials implicated in corruption scandals dropped from 567 in 2001 to 483 last year, and to 153 during the first 5 months of this year.

"Within three years, we hope that Korea's ranking in the CPI shoots up to reach the top 20 which will match Korea's status as the 13th largest economy in the world."

"Fighting corruption is not only about moral values, it is about our country's competitiveness in the world. And it's also about the integration of our society which is becoming more and more polarized," he said.

(milaya@heraldm.com)

Chung Soung-jin

against corruption in August last year, was particularly pleased about provisions in the recently revised Anti-Corruption Act that guarantees better protection and rewards for whistle-blowers.

Effective yesterday, the revised law is expected to shield those at government offices who follow their conscience and divulge misconduct at work. It seeks to prevent retaliation by employers and promises a financial reward of up to 2 billion won if certain requirements are met.

In many other parts of the world, whistle-blowers are increasingly seen as a key check on both public and private companies. However, in Korean society, they are still considered betrayers, Chung said.

"It is a cultural thing — although the act was for a greater cause, a betrayal to your fellow coworkers and employers is a betrayal. We need to tackle that culture first," he stressed.

Armed with the stronger legislation, the agency also aims to catapult its corruption fight to a new dimension.

"It is about time that our anticorruption strategies shift from its ex post facto approach like taking punitive measures onto a more synthetic and preventative level to promote transparency and integrity in the society," he said.

In a symbolic move, the agency changed its Korean name to "Korea Integrity Commission" as of yesterday to match its new active and positive mindset.

"It is to show that we will not only fight corruption but will take on more active role of promoting transparency and integrity," however the committee keeps its English name — KICAC, he explained.

Alongside the efforts to root out corruption, measures to make known Korea's accomplishments and shed its die-hard image as a corrupt nation on the international stage should follow, he said.

Despite the decline in the actual number of corruption cases, the perception of both Korean public and foreigners on how corrupt Korea is has not improved much.

Korea's scoring in the Transparency International's Corruption Perceptions Index was 4.5 out of a perfect 10 in 2004, ranking 47th out of 146 countries. In a separate survey of Korean people, over 87 percent said the level of corruption in Korea is serious.

According to a KICAC report, however, the actual number of government officials implicated in corruption scandals dropped from 567 in 2001 to 483 last year, and to 153 during the first 5 months of this year.

"Within three years, we hope that Korea's ranking in the CPI shoots up to reach the top 20 which will match Korea's status as the 13th largest economy in the world."

"Fighting corruption is not only about moral values, it is about our country's competitiveness in the world. And it's also about the integration of our society which is becoming more and more polarized," he said.

〈The Korea Herald 2005. 7. 22〉

Anti-Corruption Efforts Bear Fruit

The Country's anti-corruption efforts are bearing fruit despite its slight drop in the worldwide transparency index this year, the head of the Korea Independent Commission Against Corruption (KICAC) said yesterday.

Chung Soung-jin, chairman of KICAC, stressed the importance of more active voluntary participation in the government-led anti-corruption drive to achieve the goal of ranking among the top 20 countries in the Corruption Perceptions Index (CPI) in three years.

"Of course, we are unsatisfied with the nation's latest ranking in the transparency index. But on the other hand, we are very encouraged by the fact that our country's score regarding social transparency is on the rise," Chung said in an interview with The Korea Times at KICAC's headquarters in central Seoul.

"There is still a long way to go, but I'm sure our society is on the road to a cleaner and more transparent nation," said the chairman, 66, who took office in 2004.

CPI is a composite survey based on polls of resident and non-resident businesspeople and country analysts. Transparency International (TI), a non-governmental organization for fighting corruption based in Berlin, Germany, publishes it annually.

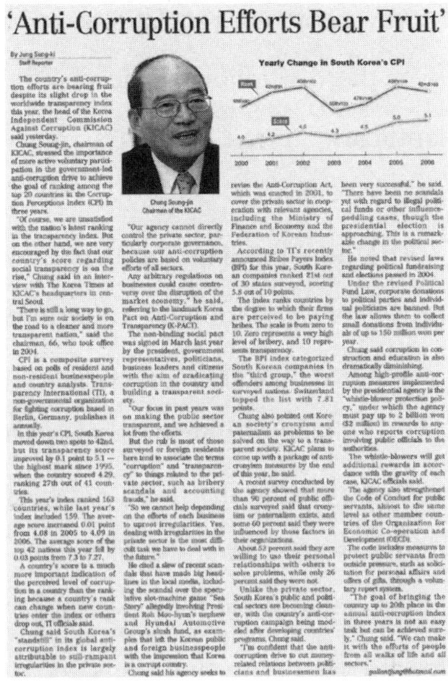

In this year's CPI, South Korea moved down two spots to 42nd, but its transparency score improved by 0.1 point to 5.1 — the highest mark since 1995, when the country scored 4.29, ranking 27th out of 41 countries.

This year's index ranked 163 countries, while last year's index included 159. The average score increased 0.01 point from 4.08 in 2005 to 4.09 in 2006. The average score of the top 42 nations this year fell by 0.03 points from 7.3 to 7.27.

A country's score is a much more important indication of the perceived level of corruption in a country than the ranking because a country's rank can change when new countries enter the index or others drop out, TI officials said.

Chung said South Korea's "standstill" in its global anti-corruption index is largely attributable to still-rampant irregularities in the private sector.

"Our agency cannot directly control the private sector, particularly corporate governance, because our anti-corruption policies are based on voluntary efforts of all sectors.

Any arbitrary regulations on businesses could cause controversy over the disruption of the market economy," he said, referring to the landmark Korea Pact on Anti-Corruption and Transparency (K-PACT).

The non-binding social pact was signed in March last year by the president, government representatives, politicians, business leaders and citizens with the aim of eradicating corruption in the country and building a transparent society.

"Our focus in past years was on making the public sector transparent, and we achieved a lot from the efforts.

But the rub is most of those surveyed or foreign residents here tend to associate the terms "corruption" and "transparency" to things related to the private sector, such as bribery scandals and accounting frauds," he said.

"So we cannot help depending on the efforts of each business to uproot irregularities. Yes, dealing with irregularities in the private sector is the most difficult task we have to deal with in the future."

He cited a slew of recent scandals that have made big headlines in the local media, including the scandal over the speculative slot-machine game "Sea Story" allegedly involving President Roh Moo-hyun's nephew and Hyundai Automotive Group's slush fund, as examples that left the Korean public and foreign businesspeople with the impression that Korea is a corrupt country.

Chung said his agency seeks to revise the Anti-Corruption Act, which was enacted in 2001, to cover the private sector in cooperation with relevant agencies, including the Ministry of Finance and Economy and the Federation of Korean Industries.

According to TI's recently announced Bribes Payers Index (BPI) for this year, South Korean companies ranked 21st out of 30 states surveyed, scoring 5.8 out of 10 points.

The index ranks countries by the degree to which their firms are perceived to be paying bribes. The scale is from zero to 10. Zero represents a very high level of bribery, and 10 represents transparency.

The BPI index categorized South Korean companies in the "third group," the worst offenders among businesses in surveyed nations. Switzerland topped the list with 7.81 points.

Chung also pointed out Korean society's cronyism and paternalism as problems to be solved on the way to a transparent society. KICAC plans to come up with a package of anti-cronyism measures by the end of this year, he said.

A recent survey conducted by the agency showed that more than 90 percent of public officials surveyed said that cronyism or paternalism exists, and some 60 percent said they were influenced by those factors in their organizations.

About 52 percent said they are willing to use their personal relationships with others to solve problems, while only 26 percent said they were not.

Unlike the private sector, South Korea's public and political sectors are becoming cleaner, with the country's anti-corruption campaign being modeled after developing countries' programs, Chung said.

"I'm confident that the anti-corruption drive to cut money-related relations between politicians and businessmen has been very successful," he said. "There have been no scandals yet with regard to illegal political funds or other influence-peddling cases, though the presidential election is approaching. This is a remarkable change in the political sector."

He noted that revised laws regarding political fundraising and elections passed in 2004.

Under the revised Political Fund Law, corporate donations to political parties and individual politicians are banned. But the law allows them to collect small donations from individuals of up to 150 million won per year.

Chung said corruption in construction and education is also dramatically diminishing.

Among high-profile anti-corruption measures implemented by the presidential agency is the "whistle-blower protection policy," under which the agency must pay up to 2 billion won ($2 million) in rewards to anyone who reports corruption involving public officials to the authorities.

The whistle-blowers will get additional rewards in accordance with the gravity of each case, KICAC officials said.

The agency also strengthened the Code of Conduct for public servants, almost to the same level as other member countries of the Organization for Economic Co-operation and Development (OECD).

The code includes measures to protect public servants from outside pressure, such as solicitation for personal affairs and offers of gifts, through a voluntary report system.

"The goal of bringing the country up to 20th place in the annual anti-corruption index in three years is not an easy task but can be achieved surely," Chung said. "We can make it with the efforts of people from all walks of life and all sectors."

〈The Korea Times 2006. 11. 7〉

BBK 특검법 법률가 시각에서 반대한 것

정성진 법무부 장관은 11일 본보와의 비공식 인터뷰에서 'BBK 특별검사법'에 대해 "정치의 영역이 법을 넘어선 것으로 본다. 법을 정치의 수단 및 도구로 이용하는 것은 바람직하지 않다"고 지적했다.

헌법재판소가 10일 특검법에 대한 헌법소원에서 참고인 임의동행 명령제 조항 이외에 대부분 합헌 결정을 내린 직후였다.

정장관이 특검법 등 현안에 대해 자세하게 언급한 것은 지난해 9월 취임 이후 처음이다. 다음은 정장관과의 일문일답.

◉ 'BBK 특검법'은 정략적으로 만들어졌다

– 헌재가 특검법에 대한 헌법소원 사건에서 법무부의 위헌 의견과 달리 대부분의 조항에 대해 합헌 결정을 내렸다.

"정부를 대표하는 장관으로서 말할 수는 없고 법률가로서 보면 헌재 재판관들의 배경이 좀 드러난 결정이라는 생각이 든다. 이명박 대통령 당선인과 이 사건 수사를 했던 검사가 직접 헌법소원을 냈다면 (권한 침해가 더 부각된다는 점에서) 헌법소원이 성립될 여지가 더 있지 않았을까 하는 생각이 든다. 어떻든 헌재의 결정은 존중해야 한다."

– 특검법 발의 단계부터 법무부 장관으로서 이례적으로 반대 목소리를 많이 냈는데….

"바람직하지 않은 입법이라 의견 표명을 일관되게 했다. 제일 기분 나쁜 게 어느 한쪽 편을 든다는 비판이었다. 편을 들 이유가 없었다. 순수하게 법률가로서 판단했다. 특검법이 정치적 이해관계 때문에 정략적으로 만들어졌다. 위헌성이 있는 것은 물론이고 법을 급속하게 만들어 법적 완결성이 많이 떨어진다. 예를 들면 특검법 수사 대상에 자금세탁 의혹이 포함돼 있다. 관련 법 규정의 시행 시점은 2001년 11월인데 의혹 행위는 2001년 3월에 이뤄졌다. 수사 대상이 없는 것이다. 행정부에서 국회에 재의 요구를 해 견제하는 게 바람직하다고 대통령에게 꾸준히 건의했다. 대통령도 법률가라 그 점을 상당히 이해했다. 그런데 정치적 부담이 있으니 단순하게 법리로만 판단하기 어려운 측면이 있었다. 대통령도 법률적 문제를 쭉 파악했으나 12월 16일 BBK 동영상이 공개되고 검찰 수사결과 발표가 국민을 충분히 납득시키지 못했다는 그 간극 때문에 결국 지휘권 발동 검토까지 나오게 됐다."

– 노무현 대통령은 특검법에 대한 거부권을 행사하지 않았다.

"대선 결과가 나온 뒤 나는 사실 좀 기대를 했다. 그래서 지난해 12월 20일 대통령에게 특검법의 수사 대상인 의혹들이 대선을 통해 국민에 의해 해소됐다고 볼 측면도 있고, 법 자체의 위헌성도 있으니 국회에 재의 요구를 할 것을 건의했다. 대통령도 수긍했다. 정치권에서도 그런 것을 뒤늦게 인식하고 노력한 걸로 알고 있다. 그래서 국무회의를 지난해 12월 26일로 늦추면서 그날 아침까지 노력을 하면서 나름대로 고민을 한 것으로 본다. 그러나 대통령이 정치적인 부담을 느낀 것 같다. 정치권이 유연하게 대통령의 위신을 세워주면서 정치적으로 풀어갔어야 했는데…."

– 검찰의 BBK 사건 수사 상황을 중간에 대통령에게 보고했나.

"수사 과정에서 대통령이 사전 보고를 요구하지 않았다. 수사 결과가 나온 다음에도 공개적으로는 불만을 표시하지 않았다."

◉ 세상의 어떤 집단도 자기만 옳다는 우월의식 버려야 한다

– 법원의 영장 기각 문제로 검찰과 법원이 갈등을 많이 빚었다.

"검찰과 법원은 사회 정의를 실현하고 진실을 발견한다는 측면에서 서로 협조해야 할 관계다. 한쪽은 수사의 당사자고, 한쪽은 판관이니까 거리가 멀면 좋다는 인식은 바람직하지 않다."

– 검찰과 법원 간 갈등 해소 방안을 찾았나.

"법무부 장관이 되고 보니 검찰과 법원의 사이가 최악이었다. 그래서 '공개적으로 재판기관에 불만을 표시하는 것을 자제하라'고 지시했다. 그런 노력을 해야 법원도 이해할 것이라고 생각했다. 세상의 어떤 집단도 자기만 옳다는 우월의식을 버려야 한다고 생각한다."

– 검찰과 경찰의 관계도 이슈다. 새 정부가 들어서면 자치경찰제 도입과 경찰수사권 독립 문제가 제기되지 않겠나.

"국민의 권익이 기준이 돼야 한다. 자치경찰제는 추세가 그렇게 가는 것 아닌가. 검찰의 경찰에 대한 수사지휘권 문제는 그동안 충분히 논의됐기 때문에 정부가 바뀌는 시점에서 다시 끄집어내는 건 좋지 않다."

◉ 조직 개편의 기준은 국민에게 도움이 되는지 여부

– 대통령직인수위원회가 대검찰청 중앙수사부의 직접 수사기능 폐지 문제도 거론했다고 한다.

"검찰 조직 차원에서 볼 게 아니라 어느 쪽이 국민에게 도움이 되는지 생각해야 한다. 부패 척결과 사회 정의에 도움이 되느냐는 문제다. 존속과 폐지엔 다 장단점이 있다. 일본 도쿄지검 특수부처럼 중앙의 직속 기구가 아니면서 잘하는 경우도 있다. 한국 검찰은 검찰총장의 직속 구조에서 나름대로 성과를 올린 측면이 있다. 그런 점들을 잘 헤아리고 비교해 판단해야 한다."

– 김만복 국가정보원장이 지난해 17대 대통령선거 전날 평양을 방문해 김양건 북한 통일전선부장과 나눈 대화록이 언론에 공개돼 관료들의 자세가 문제가 되고 있다.

"관료들의 업무에 대한 치밀성·전문성·능률성을 잘 살려가야 한다. 자존심을 갖고 천박한 모습을 안 보여야 한다."

– 장관 퇴임을 곧 맞게 되는데 소회는….

"너무 많은 걸 누리지 않았나 생각한다. 검사장까지 했고, 대학교수와 총장을 지낸 뒤 다시 정부에서 위원장(국가청렴위원장)을 거쳐 장관을 했다. 나 때문에 내 주변 사람들과 자손의 몫이 줄어들지 않을까 걱정한다. 다른 분야의 경험을 한 게 장관을 하며 남에 대한 배려를 더 하도록 만든 것 같다. 절제와 균형, 공과 사의 엄격한 구분을 항상 강조했다."

〈동아일보 인터뷰 2008. 1. 14〉

대통령 '헌법 무시발언' 동의못할 측면 있어

지난 18일 경기도 과천 집무실에서 만난 정성진 법무부장관은 따로 인터뷰 자료를 준비하지 않았다. 법무부에서 준비한 자료도 마다하고, 자신이 직접 쓴 메모지만 갖고 인터뷰에 임했다.

퇴임을 앞둔 그는 '보은(報恩) 사면'이란 비난을 들었던 작년 말 노무현 대통령의 특별사면, BBK 사건, 변양균·신정아씨 사건 등에 대한 소회를 담담하게 털어놨다. 인터뷰는 2시간 가량 진행됐다.

– 작년 말 청와대가 추진하던 사면대상을 법무부가 많이 줄인 것으로 안다. 몇 %나 줄였나.

"직무사항이라 말하기 어렵다. 그간 사면이 선심성으로 운영되다 보니 사면을 둘러싼 청탁이 많은 것 같다. 그래도 이번 사면은 중간에 잘 조정됐다. 사면은 재판 권위를 손상시키고 법 집행을 무력화시키는 면이 있는 만큼 최소한으로 해야 한다."

– 청와대가 병풍 사건 주역인 김대업씨를 사면하려 했던 것도 많은 비난을 샀다.

"김씨는 법무부가 반대해서 빠졌다. 그 점에선 사면권자도 자제하려 했다는 점을 평가해야 한다. 아마 김대중 정부였다면 (김대업씨를) 포함시켰을 것이다."

– 새 정부에서도 사면이 논란이 될 텐데.

"칸트가 '사면권은 잘 하면 통치자의 권위를 빛나게 하지만, 잘못하면 고도의 불법을 저지르는 것'이라고 했다. 사면권자도 절제해야 하고, 청탁도 없어져야 한다."

– 노 대통령은 재임 중에 헌법을 무시하는 발언을 많이 했다. 어떻게 생각하나.

"동의하지 않는 측면도 있으나, 모시던 분이니 논평하는 건 도리가 아니다."

– 노 대통령이 BBK사건, 정윤재 전 비서관 사건 등에 대한 수사보고는 받았나.

"청와대에 수사 진행상황을 보고하지는 않았다. 적어도 내가 근무할 때는 그랬다. 노 대통령이 검찰권 행사에 간섭하지 않았다는 것은 평가해야 한다."

– 변양균·신정아씨 사건 때는 대통령에게 보고하지 않았나.

"수사 과정에서 대통령 참모인 청와대 변양균 정책실장이 수사 대상에 올라 대통령 비서실장을 통해 알려준 것이다."

– 노 대통령이 검찰권 행사에 직접 간섭하진 않았으나, 제도와 인사로 검찰을 컨트롤하려고 했다고 보는 시각도 있다.

"이 정부가 출범 때 검찰을 못마땅한 집단으로 본 건 사실이다. 그러나 그게 검찰권 행사를 해치는 정도는 아니었다. 검찰도 왜 '권력 집단'으로 비춰졌는지 반성할 측면도 있다."

– 검찰의 BBK수사가 특검까지 갔다. 수사에 문제는 없었나.

"수사는 나무랄 데 없었으나, 수사 발표를 하면서 국민들을 제대로 납득시키는 데는 미흡하지 않았나 생각한다."

– 이명박 특검법을 위헌이라고 했는데, 지금도 마찬가지인가.

"헌재 결정을 존중해야 하지만, 위헌 요소가 많다는 데는 지금도 변함없다. 앞으로는 정치권도 대선 과정에 정치적으로 해결할 것을 법의 영역으로 가져오지 않았으면 한다. 정략적인 고소·고발을 남발해 법을 도구로 활용해선 안 된다."

– 삼성 특검에 대해선 삼성의 기업신인도 하락을 걱정하는 목소리도 있다.

"법률적으로 판단하면서 그것이 국가 경제에 미치는 영향을 최소화하도록 노력하는 수밖에 없다. 다만 그것 때문에 수사결과를 왜곡시켜선 안된다."

–검찰총장보다 선배인 이종찬 전 고검장이 새 정부의 민정수석이 돼 새 정부가 검찰권 행사를 통제할지 모른다는 우려가 일각에서 나온다.

"그런 유혹을 느낄 수 있으나 그래선 안 된다. 그런 시대가 아니다."

– 오랜 기간 검찰을 떠났다가 장관으로 복귀했다. 내부에서 어떤 문제를 느꼈나.

"검사들이 사명감은 불타지만, 민심을 읽는 능력, 종합적인 변화에 적응하는 능력이 미흡하다고 느꼈다."

– 후배 검사들에게 하고 싶은 말은.

"검찰 권위 보이려 애쓰지 말고 묵묵히 신뢰를 쌓아야 한다. 새 정부가 건강한 보수가 되어야 하는데, 그러려면 도덕성을 높여야 하고, 그 점에서 어느 때보다 검찰 책임이 크다."

– 장관 임기 끝나면 무엇을 할 계획인가.

"평범한 시민 생활을 즐기고 싶다. 나중에 어려운 사람 돕는 법률봉사도 생각해 보고 있다."

〈조선일보 인터뷰 2008. 2. 23〉

法治
自由

3

시론 / 칼럼

법률가의 지혜 모으기

법원, 검찰과 변호사단체를 흔히 법조삼륜(法曹三輪)이라 부른다. 여기에 법학교수들을 더하여 이들 네 축이 한 나라의 법률문화를 이끌어 간다고 볼 수 있다. 백성들의 생활 속에 법의 지배의 원리가 깊이 스며들고, 법치주의가 국가의 기본으로 자리잡게 하기 위하여는 이들 네 직역(職域)에 몸담고 있는 사람들의 역할과 구실이 참으로 크고 무겁다고 하지 않을 수 없다.

그런데 광복 후 50여년, 멀리는 근대사법 100여년을 되돌아보면 법원, 검찰과 변호사들이, 또는 국내외의 연구경력을 갖춘 교수들이 각각의 영역에서 나름대로 우리의 법치주의를 뿌리내리게 하는데 이바지 해온 것은 사실이지만, 각 직역 사이의 협조와 역할분담 또는 분수지키기가 과연 만족스럽게 이루어졌는가를 생각해 보면 누구나 선뜻 그렇다고 대답하기에는 주저되는 점이 없지 않을 것이다. 법조실무계와 학계의 정신적 이격(離隔)은 말할 것도 없고 때로는 법원과 검찰의 갈등이, 때로는 재야법조계와 법무·검찰 사이의 불편한 관계가 나라 안팎의 관심을 불러일으켰던 여러 사례들을 아직도 우리는 비교적 생생히 기억하고 있다.

돌이켜 최근 2, 3년 사이에만 보더라도 법학대학원(Law School)제의 도입을 통한 법조교육개편문제를 비롯하여, 각 부처가 따로따로 하고 있는 북한법제연구시스템이나 전법조인적 행사로 발전시킴이 바람직했던 1995년의 근대사법 100주년 기념행사 등의 추진과정에서 본 바와 같이, 모든 법조인·법률가들이 지혜를 모아 최선의 결과를 얻기 위해 노력했더라면 보다 설득력있는 결실과 효율적인 일의 진행이 가능했다고 객관적으로 보여지는데도, 일의 추진주체에 대한 주도권 의식에서부터 시작하여 대체로 자기 직역의 권위와 이익이 손상될 수 있다는 주장에 지나치게 얽매인 결과 제한적인 성과밖에 기대될 수 없었던 현실이 우리를 안타깝게 하고 있다.

근간에 개정 형사소송법이 도입한 이른바 구속영장실질심사제의 운영을 둘러싸고 법원과 검찰이 보여주고 있는 바람직하지 않은 모습도 국민들의 눈으로 보면 결국은 같은 맥락으로 이해될 수밖에 없을 것이다.

언론을 통해 비춰지는 양 기관 사이의 다툼의 양상을 지켜보며, 우리가 믿고 기대는 법원과 검찰이 어쩌다가 이렇게 서로 닫히고 편협하게 되었는지 걱정하는 사람이 한둘이 아닐 것이다. 전국차장검사회의가 끝나면 검찰총장이 대법원장을 면담할 것이라느니, 그럴 경우 격이 맞지 않으니 법원행정처장이 만날 것이라느니 하는 따위의 보도를 보면서, 그것이 그 사람들의 직분일거니 생각은 하면서도 일종의 비애에 가까운 걱정스러운 느낌을 가졌던 것은 비단 필자만이 아니었으리라 생각된다. 어쩌다 이렇게 되었는가. 눈터지는 국제경쟁의 시대에, 한시바삐 통일 이후의 법생활을 준비하여야 할 시점에, 국민적 믿음을 되찾고 높이기 위하여 온 법조인의 역량과 지혜를 모아도 부족하다고 보여지는 상황에서 우리가 이처럼 좁디좁은 '칸막이 안'의 권위와 이해에만 매달려도 좋다고 볼 수는 결단코 없을 것이다. 칸막이를 부수고, 마음과 눈을 열어 모든 법조인·법률가의 지혜를 모아야만 법이 다스리는 사회가 한발이라도 가까이 다가올 것임은 너무도 자명한 이치이다. 이제 그러면 어디에서부터 우리의 마음을 열고 지혜를 모아가야만 할 것인가.

첫째, 법치사축(法治四軸)에 몸담고 있는 사람들은 우선 다른 직역을 마음으로 존중하고 그쪽에서 나는 목소리에 귀를 기울이는 자세를 가지는 것이 무엇보다도 긴요하다고 본다. 이즈음의 사정을 보면 대체로 법원은 무릇 법조의 문제는 우리가 주도하여야 한다는 일종의 강박관념에 잡혀있는 느낌이고, 검찰은 우리 조직을 가볍게 보지말라는, 자칫 대결의식으로도 비춰질 수 있는 성숙치 못한 모습이 너무 두드러지는 인상이며, 법학교수들은 왜 우리를 무시하느냐는 식의 꽤 오래된 복합심리에서 쉽게 벗어나지 못한 채 일부의 경향성(傾向性)만이 눈에 띄고 있는 듯이 보인다. 변호사들이 시류에 흐르지 않고 법조의 먼 장래를 내다보며 우리의 법률문화를 진지하게 이끌어 나가기를 바라는 아쉬움도 크다. 이웃 영역의 허물을 탓하기에 앞서 스스로의 몸가짐을 되돌아보는 마음을 비운 자세가 어느 직역에서나 필요한 것으로 여겨진다. 국민들의 눈으로 보면 법을 다루는 사람들이란 모두 비슷비슷한 '끼리'로 생각되므로 어느 한쪽에 대한 불신은 다른 쪽에 대한 상대적 신뢰로 이어진다기보다 똑같은 불신으로 뭉뚱그려진다는 사실을 우리는 눈여겨 살펴야 할 것이다.

둘째, 법원, 법무·검찰, 변호사회와 법학교수들의 상시적인 대화체계가 이루어져야 한다고 본다. 지금도 의례적인 회식이나 간부들의 예방과 같은 기회가 없는 것은 아니지만, 법조의 현안문제를 놓고 허심탄회하게 의논을 하고 지혜를 모으는 대화체제가 원활하고 효율적으로 움직이고 있는 것 같지는 않다. 그것은 정기적일 수도 있고 비정기적일 수도 있으며, 언제나 법치사축의 대표들이 함께 모일 필요도 없을 것이다. 사안과 필요에 따라 때로는 법원과 검찰의 대표자가, 때로는 법무부와 학계의 대표자가 머리를 맞댈 수도 있을 것으로 본다. 공식적인 모임으로 하면서 때때로 비공식적인 접촉도 쓸모가 없지 않을 것이다. 사실 지금도 지방 단위의 기관에서는 이러한 대화체계가 제법 잘 움직이고 있다고 볼 수도 있다. 문제는 중요한 법조정책이나 전국민적인 법조관심사와 관련하여 대법원이나 법무부, 대검찰청 등에서 관여해야 할 중앙단위의 대화체계이고, 만약 그것이 사법적 관료주의라고도 부를 수 있는 일종의 경직성 때문에 저해받고 있다면 이것은 법률적 혜택을 고루 받아야 할 온 국민의 불행으로 돌아간다는 사실이다. 그것은 법치주의를 국민의 생활 속으로 뿌리내리게 하고 법률문화를 우리 풍토에 맞게 꽃피우자는 법조인 모두의 과제 때문이지, 사법부의 독립이나 법무·검찰의 권위 따위와 바로 연결해 생각할 필요까지도 없는 문제임이 분명하다. 법무·검찰이 지난날의 일부 법기술자와 같은 행태에서 벗어나야 함은 말할 것도 없지만, 사법부도 우리의 법체계가 기본적으로는 대륙법계에 속한다는 사실을 바로 보아 미국식 사법우선주의의 실현에 지나치게 심리적으로 얽매여서는 안될 것이다.

그 밖에 한국법학원이나 법조협회(이 단체는 현재 「법조」지의 발간주체로 되어 있는 외에 특별한 실체가 없는 듯이 보인다)와 같은 단체에 적극 참여하여 이를 보다 내실있게 활성화하거나 매년 또는 격년제로 대법원, 법무부와 대한변호사협회, 한국법학교수회 등이 공동주최하는 법률가대회(Juristentag) 같은 것을 열어 정해진 주제에 따른 논문발표와 토론의 마당을 마련하는 것도 우리의 법률문화를 한단계 높이는 방안이 될 수 있을 것이다.

셋째, 법원과 검찰, 법조실무계와 학계의 인사교류가 보다 빈번히 이루어지고, 재야법조계로부터의 법관·검사임용도 한층 과감히 행해지는 것이 바람직하다고 본다. 우리와 비슷한 법체계를 운영하고 있는 이웃 일본만 하더라도 재판소와 법무성·검찰청 사이의 인사교류가 제법 광범히 이루어지고 있고, 여러 자료에 의하면 판사와 검사의 심정적 동질성도 적어도 우리보다는 긴밀한 것으로 나타나 있다. 또 미국과 독일에서도 법학교수의 대부분이 법조경력을 거쳤거나 변호사의 자격을 가진 사람들임은 잘 알려진 사실이다. 우리나라에서도 최근 몇 년 사이에 법조경력을 가진 이들이 대학으로 진출하는 사례가 눈에 띄게 늘어났지만 전반적으로 우리의 법조·법학계는 아직도 다른 직역의 사람들을 받아들이는 데 폐쇄적임을 부인할 수가 없을 것이다. 우수한 인재의 집단이 서로의 경험을 나누고 뜻과 지혜를 함께 한다면 그 사회의 법률문화가 한층 더 소담하게 피어오를 것임은 너무나 당연한 사리이다.

이제 모든 법조인·법률가는 조그마한 힘을 겨루기보다 큰 지혜를 모으는 데 나서야 한다. 국민들은 더 이상 법원의 관료화, 검찰의 독선화, 변호사들의 시류화나 법학교수들의 경향화에 너그럽지 않을 것이다.

때마침 논의되고 있는 대통령후보 예정자들 가운데 전례없이 법조인·법률가 출신이 다수인 것을 보고 고무되는 사람들이 많은 듯하다. 이제 인치(人治)니 권치(權治)니 하는 전시대적인 말들이 더 이상 나오지 않게 하려면, 천하의 준재들이 힘을 장악한 무리들로부터 그때와 같은 업신여김을 받지 않으려면 하나하나가 모두 똑똑한 국민들로부터 믿음을 되찾고 그 믿음을 이어가려면, 그리하여 부강한 법치국가의 실현을 위하여 나름대로 조그마한 기여를 하였다는 말을 듣기를 원한다면, 모든 법조인·법률가들은 모름지기 스스로만 잘났다고 할 것이 아니라 언제나 힘을 합치고 지혜를 모으는 노력을 게을리 말아야 할 것이다.

〈판례월보 1997. 6〉

정치마당엔 배울 게 없다

오랫동안 검사생활을 하다가 대학교수의 신분을 가지게 된 이후 내가 맞닥뜨린 일차적인 어려움은 과연 학생들에게 무엇을 가르쳐야 하는가 하는 문제였다. 범죄와 형벌에 관한 실정법의 내용이나 국가의 형벌권을 실현하는 절차에 관한 법률의 체계를 설명해야 함은 맡게 된 과목의 성질상 당연한 것이지만 문제는 어떤 정신과 이념, 가치에 중점을 두고 때묻지 않은 젊은이들을 번잡하고 사연도 많은 우리법의 세계로 인도하느냐 하는 것이었다. 사실 이 문제는 지금도 거의 매일 연구실 밖의 북악산 자락을 바라보며 스스로 한없이 곱씹고 있는 과제이기도 하다. 나는 무엇보다 우리 사회의 법운영 현실이 어떠하든 법치주의는 나라를 민주적이면서도 질서있게 하기 위한 최선의 선택임을 한층 강조할 필요가 있다고 생각했다. 비록 우리의 전통사회가 법보다는 예, 인륜, 도 따위를 더 중시하는 풍토이기는 했지만, 그래서 우리의 법문화가 적잖이 그 정착에 애로를 겪은 일면도 있지만 법은 국민 사이의 약속이고 그 약속이 지켜지지 않고서는 나라의 기강과 질서가 도대체 설 수 없다고 보았기 때문이다.

그리고 그 법의 바탕에는 누구나 수긍할 수 있는 상식과 평형감각이 당연히 자리잡아야 한다고 생각해 왔다. 오늘날 법경륜가나 법률지사라기보다는 단순한 법기술자의 수준에 머무는 전문가가 넘쳐나고, 지난날 상식과 균형을 잃은 법집행으로 많은 국민이 피해를 입었던 기억들을 우리는 가지고 있는 터이기도 하다.

또한 나는 이(利)가 되는 것보다는 바른것, 편리한 것보다는 정의로운 것이야말로 젊은이들에게 끊임없이 가르쳐야 할 덕목이라고 늘 생각해 왔다. 독일의 법학자 라드부르흐의 말을 빌릴 필요도 없이 법이란 바로 「정의에의 의지」이며 정의야말로 우리가 영원히 추구해야 할 가치임은 새삼 말할 나위가 없기 때문이다.

그러나 이상이 어떠하든 학생들은 교수의 추상적인 강론보다 사회의 살아있는 현실에서 더 많은 것을 배우고 때로는 따라하기까지 하고 있음을 우리는 경험으로 알고 있다. 그들은 예민하고 때묻지 않았으므로 하루하루 그들의 두 눈과 귀로 보고 듣는 현실에서 이론의 몇배를 섭취하는 것은 당연한 사리라고도 볼 수 있다. 그런데 그들이 지금 나라의 최고지도자를 뽑는 행사를 앞두고 매일 정치의 마당에서 듣고 보고 배우고 있는 것이 도대체 무엇인가.

국가권력은 국민적 결단의 징표라고도 볼 수 있는 헌법과 법률이 부여한 것이지만 그들이 혹시 단순한 여론조사의 결과가 이를 부여하는 것으로 잘못 알지나 않을까. 힘의 논리와 그 공백이 가져올 수도 있는 허망함을 보면서 그러기에 경륜이나 철학, 능력이 없더라도 권력은 일단 잡고봐야 하는 것으로 오해하게 되지나 않을까.

약속 어기기를 밥먹듯하던 사람, 기본적인 규칙을 지키지 않는 사람, 남의 법의 잣대와 자기 법의 잣대를 다르게 가지고 있는 사람, 사정변경이 있으면 민주주의의 초보적 원리를 무시해도 좋다고 생각하는 사람, 같은 햇빛인데도 양지의 논리와 음지의 논리를 다르게 주장하는 사람들에 대한 판단쯤은 그들도 충분히 할 수 있으리라고 본다.

국헌을 준수하고 국리민복을 위하겠다는 사람들의 주위에서 어떤 방법으로 무엇에 정책의 우선을 두어 나라를 이끌어가겠다는 논의는 미루어둔 채 오로지 경쟁자를 흠집내고 고립시키는 데에만 열중하는 모습만이 보인다면 그런 정치의 마당에서 우리의 젊은 세대들이 과연 무엇을 배우게 될 것인가는 자명해진다. 이념도 명분도 부족한 채 오로지 정치적 이해타산으로 욕하고 헤어지고 영합하며 어우르는, 참으로 낡고 한심한 정치인들의 작태를 보며 부끄럽고 걱정스러운 느낌이 드는 것은 비단 나 혼자만이 아닐 것이다.

상황이 이러할진대 결국 우리의 젊은이들에게 반듯한 이념적 가치나 법집행의 이상형만을 전수한다는 것 자체가 김빠지고 멋없는 일이 될 수밖에 없다. 반면교사라고 했던가. 그러기에 학생들에게는 이런 현실을 표준으로 삼아서는 결코 안되며, 제대로 된 법치주의의 실현은 결단코 이런 모습이 아니라고 약간은 서글픈 마음으로 가르치고 있다. 하지만 오래지 않아 행사의 결과가 드러나고 지나간 법의 집행도 잊혀져 버리고 나면 학생들이 그것 보라며 교수를 비웃을 것만 같아 지금부터 잔뜩 마음이 무거워진다.

〈한국일보 1997. 11. 11〉

대학인의 균형감각

대학은 자유와 창의가 꽃피는 마당이다. 그러기에 광화문 네거리에 내걸렸다면 여러모로 시끄러웠을 플래카드도 대학구내에서는 얼마쯤 용인이 되고, 시중에서라면 필경 명예훼손 어쩌구 하면서 고소시비라도 있을 법한 발언이 학내토론이라는 이유로 그냥 넘어가기도 한다. 대학은 그래서 시장이나 극장, 관공서와는 근원적으로 다른 성역이라고 흔히들 말해지기도 한다.

그러나 곰곰이 따져보면 대학은 언제나 자유롭고 창의에 찬 영역만은 아니다. 거기에는 진리탐구를 위한 학문의 세계 외에도 능률을 따져야 할 행정의 세계가 있고, 자유와 독단이 허용되는 자기의 세계외에 절제와 양보가 필요한 타인의 세계도 있다. 절대자아의 공간인 연구실만이 있는 것이 아니라 상대적 공존의 공간인 사무실·회의실과 강의실도 있다.

깊이와 질을 위주로 하는 연구의 영역이 있는가 하면 어느 정도의 넓이와 양도 고려해야만 하는 교수의 영역도 있다. 우리의 고등교육법이 약간은 진부하게 규정하고 있는 바와 같이 안으로 '인격을 도야'해야 할 일면과 아울러 밖으로 '국가와 인류사회에 공헌'해야 할 일면도 있는 것이다. 이즈음에 와서는 오히려 능률과 절제, 상대성과 양의 측면이 더욱 강조되는 경향마저 없지 않아 보인다.

바로 이러한 대학의 구조적 이원성이라는 요인 때문에 대학인에게 절실히 필요한 것이 다름 아닌 균형감각이 아닐까 생각하게 된다. 그것은 개성없는 평균인만이 대학에 소망스럽다는 이야기는 물론 아니다. 자유와 질서, 권리와 의무, 진보와 보수, 일탈과 상궤가 골고루 실현되어야만 교양있는 선비를 길러내는 터전으로서의 대학이 비로소 제대로 기능할 수 있다는 뜻에 다름 아닐 뿐이다. 치우치지 않은 가운데 진리를 찾고 지혜를 닦으며 이를 보람있게 나누는 것이 대학의 본령이라고 본다면 거기에 필요한 균형감각은 다음의 몇 가지 측면에서 특히 강조될 수 있다고 생각한다.

첫째는 목소리의 균형이다. 경험에 의하면 대학주변에서는 대체로 규탄과 질책의 목소리가 높은 데 비하여 특정한 형상이나 사물에 대한 변호나 평가의 목소리는 거의 들리지 않는다. 이를테면 노동법개악을 매도하는 대자보는 질펀했지만 개정이 이유 있다는 주장은 소자보 하나도 발견할 수 없었던 것이 우리의 경험이다. 큰 목소리만이 지배하는 캠퍼스는 지성의 전당이라고 하기 어렵다.

둘째는 생각의 균형이다. 자존과 지적오만이 대학의 한 속성이라고는 해도 자만과 독단에 빠져 객관성을 잃은 생각은 그 자체로 논리를 세우기가 어려울 뿐더러 남을 설득할 수도 없음이 분명하다. 내 생각이 옳으면 남의 생각도 옳을 수가 있다는 가능성을 인정하는 데서 대학의 지적영역은 보다 넓고 풍요로워질 것이다.

셋째는 몸가짐의 균형이다. 나의 낭만추구가 남의 강의방해로 연결될 수도 있다는 자각, 남을 꾸짖기에 앞서 스스로의 허물을 되살펴보는 사려 깊음이야말로 균형을 갖춘 자세이다. 자유란 명분으로 대학의 공인된 질서를 무시해도 좋다고는 할 수 없을 것이며, 평등을 주장하기 위하여 사회의 보편적 예의를 짓밟아도 좋다는 논리 또한 성립될 수 없음은 너무도 당연하다.

그렇다. 주장과 사고와 처신에 있어서의 균형은 우리모두에게 절실하게 필요한 감각이요 덕목임에 틀림없다.

〈국민대학보 1998. 4. 13〉

형사소송의 이론과 현실

현실을 떠난 이론은 공소(空疏)하고, 이론적 뒷받침이 없는 현실은 편의적이 되기 쉽다. 형사소송법은 형사사법에 있어서의 정의를 실현하기 위한 절차법체계이니만큼 그 어느 법보다도 이론과 현실의 조화로운 접목과 운영이 긴요한 분야이다. 그런데도 오랫동안 검사로서 형사사법운영의 현실에 참여하고, 비록 길지않은 기간이지만 현재 대학에서 형사소송법을 강의하고 있는 필자의 눈으로 보기엔 그 접목과 운영이 반드시 조화로운 균형을 이루고 있다고 생각되지를 않는다. 어떻게 보면 오늘날 경찰, 검찰, 재판, 행형의 과정을 막론하고 형사사법운영전반에 대한 국민적 불신은 바로 이러한 이론과 현실의 부조화에 기인하고 있다고 보아도 과언이 아닐 것이다. 이제 1954. 9. 23.에 제정·공포된 우리 형사소송법의 나이도 불혹(不惑)을 넘어 지천명(知天命)에 가까워진 만큼 형사사법분야에 종사하는 모든 이들과 법학도들이 문제의식을 공유하는 가운데 그 부조화의 원인을 구명(究明)하고 지혜를 모아 허심탄회하게 개선책을 모색하여야만 할 것이며, 특히 다음과 같은 바람직하지 않은 측면은 우리가 함께 유념하고 이를 극복하기 위한 노력을 게을리하지 말아야 할 것으로 본다.

첫째, 법조실무계와 법학계의 여전한 이격(離隔)현상이다. 대체로 법조실무계에서는 소송법분야는 특히 기술성 · 전문성이 강하므로 이의 운영에 실질적으로 관여하는 법관, 검사, 변호사들의 의견은 수렴할 필요가 있겠지만 법학계로부터는 거의 들을만한 의견이 없다고 보거나, 듣더라도 일종의 요식절차로 거치고 마는 경향이 매우 짙다고 생각된다. 구속전피의자신문제도 내지 이른바 구속영장실질심사제도를 둘러싼 법원 · 검찰의 갈등 끝에 의원발의 형식으로 이루어진 지난번 제 9 차 형사소송법 개정의 경우에는 그러한 형식적 의견조회의 과정마저 제대로 이행되지 않은 것으로 듣고 있다. 물론 학자들의 의견이 대체로 제도의 이념이나 본질론 또는 외국의 입법례 등에 치우치고 행정적 효율성이란 측면에서 협의의 대상으로 미흡하게 느껴질 수 있는 면도 있을 것이다. 학자들의 층이 두텁지 않은 일면도 확실히 있다. 그러나 참된 법치주의의 정착을 위하여는 단기적 행정편의보다는 장기적 이념론을 경청하는 지혜가 필요할 뿐만 아니라 형사소송법학계에는 의외로 실무적 감각을 갖춘 소장법학자도 상당수 있음을 살필 수 있어야 할 것이다.

둘째, 법원과 검찰의 원심화(遠心化)현상이다. 우리 형사소송법이 대륙법계의 직권주의와 영미법계의 당사자주의를 절충한 형태로 운영되고 있다는 사실은 누구나 아는 내용이지만, 형사소송의 기본구조를 둘러싸고 우리 법원과 검찰은 근본적으로 서로 다른 해석을 취하고 있는 듯이 보인다. 법원은 검사를 순수한 당사자로 취급하여 가능한 한 거리를 유지하려 하고, 검찰은 자격과 근본이념을 같이 하는 일종의 동반자의식을 바탕으로 은연중 직권주의적 협조를 강조하고 있다. 미국식 사법우월주의는 양자의 거리를 더욱 멀게 만들고 있다. 과거 독재정권, 군사정권시대에 검찰이 부당하게 법원에 영향력을 행사하려던 타성 때문에 우리 법원이 그 독립성유지에 과민한 반응을 보이고 있는 일면도 있을 것이다. 문제는 이러한 원심화현상이 형사재판의 운영현실에만 국한된다면 긍정적으로 평가될 수도 있겠지만, 그것이 우리의 형사사법제도전반의 개선을 위한 대화체제의 단절이나 사법적 관료주의, 검찰의 투쟁적 독선화로 연결된다면 결국은 국민 모두의 불이익으로 귀착될 수밖에 없다는 사실에 있다. 국민들은 법원·검찰의 상호견제로 피의자·피고인의 인권이 옹호되는 이상으로 죄를 범한 자가 빠짐없이 처벌되는 안정되고 질서있는 사회방위체제하에서 살기를 희망할 것이다.

셋째, 법학연구에 있어서 전공선택의 공리성(功利性)과 그로 인한 형사법 및 소송법 전공자의 뚜렷한 감소추세이다. 범죄와 형벌에 관한 법체계나 이를 실현하기 위한 절차법은 인류의 사회생활과 더불어 시작된 가장 오래된 법규범일 뿐만 아니라 우리나라의 경우 지금까지 벗어나지 못하고 있던 수입법학, 해석법학의 수준에서 이제야말로 한국적 법의식, 한국적 법문화에 맞는 법이론과 운영의 지혜를 창출해가야 할 때이다. 더구나 통일 이후의 법체계와 운영도 지금부터 다지고 연구해야 할 역사적 상황이다. 그런데도 모든 법학도가 수입과 연결되는 세법, 회사법, 금융법, 산업재산권 등 쪽으로만 몰려 버린다면 우리 학문의 장래는 참으로 암담하다고 할 수밖에 없다. 이론의 자양공급이 없는 사법현실은 더욱 형해화(形骸化)할 것이고, 우리 법학은 더욱 돈(錢)의 학문(Geldwissenshaft)으로 떨어지고 말 것이다. 금년 8월 서울에서 열리기로 되어 있는 제12차 국제범죄학대회(International Congress on Criminology)는 우리에게 더욱 그런 자성을 일깨워 줄는지도 모른다.

이론은 멀고 현실은 가깝다. 그러나 이론과 현실이 함께 조화롭게 가까워질 때 국민의 법적 안정감은 더욱 높아지고, 우리의 법문화는 일층 소담하게 꽃필 것이다.

〈고시연구 1998. 7〉

법조인에 대한 처우와 신뢰

사법개혁이 다시 논의되는 가운데 일반 행정공무원에 비하여 판·검사의 직급과 보수가 너무 높게 책정되어 있기 때문에 인재편중 등 부작용이 심화되고 있다는 논란이 일고 있다. 행정고시를 합격한 초임 행정공무원은 5급 사무관으로 출발하는 데 비하여 사법시험을 합격한 판·검사는 그 급여 등에 있어서 3급 부이사관의 대우로 출발하는 까닭으로 이의 조정·개선이 시급하다는 것이 일부 언론과 개선을 주장하는 행정부처측의 논리인 듯하다. 교육부장관은 이러한 사실 때문에 나라의 유위한 젊은 인재들이 신림동 고시촌으로, 사법시험 쪽으로 몰리고 있다는 지적을 국무회의 석상에서까지 한 바 있다고 듣고 있다.

사실 피상적으로 본다면 이러한 논의에는 그 주장의 근거가 전혀 없다고 할 수 없는 일면이 분명히 있다. 그러나 사회가 요구하는 법조인의 지위나 역할 및 그들이 사회로부터 받아야 할 대우문제는 결코 한두가지 요인만에 의하여 결정된다고 볼 수가 없으므로 판·검사의 직급이나 보수 따위의 문제도 이를 단순히 계량적으로만 평가하여 일반 공무원과 병렬비교하는 등의 방법만으로는 문제의 본질과 핵심에 정확히 접근하였다고 볼 수 없다는 점을 우리는 먼저 지적하지 않을 수가 없다. 또한 근간에 고시지망생이 더욱 늘어나고, 특히 우수한 젊은 인재들이 사법시험 쪽으로 몰리는 원인을 단순히 이들에 대한 합격 이후의 처우가 상대적으로 높기 때문이라는 견해에도 쉽사리 동조할 수가 없다는 생각이다. 이 문제는 보다 근원적으로 공직과 법조에 대한 사회적 인식이나 직업관, 우리나라의 교육제도, 국민적 의식과 사회의 분화, 성숙정도, 경제현실 등과 밀접히 연관되어 있음을 우리는 유의하지 않으면 안될 것이다. 결국 법조인에 대한 처우문제는 여러 가지 복합적 요인의 산물이니 만치 이들 문제에 대한 전망을 먼저 하면서 다음 몇 가지 점을 아울러 유념하여야 한다는 사실을 강조하고자 한다. 무엇보다 판·검사에 대한 처우문제는 그 직종의 특수성을 고려하지 않으면 안될 것이다. 두말할 것도 없이 이들 법조인은 사람의 생명, 재산을 다루는 성역으로 생각되고 있고, 일반 공무원들과도 또 다른 청렴성과 품위가 요구되고 있다. 이들은 한사람 한사람이 독립하여 판단하는 단독제의 관청이다. 처우문제는 개개의 판사, 검사가 잘나서라기보다 그들로 하여금 그 처우에 상응하는 품위와 염결(廉潔)을 지키도록 요구하는 국민적 기대의 투영이라고 볼 수 있다.

검찰에 관하여는 현재 여러 가지 비판이 가해지고 있지만 검사도 기본적으로는 상명하복체계에 복속하는 행정공무원과는 다른, 이른바 특정직에 속하는 신분임을 감안할 필요가 있을 것이다.

다음에 우수한 젊은 인재들이 사법시험 쪽으로 편중되는 경향에 관하여는 판·검사에 대한 처우문제와는 별도로 모든 사회·문화적 또는 교육적 노력을 경주하여 이의 개선·시정을 위한 지혜를 모을 필요가 있다고 생각된다. 사실 법조의 업무는 창조적 두뇌를 요구한다기보다 오히려 상식과 균형감각 그리고 정의에의 의지가 더 필요한 만큼 대학을 졸업한 우수인력들이 사시 지망 쪽으로만 편중된다는 것은 국가적으로도 엄청난 손실이라 볼 수가 있으므로, 합격자의 처우하향과 같은 단선적

(單線的)이 아닌, 보다 근원적이고 종합적인 방법으로 구조적 개선을 모색해 가야 할 것으로 본다.

법조인에 대한 처우는 그들에 대한 신뢰문제와 분리하여 생각할 수가 없을 것이다. 앞서 본 바와 같이 판·검사에 대한 처우를 일반 행정공무원과 같은 차원에서 논의할 수 없다는 것은 결국 재판 또는 수사업무의 특수성과 사법관 또는 준사법관으로서의 그 지위의 특수성에 연유하는 것이다. 그리고 그 특수성의 배경에는 국민들의 기대와 신뢰가 걸려 있다. 따라서 처우 이상으로 중요한 것은 바로 그러한 국민들의 기대와 신뢰이며, 그 신뢰를 잃었다면 판사, 검사에 대한 직급이나 보수상의 처우란 이미 아무런 의미가 없게 된다. 판·검사에 대한 처우를 논의함에 있어 우리가 아직은 신중할 수밖에 없다는 것은 국민들의 사법부나 검찰에 대한 신뢰를 완전히 방기할 수 없다는 눈물겨운 원망(願望)의 발현에 다름아니라고 할 수 있다.

모든 법조인과 법조지망생들은 모름지기 법조인에 대한 처우 이상으로 그들에 대한 신뢰의 상실을 더 가슴아프게 생각하여야 할 것이다.

〈고시연구 1999. 5〉

아, 한국의 검찰

우리의 검찰이 어쩌다 이 지경에 이르렀는가.

법치주의의 감시자로, 국가기강확립의 첨병(尖兵)으로 밤낮없이 일해야 할 검찰이 만화의 소재로, 대폿집의 안주로 전락하는 것으로도 부족해 이제는 기업가의 비웃음 대상이 되기도 하고 근로자의 그럴 만한 분노의 표적이 되기도 한다.

길거리에 버려진 깡통처럼 갑남을녀(甲男乙女)의 발길·입길에 오르내리더니 급기야 책임있는 지위에 있던 검찰간부들의 자질문제와 그들의 술 풍속까지 새파란 젊은 이들의 조롱 대상이 되고 있다.

외국에서는 '지상에서 가장 객관적인 관청'으로 평가받는 검찰이건만 언제부터인가 우리나라에서는 몹시도 객관적이지 못한 기관으로 치부되더니, 최근의 어느 조사에서는 검찰의 부패 정도가 정치인 다음의 2위로 인식되는 턱없는 비약에까지 이르고 있다.

슬프고 개탄스러움을 새삼 말해 무엇하랴. 따지고 보면 검찰의 이런 신뢰 추락은 어제 오늘에 비롯된 것이 아님은 분명하다.

우리의 검찰은 자유당정권의 부정선거 획책을 막지 못했을 뿐 아니라 한때는 헌법개정을 주장만 해도 잡아 가두는 악명높은 긴급조치를 입안·제공했고, 군사쿠데타의 주역들을 기소유예했다가 여론의 이름으로 다시 사형을 구형한 전력(前歷)도 있다.

한 정권하에서 '선발된 법률기술자'로 기능한 검사가 다음 정권하에서는 역사의 이름으로 그 잘못된 법률기술의 적용을 단죄하는 모습을 보고도 그 검사의 능력과 관운을 부러워하는 풍조마저 있었다고 한다면, 그런 몰가치적·몰역사의식적 풍토에서 어찌 검찰에 대한 국민의 전폭적 신뢰를 기대할 수 있었겠는가.

그렇다고는 하더라도 검찰에 대한 국민의 신뢰가 단순한 위기의 정도를 넘어 거의 괴멸(壞滅) 직전에까지 이르렀다고 보이는 작금의 사태는 참으로 우려할 만한 양상이 아닐 수 없다.

미우나 고우나 공익의 대표이자 법치주의의 파수꾼으로서 자본주의의 부패를 막고 사회의 기강을 지킬 책임을 지고 있는 검찰이 제대로 기능을 못하게 되면 결국 그들에게 권력을 위임한 국민의 불이익으로 귀착될 수밖에 없음은 너무도 자명한 이치이기 때문이다.

그러므로 이제 우리는 눈물을 머금고 검찰과 위정자와 국민들에게 당부할 필요를 느끼게 된다.

무엇보다 검찰은 조직의 사활을 걸고 금욕적 자기반성에 나서야 한다.

무오류집단이라는 오만에서 벗어나 스스로를 낮추고 오직 사회정의의 확립만을 위해 헌신하겠다는 자기쇄신의 참모습을 이제부터라도 검찰간부부터 솔선해 국민 앞에 보여야 한다.

지금은 전임 총장, 간부만을 탓할 때가 아니다.

우리는 이미 대낮의 폭탄주를 검찰의 낭만으로만 봐주는 시기에 살고 있지 않음을 왜 모를까. 위와 옆을 살피지 말고 오직 사회악과만 싸

우겠다는 각오로 '내 탓이오, 내 탓이오' 하면서 오늘도 내일도 노력하지 않으면 국민들은 영원히 우리의 검찰을 저들의 검찰로 돌리고 말 것이다.

국민 다수가 의혹을 가지고 있는 검찰의 중립성 문제는 결국 검찰인사권과 직결돼 있는 것으로 볼 수 있다.

따라서 검찰권의 행사가 진실로 공정하고 독립적이려면 인사권자를 위시한 정치권의 자제와 지혜로움이 절대적으로 필요함은 더 말할 나위가 없다.

모든 종류의 반사회적 범죄척결은 결국 국민과 나라에 이익이 된다는 기본적인 인식 위에서 정치권이 검찰권에 직·간접적 영향을 미친다는 오해가 생기지 않도록 사려깊은 언동을 한다면 국민들의 검찰에 대한 신뢰는 훨씬 고양될 것이다.

정치권의 지혜롭지 못한 조치나 발언이 자주 국민과 검찰을 이간시키는 결과를 초래한다는 사실을 직시한다면, 그들을 눈치 안보고 오직 반부패·반질서활동 척결에만 전념케 하는 것이 결국 국가의 통치력 강화에도 도움이 된다는 사실을 쉽게 이해할 수 있을 것이다.

검찰과 법치주의의 명맥을 끊지 않기 위해 이제 언론과 국민들도 냉정할 필요가 있다.

마음껏 비판하되, 결코 그들을 죽여서는 안된다.

결국 우리의 검찰이지 누구의 검찰인가.

사명감에 불타는 초롱초롱한 젊은 검사들이 일부 타락한 간부들보다 훨씬 많다는 사실을 우리는 잘 알고 있다.

이제는 대안없는 질타보다는 그들이 참된 사회의 소금역할을 할 수 있도록 분위기를 조성하고 제도를 개선해야 할 때다.

'법은 때때로 잠자나 결코 죽을 수는 없다'는 서양의 법언(法諺)을 상기할 필요가 있다.

〈중앙일보 1999. 6. 11〉

사법개혁의 올바른 방향

새 교육공동체위원회가 법학교육의 개선안을 마련한 데 이어 정부는 또 다른 대통령 자문기구인 사법개혁추진위원회를 발족시킴으로써 우리의 사법제도 전반에 걸친 개혁의 구상이 점차 본격화하고 있는 느낌이다.

사법제도는 국민의 생활의식과 전통과 밀접히 관련되어 있고, 지난 시절 이른바 세계화 추진이라는 명분으로 실시기반이 아직 미흡하다고 여겨지는 가운데 법조인 선발 및 양성제도의 변혁을 시도하다가 실패한 경험도 있으므로 우리는 이 문제가 결코 손쉬운 과제가 아닐 것이라는 추단을 전제하면서, 그 방향은 모름지기 다음 몇 가지 기본사항을 바탕으로 추진되어야만 한다고 믿고 있다.

첫째, 사법개혁은 변화하는 국민의식과 시대상황에 맞게 장기적 안목으로 추진되어야 할 것이다. 관존민비의 유교적 가치관이나 국가우월주의적 사상은 점차 국민들의 의식 속에서 엷어져 가고 있고 사회전반의 구조도 정보와 기능 중심의 이른바 지식기반사회로 옮겨가고 있는 중이다. 직업의 귀천이 없어지고 있을 뿐만 아니라 국가의 사법작용도 더 이상 「국가의」 사법작용이라는 이유만으로 국민의 희생과 불편을 강요할 수 있다는 발상을 허용하지 않고 있다. 사회의 모든 분야가 전문화·분업화되고 있고, 국가간의 통상거래를 모르고는 이제 제대로 된 법률가의 구실을 할 수 없다는 점도 상식처럼 되어가고 있는 시대에 우리는 살고 있다. 따라서 사법서비스를 포함한 제도전반의 문제도 이러한 의식과 상황의 변화를 수용(受容)하면서 정치적 고려에 의한 단기적 개혁의 시늉에 그칠 것이 아니라, 보다 장기적 안목에서 시민적 호응과 국가경쟁력의 향상을 염두에 두고 진행되어야 함이 당연하다고 우리는 보고 있는 것이다.

둘째, 사법개혁은 국민의 편익증진에 초점을 맞추어 민주적으로 추진되어야 할 것이다. 개혁의 과제는 수사 및 재판제도의 개편, 법조의 선진화·국제화, 사법시험과 법조인 양성제도의 개혁, 법조부조리의 근절과 양질의 사법서비스 제공 등 여러 분야에 걸쳐 갖가지 각도에서 논의될 수도 있겠으나, 요컨대 그 논의의 초점은 평균적 시민을 기준으로 그러한 시민이 기성의 사법제도에 대하여 느껴오던 불만을 여과하고 그들의 편익을 증진하는 방향으로 접근하지 않으면 안될 것이다. 법원, 검찰, 변호사단체 및 법학교수들은 각자의 직역(職域)에서 나름대로의 이해관계를 가질 수 있을 것이고 그 의견이 때로는 갈등과 상충을 일으킬 수도 있겠지만, 궁극적으로는 어느 쪽이 국민의 편에서 이익이 되고 편리할 것인가를 고려하여 이른바 집단 내지 직역이기주의를 극복하고 시민 위주의 민주적 개혁이 될 수 있도록 다함께 노력하여야 할 것이다. 그러한 뜻에서 사법개혁추진위원회에 소비자나 시민단체의 대표가 참여한 것은 매우 바람직한 현상이라고 보며 그들의 건전한 의견개진이 충분히 보장되어야 할 것으로 우리는 보고 있다.

셋째, 사법개혁은 외국제도의 무비판적인 도입이나 공리공론의 이상추구보다는 균형잡힌 현실인식을 바탕으로 한국적 토양과 여건에 맞는 설득력 있는 방향으로 추진되지 않으면 안될 것이다. 아무리 훌륭한 개혁안이 만들어지더라도 법조계의 보편적 의식이나 권위 또는 대학의 존폐에 관계되는 치명적 문제점을 안고 있어 실현이 불가능한 것이라면 거기에는 예상할 수 없는 저항이 따를 것이고 그렇게 되면 결국은 그 강행에 정치적 부담이 따르게 되어 개혁 자체가 실종될 우려가 없지 않을 것이다. 그러므로 우리는 국제화시대에 부응하고 민주적이면서도 명분과 논리에 맞아 결국은 기성의 제도권에서도 수용하지 않을 수 없는 그러한 합리적 개혁안의 탄생을 간곡히 기대하게 되는 것이다. 그러므로 우리는 여기에서 이번의 사법개혁이 졸속에 흐르거나 어떤 정해진 틀에 따라 형식적으로 진행되는 것을 특별히 경계할 필요를 느끼게 된다. 정치적 또는 행정적 단기효과만을 노리고 강행한다면 그 결과는 불을 보듯 뻔하다. 모름지기 충분한 여론수렴을 바탕으로 개혁의 우선 순위를 정하여 단호하면서도 정치(精緻)하게 일이 진행되기를 바라는 이유도 바로 여기에 있다. 개혁은 확실히 필요하며 개혁 자체를 두려워 할 필요도 없다. 사법개혁을 위한 국민적 공감대는 이미 충분하므로 이제는 개혁의 우선 순위와 차분하면서도 지속성 있는 작업의 진행만이 문제라고 우리는 생각한다. 지혜를 모아 선진법률문화의 정착과 창달이 빠른 시일 안에 이루어지도록 다함께 참을성있는 노력을 경주할 필요가 있을 것이다.

〈고시계 1999. 7〉

관료집단의 도덕적 해이

—그것은 젊은이들에게 꿈을 잃게 한다—

우리 사회의 기강이 흔들리고 있다. 폭설이 내려 나라가 준재해 상황인데도 주무부장관은 휴일이라는 이유로 사무실에 나와 보지도 않았다는 보도가 있었는가 하면, 어떤 공공기업체에서는 정부의 구조조정 방침에 따라 해고직원에 대하여 2년 후 재채용한다는 이면합의를 하고 눈가림 식의 정리실적을 보고해 왔다고 한다. 금융기관의 책임자급 지위에 있는 직원이 공금을 횡령하고 잠적했다는 뉴스도 자주 눈에 띄며, 정부예산을 명분없이 또는 사적(私的)인 용도로 사용하여 감사원의 지적을 받았다는 사례도 심심치 않게 드러나고 있다.

과거에도 공무원의 범죄나 직무를 유기, 또는 소홀히 한 행위가 없었던 것은 아니지만 지금의 공직사회는 그런 우발적인 또는 특수한 사고 발생에 그치지 아니하고, 전반적인 복지부동(伏地不動)과 책임회피 또는 무사안일의 자세가 만연되어 있는 것처럼 보이는데 문제의 심각성이 있다고 생각된다.

과거 정통성이 없는 권위주의 정부 시절에도 그렇지는 않았는데 민주주의가 신장(伸長)되고 국민의 의사가 선거라는 과정을 통하여 정부 구성과 국정 운영에 보다 적나라하게 반영되는 이른바 국민의 정부 시대에 와서 이와 같은 관료집단의 도덕적 해이(Moral hazard)가 더 두드러져 보이는 원인은 무엇인가? 혹자는 인사제도를 포함한 정부의 행정운영 미숙 또는 정치시스템에 그 원인이 있다고 할지 모른다. 또 직업관의 변화로, 공직이라고 하여 특히 윤리적일 것을 요구할 수 없고 결국은 공직 자체도 하나의 직업에 불과하므로 다른 영역에서와 마찬가지의 도덕적 해이 현상이 나타나는 것으로 설명해 볼 수도 있을 것이다. 확실히 지식과 기술 그리고 정보가 지배하는 21세기의 지식기반사회에서 도덕적으로 우월하고 지적능력이 뛰어난 사람들만이 정부의 관료가 되기를 자원한다거나, 전혀 만족스럽지 못한 여건 속에서도 이들이 굳이 관료집단에 남아있을 이유가 없다고 볼 여지도 없지는 않을 것이다.

그러나 우리는 여기서 한국 사회에서 관료가 수행해 온 역할과 관료집단의 국가발전에 대한 기여도를 다시 한번 생각해 보아야 할 필요가 있다고 믿는다. 많은 학자들이 지적한 바와 같이 관료주의가 동조(同調) 과잉(Overconformity), 형식주의, 독선화, 변화에 대한 저항, 관료외적 가치의 추구와 같은 역기능이 있음에도 불구하고 그 자체로서 객관성, 분별성, 정확성, 일관성 등의 순기능이 있어왔을 뿐만 아니라 한국 사회의 관료들은 유교적 선비정신의 전통아래 그들 나름대로 검증된 집단을 국가발전과 사회적 부 및 역량의 축적에 기여해 온 것이 엄연한 사실이다. 오늘날 수많은 젊은이들이 국가시험에 합격하여 넓은 의미의 관료집단에 편입되기 위하여 머리를 싸매고 있는 것도 결국은 그들에게 국가와 사회를 이끌어 가는 선발된 전문가 집단으로서의 긍지와 우월감이 있다고 보여지기 때문이다. 따라서 지금과 같이 관료집단의 해이한 모습이 확산된다면 그것은 결국 한국의 많은 젊은이들에게 그들의 꿈과 희망을 앗아가는 결과가 된다는 사실을 우리는 직시하지 않으면 안될 것이다.

헤겔을 원용할 필요도 없이 국가는 단순한 사람들의 집합체가 아니라 윤리적 또는 이념적 공동체이어야 하며, 따라서 거기에 몸담고 있는 관료들은 마땅히 도덕성과 명예심으로 무장되어 있어야 한다. 공복(公僕) 개념 또는 공인(公人)의식이란 것도 결국은 공익을 앞세운 절제와 자기 희생의 정신에 다름 아닐 것이다.

그들은 자신이나 소속집단의 이해(利害)에만 얽매여서는 안된다. 국가와 민족, 사회와 시민의 이익을 먼저 생각하여야 함이 당연하다. 그들은 또 부단히 지적능력과 전문성을 연마하여 우리 사회를 선도적으로 이끌어가야 할 책임이 있다. 그렇기 때문에 그들은 아직도 우리 사회의 엘리트로서 국민의 기대와 우러름을 받고 있는 것이다. 21세기의 벽두 우리 사회 관료집단의 새로운 분발을 기대해 본다.

〈고시계 2001. 2〉

정부-관료 따로 움직인다

스스로를 건전보수층이라고 생각하고 있는 50대 이상의 사람들을 만나면 흔히 과거의 관료와 정부는 이랬는데 지금의 정부·관료는 어떠하다는 식의 비판적 말을 자주 듣게 된다. 대개 국가발전을 위한 공무원들의 헌신적 열정이 부족하다거나, 시스템 운영이 미숙하고 단편적·인기영합적 시책이 많다거나, 인사의 편중으로 인한 공무원 사회의 이격감(離隔感)이 생각보다 심각하다는 등의 짐작할만한 이야기들이다. 물론 그중에는 다수 국민이 공감할 수 있는 옳은 지적도 있고, 이런저런 사유의 상대적 소외감에 따른 다소 감정이 섞인 불만도 없지는 않을 것이다. 그러나 사람들은 누구나 자기가 경험한 과거는 미화하는 경향이 있다는 점을 감안하고, 또 '위하여' '일동 박수'식의 권위주의 시대와 국민의 의식이 훨씬 깨어 투명한 행정체계의 운영이 불가피한, 이른바 열린 시대의 행정환경 변화를 충분히 고려한다고 하더라도, 요즈음의 관료나 정부 행태를 보면 확실히 다음 몇 가지 점은 우리가 함께 유의하여 짚어보고 걱정해야 할 문제라고 생각된다.

첫째, 정부가 관료를 견인하는 힘이 미약하고 관료와 정부 사이가 몹시 메마르게 보인다는 점이다. 단순히 통제력이 떨어진다는 의미라기보다 정부가 관료를 흡인하고 포용하는, 그래서 그들의 능력을 해당분야에서 최고조로 발휘케 하는 행정적 분위기의 형성이 크게 미흡하게 느껴진다는 뜻이다. 굳이 충성심이라고 하지 않더라도 정부와 그 정부에 몸담아 정책을 집행하는 관료들 사이에는 복무규정에 따른 단순하고 건조한 권리의무관계 이상의 가치지향과 공동의식이 있어야만 정책집행의 밀도와 신뢰성이 높아지고 국민의 자발적 참여를 이끌어내기도 용이해진다고 볼 수 있다.

관료들이 정부를 믿고 스스로 온몸을 던지게 하는 인간적 관리의 필요성이랄까. 여하튼 이는 직업적 관료의 정치적 중립성 문제와는 별개로, 그들의 헌신성·전념성(專念性)을 이끌어내지 못하는 정부의 정책집행은 결국 취약성을 노출할 수밖에 없다는 분명한 사실을 유념하여야 할 것이다.

둘째, 정책집행과 관련하여 여러 가지 말과 지시가 풍성한데 비하여 시책의 사전점검과 사후확인이 매우 소홀히 취급되고 있다는 점이다. 의·약분업 사태에서 전형적인 사례를 경험한 바 있지만, 이른바 문민정부시대 이후 여론과 인기를 의식한 전시성의 일반적 지시만 있을 뿐 사전에 문제요인을 분석하고 사후에 집행실태를 부단히 점검·확인하는 행정의 정치성(精緻性)이 현저히 결여돼 왔다.

그러한 사정은 국민의 정부에 들어와서도 조금도 나아지지 않고 있다. 조그마한 조직체도 단순한 지시만으로 움직여지지 않는데 하물며 국가조직을 감동과 수범이 따르지 않는 말과 지시만으로 이끌어 갈 수 있겠으며, 점검과 확인이 따르지 않는 1회성의 단기집행으로 어떻게 행정의 실효성을 확보할 수 있겠는가. 공무원의 복지부동과 행정누수현상은 점검과 확인이 소홀한 작금의 행정풍토와 무관하지 않다.

공무원의 복지부동이 일반화되고 행정누수현상이 심하다는 지적도 결국 점검과 확인이 소홀히 되고 있는 작금의 그러한 행정풍토와 무관하지 않으리라고 생각된다.

셋째, 정부나 관료나 나라의 장래를 위하여 필요한 일인데도 힘들고 궂은 일은 피해가려는 경향이 너무 두드러지게 보인다는 점이다. 국가나 지방자치단체의 업무 중에는 다수 국민이 원하더라도 하지 말아야 할 일이 있고, 원하지 않더라도 장기적 안목에서 반드시 해야 할 일이 있다. 그런데 중앙정부든 지방정부든 관료들은 생색나는 일만 하고 어려운 결단을 요하는 문제는 민간 쪽에 맡겨버리거나 마냥 세월이 가기만을 기다리고 있다면 그런 정부와 관료들을 어떻게 국민이 믿고 기댈 수 있겠는가.

헤겔을 원용할 필요도 없이 국가란 단순한 사람들의 집합체가 아니고 윤리적·이념적 공동체이다. 국가철학에 관한 문제이기는 하나 적어도 우리 사회에는 아직도 그렇게 관념하고 있는 사람들이 많은 것이 현실이다. 그러므로 국가운영에 몸담고 있는 사람들은 다소 어렵고 힘든 일이라 하더라도 당연히 윤리적 가치판단에 따라 국민을 설득하고 이끌어야 할 책임이 있다고 보아야 한다.

물론 이것은 정부의 규제완화나 행정권한의 민간 위임 문제와는 별개 차원의 정부나 관료의 책임과 신뢰성의 문제로 접근해 보아야 할 성질의 것이다. 관료와 정부의 행태에 관한 이상 여러 문제점의 원인과 대책을 한마디로 논단하기는 어려울 것이다. 그러나 우리 사회를 지탱하고 있는 기성세대의 많은 사람이 오늘도 걱정스러운 눈으로 나라가 되어가는 모습을 지켜보고 있다는 사실을 우리는 함께 살펴야 할 것이다.

〈문화일보 2001. 4. 20〉

법조인력정책의 전제와 방향

사법시험법과 그 시행령이 제정·공포되고 2002년부터 사법시험의 관장기관이 행정자치부에서 법무부로 이관된다고 한다. 또 법무부는 직제를 개정하여 법무실 내에 법조인력정책과를 신설하고 인원을 이체·보강하여 시험관리 업무의 원활한 수행을 위한 준비를 갖추는 중이라고 들린다.

우리는 정부 내에 「사법시험관리과」가 아닌 「법조인력정책과」라는 명칭의 단위기구가 신설된데 대하여 그 조직의 규모나 업무준비상황의 충실여부와 관계없이 정부가 법조인력정책의 중요성을 일단은 인식하고 있다고 보아 이를 진일보한 발상으로 평가하면서, 정부의 법조인력정책은 무엇을 전제로 하여야 하며 어떤 방향으로 가야 하는가에 관하여 매우 상식적인 몇 가지 사실을 지적하고자 한다.

무엇보다 정부의 법조인력정책은 우리나라의 지나치게 많은 우수한 젊은 인재들이 사범시험을 향하여 집중되고 있는 것이 아닌가 하는 반성과 아울러 이를 완화하기 위한 중·장기적 노력이 반드시 뒤따라야 한다는 점을 염두에 두고 추진되어야 할 것이다. 법률가는 두뇌의 우수성보다 인품과 판단력 그리고 균형감각이 더 중요하건만 매년 수능성적이 최상위 그룹에 속하는 고교 졸업생의 대다수가 인문사회계라면 의례 법과대학을 지망하고, 대학에서 법학을 전공하지 않은 학생들까지 앞을 다투어 신림동 고시촌으로 몰려들고 있다는 사실은 국가의 백년대계를 위하여 참으로 걱정스러운 일이 아닐 수 없다.

더욱 문제인 것은 그럼에도 불구하고 격심한 경쟁을 뚫고 배출된 법률가들에 대하여서나, 그들에 의한 법 집행 경과에 대하여 국민들의 신뢰 수준은 매우 낮다는 사실이다. 최근 한 언론기관과 한국형사정책연구원이 시민들의 준법의식을 조사한 결과 고위관료에 대하여는 74.6%, 판사에 대하여는 43.4%, 검사에 대하여는 46.4%가 법을 안 지키는 편으로 인식하고 있다는 내용의 보도를 보면서 누구나 당혹스러운 충격을 받았을 것으로 생각된다.

그러므로 앞으로의 법조인력정책의 방향은 당연히 첫째, 국가발전과 교육인적자원의 활용을 위한 장기적 안목에서 추진되지 않으면 안된다는 사실을 지적할 수 있을 것이다. 이른바 지식기반사회에서의 법률가의 역할, 사회여건 변화에 따른 법률가의 수요, 서구와의 다른 한국적 규범문화, 법률서비스의 향상과 법류가에 대한 신뢰제고, 법치주의의 정착을 저해하는 사회적 제 요인의 분석과 대응책 등을 다각적으로 검토하고 그러한 연구·검토의 결과를 반영한 법조인력정책이 장기적으로 수립되고 시행되어야만 국민의 전폭적 공감을 얻을 수가 있을 것이다. 단순히 사법시험 합격자수나 결정하고 사고 없는 사법시험관리만을 목적으로 법조인력정책과가 발족하였다고 우리는 믿지 않는다.

따라서 둘째, 법조인력정책은 그 외연을 확장하여 범국가적 차원에서 지속적으로 추진되지 않으면 안될 것이라 생각한다. 법조인력의 선발을 위한 사법시험제도는 법조인력의 양성을 위한 교육제도와 긴밀히 연계되어 있고, 법조인력양성문제는 국가 전체의 교육인적자원 정책과 떼어서 생각할 수 없는만치 이 문제는 단순히 법조계 내의 한 사무적 절차를 차질없이 처리한다는 차원을 넘어 정부 내 부처간의 협조, 정부와 교육계 및 정부와 민간간의 협조까지를 이끌어 낼 필요성이 앞으로 계속 대두될 것이다. 필요하다면 관민합동의 상설 위원회를 구성하는 등으로 체계적이고 지속적인 연구가 이루어져야 할 것으로 본다.

그러나 셋째, 위와 같은 노력과는 별도로 현재 시험준비중인 다수의 선량한 법률가 지망생에게 예측치 못한 불이익을 주어서는 안된다는 사실을 강조할 필요가 있다. 예측 가능한 공개행정은 국민의 편익을 위한 기본적인 요청일 뿐만 아니라 정치성(精緻性)과 합리성을 바탕으로 한 행정의 사전적 서비스는 아무리 강조하여도 지나침이 없다고 보기 때문이다. 듣건대 법무부는 시험관장업무의 이관을 계기로 출제방식의 다양화를 포함한 문제출제와 시험관리 업무의 발전적 개선을 위한 여러 가지 방안을 모색하고 있다고 하는데, 그 결과에 기대를 하면서도 아무쪼록 개선 내용이 객관성 있게, 그리고 되도록 빨리 확정되어 시험준비생들을 안도할 수 있게 해 주어야 할 것이다.

법조인력정책과의 발족을 계기로 우리나라 법조인력양성 및 선발제도가 한 차원 높게 성숙되어 발전하기를 비는 마음 간절하다.

〈고시연구 2001. 6〉

가혹수사와 한국의 법률문화

검찰이 조직폭력배 사건을 수사하던 중 피의자를 구타·치사케 하고 공범혐의자에 대하여는 물고문까지 가하였다는 사실이 밝혀져 국민들에게 엄청난 충격을 준 바 있다. 검찰총장과 법무부장관이 인책사퇴하고 검찰조직의 안정까지 크게 뒤흔들리는 모습을 보면서 고문을 포함한 가혹수사와 우리의 법률문화 내지 국민의식과의 관계에 관하여 생각을 해보게 된다.

무엇보다 먼저 주목할 만한 것은 이번의 구타치사사건을 보는 국민들의 이중적 의식구조이다. 살인의 혐의를 받는 조직폭력배라고 할지라도 고문 등 가혹행위는 결코 있어서 안된다는 당연한 인권옹호론 외에, 사회악인 조직깡패나 마약사범 따위를 척결하기 위하여는 다소간의 강압수사도 불가피하지 않겠느냐는 동정적인 용인론도 일부의 시민들 사이에서 제법 거론되는 모습을 보기 때문이다.

사실 텔레비전사극 같은 데서도 흔히 보듯 조선시대에는 국왕의 친국(親鞫)자리에서도 자복을 받아내기 위한 고문이 공공연히 행해진 바가 있다. 일제가 식민통치를 유지하기 위한 방법으로서, 또 과거 비정통적인 정부 하에서 세칭 반혁명사건이나 반국가사범 등의 경우에도 고문이 다반사로 행해졌을 것이라고 우리는 짐작하고 있다. 결국 인간의 존엄성과 신체의 자유를 침해하는 고문이 허용될 수 없다는 대명제는 우리의 전통적인 법문화나 의식에서 자생적으로 유래하였다기보다는 광복 후 우리가 받아들인 서구의 법치주의 정신과 인권옹호사상에 근원을 두고 있다고 보여지며, 그만큼 아직 국민의식과 밀착되어 법률문화의 일부로 뿌리내리지 못하고 있음을 반영하는 것이라 생각되는 것이다.

실제로 헌법 제12조 7항과 형사소송법 제309조가 아무리 자백의 배제법칙을 선언하고 있다고 하더라도 형사소송운용의 현실에 있어서 다른 과학적인 수사방법에 의하여 증거를 모두 수집한 후 피의자신문의 단계는 자백을 얻기 위하여서라기보다 피의자에게 마지막 변명의 기회를 주기 위하여 부여될 뿐이라는 수사관의 의식이 체질화하지 않는 이상 피의자의 자백을 얻어내기 위한 가혹수사의 관행과 유혹은 쉽게 불식되지가 않을 것이다.

또 검찰조직 내의 법률문화에 관하여 생각을 해 보더라도 '법치주의의 감시자' 또는 '법치국가원리의 대변인'이라 불리우는 검사들이 막상 그 업무수행과정에서는 비법치주의적 사고방식이나 행위양태를 보인 경우가 없었는지를 진지하게 반성해보아야 할 필요성이 있다. 검찰간부들이 정치적으로 민감한 사건에 대하여는 매우 신경을 쓰면서도, 직원의 단독수사라든지 야간밀실수사와 같은 기초적인 형사절차상의 허점에 관하여는 일상적인 점검·확인이 소홀히 되고 있었다는 점도 일단은 짚어보아야 할 것이다. 물론 보다 근원적으로 따져보면 '검찰이 바로 서야 나라가 바로 선다'는 말만 툭 던져놓고 검찰인사를 포함한 국정전반에 대한 확인·점검이나 수범과 감동으로 관료일반의 승복을 이끌어내지 못한 최종인사권자의 책임도 전혀 무시할 수는 없을 것이다.

이렇게 본다면 이번의 고문치사사건은 우발적으로 발생한 것처럼 보이지만 실은 전혀 우발적이 아닌, 우리의 현 법률문화수준을 나타내는 매우 부끄러운 인권유린의 한 사례에 불과하다는 결론을 얻게 된다.

인권옹호가 법률문화의 바닥에 자리한 너무도 당연한 이념으로 승화되기 위하여는 모든 법률가와 사회지도층 및 국민의 의식이 아직 더 깨여야 한다고 보여지는 이유가 바로 여기에 있다.

〈월간 Jurist 2002. 12〉

검찰과 시민과 언론

한국검찰은 입법례에 비추어 본다면 그 법적 권한이 매우 강력한 편에 속한다. 대륙법계의 형사소송구조를 바탕으로 하였기 때문으로 보지만, 오늘날 국제적으로 영향력이 매우 크고 우리와 밀접한 교류가 있는 미국이나 일본의 경우보다 더 수사의 주체성 등 측면에서 검찰의 위상이 높게 규정되어 있다는 사실은 국가사법체계의 재편문제를 논의할 때 자주 논란이 되고 있는 부분이기도 하다.

그러나 독일에서처럼 '지상에서 가장 객관적인 관청'으로 평가받고 있지는 못할망정 국민의 검찰에 대한 불신도가 76.4%나 되고(2002. 1. 중앙일보), 기관별 청렴도가 10점 만점에 4.26점의 최하위로 국민에게 느껴지고 있다는 사실(2003. 4. 부패방지위 발표)은 무엇이 잘못되어도 한참 잘못되고 있다는 사실을 많은 식자들이 공감하고 있으리라고 믿는다.

물론 이런 상황에까지 이른 것은 검찰의 수사착수나 공소권 행사가 독립적인 것처럼 보이지 않았던 과거의 일부 검찰운영행태에 그 원인이 있고, 검찰인사의 정치편향성이란 측면을 고려한다고 하더라도 이 점에 관하여는 모든 검찰인이 깊이 자성하여야 할 것으로 본다. 그러나 법치주의의 감시자이자 사회정의의 실현자라고 할 수 있는 검찰이 신뢰를 받지 못하고 대표적인 부패집단으로 인식되고 있다는 사실은 국민 모두를 위하여 불행한 일일 뿐만 아니라 한국검찰로서도 참으로 개탄스러운 일일 것이므로, 평균적 균형감각을 지닌 법학도라면 그러한 부정적 인식이 과연 어디에서 근거한 것이며 이를 그대로 믿어도 좋은지 또는 이를 바르게 고치기 위하여 어떤 보정적 노력이 필요한지에 관하여도 다면적인 검토를 해 보아야 할 것으로 믿는다.

필자도 20년 이상 검사로 근무하였지만 검찰이 국가기관 중 가장 청렴도가 낮은 집단이라는 최근의 부패방지위 발표는 결단코 사실이 아니며, 무언가 조사방법상의 문제가 있는 것으로 보인다. 검찰에 대한 신뢰도의 문제도 일반시민을 대상으로 여론조사와 같은 방식으로 한 것이므로, 검찰업무의 특수성에 대한 응답자의 이해나 경험을 바탕으로 객관적인 가중치를 적용한 것은 아닐 것이다. 그러니까 위와 같은 발표내용은 보통의 시민들이 그냥 언론보도 등을 보고 체감상으로 그렇게 느끼고 있다는 것이지 과학적 엄밀성으로 조사하여 검증해낸 결과라고 볼 수는 없는 것이다.

검찰업무는 범법자를 찾아서 수사하고 소추하는 것이 기본이다. 고소사건의 경우에도 피의자는 물론, 고소까지 하였으나 불기소가 되고 말 경우(고소사건의 평균 기소율은 20% 미만이다)에는 고소인 스스로도 검찰의 업무처리에 불만을 가지는 것이 보통이다. 벌금형을 포함한 형의 집행지휘도 사회를 위하여는 필요하지만, 당사자로부터 호감을 얻는 일은 아니다. 결국 검찰은 권력기관이라는 인식이 아니더라도 그 업무 자체가 성질상 민원(民怨)을 야기하기에 알맞은 것이라는 점을 감안할 필요가 있는 것이다.

검찰에 대한 불신이 가중되는 데에는 언론의 속성과 보도태도에도 한 원인이 있다고 본다. 수사나 공소제기는 형사소송법상의 제한을 받는 증거의 뒷받침이 필요하지만, 언론은 때때로 감이나 정서만으로도 속보를 해댄다. 법률전문가의 관점에서가 아니라 시민적 식견으로 검찰의 업무처리를 비판하는 것이다. 자연히 언론의 보도 진행과 검찰의 수사 속도 사이에는 간극이 생길 수밖에 없다. 적어도 미국이나 일본의 언론은 이처럼 전문가의 영역을 언론이 최고지선의 판단자인양 함부로 보도하지는 않는 것으로 알고 있다.

시민은 시민의 눈으로 검찰의 권력지향성과 검찰권 행사의 반시민의 식성을 비판할 수 있다. 언론 또한 그러한 시민의식을 바탕으로 검찰권 행사의 문제점을 드러내고 여론을 이끌어 갈 수가 있다. 정치인과 다른 국가기관도 마찬가지일 것이다. 그러나 검찰이 원래 국가권력으로부터 국민의 자유와 권리를 지키기 위한 제도로 출발하였고 국민과 더불어 영속해야 할 조직임을 유의한다면, 검찰에 대한 견제나 비판에도 대다수 법학도들이 실망하지 않을 만큼의 지혜와 절제는 반드시 필요하다고 보아야 하지 않을까.

〈고시연구 2003. 5〉

법치, 왜 안되는가

대한민국이 법치국가라는 사실을 부인하는 사람은 아무도 없다. 그런데도 국민의 약 67%는 우리 국민이 전반적으로 법질서를 비롯한 사회질서를 준수하지 않고 있다고 믿고 있다(2001년 국정홍보처 국민의식조사). 국가권력발동의 근거가 특정한 사람이나 세력에 있지 않고 국민의 대표인 국회가 제정한 법률에 있다는 것이 법치주의의 기본내용인데 바로 그 기본이 지켜지지 않고 있다는 사실은 보통 심각한 문제가 아니다. 구한말 1895년 이른바 갑오개혁의 일환으로 법률 제1호인 「재판소구성법」이 공포된 시점에서 본다면 우리나라에 근대적 의미의 법치주의가 도입된 지도 어언 100년이 넘었다고 볼 수 있는데, 아직도 이처럼 법치주의 내지 법에 의한 지배의 원리가 국민의 생활과 의식 속에 뿌리내리지 못하고 있는 근본원인이 무엇인지를 한번 찬찬히 생각해 볼 필요가 있을 것이다.

첫째로 우리의 정신문화적 배경을 들 수 있다고 본다. 유교적 가치관이 오랫동안 지배해온 정신풍토하에서는 예(禮)나 인륜, 도의 등의 덕목이 세속적인 법에 우선하는 것으로 관념되어온 점을 부인할 수가 없을 것이다. 따라서 고소·고발로 법에 호소하는 것은 지극히 야박한 일이며, '법 없이도 살 사람'이란 표현은 한 인격에 대한 매우 호의적인 평가로 생각되어 왔다고 볼 수 있다. 대표적 실학사상가인 다산선생도 그의 「경세유표」란 저술에서 '예가 먼저이고 법은 다음이다(禮主法從)'라는 표현을 쓴 바가 있다.

둘째로 국민들이 겪은 정치·사회적 경험을 들 수가 있을 것이다. 일제가 식민통치의 수단으로 「토지조사령」이니 「치안유지법」이니 하는 법령들을 마음대로 제정·시행한 바가 있는데다가 광복 후에도 자유당 정권이나 권위주의적 군사정부가 1인 통치를 합법·영구화하기 위한 수단으로 헌법을 함부로 개정하고 법률과 동일한 효력을 가지는 긴급조치를 남발한 전력이 있으므로, 국민들의 의식 속에는 법의 제정이나 개정 자체는 물론 그 내용에 관하여도 점차적인 불신감이 배태되어 왔다고 볼 수가 있을 것이다. 모르는 사이에 법은 국민을 편안하게 하는 것이 아니고 집권자의 통치를 합법화하기 위한 도구라는 관념이 형성되었을 수도 있지 않았을까 생각된다.

셋째로 일부 형평을 잃은 듯이 보이는 법적용 현실을 간과할 수가 없을 것이다. 사면권의 남용도 이의 한 사유가 된다고 보여진다. 법이 만민에게 평등하게 집행되지 않고 가진자나 교활한자 또는 특정부류의 사람들에게만 유리하게 적용된다고 생각될 때 법에 대한 외경이나 준수의지는 박약해질 수밖에 없음이 자명하지 않겠는가.

우리의 정신문화적 배경이나 정치·사회적 경험 때문에 법치주의가 쉽게 정착되지 못하고 있는 점에 관하여는 이를 단시일 내에 치유하려고 생각하는 것이 무리일지도 모른다. 민주국가에 있어서의 법이란 타율적으로 요구되는 강제적 명령시스템이 아니고 합의·의론에 의하여 시민 스스로가 행동조정을 하는 절차적 틀이라는 점을 국민에게 이해시키면서 나라의 지도자들이 꾸준히 준법의식을 높이고 법을 도구로 한 통치(Rule by Law)가 아닌 법에 의한 통치(Rule of Law)가 실현되도록 노력할 수밖에 없을 것이다.

그러나 법이 사람이나 사건 또는 정치적 이해관계에 따라 공정하지 않게 적용된다고 보는 다수국민들의 시각에 대하여는 법원·검찰을 포함한 법집행에 종사하는 모든 분들의 심각한 책임의식과 자성이 필요하다. 사면권을 남용하는 대통령이나 법집행기관에 대한 불신을 조장하는 정치인들의 언동에도 적지않은 책임이 있을 것이다.

건국 후 최초로 뽑힌 변호사출신 대통령이 이끄는 새 정부 아래에서는 법운용시스템을 일부 재편하고 시민의 사법참여기회를 확대하여서라도 법치주의의 혜택이 온 국민에게 골고루 미치고 법의 지배의 원리가 국민의식과 생활 속에 깊이 뿌리내리도록 일관되면서도 사려깊은 노력이 필요할 것으로 보인다.

〈매일신문 2003. 1. 14〉

검찰개혁론

검찰을 개혁의 대상으로 보는 것이 다수 국민들의 시각이다.

검찰에 대한 신뢰도 조사에서 통상 70%를 넘는 국민들이 부정적 반응을 보이고 있다는 사실(2001년 경실련 설문조사에서는 71%, 2002년 중앙일보 조사에서는 76.4%)이나, 이른바 문민정부와 국민의 정부에 들어와서 검찰총장으로 임명된 분들의 대다수가 이러저러한 사유로 임기를 채우지 못한 채 중도퇴임하는 모습을 보면서 우리는 유감스럽게도 그러한 시각이 상당한 국민적 공감대 위에 있다는 사실을 부인할 수 없게 된다.

원래 검사가 프랑스혁명 이후 재판기능으로부터 공소기능을 분리하고 수사에 있어서의 적법성을 담보함으로써 국가권력으로부터 국민의 자유와 권리를 지키기 위한 제도로 출발하였던 연혁에 비추어 본다면 이것은 우리 국민을 위하여서도 참으로 불행한 일이라 하지 않을 수 없다.

'법치주의의 감시자'여야 할 검찰이 국민으로부터 신뢰를 잃고 갖가지 개혁논의가 무성하게 된 원인에 관하여는 여러 측면에서의 분석이 가능할 것이다.

그러나 검찰개혁이 지향하여야 할 방향을 논의함에 있어서 적어도 다음의 두 가지 점은 반드시 전제로 짚고 넘어가지 않으면 안될 것으로 생각한다.

첫째, 제도의 개혁은 궁극적으로 국민의 이익을 기준으로 판단하여야 한다는 점이다.

이를테면 청문회 문화가 아직 성숙되지 못하여 인사청문회가 다소 정파적 이해에 좌우될 우려가 있다고 하여도, 검찰총장에 대한 인사청문회 개최가 그 자체로서 국민의 투명한 검증기회로 의미가 크다면 이를 과감히 채택하는 것이 옳다고 보아야만 한다.

검찰인사위원회에 시민참여의 기회를 보장하는 문제도 같은 맥락에서 수용이 가능하리라고 믿는다.

그러나 수사는 경찰에 전담시키고 검사는 공소관으로서의 임무만 수행하는 것이 효율적이라는 일부의 주장은 수사업무 자체가 인권침해의 우려가 많고 검사가 원래 인권의 파수꾼으로서 수사과정의 적법성을 감시·통제키 위하여 출발한 제도라는 차원에서 볼 때 국민의 이익에 역행하는 매우 위험한 발상이라고 하지 않을 수가 없다.

검찰은 오히려 민생범죄에 대한 수사권을 경찰에 대폭 위임하되 고도의 법률지식을 요구하는 지능범죄 등을 중심으로 경찰과의 경쟁적 수사를 지양하면서 효율적 수사지휘에 주안을 두는 체제가 바람직할 것이다.

둘째, 법과 제도 자체를 바꾸어야 하는 문제와 인사 등 운영의 개선으로 목적을 달성할 수 있는 문제는 구별하여야 한다는 점이다.

사실 검찰불신의 가장 큰 원인이 되어온 검찰권 행사의 독립성 내지 중립성의 문제만 하여도 인사권자인 대통령이 검찰을 통치수단화하고자 하는 유혹에서 벗어나 '내 사람' 또는 '믿을 수 있는 사람'을 검찰총장에 임명한다는 타성으로부터 자유롭기만 했어도 국민적 오해는 상당부분 불식할 수 있었으리라고 생각된다.

과거 김영삼, 김대중 두 대통령이 검찰인사의 그러한 한계성을 극복하지 못하여 실패한 사례를 우리는 이미 극명하게 경험해 보지 않았는가.

모든 검찰구성원이 특권의식을 버리고 도덕적 전문가 집단으로 거듭나는 문제도 운영의 개선으로 능히 해결될 수 있는 일이다.

제도적 개선책으로 논의되는 공직비리조사처의 신설이나 상설특별검사제의 도입은 비대해진 검찰권력을 견제한다는 단순논리보다 국민적 신뢰의 확보와 효율성의 측면에서 접근할 필요성이 있다.

따라서 독립수사기구의 설치와 한시적 상설특별검사제는 선택적으로 고려되어야 할 것이며, 국가기능의 중첩으로 인한 불필요한 마찰이 없도록 상응한 제도적 장치가 필요할 것이다.

검찰개혁은 인사 등 운영의 개선과 제도자체의 혁파를 나누어 계획성 있게 추진되어야 한다.

모든 개혁논의에 있어서 최우선의 가치기준은 국민의 편익이며, 검찰권에 대한 견제를 명분으로 권력기관간의 갈등요인 등 새로운 부작용을 야기하는 일이 있어서는 결코 안된다는 사실을 특히 유의하여야 할 것이다.

〈매일신문 2003. 1. 28〉

관료사회와 역대정권

제 5 공화국 초기에 공무원윤리헌장이란 것이 만들어져 중요행사 때마다 이를 낭독하게 한 일이 있었다.

'우리는 영광스러운 대한민국의 공무원이다. … 이 생명은 오직 나라를 위하여 있고 이 몸은 영원히 겨레 위해 봉사한다'와 같은 부분은 매우 시대착오적이라는 느낌도 없지 않지만, 부속 구호라고 할 수 있는 '공무원의 신조'는 '△ 국가에는 헌신과 충성을 △ 직무에는 창의와 책임을 △ 직장에선 경애와 신의를 △ 생활에는 청렴과 질서를'이라고 되어 있어 그런대로 공무원의 바람직한 자세와 덕목을 축약하고 있었다고 볼 수가 있다.

비슷한 시기에 제정된 '국기에 대한 맹세'와 함께 당시 비정통적인 과정을 통하여 집권한 신군부가 국민적 긴장과 일체감을 고취시키고 나름대로의 애국충정을 과시하기 위하여 시행한 제도 중의 하나였다고 생각된다.

아마도 박정희 개발시대의 조국근대화 의지가 10월유신 이후 상당부분 퇴색하고 있던 무렵이기도 하므로 그와 같이 타율적인 방법으로라도 행정의 근간인 공무원들을 다잡을 필요가 있었을 것으로 짐작된다.

사실 국정운영의 책임자가 아무리 훌륭한 꿈과 정치철학을 가지고 있다고 하여도 정책집행자인 공무원들의 협조를 받지 않고는 이를 실행에 옮길 수 없는 것이므로 공무원을 다스리고 움직인다는 것은 한 정권의 성패를 가르는 참으로 중요한 과제라고 하지 않을 수 없을 것이다.

알다시피 제 5 공화국 정권은 그 정통성에 약점이 있었으므로 출범 초기에 공무원을 숙정하고 대통령이 9시 뉴스의 머리에 나와 현장을 누비는 모습을 보여주는 등 군지휘관 출신 특유의 위세와 권위로 관료사회를 장악해 갔다고 볼 수 있다.

물론 다수의 공무원들은 내심 그 숨막힐 듯이 경직된 공직사회의 분위기에 적잖은 저항감을 가졌던 것이 사실이지만 어떻든 그런 작위적인 권위창출과 부단한 점검, 확인 및 감시를 통하여 공무원들이 충실히 일하는 모습을 보여주지 않을 수 없도록 만들어 간 셈이다.

제 6 공화국 정부에 들어와서는 대통령직선제와 '보통사람들의 시대'라는 상징조작 덕분에 관료사회의 분위기가 많이 누그러지긴 했지만 공무원들을 다스리는 메커니즘 자체는 크게 달라지지 않았던 것으로 기억된다.

그렇다면 군사문화의 잔재를 떨쳐버리고 더 이상 공무원윤리강령을 낭독하거나 공무원의 신조를 읊조릴 필요가 없게 된 이른바 문민정부나 국민의 정부 아래에서의 공직사회는 어떠하였는가?

이론적으로만 본다면 당연히 억압적 분위기에서 벗어나 보다 자율적이고 민주적인 풍토 속에서 공무원들이 그야말로 봉사의 보람을 느끼면서 국민을 위한 행정을 선도해 나갔어야 옳다.

그러나 유감스럽게도 김영삼 · 김대중 두 대통령은 관료사회를 그러한 방향으로 이끌지 못했다고 보는 것이 일반적인 시각이다.

2세들의 부패연루혐의는 차치하고라도 정치(精緻)한 행정운영의 경험이 없는 민주투사 출신의 두 대통령은 혹은 기본적 소양의 부족으로, 혹은 언행불일치의 이중성으로 다수의 국민들에게 실망을 주면서 결국은 역대 어느 정권보다도 공무원들을 다스림에 있어서 실패하였다는 평가를 받고 있다.

인기를 의식한 화려한 정치구호에 비하여 일상적인 점검 확인을 소홀히 하거나 인사정책 자체의 편중성으로 인하여 대다수 국민들은 물론 행정의 기간망인 관료들조차 충성심과 승복감이 현저히 떨어졌기 때문이라고 생각된다.

기업이든 학교든 그 구성원을 단순히 힘이나 말로만 움직일 수는 없다.

황차 다양한 계층의 국민들로 구성된 나라를 움직임에 있어서랴. 국정운영의 최고책임자는 다소 힘이 들더라도 수범을 보이면서 부단한 자기절제와 헌신으로 국민들의 감동을 불러낼 수 있을 때, 공무원들을 진정으로 따르게 하면서 마음으로 다스릴 수 있다는 평범한 교훈을 우리는 과거로부터 배워야 할 것으로 믿는다.

〈매일신문 2003. 2. 11〉

새로운 출발을 위하여

오늘 평화와 번영을 위한 도약에 국민적 동참을 호소하면서 제16대 노무현 대통령 정부가 드디어 출범하였다.

개인적으로는 고등학교 학력의 독학자가 인터넷선거혁명을 선도하면서 이 땅의 많은 젊은이들에게 서민적 꿈을 심어주었다는 뜻에서, 국가적으로는 구시대적 권위주의를 극복하고 참여와 복지, 지방분권과 국민통합을 지향하는 제 2 세대 주도의 개혁정부가 시작되었다는 뜻에서 이는 참으로 경하할만한 일이라 생각한다.

또한 새 대통령이 원칙과 신뢰, 공정과 투명, 대화와 타협, 분권과 자율을 국정의 주된 좌표로 삼으면서 겸손하고 평명(平明)한 자세로 국민을 존경하겠다는 뜻을 표명한 것도 매우 긍정적인 모습으로 비쳐진다.

이미 노무현 대통령은 국민과 함께 하는 민주주의, 더불어 사는 균형발전 사회, 평화와 번영의 동북아시대를 새로운 「참여정부」의 국정목표로 제시한 바가 있다. 또한 국정 각 분야에 걸친 12대 국정과제도 인수위 단계에서 발표된 바가 있다.

우리는 어렵게 정권획득에 성공한 노무현 정부의 이러한 국정비전 제시가 단순한 수사(Rhetoric)에 머물지 않고, 국민을 대통령 같이 받들겠다는 지금의 그 겸허한 의지가 임기 5년 내내 일관성 있게 유지되기를 바라면서, 이 시점에서 노대통령 정부가 유념해야 할 사항이 과연 무엇인지를 함께 짚어 볼 필요가 있다고 믿는다.

첫째, 국민의 불안감을 해소하는 것이 무엇보다 선결과제일 것이다. 북핵문제를 둘러싼 대미외교나 경제정책에 대한 불확실한 전망도 없지 않겠지만, 보다 근본적으로는 아직도 다수의 국민들이 새 정부를 친좌파적인 색깔로 보고 있다는 엄연한 사실에 유의할 필요가 있을 것이다. 부(富)와 시장경제 질서에 대한 반감, 성장보다는 분배, 자유보다는 평등, 사용자보다는 노동자 우선의 정책이 펼쳐질 것이라는 예측이 국민들의 일상적 경제활동을 위축케 하고 있다고 보아야 한다. 대북한 정책을 바라보는 시각도 평화와 공동번영을 위한 대통령의 호소에도 불구하고 아직은 의구심을 완전히 벗어던지지 못하고 있는 모습이다. 새 정부로서는 각료의 임명에서부터 정부출범 초기에 시행할 몇 가지의 정책에서 대국민 설득을 포함하여 국민들의 불안감을 해소키 위한 특단의 우선적 노력이 필요할 것으로 생각된다.

둘째, 이미 제시한 국정목표와 과제를 원활히 수행하기 위해서는 대통령 자신과 측근이 말보다는 실천으로 수범을 보이는 가운데 국민들의 참된 감동과 연대감을 이끌어 낼 수가 있어야 할 것이다. 힘으로 하는 통치, 말로만 하는 행정은 이미 국민들이 경험하여 충분히 간파하고 있다고 보아야 한다. 민주국가의 대통령은 피라미드의 꼭대기보다 원탁의 가운데 자리에 위치하는 것이 보다 소망스러움을 우리는 안다.

노무현 대통령은 선거당시의 초심을 잊지 말고 소박하고 겸허한 서민 대통령으로서의 이미지를 끝까지 지켜가야 할 것이다. 언제나 국민의 목소리에 귀를 기울이면서 주변을 철저히 다스리는 가운데 국민이나 관료들이 믿고 따르도록 지혜롭고 절제있는 노력을 계속 하여야 할 것이다.

셋째, 국민통합이 진실로 새 정부의 국정과제라면 과도한 편 가르기만은 기필코 피해야만 할 것이다. 우리는 이미 인수위의 운영과정에서 「개혁독선」으로 우려될 수도 있는 몇몇 징후를 발견한 바 있다. 선거는 정권획득을 위한 합법적 투쟁과정이니만치 적과 동지의 구별이 불가피하겠지만 국민통합을 표방한 새 정부가 출범하는 마당에서까지 「네편」 「내편」을 엄격히 가리는 듯한 모습은 양식있는 국민들의 걱정을 자아내기에 충분하다고 생각된다. 널리 인재를 포용하라. 개혁, 반 개혁을 구분하지 말고 모든 역량 있는 인적자원을 국가 경쟁력 강화와 삶의 질 향상을 위한 사회개혁에 함께 자리할 수 있도록 분위기를 조성하라. 포퓰리즘적 여론몰이에 빠져있지는 않은지 항상 스스로를 경계할 필요도 있을 것이다.

역사는 과거에서 교훈을 얻는다고 한다. 노무현 대통령이 이끄는 새 정부가 진실로 새로운 개혁의 역사를 쓰고자 한다면 김영삼, 김대중 두 대통령이 실패한 전철을 피해가는 것만으로도 한 페이지의 역사쯤은 충분히 기록할 수가 있을 것이다. 젊은이들에게 꿈을 준, 법치주의를 신봉하는 건국 후 최초의 법률가 출신 대통령과 그가 이끄는 정부의 성공을 오늘은 모두 함께 빌자.

〈매일신문 2003. 2. 25〉

전문가와 시민

전문가집단을 이야기할 때 흔히 의사와 법률가를 든다. 전문적인 교육을 받고 국가가 공인하는 자격시험을 거쳐 인체의 질환치료나 사람의 권리·의무와 관계되는 분쟁의 처리 등 매우 전문적인 분야의 일을 하기 때문일 것이다.

교사나 엔지니어, 언론인 등도 마찬가지다. 그들은 사회의 중요부분을 버텨주는 틀이나 기둥과 같은 역할을 하므로 이들 전문가집단이 튼튼하여야만 사회전체도 건강함을 유지할 수 있다고 볼 수가 있을 것이다.

전문가들은 사회적으로 존중을 받는다. 그러나 때로는 전문가들만의 울타리를 치고 특권을 누리거나 비전문가인 시민들의 고충을 잘 헤아리지 못한다는 비난을 받기도 한다. 전문가정신이 결여되었다거나 윤리성이 실종되었다는 사례도 이따금 겪는다. 정부가 바뀔 때마다 보건의료체계나 검찰과 사법, 교육, 언론 등 각 분야의 개혁이 논의되는 것도 그 때문이라고 생각된다.

확실히 보통사람들의 어려움을 모르거나 평균적 시민의식에서 너무 벗어나 있는 전문가들이란 그 쓸모가 없을 뿐만 아니라 경우에 따라서는 사회적으로 위화감을 조성하여 오히려 해악이 될 수도 있을 것이다.

그러나 그렇다고 하여 전문가의 영역에 속하는 분야를 비전문가인 시민들이 대신하거나 뜯어고치는 것이 과연 온당하며, 가능한 일인가는 우리가 함께 신중히 생각해 보아야 할 문제이다.

이를테면 병원의 의료서비스가 나쁘다는 여론이 있으므로 병원장을 의사가 아닌 보통의 시민으로 하여금 맡게 하여 개혁을 시도하는 경우를 가정해보자. 물론 현행제도상 가능하지도 않겠지만, 그럴 경우 의사가 아닌 병원장이 과연 전문가적 자부심에 꽉 차고 복잡한 현대의료지식으로 무장된 의사들을 제대로 통솔하여 개혁을 이루어낼 수 있을까? 보통의 시민들도 뜻만 바르다면 전문가의 일을 못 해낼바 없다는 생각 자체가 혹 예측하지 못한 위험이나 재앙을 초래하는 경우는 없을까? 의사의 자격을 갖춘 사람 중에서 올곧은 병원장감을 찾아 서비스를 개선하도록 하는 것은 원천적으로 불가능할까?

검찰이나 교육, 언론분야와 관련하여서도 마찬가지의 추론이 가능할 것이다.

전문가란 어느 분야이든 아마추어들이 따를 수 없는 투철한 전문가 정신과 자격과 경험에서 나오는 나름대로의 전문성이 있는 법이다. 그리고 건강한 민주사회란 구성원들이 각자의 영역을 지키며 분업의 논리와 윤리에 따라 다른 분야의 전문가들을 존중하는 데서 출발한다고 볼 수가 있다. 전문가집단의 폐해에 대하여는 시민들의 부단한 감시와 비판, 그리고 이를 반영한 정책적 조정 및 전문가집단 내의 시민의식과 유리되지 않기 위한 끊임없는 자정(自淨)노력으로 시정해가는 것이 정상적이라고 보아야만 한다.

그러므로 전문가의 영역에 속하는 분야의 개혁이 실질적 성과를 얻기 위하여서도 다음의 두 가지 점은 우리가 반드시 함께 유념하지 않으면 안되리라고 생각한다.

첫째 전문가가 동참하거나 승복하지 않은 개혁은 그 과정이 매우 힘들뿐만 아니라 개혁의 성과가 오래 지속되기도 어렵다는 점, 둘째 전문가 영역의 개혁은 일시적, 혁명적이 아닌 점진적, 단계적인 개혁이라고 하더라도 그 내용의 실질성만 확보된다면 오히려 그것이 자연스러울 수도 있다는 점이다.

시민들은 전문가의 영역을 얼마든지 비판할 수가 있다. 건전한 여론조성으로 그들이 특권화, 독선화되지 않도록 부단히 감시할 필요도 있다. 그러나 아마추어적인 감각으로 전문가의 영역을 스스로 손질하거나 뜯어고치려 할 때에는 그 가능성과 효율성을 생각하여 조금은 더 절제의 지혜를 발휘하지 않으면 안될 것으로 믿는다. 완급의 조절과 절차의 투명성도 필요할 것이다.

전문가는 시민의식을 잊지 않고, 시민은 전문가의 전문성을 존중하는 사회야말로 건강하고 균형잡힌 사회라고 말할 수가 있다. 검찰과 사법, 교육, 언론 등 특정 사회분야의 개혁필요성과 이를 조율하기 위한 마찰음이 곳곳에서 들리는 것을 들으면서 우리 사회에서의 전문가와 시민이 설 자리, 그 지켜야 할 도리와 순서 그리고 사회적 안정감에 관하여 다시한번 생각을 해 보게 된다.

〈매일신문 2003. 3. 11〉

검찰인사 이후

퇴임하는 검찰총장이 법무부장관을 공개적으로 비난하고 검사장급 이상의 검찰간부 13명이 거의 동시에 옷을 벗는 사상 유례가 드문 인사파동도 많은 국민들의 논란거리가 된 대통령과 평검사들의 토론에 이은 인사조치 이후로 잠잠해진 느낌이다. 3. 13.자 신·구 대구지방검찰청의 검사장이 모두 사표를 내고 부산고등검찰청은 열흘 가까운 기간 동안 검사장과 차장검사가 한꺼번에 공석이 되는 이번 사태를 보면서, 법치질서의 유지와 국민의 인권옹호를 책임져야 할 검찰이 인사문제로 이와 같이 흔들리는 모습을 보여도 과연 되는 것인가 하는 의문과 걱정을 많은 사람들이 함께 하였으리라고 짐작된다.

검찰개혁을 위한 일단계조치라는 알려진 명분 이외의 다른 사정은 정말 없는 것일까. 이렇게 되면 앞으로 검찰의 독립성·중립성문제는 다시는 대두되지 않게 되는가. 인사권자와 검찰은 이번 사태에서 어떤 교훈을 얻어야 하며 장차의 과제는 무엇인가 등의 문제도 이 기회에 한번쯤은 함께 생각해 보아야 할 것으로 믿는다.

사실 검찰간부의 물갈이 인사는 과거에도 혁명적 상황이나 정권교체기에 여러번 시험된 적이 있었음을 우리는 기억하고 있다. 차이점이 있다면 이번에는 법무부의 문민화란 이름 아래 검사출신이 아닌, 부장검사급의 법조경력을 가진 여성을 법무부장관으로 임명하여 법무부와 검찰을 분리시킨 가운데 검찰의 인사쇄신을 선도하고 있다는 점 정도로 볼 수가 있을 것이다.

여기서 검찰이 개혁의 대상인가 아닌가에 대한 논란을 벌일 생각은 없다. 정치적으로 다소 오염되었거나 국민적 불신의 대상이 된 사건의 처리에 책임있는 검찰간부들을 솎아낸다는 명분에도 반대할 이유가 없다. 그러나 그 판단은 누가 했단 말인가. 만에 하나 5. 16 혁명 후나 10. 26 사태 이후처럼 인사적체에 초조감을 느낀 소장집단이 개혁을 빌미로 자신들이 사회의 중추세력으로 부상코자 하는 잠재적 욕망을 충족시킨 한풀이적 성격은 없었다고 단언할 수가 있는가. 검찰조직을 상하로 분열시켜 거악과의 투쟁전열 자체를 흐트러지게 할 위험성은 생각해 보았는가. 진보성향의 단체를 중심으로 전문가 집단을 그들만의 잣대로 임의로 재단한 측면은 없었는가도 냉철히 자성해 보아야 할 필요가 있을 것이다. 전문가들의 저연령화는 분명히 조직에 활력을 부여하는 순기능적 측면이 있는 반면 인재의 조기 손실과 노소간 분열로 인한 위화감의 초래라고 하는 역기능적 측면도 없지 않음을 우리는 이미 경험으로 알고 있는 터이다.

검찰의 독립성·중립성을 확보하기 위하여 검찰자체에 인사권을 주느냐 법무부 장관에게 이를 유보하여 통제가 가능하도록 하느냐의 문제도 결코 쉽게 해답을 낼 수 있는 성질은 아니라고 본다. 어느 쪽에 이를 부여하더라도 인사권을 갖는 쪽은 자신만이 선의이고 당연히 이를 공정하게 행사한다는 전제를 두고 있기 때문이다.

인사권자가 아무리 검찰권 행사에는 직접 관여하지 않는다고 하더라도 연고를 따져 인사를 하는 전직 대통령들과 같은 행태를 답습한다면 결국은 검사들로 하여금 인사권자의 눈치를 보지 않을 수 없는 결과가 되고 말 것임은 자명한 이치이다.

이제 문제는 분명해졌다고 볼 수가 있다. 대통령과 법무부장관은 이번 인사를 끝으로 검찰총장 이하 검찰간부들을 스스로가 알거나 측근 사람들로부터 추천받은 사람들로 보임하겠다는 생각으로부터 완전히 자유로워져야 한다. 검찰내부는 물론 법조계와 시민의 여론을 광범하게 반영할 수 있는 인사위원회를 구성하여 거기서 투명하게 추대하고 심의하는 대로 따르겠다는 확고한 인식이 필요할 것이다.

역사의 흐름을 따라 수많은 선배간부들을 자의, 타의로 떠나보낸 검찰도 이제야말로 바로서지 않으면 안될 절박한 시점에 있다. 당신들의 인사권자인 대통령도 앞으로 검찰에는 결코 신세지지 않을 것이며 아무런 거래도 하지 않겠다고 이미 공언하지 않았는가.

무엇을 두려워 할 것인가. 법치국가원리의 대변인으로, 인권옹호의 파수꾼으로, 사회정의의 실현자로서 공익을 위한 본연의 임무에만 충실하겠다는 각오를 다지고 또 다져야만 한다. 인사권자나 정치세력에 영합하지 않는 의연하고도 고결한 법률선비 또는 법률지사(志士)로서의 참모습을 국민 앞에 보여줄 때, '검사스럽다'는 표현은 말 그대로 정의의 실현자에 대한 최대의 찬사이자 젊은이들의 선망(羨望)으로 다시 바뀔 수도 있음을 이제부터라도 명심하여야만 할 것이다.

〈매일신문 2003. 3. 25〉

격을 높이기 위한 노력

지난주 노무현 대통령이 취임 후 처음 가진 국회 국정연설에서 원고에도 없던 KBS사장 문제를 언급함으로써 국정연설의 '격(格)'을 떨어뜨린 것이 아닌가 하는 논란이 있었다. 금년도 국정의 기본방향, 특히 당면현안인 이라크 파병문제를 비롯한 한미관계 등에 대한 행정부 수반으로서의 입장을 민의의 대변기관인 국회에서 밝히고 이를 국민에게 설득하는 것이 국정연설의 기본 취지일터인데, 특정 공영기구의 인사문제에 관한 구체적인 경위 설명을, 그것도 변명같이 늘어놓은 것은 객관적으로 보아 국정연설의 관행적 권위에 어울리지 않는다는 것이 그 함의(含意)일 것이다.

언론에 보도가 되든 않든, 사실 '격'의 문제는 이 정부에 들어와 과거 어느 때보다 자주 사람들의 입에 오르내리는 관심거리가 되고 있는 것처럼 느껴진다. 장관의 격, 특정 권력기관의 격뿐만 아니라 말의 격, 사람의 격도 심심치 않게 화제의 대상이 되고 있는 모습을 보면서, 도대체 격이 무엇이길래 사람들은 이것을 은연중 지키고, 또 높이기를 바라고 있는가 하는 문제를 잠시 생각해 보게 된다.

원래 격이란 법식이나 자리 또는 인품을 뜻하는 말이다. 지위에 걸맞는 수준 또는 자품(資稟)을 의미하는 뜻으로 풀이해 볼 수도 있을 것이다. 그러니까 특정 공직자나 기관의 격을 말할 때는 법이나 제도, 관행에 의하여 그 자리나 기구에 기대할 수 있는 권위랄까 위상을 의미할 것이고, 연설이나 말의 격을 논의할 때는 그 연설이나 말을 하는 사람의 지위나 성격에 비추어 상응한 수준의 내용과 품격을 갖추었나를 따져 판단하는 것이 일반적일 것이다.

격이란 형식적 권위와는 분명 다르며 '격이 있다'거나 '격을 갖추었다'고 말할 때에는 대체로 기대되는 수준과 높이를 갖추었다는 긍정적 의미로 받아들이는 것이 보통이라고 보여진다.

이 정부에 들어와서 사람들이 특히 격의 문제를 민감하게 느끼고 또 자주 거론하는 것은 인사에 있어서의 관행파괴와, 노 대통령 자신을 포함한 솔직하고 탈권위적임을 자랑하는 일부개혁인사들의 행태와 어법 때문이라고 생각된다.

나름대로의 기준과 철학에 바탕한 인사문제와 관련하여 격을 따지는 것은 적절치 않다고 본다. 또 권위주의의 담을 허물고 소탈하고 서민적인 모습으로 국정에 임하려는 공직자의 담백한 모습을 구시대적인 격식의 창으로만 보아서도 안된다고 우리는 믿는다. 그러니까 특정장관이 넥타이를 매지 않고 출근한다거나 (지금은 달라졌다고 보지만), 장관이 과장 방을 직접 찾아가 업무를 협의한다든가 하는 따위의 모습을 격에 어긋난다고 나무랄 생각은 조금도 없다. 문제는 국민의 수임기관인 공직자는 그 공적 임무를 원활히 수행하기 위하여 법과 제도에 따라 일정한 권위를 부여받고 있는데, 그 권위에 걸맞는 말과 행동이 따라주지 않는다면 국민을 상대로 영속적으로 이끌어가야 할 공무수행에 지장을 초래하게 되고 그 피해는 결국 국민에게 돌아간다는 사실에 있다. 대통령이 특정 공영기구의 노조대표를 청와대에서 만나 직접 담판을 시도한다거나, 그 인사보좌역이 1급 공무원들은 그만큼 했으면 집에 가서 아이들을 볼 수도 있다는 취지의 말을 했다는 보도를 보면서, 과연 그러한 행동이나 말이 그 자리의 격에 맞는 언행이었는지를 되씹어보는 이유가 바로 여기에 있는 것이다.

권위주의와 존중해야 할 권위 그 자체는 분명 다르다. 법과 제도에 따른 공직의 참된 권위는 지켜져야 하고 그러기 위해서는 공직자의 말과 행동도 일정한 격이 있어야 하는 것이다.

자리에 걸맞는 수준이나 자품이 하루아침에 이루어지지는 않는다고 본다. 그러나 공직자는 자신의 말과 행동 하나하나가 그대로 국민의 기대와 실망, 보람과 상처로 연결될 수 있다는 사실을 명심하여 부단히 이를 아끼고 다듬을 필요가 있다고 우리는 보는 것이다.

격이란 원래 있는 것이 아니고 만들어가는 것으로 생각할 수도 있다. 참된 격은 절제와 인내, 수련에서 나오는 정신적인 것이다. 새 정부는 집권초기의 획득감과 의욕과잉에서 벗어나 이제부터라도 정부의 격, 사람의 격, 나라의 격을 높이기 위한 진지한 노력을 차분하면서도 꾸준하게 해나가지 않으면 안될 것이다.

〈매일신문 2003. 4. 8〉

법의날을 맞으며

다가오는 4. 25.은 '법의날'입니다.

명색이 법치국가라고 이르는 나라에서 법의날이 제정되어 있다는 사실을 아는 국민이 몇이나 될지, 더구나 그것이 4. 25.이라는 사실을 기억하는 사람들이 얼마나 될 것인지를 생각해 보면 법을 전공한 사람의 하나로서 참으로 민망하고 부끄러운 생각이 듭니다. 알다시피 원래 법의날은 미국의 법률가들이 제창하여 시행된 것입니다. 5. 1. 노동절이 주로 사회주의국가에서 큰 정치적 행사로 치러지는 모습을 보고 준법정신의 앙양과 법의 존엄성을 기리기 위하여 같은 날을 법의날로 정한 것이 그 시발로 알려져 있습니다.

그러나 근로자의 권익과 법의 존엄성이 서로 대립되는 개념일 수는 없을 것입니다. 같은 날을 국민들이 나누어져 서로 다른 뜻으로 기념 한다는 것도 썩 바람직하다고는 볼 수가 없겠지요. 올해부터라도 법의날을 우리나라 최초의 근대적 성문법인 재판소구성법이 시행된 날을 기준하여 4. 25.로 바꾼 것은 그나마 잘한 일로 생각됩니다.

그렇긴 하나 법의날을 제정한 취지인 준법정신과 법의 존엄성에 생각이 미치면 대다수의 법률가들이 우울해질 수밖에 없음은 웬일이겠습니까?

우리 국민들이 법을 어떤 태도로 보고 있으며 국민의 대표인 국회가 제정한 법률이 국민들에 의하여 어떤 대접을 받고 있는지를 여기서 잠깐 살펴볼 필요가 있을 것 같습니다.

한국형사정책연구원이 2001. 6.에 발표한 자료를 보면 서울을 포함한 전국 6대 광역시의 20대 이상 남녀 1,200명을 대상으로 조사한 결과 국민의 74.7%는 법을 반드시 지켜야 한다는 태도를 보인 반면 25.3%는 이를 지키지 않을 수도 있다고 응답하였다고 합니다. 더구나 20대 연령층의 경우에는 3명 중 한명 꼴인 34%가 법은 지키지 않을 수도 있다는 반응을 보였다고 하더군요.

분쟁해결 수단으로서의 법의 유용성에 관하여도 불과 19.9%만이 긍정적이었고 나머지 대다수의 국민들은 오히려 권력(39.6%), 돈(30.4%), 연줄(6.3%) 등을 법보다 더 유력한 수단으로 들었다고 합니다.

이것이 법을 바라보는 시민의식의 현주소입니다.

이념적으로는 국민의 대표인 국회가 제정한 법률은 곧 국민의 의사라고 볼 수도 있는데, 바로 그 법이 국민들로부터 이처럼 대접을 받지 못하고 있는 이유가 과연 무엇이겠습니까?

언젠가 한번 말씀드린 바와 같이 우리의 유교문화적 배경이나 정치, 사회적 경험도 한 원인이 되겠지만, 저는 무엇보다도 다수의 국민들이 느끼고 있는 '법 앞의 상대적 불평등감'이 가장 큰 원인이 아닐까 하고 생각해 봅니다. 다 지킨다면 나도 지키겠는데 안지키는 사람이 더 많지 않은가라는 생각, 똑같이 나쁜 일을 해도 가난하고 힘없는 사람이 더 심한 처벌을 받는다는 느낌, 법 그 자체보다는 돈과 권력이 정의를 좌우한다는 의식이 지배하는 한 우리 사회에서의 법치주의 정착은 참으로 요원하다고 하지 않을 수 없을 것입니다.

무엇이 보통의 시민들로 하여금 그러한 생각을 하게 했겠습니까? 이 땅의 어떤 판사, 검사, 변호사나 법학교수들도 보통사람들의 그러한 법적용에 있어서의 상대적 불평등감으로부터 자유로울 수는 없다고 봅니다. 법조보좌인력과 경찰은 더 말할 나위가 없을 것입니다. 법원이 관료화하고 검찰이 세속 쪽으로 기울며 변호사의 상업성이 두드러질 때, 법학교수들조차 준법시민을 제대로 길러내지 못하고 경향성(傾向性)만을 띤다면 시민의 준법의식을 어떻게 기대할 수가 있겠습니까? 본연의 입법작용을 소홀히 하는 국회의원, 정략적 이해에 따라 검찰이나 사법부에서 판단할 사안에 관하여 함부로 방언하는 정치인들은 또 어떻습니까?

언필칭 국민의 알권리와 속보성을 이유로 추측성의 앞선보도를 너무나 쉽게 하는 언론이나, 조사받고 있는 피의자의 입 앞에 마구 마이크를 들이대는 방송의 지나침도 분명 일조(一助)를 하고 있다고 봅니다.

법을 지키는 풍토가 정착되기 위하여는 무엇보다 사회지도층의 준법을 위한 환경조성이 가장 긴요하다고 생각됩니다. 나쁜사람은 반드시 벌 받게 하고 이길 사람은 꼭 이기게 하여야 합니다. 법의 적용에 차별이 있어서는 안되며, 그러한 의식과 자세를 사회 지도층이 꾸준히 이끌어 가야만 할 것입니다. 다가오는 법의날은 그러한 의지를 의례적으로나마 다시 한번 다짐하는 뜻깊은 날이 되기를 간절히, 간절히 소망해 봅니다.

〈매일신문 2003. 4. 22〉

위원회와 보좌관

김대중 대통령의 민주당 정부에서 유별나게 눈에 띈 양상의 하나는 각종 위원회의 신설이 많았다는 사실일 것이다. 굳이 독립기관이라 주장하는 국가인권위원회를 제외하더라도 중앙인사위원회, 중소기업특별위원회, 의문사진상규명위원회, 부패방지위원회는 물론, 제 2 의 건국범국민추진위원회(제 2 건국위원회), 노사정위원회, 교육인적자원정책위원회, 지속가능발전위원회, 의료제도발전특별위원회, 약사제도개선 및 보건산업발전특별위원회 등이 모두 대통령 직속의 합의제 행정기관 또는 자문기관으로 새로 만들어진 것들이다. 노무현 정부에 들어와서는 거기다가 정부혁신·지방분권위원회, 국가균형발전위원회, 동북아경제중심추진위원회 등이 또 추가로 신설되었으니 기존의 민주평화통일자문회의, 국가과학기술자문회의 등까지 합치면 도대체 대통령 직속의 위원회가 몇이나 되는지 정확히 알기도 어려운 상황이다.

같은 대통령직속의 기구라고 하더라도 그 자체로 독립적 행정기관의 성격을 갖는 것과 자문기구로서의 역할을 수행하는 위원회는 물론 다르다. 대통령중심제의 국가에서 이와 같이 합의제의 독립위원회나 자문적 역할을 수행하는 위원회가 많아진 것은 그만큼 현대행정이 복잡하고 전문성을 띠고 있기 때문이라고 볼 수도 있다. 그러나 위원회의 명칭 자체에서 알 수 있듯 그중 일부는 성격자체가 불명확하거나 통상의 행정체계와 중복되어 이를 꼭 별도기구로 신설할 필요가 있었겠느냐 하는 의문이 드는 것도 없지 않다는 것이 다수 국민들의 보편적 시각이다.

그렇다면 이와 같이 대통령 직속의 각종 위원회를 양산한 것은 실제로 범국민적 지혜를 민주적으로 수렴하기 위하여서라기보다 대통령의 책임을 분산시키고 적당한 모양새를 갖추면서 친여인사나 학자들에게 자리를 나누어 주는 부수적 효과도 기대할 수 있는, 일종의 민심호도책 내지 매우 생산성이 낮은 전시적 국정운영의 사례라고 보지 않을 수가 없다. 실제로 지난 4월 29일 위원들 스스로가 해산을 결의한 제 2 건국위원회의 예나 현재 별다른 기능을 수행치 못하고 있는 노사정위원회, 또 이따금 다른 국가기관과의 사이에 갈등양상을 노출하고 있는 모모한 위원회 등의 사례가 모두 그러한 실정을 반영하고 있다고 보아야 할 것이다.

결국 국민적 비판의 대상이 되고 있는 이러한 사례에서 얻을 수 있는 교훈이자 우리가 함께 유의하여야 할 점은 독립위원회든 자문기구이든 국정운영 성패의 종국적 책임은 행정부의 리더인 대통령에게 있는 것이고, 대통령직속의 위원회라고 하는 면피성 요식(要式)과정을 거쳤다고 하더라도 그로써 행정부 수장의 역할과 의무가 경감될 수는 없다는 점이다. 오히려 행정기능의 중복과 기관간의 갈등이 노정될 때에는 대통령 스스로가 적극적으로 이를 조정, 통제할 책임이 있다고 보아야만 할 것이다.

이 정부에 들어와 대통령령인 '정책보좌관의 설치 및 운영에 관한 규정'에 의하여 지금 각 부처에서 실시중인 정책보좌관 제도도 다른 의미에서 비슷한 위험성을 지니고 있는 것으로 생각된다. 이 제도는 새로 취임한 행정부의 장들을 중심으로 개혁작업을 수행하기는 해야겠는데, 기존의 관료들은 전적으로 믿기가 곤란하고 과거 자신들을 돕던 보좌인력들은 아직 남아돌고 있으므로 겸사겸사 이들을 정책보좌관이란 이름으로 채용하여 활용하겠다는 취지로 볼 수가 있을 것이다. 요컨대 기존관료에 대한 불신과 업무추진을 위한 일손보충, 그리고 인연에 따른 보좌인력의 자리마련 필요 등 복합적 요인이 이번 보좌관 제도의 채용배경이라고 할 수가 있다. 그렇게 들어온 정책보좌관이 기존의 행정질서나 위계와 마찰 없이 원만히 보좌기능을 수행할 수 있을까, 해당부처의 젊고 유능한 관리 중에는 그러한 보좌관 적격자를 전혀 찾을 수가 없을까, 기존 관료의 포용, 설득 없이 개혁자체가 순탄하게 이루어질 수 있을까 하는 점들을 우리는 함께 신중히 생각해 볼 필요가 있을 것이다.

결국 새로운 위원회든 보좌관제도이든 그것이 정책적 실효를 거두기 위하여는 명분에 못지않게 동기가 순수하여야 된다고 우리는 본다. 국정운영의 종국적 기준은 국리민복을 위한 생산성이며, 위원회의 신설과 보좌관의 다수채용이 반드시 능사만이 아님을 정책관계자들이 유념하여야 할 이유도 바로 여기에 있다고 생각되는 것이다.

〈매일신문 2003. 5. 6〉

분수를 모르는 사람들

가끔 텔레비전이나 신문을 보다보면 '아 저사람이 아직도' 하는 느낌을 받는 경우가 있다. 대개 정치인이나 한때 사회저명인사로 인정되고 있던 분들인데, 대중들에게 실망을 안겨주었거나 적어도 실망을 준 상황에 일말의 책임을 느끼는 것이 순리에 가깝다고 보여지는 분들이다. 시대의 변화는 어쩔 수가 없는 것이어서, 당사자들로서는 아직 사회로부터 망각되기가 억울하다고 생각되는 점이 있다고 하더라도 다수 국민의 정서로는 이제는 좀 덜 나섰으면 좋겠다고 보고 있는 것이 보통이다. 전직 대통령이든 전직 국회의장이든, 또는 저명한 사회단체의 장을 역임한 사람이든 사리는 같을 것이다.

공직을 맡든 안 맡든 사람의 근본적 가치에는 아무런 변함이 없을 것임에도, 자신을 변명키 위해서나 세상의 평가를 억울하게 생각한 나머지 때 이른 자서전을 쓰거나 영양가 낮은 회고록 따위를 펴내는 사람들도 비슷하게 보인다.

왜 이런 엇박자가 생기는가를 가만히 살펴보면 결국은 자신의 분수를 정확히 헤아리지 못하기 때문이 아닐까 하고 생각하게 된다.

분수란 스스로 분별할 줄 아는 슬기라고 볼 수가 있다. 객관적 상황에 비추어 자신이 설자리와 해야 할 역할을 정확히 가름할 줄 아는 지혜를 갖춘 사람을 우리는 분수를 아는 사람이라고 말할 수가 있을 것이다. 자기를 객관화하여 살필 수 있는 여유랄까 조감력(鳥瞰力)을 갖춘 사람이야말로 분수를 아는 사람이다. 이웃과 사회, 국민의 의식과 정서를 먼저 생각할 줄 아는 사람이라야 스스로의 분수를 지킬 수가 있다. 사실 매사에 도를 넘지 않고 스스로의 몫과 자리를 헤아려 지킬 줄 아는 지혜를 갖춘 사람들은 의외로 우리 사회에 그리 많지 않다고 볼 수도 있을 것이다.

왜 사람들은 분수를 지켜야 하는가. 분수를 지키지 못하는 사람은 우선 품위가 없어 보이기 때문이다. 노추(老醜)라고 했던가. 나이 들어가면서 분수를 지키지 못하는 사람은 더욱 추하게 보인다. 반면에 스스로의 분수를 잘 아는 사람은 무리한 일을 하지 않기 때문에 항상 떳떳하고 단아한 기품을 지킬 수가 있다. 90이 넘으신 피천득선생이나 유달영선생같은 분을 보라.

분수를 지켜야 할 또 다른 이유는 분수모르는 사람들의 지나친 자기과시나 노출욕은 일반인들에게 아무런 감동을 주지 못할 뿐만 아니라 오히려 사회를 혼란스럽게 하기 때문이다. 이 점은 이미 국민적 평가가 끝났다고 생각되는 구정치인이나 과거의 사회저명인사가 세인의 이목을 끌기 위하여 불쑥불쑥 박자 안 맞는 지상출현을 할 때 사람들이 느끼는 역겨움 같은 것을 생각해보면 누구나 수긍이 가리라고 믿는다.

분수를 지킬 수 있다는 것은 냉철한 현실인식을 전제로 한다. 따라서 그것은 국가적 차원에서의 외교나 행정의 영역에서도 그대로 타당하리라고 믿는다. 노대통령의 방미결과를 둘러싸고 대미굴욕외교니 개혁정신의 실종이니 하는 등의 말도 있는 모양이지만 이것을 다른 측면에서 보면 국력이나 국제정치의 역학관계에서 본 대한민국의 현실적 분수를 깨달아가는 과정이라고 볼 수도 있을 것이다. 행정의 영역에 있어서도 비상한 개혁의지를 가지고 출발을 하였지만 야당과 의외로 완강한 보수 세력의 저항, 관료들의 전문성논리, 경제안정을 앞세운 재벌기업의 노련한 포용책 그리고 이른바 개혁세력의 무경험 등이 복합적으로 작용하고 보면 분수를 넘는 개혁의지의 실현이 얼마나 힘든 것인가를 하루하루 깨우쳐갈 수밖에 없을 것이다. 결국은 당초의 뜻과는 관계없이 융화와 개혁을 병행하면서 단계적으로 이를 추진할 수밖에 없다는 '분별의 슬기'를 서서히 깨닫게 될 것임을 쉽게 예측할 수가 있다.

바람직한 분수지키기의 모습은 어떤 것일까. 소리를 내지 않고, 따라서 스스로가 한 말의 구속도 덜 받으면서 자신이 설 자리와 해야 할 일의 몫을 정확히 가리면서 묵묵히 가족과 이웃, 사회와 나라를 위하여 봉사하는 분이야 말로 분명 국민들의 눈에 분수를 지키는 아름다운 모습으로 비춰질 것이다. 분수를 모르는 사람들이 많은 사회는 시끄러운 반면 분수를 아는 사람들이 모인 사회는 질서가 있고 평화로울 것이다. 세상의 모든 사람들이 저마다 스스로의 분수를 깨우쳐 우리 사회가 영원히 평화로울 수는 없는 것일까.

〈매일신문 2003. 5. 20〉

행정의 딜레마

대학총장으로 행정을 하다보면 '선택의 어려움'을 겪는 경우가 자주 있다. 대개의 일에는 긍정적 측면과 부정적 측면이 함께 있어, 항상 긍정적 효과가 큰 쪽으로만 선택을 하기가 쉽지 않기 때문이다. 일이란 좌우간 결단을 내려야 하는 것이므로 이러한 선택의 문제는 행정책임자가 일상적으로 겪는 일종의 딜레마라고 할 수가 있다.

가장 자주 선택을 강요당하는 어려움은 '민주와 효율의 딜레마'라고 할 수가 있을 것이다. 민주적인 것이 언제나 비효율적이라고 볼 수는 없지만 교수와 직원, 학생 등 구성원의 의사를 일일이 따르자면 효율성이 저해되고, 효율 위주로 행정을 하자면 불가피하게 비민주적이라는 비난을 면할 수 없게 된다. 면담이나 회의 또는 간담회 등을 통하여 학내의 의견을 되도록이면 민주적으로 수렴하고자 노력하는 편이지만, 그것만으로 행정의 생산성이 언제나 담보된다고 볼 수는 없다. 그동안의 경험에서 나름대로 터득한 지혜는, 어떻든 많은 의견을 듣되 종국적인 결정은 스스로의 책임하에 판단하지 않으면 안된다는 사실이다. 회의체에만 미루는 것은 우유부단에 다름 아니고, 단독의 성급한 판단은 독선으로 떨어질 위험이 있다. 결정에 이르기까지 경청하고, 결정을 위한 결심이 서면 당사자의 설득에도 상당한 노력을 기울이지 않으면 안됨은 물론이다.

'균형과 집중의 딜레마'는 또 다른 선택의 어려움 중 하나이다. 한정된 자원으로 모든 분야를 골고루 지원할 수도 없거니와 그래서는 대학 자체의 경쟁력도 떨어질 수밖에 없다. 결국은 특성화되고 경쟁력이 강한 몇몇 학부, 학과를 집중적으로 지원하고 다른 분야는 일종의 동반효과를 기대하는 것이 전략적으로 유리하다고 판단되지만 이는 다른 학부, 학과의 상대적 박탈감을 자아낸다는 문제점이 따른다. 오늘의 대학은 근본적으로 교육중심이냐 연구중심이냐, 학술지향이냐 실용지향이냐, 균형발전이냐 특화발전이냐의 사이에서 고민을 할 수밖에 없고, 집중을 통한 특성화를 한다고 하더라도 대학으로 존속하는 이상 학문 각 분야에 대한 교육과 연구를 위한 기본적인 지원은 당연하고도 불가피한 측면이 있다. 결국은 어느 정도로 균형 있게 배려하고 어느만큼 집중된 선택을 하느냐가 그 학교의 발전전략으로 귀착되는 셈이며, 그 전략에 대한 공감도가 바로 총장의 리더십과 신뢰감으로 나타나는 것이다. '균형'은 원만하나 발전이 없고, '집중'은 전략상 불가피하나 공감을 얻을 수 있는 판단이 전제된다고 말할 수가 있을 것이다.

'공과 사의 딜레마', 또는 '공식적(Formal) 요인과 비공식적(Informal) 요인 사이의 딜레마'도 결코 쉽지 않은 문제이다. 행정에 있어서 공익보다 사익을 우선한다는 것은 생각할 수 없는 일이지만, 인사를 비롯한 각종 업무수행과정에서 이론과 형식을 앞세운 공식적 접근보다는 감성과 인간관계 등 비공식적 요인에 호소하여 행정목적을 달성하는 경우를 우리는 흔히 본다. 가령 특정 보직자를 인선함에 있어, 자격은 갖추었으나 잘 알지 못하는 사람보다 능력은 약간 떨어져도 총장과 인간관계가 돈독하여 더 열심히 일해 줄 사람이 훨씬 유용하다는 판단도 일단은 가능할 수 있기 때문이다. 그러나 그런식으로 한번 비공식적 요소에 의존하게 되면 종내에는 대다수 구성원들로부터 도덕적 승복을 얻어내기가 어렵게 되고 만다. 결국은 엄정한 공식적 요인을 고려하여 인선을 하되, 인선된 사람들을 대학을 위해 진심으로 헌신하는 인재로 변화시켜 몸과 마음을 불태우게 하는 것이 바로 경영의 요체인 것이다.

복잡다양하고 이해집단도 훨씬 많은 국가행정을 대학행정과 비교할 수는 없을 것이다. 그러나 민주와 효율, 균형과 집중, 공식적 요인과 비공식적 요인 사이에서 겪는 딜레마는 근본적으로 큰 차이가 없을 것으로 믿는다. 대화와 타협이란 명분 때문에 행정의 효율과 생산성이 눈에 띄게 떨어지고, 균형발전의 이름아래 전략적 집중의 기회를 놓치며, 비공식적 고려요인에서 벗어나지 못하여 국가행정의 전문성과 엄정성이 보장되지 않는다면 그 피해는 결국 대다수 국민에게 돌아갈 수밖에 없음을 모든 행정책임자들은 반드시 명심하여야 할 것이다.

〈매일신문 2003. 6. 17〉

언론과 검찰의 닮은 점

검찰과 언론은 여러 측면에서 유사한 면이 있다. 다루는 분야를 놓고 본다면 언론이 검찰보다 더 광범하기는 하지만, 진실을 밝히고 사회정의를 추구한다는 점에서 양자의 역할에는 공통점이 있다. 검찰이 스스로를 '법치주의의 감시자'로 자처하고 신문을 흔히 '사회의 목탁'으로 비유하는 것도 검찰과 언론의 정의수호적 또는 사회계도적 순기능과 관련된 것이라 하겠다. 법이 부여한 것이든, 사실상의 영향력이든 '힘'을 가졌다는 점에서 정치인과 기업인을 포함한 많은 국민으로부터 경원의 대상이 되고 있다는 것도 두 집단 사이의 유사점이다.

▼ 진실 밝혀 사회정의 추구 ▼

그래서인지 모르나 정권이 바뀔 때마다 집권자측에 의해 우선적인 개혁 대상으로 검찰과 언론이 거론되는 점도 공통적이라고 할 수 있다. 정권은 제도적 권력의 측면을 지닌 검찰에 대해서는 인사권을 수단으로, 시민적 영향력을 배경으로 한 언론에 대해서는 법적, 경제적 제재의 방법으로 개혁을 시도해 보았지만 타율적인 방법으로는 그 실질적 성과가 미미할 수밖에 없었다는 점도 비슷해 보인다. 유신시대의 긴급조치나 국가보위입법회의 시절의 언론통폐합과 같은 초헌법적 발상에 일부 검사와 언론인 출신들이 '법률기술자' 또는 '글꾼' 격으로 머리를 빌려준 아픈 기억도 양 집단이 공통적으로 갖고 있다.

그러나 업무의 성격상 또는 조직의 생리상 일부 공통점이 있다고 하더라도 검찰과 언론은 기본적으로 상호 긴장관계일 수밖에 없다. 시민의 자유와 재산에 막중한 영향을 미칠 수 있는 검찰권의 남용에 대해서는 법원과 더불어 언론이 가장 강력한 견제 역할을 하기 때문이다. 뿐만 아니라 수사나 공소제기와 같은 검찰권의 행사도 신문이나 방송이라는 거울을 통하여 국민에게 전달될 수밖에 없기 때문에 언론의 광범한 영향력은 검찰권에 결코 비교할 바가 아니다. 자주 있는 일은 아니지만 그 거울이 오목거울이거나 볼록거울이 되어 사안의 실체를 왜곡되게 투영한 경우가 없지 않았던 것도 사실이다.

특검수사를 포함하여 검찰이 관련된 사건 수사보도가 어느 하루 빠진 날이 없는 것이 오늘날의 현실이다. 서울의 법원 검찰청사에는 130명 안팎의 기자가 거의 상주하면서 취재활동을 벌일 정도로 우리나라에서 검찰수사에 '언론 소비자'들의 수요는 대단히 크다. 여기서 당연히 부각되는 문제는 치열한 취재 경쟁을 하는 과정에서 국가형벌권의 적정한 행사나 인권의 보호와 같은 당연한 법치국가적 원칙이 모르는 가운데 잊혀지거나 실종되어 버릴 수도 있다는 점이다. 그중에서도 필자가 검사로 근무한 경험까지 보태 말하자면 다음의 두 가지 관행은 반드시 고쳐져야 할 폐습이라고 생각한다.

▼ 선부른 예측 버려야 ▼

첫째, 진행 중인 사건에 대한 추측과 전망보도, 즉 수사의 실제보다 앞서가는 보도의 적정성 문제이다. 수사는 증거의 수집과정이고 법이 부여한 준사법적 권능이다. 그런데 언론이 예컨대 압수수색 계획을 미리 보도하거나 수사가 미칠 인적 범위에 관하여 선부른 예측을 한다면 우선은 공익을 위한 수사목적 달성에 지장을 초래하게 될 것이다. 또 그 예측이 맞지 않을 경우 국민적 의혹과 불신이 가중될 수밖에 없음은 자명한 이치다. 전문분야의 영역을 언론이 상식선에서 판단하는 위험도 따를 것이다. 미국이나 일본의 대신문에서는 그런 종류의 보도를 찾을 수 없다는 점을 눈여겨볼 필요가 있다.

▼ '인권과 신뢰' 버팀목 돼야 ▼

둘째, 구속된 피의자의 사진을 내보내는 것과 같은 초상권·인격권에 대한 무감각이다. 비록 피의자라고 할지라도 형사판결이 유죄로 확정될 때까지는 무죄로 추정되는 것이 형사법의 대원칙인데도 검찰청사에 출석하는 피의자나 구속이 집행되어 포승에 묶인 피의자를 세워놓고 촬영하는 모습을 모든 국민이 아무렇지도 않게 보아서는 안될 것이다. 이 점은 국민의 알 권리를 이유로 한 언론의 과잉경쟁과도 깊은 관련이 있으므로 언론사와 검찰을 비롯한 수사기관간의 신중한 협의와 적정한 기준이 마련되어야 할 것이다.

검찰과 언론이 국민으로부터 더 깊은 신뢰를 얻기 위해서는 최소한 이런 문제들만이라도 서둘러 지혜롭게 개선하는 것이 필요하다.

〈동아일보 2003. 6. 6〉

관료개혁 '주체와 객체'

선거에 의해서건 쿠데타에 의해서건 정부가 바뀔 때마다 개혁은 어김없이 시도되어 왔다. 그때마다 관료의 의식과 행태도 개혁의 대상으로 생각된 것은 물론이다. 그러나 범정부적 국민운동이나 각종 제도의 개혁을 하자면 결국은 관료의 참여 하에, 그들을 매개로 추진할 수밖에 없게 된다. 따라서 처음에는 개혁의 적 내지는 객체로 생각되었던 관료집단도 결국 개혁의 주체로 편입될 수밖에 없다는 것이 지난 40여년간의 경험이다.

▼ 공무원집단, 객체인 동시에 주체 ▼

역설적이지만 역대 정권 중 관료집단을 국정운영에 가장 잘 활용한 것은 국가재건이나 민족중흥 또는 정의사회 구현 등을 내세우며 끊임없이 국민을 긴장시켰던, 정통성을 결여한 권위주의적 군사정부였다.

물론 많은 우수 관료들이 조국 근대화나 경제성장, 안정을 위해 헌신한 것이 특정 정부나 지도자를 위해서였다고만 볼 수는 없을 것이다.

반면 행정 경험이 없는 문민정부나 국민의 정부에 들어서는 오히려 관료의 헌신성과 행정의 정치(精緻)함이 현저히 떨어지는 모습이 드러났다. 사회 전반의 민주화 진전 탓도 있겠지만 김영삼 정부의 인치(人治)

의존, 김대중 정부의 편중 인사도 그 요인으로 볼 수 있을 것이다.

그러면 노무현 대통령이 이끄는 참여정부 하의 관료는 어떠한가. 파격적으로 장관을 임명하고 청와대 기구를 개편하며 각 부처에 정책보좌관을 신설할 때만 해도 노 대통령은 관료집단을 개혁의 객체로만 인식하고 있는 듯이 보였다.

그러나 이 때문인지는 몰라도 노 대통령은 6월 중순 이후 고위 공무원과 각급 행정관서장을 대상으로 한 대화와 특강에서 결국은 공무원사회가 개혁의 주체가 되어야 함을 역설한 바 있다.

노 대통령은 또 개혁 추진조직으로 각 부처의 공식적인 업무혁신팀 외에 주니어보드나 연구모임 등 비공식적 혁신주체의 활용을 강조하면서 부처 내 개혁주체 조직간의 네트워크화를 통한 정부 혁신을 추진할 계획임을 밝혔다.

그렇다면 이 정부의 개혁은 결국 공무원이 주체가 되어 수행하되 기존 관료제를 전제로 한 공식조직과 대부분 행정경험이 없이 정부에 진출해 있는 정책보좌관을 포함한 중간급의 비공식적 코드그룹에 의해 이원적 또는 병행적으로 추진된다는 의미가 될 것이며, 이 점이 바로 과거에 추구했던 개혁 작업과 다른 점이라고 볼 수 있을 것이다.

이러한 구상은 일견 참여정부의 이념에 맞는 민주적 발상이라고 할 수도 있겠지만 다음과 같은 이유에서 그러한 발상이 지니는 위험성을 지적하지 않을 수 없다.

첫째, 그러한 정부 개혁 작업은 자칫 관료들 사이에 분열과 갈등을 초래해 관료제의 근간을 흔들 염려가 있다. 관료제에 동조과잉(Overconformity)이나 형식성과 같은 역기능이 없는 것은 아니지만 그래도 업무 효율성이나 객관성을 담보하는 순기능적 측면이 훨씬 많은데 그 근간이 흔들린다는 것은 여간 큰 문제가 아닐 것이다. 이미 많은 사람들이 공직사회 내부의 편 가르기와 줄서기를 우려하고 있다.

둘째, 조직 운영의 비효율성과 비대화를 초래해 정부와 공무원의 생산성을 떨어뜨릴 수 있다는 점이다. 민주적 의견수렴이라고 해서 기존 관료조직을 통해 하지 못할 이유는 없을 것이다. 관료는 관료 나름의 사명감과 성취 의욕, 전문성을 갖추고 있다. 만약에 기존 관료들이 그러한 준비자세를 갖추지 못하고 있다고 생각되면 인사나 교육 등을 통해 이를 시대 변화에 맞게 변모시키는 것 또한 국정책임자의 의무일 것이다. 과거의 작은 정부가 어느새 큰 정부로 바뀌면서 2월 이후 이미 500명 가까운 공무원이 증원되었다고 하는데, 과연 그 생산성을 얼마나 깊이 따져 보았는지 궁금하다.

▼ 편가르기 대신 인사-교육을 ▼

지금은 정부의 민주화보다 국가경쟁력 강화가 더 시급한 시점이라고 많은 국민은 믿고 있다. 그러기 위해서는 이제 말 그대로 개혁의 주체와 객체를 구분하기보다 수범과 감동으로 모든 관료조직을 개혁 주체로 끌어들여 그들의 생산성을 최대한 높이는 방향으로 국정운영을 해가지 않으면 안될 것이다.

〈동아일보 2003. 7. 11〉

사법개혁, 국민의 입장에서

대법관 임명 제청을 둘러싸고 파동 조짐까지 보이던 사법부 내의 동요와 재야 법조 및 시민단체의 비판이 대법원장의 보다 유연해진 입장 표명과 대통령의 사려있는 제청안 수용으로 원만히 봉합된 양상을 보여주고 있는 것은 다행스러운 일이다. 그러나 대한변호사협회는 여전히 법관 인사제도의 개혁을 촉구하고 있고, 대법원장도 '법관에게 드리는 글' 등을 통해서 차기 대법관 제청의 절차와 실질을 포함해 사법제도 전반에 관한 개혁 프로그램을 추진할 계획을 밝힌 바 있어 사법개혁은 오히려 이제부터가 시작이라는 느낌이 든다.

사실 사법개혁이라는 화두는 사법부 자체의 개선 노력 이외에, 1995년 문민정부 시절과 1999년 국민의 정부 아래서 두 차례나 국민적 관심을 모은 적이 있는 해묵은 국가적 과제의 하나였다고 할 수 있다. 그러나 적어도 평균적 시민의 시각에서 본다면 법률서비스 및 법학교육의 세계화 방안에 초점을 맞춘 김영삼 정부에서의 제 1 차 개혁시도나, 법조인 양성제도를 포함한 법조 전반의 문제와 권리구제 절차를 사법제도의 새로운 패러다임 모색이라는 틀 속에서 추진했던 김대중 정부의 사법개혁 작업은 모두 국민이 납득할 만한 가시적 성과를 얻는 데 실패했다고 할 수밖에 없다. 그러므로 이제 사법부가 행정부와 공동으로 새로

이 사법개혁 작업을 추진한다고 하더라도 과거의 경험에서 얻은 다음과 같은 몇 가지 전제와 한계적 장애요인을 반드시 유념하지 않으면 안될 것으로 본다.

첫째, 사법개혁 작업은 특정 직역(職域)의 이해가 아닌, 국민 전체의 이익을 최고의 가치 기준으로 삼아야 할 것이다. 이는 너무나 당연한 사리이지만 우리 사회에서 법조인이 차지하는 위상과 사회적 영향력을 생각해 본다면 예상보다 쉬운 일이 아닐 것이 분명하다. 법학전문대학원(로스쿨) 문제만 하더라도 법조계 전체가 그럴듯한 명분을 들어 반대하는 이상 대통령조차도 정치적 부담을 감수하면서까지 이를 강행할 자신을 가질 수 없었던 것이 과거의 경험이다. 결국 대법원을 비롯해 모든 재조, 재야의 법조인이 그야말로 열린 마음으로 제로베이스에서 법관인사제도를 포함한 사법개혁의 과제에 접근하지 않으면 국민을 위한 사법제도는 그만큼 멀어질 수밖에 없을 것이다.

둘째, 사법제도는 일시에 혁명적으로 개혁하는 것이 아니라 점진적, 단계적 개혁도 가능하다는 현실적 상황 인식을 전제로 하지 않으면 안될 것이다. 불합리한 제도는 한꺼번에 뜯어고치고 싶겠지만 재판제도는 국민생활과 밀접히 관련되어 있고 법원은 사법권 독립에 대해 대단히 민감하다는 점을 고려해야 한다. 따라서 개혁의 의제별로 국민 여론과 축적된 연구자료를 토대로 차근차근 사법개혁을 추진하는 것이 오히려 효율적일 수 있음을 유의해야 할 것이다. 그 일정표는 노무현 대통령의 임기만료 전인 2007년경에 맞추면 무난하리라고 본다. 사법부는 스스로 개혁 작업을 주도할 때 직면할 수 있는 한계에 관해서도 지혜롭고 사려 깊은 판단을 할 수 있어야 함은 물론이다. 일본이 내각 주도로 사법개혁을 추진하면서 현직 법관이나 검사를 한 사람도 13인의 심의위원 가운데 포함시키지 않은 사실이 과연 무엇을 시사하는지에 대해서도 생각해 볼 필요가 있을 것이다.

셋째, 사법제도에 대한 국민적 승복감 내지 동질감의 확보가 긴요하므로 이를 위해 시민대표를 포함한 법조 관련 직역 상호간의 대화 및 협의체제도 최소한 지금보다는 더 유기적이 되어야 할 것으로 믿는다. 이 점은 국민의 사법참여 확대 차원에서 배심제나 참심제의 일부 도입과 같은 재판제도의 중장기적인 개선 방안 이외에, 대법원장도 공언한 바가 있는 대법관 추천 방식의 개선 등 법관 인사제도 전반의 개혁을 추진함에 있어서도 전향적인 고려요인이 되어야 할 것이다.

이번의 대법관제청자문위원회의 운영에서 얻은 실패의 경험이 국민의 편익에 봉사하고 한국적 법문화에 맞는 사법제도의 창출을 위한 소중한 교훈으로 활용될 수 있기를 바라마지 않는다.

〈동아일보 2003. 8. 29〉

'보호감호제' 존폐 딜레마

1980년 국가보위입법회의에서 제정된 사회보호법상의 보호감호처분에 대한 논란이 끊이지 않는다. 폐지 주장은 천주교인권위원회를 비롯한 시민단체와 일부 변호사 및 교수들을 중심으로 제기되고 있다. 보호감호소 재소자나 출소자들도 간헐적 단식이나 1인 시위 또는 기자회견을 통해 보호감호제의 폐지를 주장하고 있다. 법무부가 대폭 개정 방침을 밝히고 있는 가운데 한 야당의 인권위원회가 폐지 입장을 확정했다는 보도가 나오고, 국가인권위원회도 이 문제를 심도 있게 검토하고 있다. 따라서 이 문제는 빠르면 이번 회기 중에라도 국회에서 본격적으로 논의될 가능성이 커졌다. 이제 존폐의 어느 쪽이 시민 생활이나 사회 안정에 더 도움이 될 것인지에 관해 함께 생각해 보아야 할 시점이다.

▼ "이중처벌-인권침해" 폐지론 ▼

보호감호란 절도·강도와 같이 비슷한 죄의 전과가 많거나 상습성이 인정되는 사람이 또 다시 같은 유형의 죄를 범했을 경우, 법원이 재범위험성이 있다고 판단하면 그 죄에 대한 징역형 등을 복역한 후 다시 보호감호소에 보내어 최장 7년 이내의 기간 동안 격리, 교화를 시키면서 매년 사회적응능력 등을 심사해 가출소 등의 방법으로 사회에 내보내는 사회방위 처분의 하나다. 원래 이 제도는 제 5 공화국 출범 전 신군부가 사회악 일소 차원에서 범죄 억지(抑止) 능력이 없는 전과자들을 서해고도 같은 곳에 영화 '빠삐용'에서처럼 장기간 격리시키자는 발상에서 비롯됐다고 알려져 있다. 그러나 법무부가 문명국가에서 그렇게 할 수는 없다고 하여 독일, 이탈리아, 스페인 등 유럽의 다수 국가에서 시행하고 있는 보안처분제도의 일환으로 이를 사회보호법으로 법제화하고, 보호감호소도 섬이 아닌 내륙의 경북 청송에 신축해 오늘에 이른 것이다. 그러다보니 보호감호처분을 받은 사람들에게 사회복귀를 위한 직업훈련을 시킨다고는 하지만, 실질적으로는 재범 위험성이 큰 전과자들을 사회로부터 격리시킨다는 뜻이 그 속에 숨겨져 있음을 부인할 수 없다.

또 하나 이 제도의 탄생 배경을 살펴보면 절·강도, 강간, 폭력 등 고질적 상습범이나 중범죄자들에 대한 형벌이 과거 법원의 양형관행에 의해 범죄 피해자인 국민의 기대만큼 한꺼번에 상향될 수가 없었다는 요인도 작용된 것으로 짐작된다. 법무부 자료에 따르면 보호감호소 수용자 1,675명(2002년)의 평균 전과가 6.6범이고, 전과 10범 이상도 220명이나 있으며 출소자들의 재범률은 33.5%에 이른다고 하니 피보호 감호자들이 감호소에 수용돼 있는 동안은 그만큼 사회가 범죄로부터 보호되고 있었다는 추론도 일단은 가능할 것이다.

보호감호제의 폐지를 주장하는 주된 논거는 형벌과 이중처벌이 되어 반인권적이며, 지금과 같은 운용으로는 재범 방지에 큰 효과가 없지 않느냐는 점으로 요약할 수 있다.

그러나 과거의 범죄행위에 대한 책임에 주안을 두는 형벌과, 장래의 재범 위험성을 예방하기 위한 사회방위에 주안을 두는 보안(호)처분은 성질이 다르다고 보는 견해가 국내외 학계나 헌법재판소의 결정으로 지지를 받고 있다.

▼ 재범방지 위한 제도개선 주장도 ▼

재범방지의 효과 측면에서 본다면 최근 20년간 전체 범죄의 증가율(233%)에 비해 주된 감호대상인 절도(87%)와 강력사범(154%)의 증가율이 상대적으로 적어진 점을 감안하더라도, 앞의 재범률에서 나타난 바와 같이 일정한 한계가 있음은 분명한 것으로 생각된다. 그러나 적어도 보호감호기간 동안만큼은 범죄가 억제되는 것이고 또 직업훈련 등 사회복귀프로그램을 감호당국이 보다 과학적으로 운영한다면 이는 얼마든지 개선이 가능하리라고 본다. 물론 근본적으로는 출소한 전과자들이 재범의 악순환을 거듭하지 않도록 보호감호폐지론자를 포함해 사회구성원 모두가 이들의 정착기반을 만들어 주기 위한 지속적 노력을 해가야 할 것이다.

재범의 위험성이 큰 전과자라 할지라도 인권을 우선해 보호감호제를 완전 폐지할 것이냐, 범죄로부터 시민생활을 보호하기 위해 이를 존치하면서 사회친화적 개선방안을 모색할 것이냐의 문제는 이제 국민의 판단에 맡겨져 있다.

〈동아일보 2003. 10. 17〉

법치적 사고

신도시에서 자전거 전용도로 같은 시설을 정비하려면 누가 어떤 단계를 거쳐 어떻게 추진해야 할까. 중국에서 입국하는 여행자 중에서 사스(SARS · 중증급성호흡기증후군) 감염 의심이 가는 승객을 격리 또는 감시하려면 필요한 조치는 무엇일까. 일반 시민들은 막연하게 관계 당국의 행정처분이나 예산조치만 생각할 뿐 구체적인 절차는 잘 알지도 못하고 관심도 없다. 앞의 경우 '자전거이용 활성화에 관한 법률'이란 것이 있어서 해당 시장 또는 군수가 자전거이용시설 정비계획을 작성한 후 도지사의 승인을 받아 추진하게 된다. 뒤의 경우는 먼저 보건복지부령인 '검역법 시행규칙'을 고쳐 사스를 검역전염병으로 지정해야 한다. 그래야만 검역법에 따른 격리 또는 감시조치가 가능하다.

▷당연한 얘기지만 법치국가에서 모든 행정상 또는 예산상의 조치는 당연히 법적 근거를 가져야 한다. 그런데도 대부분의 국민은 자신을 위주로 한 편익이나 국가적 비용 또는 심정적 타당성을 우선적으로 생각하는 성향이 있다. 반면 법적 근거가 있는지 혹은 적법한 일인지에 대해서는 상대적으로 관심이 덜하다. 그 이유는 무엇일까. 법치주의의 뿌리가 약하고 법이 국민의 생활 속에 밀착되지 못했기 때문이라고 할 수 있다.

▷학자들은 흔히 한국 사회에 법치주의가 쉽게 정착되지 못하고 있는 원인으로 우리의 유교문화적 전통과 정치 사회적 경험을 든다. 다산 정약용 선생도 '경세유표'란 저서에서 '예가 앞서고 법은 다음이다(禮主法從)'라고 기술한 바가 있지만, 아직도 국민의 정신풍토 속에는 인륜과 도덕, 예의 등을 국민의 대표인 국회가 제정한 실정법보다 우선시하는 풍조가 남아 있다. 이른바 '떼법'(떼를 써서 문제를 해결하려는 행태)이라든지 '국민 정서법'이라는 법전에도 없는 '법'이 나타나는 것도 그런 사례들이다. 특히 일제강점기와 독재체제, 군사정부 등을 거치면서 법이란 국민을 편하게 하는 것이라기보다 권위주의적 통치를 합법화하는 수단으로 제정·운용되고 있다는 일종의 피해의식이 작용하는 측면도 부인할 수 없다.

▷그러나 민주국가에서 법이란 국민의 대표에 의해서 제정된 하나의 약속이므로 그것이 곧 국민의 의사라고 보아야 옳다. 일부 법적용 현실에서 불평등이 느껴진다고 하더라도 그것이 곧 약속된 국민의 의사를 거부할 이유는 될 수가 없다. 경북 포항에서 시작된 물류대란이 수습되는 과정을 보면서 당사자들 주장의 옳고 그름과는 별도로 그 반(反)법치적인 집단성에 국민적 우려를 표하지 않을 수 없는 이유도 바로 여기에 있다.

〈동아일보 2003. 5. 19〉

파업의 한계

노동조합은 산업혁명 이후 영국에서 노동자의 열악한 근로조건을 개선하기 위한 투쟁과정에서 탄생했다. 그나마 자유로운 활동을 공인받기 시작한 것은 1824년 무렵이라고 하니 그 역사는 200년이 아직 안된다. 우리나라에서는 1898년 함경북도 성진에서 47명의 부두노동자들이 조합을 결성한 것이 최초의 사례로 알려지고 있다. 그 후 일제강점기인 1920년대 초 부산에서 일어난 부두노조의 임금인하 반대 파업과 부산 조선방직 근로자의 파업이 유명하다. 광복 직후에는 좌익계가 주도하던 조선노동조합 전국평의회(전평)와, 이를 타도하기 위해 결성된 대한독립 촉성 노동총연맹(대한노총)의 이념적 대립이 극심하였으므로 우리나라의 노조운동은 출범 초부터 민족적, 이념적 또는 정치적 색채를 띤 일면이 있었다.

▷노동조합은 '노동조합 및 노동관계 조정법'에서도 명시하고 있듯이 근로자가 주체가 되어 근로조건의 유지 개선, 근로자의 경제적·사회적 지위의 향상을 도모하는 것을 목적으로 조직된 단체 또는 그 연합체를 의미한다. 따라서 파업을 포함한 노조의 쟁의 행위도 당연히 근로조건의 유지 개선이나 근로자의 경제적·사회적 지위 향상이라는 그 존립 목적의 테두리 내에서 이뤄져야 한다. 그만큼 파업 자체가 제약과 한계를

갖고 있다고 보지 않으면 안된다. 법원의 판례도 이른바 정치 파업, 경영간섭 목적의 파업, 동정 파업 등에 대해 이러한 원칙에 따라 대부분 불법파업으로 보고 있는 것이다.

▷최근 있었던 전교조의 연가투쟁이나 조흥은행 노조 및 철도노조의 파업은 법이 정한 조정 절차를 거치지 않는 등 절차상의 흠 이외에 파업 자체가 노조활동의 목적 범위를 벗어난 것으로 보이는 데에 문제의 심각성이 있다. 파업의 명분으로 내건 교육행정정보시스템(NEIS) 문제나 은행 통합 이후 한시적 독립경영 보장 또는 철도구조 개혁법안 입법 중단과 같은 노조의 요구사항들은 어느 모로 보나 근로조건이나 근로자의 지위와는 직접 관련이 없는 정치적·행정적 사안이거나 경영상의 문제에 가깝기 때문이다.

▷노동조합에 대한 선진국의 입법 정책도 금지와 탄압에서 방임의 과정을 거쳐 법적 보호라는 단계를 거쳤으며 지금은 오히려 노조의 권한 남용에 대한 규제 쪽에 무게를 두는 것이 일반적이다. 외국의 예를 들 것도 없이 노조의 집단행동이 근로자의 생존이나 복지를 위한 순수한 목적을 벗어날 때, 먼저 국민들로부터 외면을 당할 수밖에 없다는 사실을 노조 지도자들은 각별히 명심하여야 할 것이다.

〈동아일보 2003. 7. 7〉

정권과 검찰

검사의 권한은 독일, 프랑스, 이탈리아 등 대륙법계의 국가에서 비교적 강하다고 알려져 있다. 단순한 기소권 이외에 독립적인 수사권한과 사법경찰에 대한 수사지휘권까지 갖고 있기 때문이다. 이에 반해 영미법계 국가에서는 검사가 주로 공소의 제기와 유지만을 담당하므로 검찰을 특별히 힘이 센 기관이라고 하기는 어렵다. 일본을 포함해 검찰권이 강하다고 알려진 나라는 대개 의원내각제를 채택하고 있으면서 직업공무원제가 확립된 국가라는 점도 유의해 볼 대목이다.

▷우리나라는 대통령중심제 권력구조를 가지고 있으면서도 검찰의 권능에 대해선 대륙법계의 전통을 바탕으로 하고 있다. 따라서 검찰 고유의 수사권이나 공소제기 권한도 인사를 포함해 국정 전반을 총괄하는 대통령의 의지에 직간접으로 영향을 받지 않을 수 없는 구조다. 5·16군사정변 이후 박정희 전 대통령이 중앙정보부라는 무소불위의 권력기관을 이용해 검찰뿐 아니라 사법부에까지 영향력을 행사한 것은 잘 알려진 사실이다. 보안사령관 출신의 전두환 전 대통령은 일선 치안을 맡고 있는 경찰의 사기를 중요시했던 반면 검찰에 대해서는 '권위에 민감한 법률기술자 집단'이라는 정도의 인식을 가졌던 것으로 보인다. 노태우 정부에 이르기까지 검찰은 오히려 권력자의 눈에서 벗어나지 않으려고

애썼던 측면을 부인할 수 없을 것이다.

▷야당 시절 공안검찰 때문에 많은 피해를 보았다고 주장해 온 김영삼, 김대중 두 전 대통령은 집권 이후 검찰을 개혁한 것도, 장악한 것도 아닌 어정쩡한 모습을 보여 주었다고 할 수 있다. 검찰과 법조의 생리를 잘 알지 못했던 점도 있겠지만 주된 이유는 역시 믿을 만한 장관, 총장에만 집착하는 식의 실패한 인사정책에서 찾을 수 있을 것이다. 결국은 자식을 모두 교도소에 보내면서도 검찰은 검찰대로 과거 어느 때보다 대(對)국민 신뢰도가 떨어지는 결과를 초래하고 말았다.

▷광복 이후 최초의 변호사 출신 대통령을 맞은 참여정부에서 검찰은 청와대를 포함한 정치권력과의 관계를 일단 긴장관계로 출발했다고 볼 수 있다. 한 차례 인사파동을 겪은 검찰은 더 이상 잃을 것이 없다는 듯 옛날 같으면 생각할 수 없는 기세로 검은돈의 뒷거래를 캐고 있다. 일부에서는 '검찰 파쇼' 따위의 말을 하는 모양이지만 구조적 사회악을 척결하는 것은 검찰의 기본임무다. 다른 점은 몰라도 노무현 대통령이 검찰 수사에 용훼(容喙)하지 않는 모습을 보이는 것은 국민과 나라의 장래를 위해 다행한 일로 보아야 할 것이다.

〈동아일보 2003. 8. 18〉

상대적 박탈감

제 2 차 세계대전 중 미군의 진급과 사기의 상관관계를 다룬 연구 가운데 꽤 흥미로운 내용을 본 일이 있다. 공군 병사의 진급률이 평균 47%로 헌병대의 진급률 24%보다 훨씬 높은데도 불구하고 공군 병사들이 자신의 진급 가능성에 대해 헌병보다 월등 비관적으로 보고 있어 불만을 품고 있다는 사실이었다. 이것은 객관적 상황이 어떠하든 사람들은 자신을 둘러싼 조건이 나아질수록 기대감이 커지게 마련이며 그 기대감이 충족되지 않을 때는 주위의 다른 사람들과 비교해 일종의 박탈감을 느끼게 된다는 것을 의미한다. 바로 '상대적 박탈감(Relative deprivation)'의 문제다.

▷'미국의 군인(The American Soldier)'이라는 제목의 꽤 오래된 책에 나온 위 사례는 진급 희망자 4명 중 1명만 승진하고 다수가 탈락하는 경우라면 오히려 불만이 없을 수 있지만, 거의 절반이 승진하는데도 자신이 제외된다는 사실은 견디기 어려우므로 결국 상대적 박탈감에 따른 불만이 커질 수밖에 없다는 보통 사람들의 심리를 반영한다고 볼 수 있다. 이러한 상대적 박탈감의 이론은 프랑스혁명에 관한 명저를 남긴 토크빌이 높은 발전을 이룩한 지역에서 대중의 불만이 더 높았다고 지적한, 이른바 '토크빌의 패러독스'를 설명하는 근거로도 자주 원용되고 있다.

▷상대적 박탈감은 객관적 상황의 호전을 고려하지 않은, 그야말로 상대적인 느낌이므로 항상 정당하다고 할 수만은 없다. 우리 사회에서도 연령·지역 또는 사회적 신분으로 보아 누릴 만큼 누렸다고 인정되는 사람들이 자신의 과거나 주변 사람들을 기준으로 상대적 박탈감에 연유했다고 보이는 불만을 함부로 표출한다면 그 자체로 설득력이 떨어질 수밖에 없음은 당연한 일이다. 한때의 동지가 적이 되고 지지자가 적극적 비판자로 뒤바뀌는 정치판의 모습을 보면서도 다수 국민이 이를 정치이념의 차이라기보다 기대와 배분의 괴리에 따른 상대적 박탈감의 문제로 해석하는 것도 같은 이치일 것이다.

▷그러나 널리 민심을 다스리고 국정을 한 차원 높게 이끌어가야 할 입장이 되면 사정은 다르다고 보아야 한다. 갈등의 치유가 정치의 중요한 한 측면이라면 비록 상대적인 박탈감이라고 하더라도, 적어도 그것이 국정의 발목을 잡는 일은 없도록 가끔은 전화도 하고 한번씩 만나보기도 하면서 이를 여유 있게 아우르는 것이 '코드'의 접합 못지않게 국리민복(國利民福)을 위하는 피할 수 없는 길이 아니겠느냐고 많은 사람들이 생각하고 있다고 봐야 하지 않을까.

〈동아일보 2003. 9. 29〉

대통령의 가벼운 거취 발언

불법대선자금에 관한 검찰 수사를 지켜보는 국민의 눈에는 기대와 우려가 교착돼 있다. 모처럼 '안짱' '송짱'을 외치며 성원하는 국민이 다수로 생각되지만, 무언가 심층부와의 교감 속에서 궤도 사정(司正)을 하고 있는 것이 아닌가 하는 일말의 의구심이 아주 없지도 않은 것처럼 보인다. 여기에 이해 당사자인 정당의 정략적 검찰 흠내기와 경제에 미칠 영향을 마치 시뮬레이션과도 같이 우려하는 재계의 목소리까지 겹치고 보면 우리 검찰도 지금 여간 고단하고 힘든 게 아닐 것이다.

고질화된 불법 정치자금 수수의 고리를 끊고 정치개혁의 일대 전기를 마련하자는 것이 국민적 염원이 틀림없다면, 또 대통령도 국회의장도 이번이 바로 그 정치개혁의 최적기임을 공언하고 있는 상황이라면 이제 정치인을 포함한 국민 모두가 명심해야 할 일은 단 한 가지일 것이다. 검찰 수사가 국민의 신뢰 위에서 이른 시일 내에 진실을 밝힐 수 있도록 환경을 조성하는 일이 바로 그것이다. 밝혀진 진상을 토대로 국민 감정을 살펴 고해와 사면을 하든지, 다시 대통령 선거자금에 관한 특검을 임명해 수사를 재개하든지 하는 것은 그 다음의 문제일 것이다.

그런데 불법 대선자금의 수수 경로와 규모에 관한 수사가 한창 진행 중인 매우 예민한 시점에서, 검찰의 인사권자이자 국정의 최고책임자인 대통령이 대선 당시 쓴 불법자금이 한나라당의 10분의 1을 넘지 않는다고 공개적으로 발언한다면 도대체 어떻게 되는 것인가. 만약 그 정도를 넘으면 정계를 은퇴할 용의까지 표명했다니 비록 자신의 상대적 결백을 강조하기 위한 의도라고 하더라도 그 말이 가져 올 파장이 결코 예사롭지 않을 것임은 쉽게 짐작되는 일이다.

무엇보다 그 말은 검찰 수사의 신뢰성을 훼손할 우려가 농후하다. 검찰총장의 출근표정이나 중앙수사부장의 말 한 마디가 뉴스가 되고 있는 시점에서, 대통령의 그런 구체성 있는 언급은 자칫 수사의 지침과 한계를 시사하는 것으로 오해될 수도 있다는 생각을 왜 못할까. 뿐만 아니라 노무현 대통령 자신의 솔직한 성품을 드러낸다고는 하지만 선거로 뽑힌 대통령직의 거취를 너무 쉽게, 또 자주 거론하는 것은 그 자체로 국정운영의 안정감을 해치는 결과를 초래한다는 사실도 유념할 필요가 있다. 사회를 안정시키고 국가경쟁력을 강화할 필요가 그 어느 때보다 절실한 상황에서, 국정운영의 최고책임자가 보통의 시민이 투정하듯 가볍게 거취를 운위하는 것은 우선 자신을 뽑아준 국민에 대한 도리가 아니라는 사실을 왜 생각하지 못하는가.

또한 많든 적든 불법 정치자금의 수수를 시인하는 것은 그 자체가 공개적으로 범법행위를 인정하는 결과가 돼 그냥 넘어갈 수 없는 대목이 된다. 물론 대통령은 재직 중 형사상 소추의 대상이 되지 않고 '정치자금에 관한 법률'도 지금까지는 매우 실효성 없는 법률로 인식돼 온 측면이 강하지만, 그렇다고 해서 그 범법행위로서의 성질이 달라지는 것은 아닐 것이다. 어차피 삼척동자라도 알 만한 사실이지만 그러나 그것도 밝히는 시점과 방법은 일단 숙고했어야 옳다고 본다. 아직 진실도 제대로 규명되지 않고 면죄에 관한 국민적 합의도 이루어지지 않은 상황에서 불쑥 그런 말이 나온다면 검찰과 국민은 도대체 어떻게 해야 한단 말인가. 국정운영의 최고 책임자라면 마땅히 그런 상황도 배려하는 슬기가 필요하다고 많은 국민은 믿고 있다. 참모와 보좌진은 그런 사항까지도 조언할 수 있는 체계를 갖추어야 할 것이다. 하고 싶은 말이라도 참을 수 있는 것이 바로 지혜와 경륜이다. 목민심서는 '군자는 무겁지 아니하면 위엄이 없으니(不重則 不威) 백성을 위하는 윗사람(爲民上者)은 마땅히 무거움을 갖추지 아니하면 안된다(不可不持重)'고 적고 있다.

정치인에 대한 불신이 극에 달한 느낌이 있는 지금의 상황에서 국민이 바라는 것은 빠른 진실의 규명과 이를 토대로 한 정치개혁, 그리고 대통령의 사려깊은 리더십임이 이미 너무도 극명하게 드러나고 있다고 봐야 할 것이다.

〈중앙일보 2003. 12. 16〉

법치사회를 위한 역할분담

법학을 전공하였거나 법집행기관에 근무경력이 있는 사람이라면 누구나 우리 사회에 가장 필요한 것은 법치(Rule of Law)의 확립 또는 법치주의의 정착, 실현이라는 점에 관하여 이론(異論)을 제기하지 않을 것이다. 모든 국가권력의 행사는 국민의 대표인 국회가 제정한 법률에 의거하여야 한다는 원리는 민주국가의 기본바탕이자 사회의 선진화를 앞당기기 위한 요체이기 때문일 것이다.

그러나 법보다는 인륜이나 도의, 예(禮) 따위를 앞세워온 우리의 유교적 전통이나 실정법이 통치수단으로 악용되는 모습을 보아온 역사적·사회적 경험, 그리고 법이 '가진 자'와 '안 가진 자'에게 공평하게 적용되지 않고 있다는 일반국민의 상대적 불평등감 등 때문에 그동안 우리 사회에서 법치주의가 제대로 자리잡지 못해왔던 것도 또한 엄연한 사실이다. 작년 연말의 정치개혁관련법안 심의나 예산안 통과 과정에서 보듯이 법을 제정하고 심의하는 국회에서부터 법의 명문규정이나 그 정신을 훼손하는 것이 일상화된 듯한 느낌이니, 한국적 법치주의의 갈길이 아직도 멀구나 하는 생각을 누구나 가지지 않을 수 없게 되어 있다고 볼 수 있다.

법치주의의 정착이 어렵게 생각되는 또 하나의 요인은 법이 국민생활과 밀착되지 못하고 너무 관념적이며 멀리 떨어져 있다고 느껴지는 점도 있을 것이다. 이런 측면에서 본다면 화려한 외양을 갖추어 왠지 비싸게 보이는 식당보다 수수한 모습의 부담이 덜 가게 느껴지는 식당을 찾는 것이 보통사람들의 심리이듯이, 문턱이 높은 변호사 사무실보다 접근이 비교적 용이하게 생각되는 법무사 쪽이 법치의 일상화를 위하여는 더 유리한 위치에 있다고도 볼 수 있을 것이다. 물론 소송대리를 위주로 하는 변호사 업무와 제출서류의 작성과 등기 등 제한된 신청대리만을 담당하는 법무사의 업무영역은 분명히 다른 것이지만 국민의 법생활과 밀접해있고 접근과 이용이 수월하다는 점에서는 그만큼 일반 시민과 가까운 거리에 있다고 보아도 틀림이 없을 것이다.

그렇다면 국민생활과 밀착된 완전한 법치의 실현을 위하여서는 변호사와 법무사가 보다 효율적이고 또 유기적인 역할분담을 하는 것이 필수적이라고 보지 않을 수 없게 된다. 비단 변호사뿐만 아니라 법관과 검사, 법학교수 등 법이 지배하는 사회 실현에 직접, 간접으로 기여하고 종사하는 모든 분들이 각자의 직무영역에서 재판이나 소추, 법률이론의 연구, 전파 등 업무를 성실하면서도 효율적으로 수행하고 그것이 국민의 전폭적 신뢰로 연결될 때, 우리 사회에서의 법치주의는 그만큼 빨리 국민의 생활 밑바닥에 자리잡을 수 있음은 너무도 당연한 사리라고 할 수 있을 것이다.

법무나 법학 등 각 직역(職域)의 효율적 역할분담을 위하여서는 무엇보다 직역 상호간에 존중하는 정신이 필요하다고 보아야 할 것이다. 독선적이거나 서로 배타적이어서는 아무에게도 도움이 안될 뿐만 아니라 오히려 국민의 신뢰가 더 손상되기 십상일 것이다. 국민들의 눈으로 보면 법률분야 종사자들이란 자기네들끼리 다 통하는 그렇고 그런 사이로 보는 것이 보통이기 때문이다. 이렇게 생각한다면 법원과 검찰이 자꾸 원심화(遠心化)한다거나 변호사와 법무사가 서로 직역다툼을 한다거나 법조인과 법학교수가 법조인 양성문제 등과 관련하여 서로의 주장을 굽

히지 않는 따위의 현상들은 모두 가까운 곳만 보고 먼 곳은 살피지 못하는 일종의 단견이라고 보지 않을 수 없을 것이다. 크기가 한정된 파이를 서로 많이 먹으려고 다툴 것이 아니라 법치주의가 적용되는 파이 자체를 더 크게 만들어 모두에게 이득이 돌아갈 수 있도록 지혜를 모으는 것이 보다 긴요한 과제라는 인식을 함께 가져야 하지 않겠는가.

또한 직역간 대화와 교류도 일층 활성화할 필요가 있을 것이다. 빠르게 변화하는 사회속에서 지식과 정보를 공유하고 서로에게 부족한 점을 보완하는 것은 각 직역의 업무를 보다 원활히 수행하기 위한 첩경일 뿐만 아니라 국민의 편익 측면에서 보더라도 한층 유용한 효과를 얻을 수가 있을 것이다. 근간 민사집행법학회 등 각종 학회활동에 법무사의 참여가 활발한 모습을 보이고 있는 점이나, 변호사가 중심인 법무법인에 법무사나 세무사 등 관련 직종 종사자들의 참여비율이 많아지고 있는 점 등은 이런 의미에서 매우 바람직한 현상이 아닌가 생각하게 된다.

국가권력의 행사를 국민의 대표가 제정한 법에 따르도록 함으로써 군주의 자의적인 권력발동을 통제하려고 했던 법치주의는 오늘에 이르러 강제적 명령시스템이라기보다 합의·의론에 의하여 시민의 행동을 조정하는 하나의 절차적 틀(Frame)로 그 기능이 변해가고 있다고 볼 수 있다. 시민 상호간의 약속이라고도 할 수 있는 법의 권위가 참으로 존중되고 이를 준수하는 것이 생활의 일부처럼 당연히 국민의 의식 밑바닥에 자리잡고 있는 사회야말로 선진사회라고 부를 수가 있을 것이다. 진정으로 법치가 실현되고 있는 선진사회로 다가가기 위하여는 법무관련 직역종사자 모두가 자연스럽게 역할분담을 하면서, 서로 존중하고 또 부단히 교류하는 분위기를 가꾸어 나가는 것이 무엇보다도 소중함을 다시 강조하는 이유도 여기에 있다.

〈법무사저널 2004. 1. 15〉

‘과거사 규명’ 경영자적 판단하라

친일 반민족행위와 과거 국가기관이 저지른 인권침해 등 불법행위에 관한 이른바 과거사 청산 문제가 새로운 사회적 과제로 등장하고 있다. 반민족식 친일행위의 진상규명에 관하여는 이미 여야 합의로 일제강점하친일반민족행위진상규명에 관한 특별법에 제정되어 있고, 현재 그 시행령의 제정 작업과 아울러 국회에서 친일 행위자의 범위를 현행의 ‘중좌 이상’에서 ‘소위 이상’으로 개정하자는 등의 주장과 만약 그렇다면 경찰간부 외에 악명 높았던 ‘경부(게이부)’나 ‘현병오장(겐페이 고초)’도 제외될 수 없는 것이 아니냐 하는 논의들이 일부 화제가 되고 있기는 하나, 이 문제는 앞으로 위 특별법이 시행되는 오는 9월 하순 이후 대통령 소속의 친일반민족행위 진상규명 위원회가 활동을 개시하면 어차피 국민적 공감을 토대로 다양한 접근과 기술적 논의가 가능할 것으로 믿는다. 노무현 대통령이 광복절 경축사에서 언급하고 8 · 17 국무회의에서도 강조한 과거 국가기관에 의하여 저질러진 인권침해 기타 불법행위의 진상규명에 관하여는 국가의 도덕성 확보라는 명분측면에서 크게 공감되는 측면이 있음에도 불구하고, 그 시행과정에서 적지 않은 어려움 또한 예상할 수가 있으므로 이 문제의 접근과정에서 정부와 국민이 함께 유의하지 않으면 안될 사항과 문제점들을 한번 살펴볼 필요를 느끼게 된다.

첫째, 진상을 규명해야 할 국가기관에 의하여 이루어진 불법행위의 범위를 과연 어디까지 규정할 것인가 하는 문제가 있다. 권위주의적 정부 아래에서 권력에 저항하는 민주인사를 탄압하는 수단으로 이루어진 인권침해나 기타 불법행위가 그 대상이 되어야 함은 두말 할 것도 없지만, 광복 직후의 사상투쟁 과정이나 6·25 전쟁 중의 특수상황에서 이루어진 개인이나 집단이 입은 피해, 이를테면 정부나 특정 정치세력의 개입의심이 가는 반민특위의 해체, 백범 암살 또는 사변 중 부역혐의자나 예상자에 대한 작전적 차원이라고 주장할 수도 있는 집단적 가해와 북파공작원의 문제와 같은 것은 그 범위를 확정하는 일이 결코 쉬운 일이 아닐 것이다. 정치적 의도가 있었다고 보이는 조봉암사건, 간첩 황태성 사건과 같은 경우도 확정재판의 결과를 뒤집어야 하므로 결코 간단한 문제가 아닐 것이 예상된다. 대한민국 정부의 정통성과 연계성을 가지는 문제는 더욱 논란이 될 수 있을 것이다.

둘째, 과연 실효성 있는 진상규명이 얼마나 가능하겠느냐도 문제이다. 미리 비관론을 제시할 필요가 있느냐고도 할 수 있겠지만, 정부가 막대한 행정노력을 경주하고도 이렇다 할 결과를 내놓지 못할 경우에 국민들이 느낄 허탈감과 행정낭비도 한번은 생각을 해보아야 할 것이다. 군, 국가정보원, 검찰, 경찰 등 기관은 성격상 기관 자체의 동질성과 보호생리가 매우 강하고 기록의 폐기(문제사건의 경우일수록 기록 자체가 없을 가능성이 높다)나 관련자의 사망 등 사정도 있어 몇 십년이나 지난 사건을 증거물 찾아 진실을 규명한다는 것은 참으로 지난(至難)하다고 볼 수밖에 없다. 이미 갖은 치열한 노력을 경주하고도 결국은 실망스러운 결과를 내놓을 수밖에 없었던 의문사 진상규명 위원회의 경험이 이를 증명한다고 보아야 하지 않을까.

셋째, 절차상의 문제도 깊이 생각해 보아야 할 것이다. 당시의 사법부가 통치권력에 약했다는 점을 인정하더라도 광복직후나 동란 중 또는 1960년, 70년대의 사건을 재판외적 방법으로 규명하여 이를 번복한다는 것은 절차상으로도 매우 어려운 문제일 것이다. 물론 필요하다면 특별법의 제정도 고려할 수 있겠지만 작금의 경제상황이나 민심을 생각할 때 과연 그러한 일이 국가 경쟁력 강화를 위한 다른 모든 정부의 작용에 우선하여 추진할 만큼 긴급한 과제인가 하는 주장도 한마디로 무시할 수는 없을 것이다. 오히려 이 문제는 민의의 대의기관인 국회 차원에서 국민여론을 바탕으로 포괄적인 역사바로잡기 노력의 일환으로 정치적 절충에 따라 해결하도록 맡겨버리는 것이 더 현실적이고 설득력이 있다고 볼 여지도 없지 않을 것이다.

대통령이 지적한 '역사는 미래를 창조해 나가기 위한 뿌리'란 말씀은 옳다. 그러나 국정의 우선순위와 그 차질없는 추진은 의지뿐만 아니라 사후의 성과까지를 고려한 경영자적인 판단 위에서 이루어져야 할 것으로 본다.

〈문화일보 2004. 8. 20〉

부패 없는 투명사회를 위하여

새해 들어 부패 없는 투명사회에 관한 이야기가 자주 나오고 있다. 이미 작년 10월 한 시민단체에서 반부패 투명사회 협약체결을 주장한 이래 연초에는 안국동 느티나무 카페에서 이에 호응하는 시민사회 100인 선언이 있었고, 1월 13일의 대통령 신년 기자회견에서 선진한국으로 다가가기 위한 부패청산이 강조된 이후에는 재계와 정계에서도 긍정적 반응이 이어지고 있다.

부패문제는 어제 오늘에 대두된 현상이 아닌데 온 나라가 '경제 살리기'에 매달려야 한다는 암묵적 공감이 형성되어 있는 이 시점에서 굳이 부패청산이 새로운 사회적 화두로 등장하는 이유는 무엇일까.

이것은 부패방지가 단순한 사회윤리의 문제가 아니라 국가 경쟁력이나 신인도(信認度)와 직결되는 경제적 과제일 뿐만 아니라 부분적으로는 정부에 대한 신뢰와 같은 정치적 함의(含意)까지도 띠고 있음을 반증하기 때문이라고 이해하여야 할 것이다.

미상불 부패가 만연한 나라라는 인식은 해외자본 유치 등에 장애요인이 되어 국가 경쟁력을 저해하게 되며, 부패를 수단으로 한 부의 축적이 용인된다면 계층간의 갈등이 한층 심화되어 사회통합은 더 어렵게 될 수밖에 없을 것이다.

실제로 부패문제를 연구하는 학자들 중에 국제투명성기구(Transparency International)의 부패인식지수(CPI) 1단위에 따라 국민 1인당 GDP가 2.64% 상승하며(George Davoodi, 2000), OECD국가의 경우 해외투자가 0.2% 상승한다(Shang-Jin Wei, 2000)는 연구결과를 내놓고 있음을 볼 때, 이제 부패청산은 국제적 관심사가 된 경제적 과제 내지 국가 경쟁력의 문제로 우리 앞에 등장하고 있다고 할 수 있다.

이렇게 본다면 2004년에 발표된 한국의 부패인식지수가 4.5점으로 146개국 가운데 47위에 불과하다는 사실은 우리의 경제교역규모나 소득수준에 비하여 여간 심각하게 받아들여야 할 문제가 아니다. 아시아권에서만 보더라도 싱가폴이 9.3점(5위), 홍콩이 8점(16위), 대만이 5.6점(35위), 말레이시아까지도 우리보다 앞선 39위란 사실은 매우 충격적이라고 할 수밖에 없다. 그나마 2003년(4.3점, 50위)에 비하여 다소나마 나아졌다고 하는 것이 이 정도의 결과인 것이다.

따라서 국제사회의 저평가를 극복하고 사회전반의 투명성과 청렴성을 높이는 것은 이제 단순한 선택의 문제가 아니라 우리가 경쟁력 있는 21세기의 선진국가로 발돋움하기 위하여 필수적으로 넘어야 할 범국민적 과제라고 볼 수가 있다.

그러면 국제사회가 공인하는 국가청렴도를 높이기 위하여 우리는 어떻게 해야 하는가? 한국의 부패문제는 사실 19세기 말에 우리나라에 왔던 독일 상인 오페르트나 영국 왕실지리학회 회원이었던 비숍여사가 이미 개탄했던 것처럼 꽤 뿌리가 깊다고 할 수 있다. 그것은 정·경·관 유착에 따른 구조적 문제도 있고, 온정주의, 연고주의가 작용한 사회문화적 요인도 복합돼 있다. 그리고 부패행위 자체가 가지는 습관성, 확산성, 은밀성, 보충성 때문에 척결이 쉽지 않은 일면도 분명히 있다. 그러나 역사상 유례없는 민주주의의 신장 풍토 속에서 정부와 국민의 의지가 그 어느 때보다 강하고, 국가경쟁력 강화가 절실히 필요하다는 공감이 형성되어 있는 지금이야말로 부패청산을 통한 투명사회로 가기 위한 최적의 기회라고 하지 않을 수가 없다.

정부가 지난 해 대통령 훈령으로 '반부패 관계기관 협의회'를 구성하여 부패방지위원회의 조정, 점검기능 강화 등 정부 내 반부패역량을 효율적으로 결집시키는 한편, 권력형 비리 척결을 위한 공직부패수사처 설치에 관한 법률안과 공익신고자 보호 강화 등을 내용으로 하는 부패방지법 개정안을 국회에 제출한 것도 바로 그러한 의지의 표현이라고 할 수 있을 것이다.

그러나 부패 없는 투명사회의 건설은 정부의 그러한 노력만으로는 결코 이루어질 수가 없다. 기업을 포함한 민간부문의 협조 없는 공직풍토의 정화를 기대하기 어려운 것은, 분식회계나 증뢰의 유혹이 계속되는 한 정경유착이나 수뢰행위가 근절될 수 없다는 지극히 상식적인 이치를 바탕으로 하고 있다고 보아야 할 것이다. 따라서 정부의 반부패대책도 이제는 공직사회 내부에 대한 사정활동에서 한걸음 나아가 기업과 시민사회까지를 아우르는 범국민적인 투명사회, 청렴사회 조성의 분위기로 확산되지 않으면 안될 것이다. 실제로 2003년에 우리가 조인한 유엔 반부패협약(United Nations Convention against Corruption)에서도 민간부문의 투명성 제고를 위한 각국의 조치를 강조하고 있는 터이다.

올해는 임기 3년차에 해당하는 참여정부로서는 물론 국가적으로도 광복60주년의 중요한 해이다. 이제 부패청산을 통한 투명한 선진사회로의 진입이라는 대과제를 앞에 두고 정부와 시민사회의 모든 역량과 지혜를 모아야 한다. 다행히 건전한 시민단체를 중심으로 수직적이 아닌, 수평적 파트너십을 바탕으로 한 민·경·정·관의 반부패 사회협약체결이 지금 제창되고 있으므로 자율과 참여를 기조로 투명사회 실현을 위한 합의를 먼저 이룬 다음 금년부터 구체적인 실천과제를 하나씩 이행해 가는 노력을 해 나가야 할 것이다. 부패 없는 투명사회의 실현은 국민 모두의 염원이자 국가 경쟁력 강화의 시발점이 된다고 보기 때문이다.

〈지방행정 2005. 1. 20〉

부패친화적 문화 청산해야

어느 누구도 건설산업이 지난날 우리나라 경제성장의 견인차 역할을 하면서 국가기간산업으로서 경제발전을 선도해 온 사실을 부인하지는 않을 것이다.

그리고 지금도 건설산업의 시장규모는 연간 약 137조원(2003년 기준 건설업 통계조사)으로 GDP의 19%에 이르고, 종사인구가 전체 산업인구의 약 8.2%에 해당하는 등 국가경제의 중추적 역할을 담당하고 있을 뿐만 아니라 그 산업연관효과가 매우 크기 때문에 사실상 국가경제를 주도하는 분야라고 말할 수가 있다.

동시에 건설업체들의 과당경쟁과 관련 법률 및 절차의 복잡함, 회계처리의 불투명성과 불법하도급체계 등 환경적 요인으로 건설업계 주변에는 항상 부패의 그림자가 드리워져 왔음 또한 사실이다.

실제로 부패와 관련된 국민인식도 조사를 해보면 공사·계약 분야가 세무나 경찰 등 분야에 앞서 항상 최상위로 나타나는(2004년 조사결과: 57%) 결과가 이를 반영한다고 볼 수 있을 것이다.

그러나 이제 조금씩 변화가 보이기 시작하고 있다.

관행적 부패구조 붕괴 조짐

정부는 부패문제를 국가경쟁력과 국민통합을 저해하는 범국가적 과제로 인식하고 그 어느 때보다 강한 척결의지와 자세를 보이고 있으며, 지난해 있었던 정치관계법의 개정과 기업의 자성적 위기의식이 더해져 이제는 우리 사회의 관행적 부패구조가 점차 깨뜨려지는 징조가 나타나 있기 때문이다.

정부는 전체 건설공사의 약 38%를 점하는 공공분야에 대한 의례적 감사나 단편적 단속만으로는 한계가 있을 수밖에 없다고 판단, 부패방지위원회를 중심으로 유기적인 협조 및 조정·점검체계를 구성해 부패를 유발하는 근본적 요인에 대한 제도개선을 적극적으로 추진하고 있다.

공공공사 하도급체계의 전면개편과 건설산업정보망을 활용한 상시감시체계 구축, 회계제도의 투명성 제고 노력과 함께 부정당업자에 대한 제재와 부실벌점제도 등의 실효성 확보, 그리고 건설공사 정보공개 범위의 확대와 민자사업의 경쟁촉진, 지방자치단체 계약절차 개선 등 건설공사과정의 부패요인 제거가 그 주된 내용이다.

물론 법령이나 기준·지침의 개정이 필요한 사항이 대부분이므로 근본적인 제도개선에는 적지 않은 시차가 예상된다. '경제살리기'의 대명제에 묻혀 부패청산과제의 우선 순위가 소홀히 취급될 염려도 없지 않다.

바른 경제살리기를 위해서는 오히려 부패청산이 필수의 조건이라고 볼 수도 있다. 국민들의 신뢰와 의욕고취는 말할 것도 없고 부패없는 깨끗한 사회, 부패지수가 '선진국 수준의 한국'이라는 이미지는 바로 대외신인도와 연결돼 외국인투자나 수출입증가에 결정적 영향을 미치게 된다는 사실도 염두에 둘 필요가 있을 것이다.

민간분야 자발적 참여 절실

그러나 부패청산이 어디 정부의 노력으로만 될 일인가. 온정주의와 연고주의가 판치는 사회문화적 기반위에서 기업을 포함한 민간분야의 참여와 협조없이는 정부의 노력도 벽에 부닥칠 수밖에 없다.

이런 뜻에서 본다면 작년 10월 한 시민단체의 제안으로 시작돼 지금 사회적 공감이 확산되고 있는 '반부패투명사회협약'은 행정분야는 물론이고 정치, 재계와 시민사회 그리고 사법분야에 이르기까지 모두가 동참해 일궈 가야 할 하나의 사회적 합의가 될 수 있을 것이다.

우선 각계가 자발적으로 참여하는 합의의 틀을 구성한 다음 우리 사회의 부패친화적 문화와 제도를 하나씩 개선해 나가는 분야별 실천지침을 이행해 나가야 할 것이다. 정부의 부패청산 의지가 그 어느 때보다 확고하고 국가경쟁력의 강화를 위한 경제의 체질개선이 요구되는 지금이야 말로 투명한 선진사회로 가기 위한 최적의 기회이다.

건설산업계와 관련 종사자 및 공직자들은 누적된 폐습의 고리에서 벗어나 투명하고 건강한 건설업계를 이끌어 가야 할 짐을 함께 지고 있다고 봐야 할 것이다.

〈건설신문 2005. 3. 2〉

사회 전체의 정직성

Ⅰ. 문제의 본질

교육계의 부끄러운 비리 사례는 어제, 오늘에 비롯된 일이 아니다. 금년에 들어서만도 서강대 입학처장 아들의 부정출제를 통한 입학사건, 배재고 교사의 검사 아들 답안지 재작성 특혜사건, 문일고 전교장과 교사들의 내신 성적 조작사건, 전북지역 의과대학에서 터진 개업의사와 한의사들에 대한 광범위한 학위취득 관련 금품수수사건 등은 모두 교육기관의 성적관리와 연관된 부패사건이라는 공통점이 있다. 교육계의 비리는 그 밖에도 교원임용이나 예산운용, 시설 및 물품조달 관련 사례와 최근에도 불거진 연구비 집행관련 부패사례 등이 있지만 성적관리와 관련된 추문들은 공정한 룰을 전제로 하는 교육기관의 근본적 공신력을 떨어뜨리는 행위이므로 그 사회적 파장이 여간 심각하지 않다.

이와 같은 비리와 의혹이 빈번히 발생하는 원인에 관하여는 제도적·관리적인 요인 등 여러 측면에서 접근해 볼 수가 있겠으나, 보다 근본적으로는 우리 사회 전반의 정직성과 투명성 내지 염결성(廉潔性)의 결여라는 각도에서 생각해 보지 않을 수 없다. 개인이든 집단이든 간에 그에 의하여 이루어지는 모든 유형의 부패행위는 결국 사회전체의 가치수준과 체계를 반영하는 것으로 볼 수 있기 때문이다. 결국 우리 사회의 부패 친화적 환경과 문화가 문제될 수밖에 없는 이유도 바로 여기에 있다고 할 수 있다.

Ⅱ. 우리 사회의 부패 친화적 요인

앞서 본 여러 사례들은 모두 해당 교수나 교사들이 가치 지향적 활동인 교육의 본질을 외면하고 특정 교육 수요자에게 이기적, 온정적 특혜행위를 베푼 데서 비롯된 부패행위라 할 수 있다. 부패(Corruption)[1]를 불법적이거나 부당한 방법으로 재물·지위·기회 등과 같은 물질적 혹은 사회적 이득을 얻거나 다른 사람으로 하여금 얻도록 돕는 일체의 일탈행위로 정의한다면, 우리 사회에 이러한 부패행위가 만연된 데에는 다음과 같은 환경적 요인이 있다고 볼 수 있을 것이다.

1. 사회문화적 측면

사회적 책무보다는 인정과 의리를 중시하는 온정주의, 혈연·학연 등에 얽매이는 연고주의적 정신문화는 부패청산을 방해하는 우리 사회의 고질적 병폐의 하나이다. 법적 의무를 준수하는 고지식한 사람보다 접대와 청탁에 관대한 사람을 더 인간적으로 평가하는 관행이 남아 있는 한 부패와의 결별은 그만큼 더 힘들어질 수밖에 없을 것이다.

비리를 고발하는 사람(whistle-blower)을 밀고자 취급하여 따돌리는

1) 부패의 정의에 관하여는 공직중심, 공익중심, 시장중심 등 영역에 따른 정의방식이 있고, 우리나라 부패방지법상으로는 '공직자가 직무와 관련하여 지위, 권한을 남용하거나 법령을 위반하여 자기 또는 제 3 자의 이익을 도모하는 행위'와 '공공기관의 예산사용, 재산관리, 계약체결과 이행에 있어서 법령을 위반하여 공공기관에 대하여 재산상 손해를 가하는 행위'(법 제 2 조)로 정의하고 있다.

사회풍토나, ‘보는 사람이 없으면 법을 지킬 필요가 없다’고 생각하는 사람[2)]이 많은 사회에서 부패와의 전쟁이 얼마나 힘들지는 쉽게 짐작할 수 있는 일이다.

‘예의가 먼저고 법은 그 다음이다(禮主法從)’라고 하는 유교적 전통도 서구사회보다 우리 사회의 투명성이 떨어지게 된 중요한 이유의 하나라고 생각된다.

2. 행정제도와 운영의 측면

각종 인·허가나 공사·계약 등 업무에서 담당자에게 과도한 재량을 부여하거나, 규정 자체가 애매모호한 경우에는 담당자가 권한을 남용함으로써 부패행위를 유발하는 요인이 된다. 지금은 공공분야에서 부패방지나 규제개혁 차원에서 그러한 요인을 많이 제거해 가고 있는 편이지만 과거 행정 수요자 위주가 아닌, 공급자 편의 위주의 제도와 관행이 가져온 폐단, 그리고 지금도 남아있는 일부 공공분야와 민간분야의 실태를 유심히 살펴보면 이 문제는 쉽게 짐작할 수 있을 것이다.

건설이나 건축분야의 관련 법규나 절차의 복잡성, 행정과정의 투명성 부족도 부패를 조장하는 한 요인이다. 인터넷 민원제도의 활용으로 지금은 많이 개선되었지만 아직도 민간분야의 하도급 업체나 영세 협력업체는 우월적 지위의 사업자로부터 많은 고통을 당하고 있는 것이 현실이다. 사립대학에서의 일이지만 입학처장의 아들이 입학처장 자신이 출제한 문제로 시험을 치를 수 있었다는 사실은 출제 등 시험관리 과정이 투명하지 못하고 안전과 확인 장치도 제대로 가동하지 않았다는 근거가 될 것이며, 이러한 제도와 운영상의 허점이 사회 각 분야에서 부패행위

2) 2002년 1월 반부패국민연대에서 중고생들을 대상으로 한 설문조사에서 이렇게 응답한 청소년이 47.3%나 되었다고 한다.

를 유발하는 요인이 되고 있는 것이다.

3. 정치 구조적 측면

2004년 3월 정치관계법 개정이후 많은 부분에서 개선되었다고는 하지만, 아직도 대부분의 국민들은 우리 사회에 부패가 만연된 데에는 정치 분야의 기여도가 가장 컸다고 생각하고 있다.[3] 권위주의적인 권력집중과 관주도형 경제체제, 정·경·관 유착구조에 따른 시장신규진입의 제약과 독과점 형성, 특혜금융과 특혜성 외자도입 외 전근대적 지역구 관리와 과도한 선거비용 지출 등의 고비용 정치구조는 정치자금 조달을 위한 온갖 부패행위를 배태한 것이다. 이른바 권력형 비리로 불리는 큰 부패(Grand corruption)는 다수 국민들로 하여금 일종의 허탈감과 함께 사회의 가치기준 자체를 흐릿하게 만들어 작은 부패(Petty corruption)인 관료형 부패에 대하여는 무감각하게 느낄 정도에 이르렀다. 부패는 은밀성, 보충성과 함께 마약과도 같은 습관성, 암세포와 같은 확산성이 있으므로 사회 지도층, 권력층의 부패는 사회전반에 구조적 파급효과를 미쳐왔다고 보아야 할 것이다.

Ⅲ. 정직·투명·염결한 사회를 만들기 위한 노력

우리 사회의 이러한 부패 친화적 요인들로 말미암아 우리나라는 2004년 현재 국제투명성기구(Transparency International)가 조사한 국가별청렴도지수(Corruption Perceptions Index)에서 조사대상 146개국 중 47위에

3) 2004년 4월 부패방지위원회가 주관한 부패 인식도 조사결과에 따르면 부패문제가 시급히 해결되어야 할 분야로서 국민들의 74.4%는 아직도 정치 분야를 꼽고 있다.

머물러 있으며, 공직사회의 청렴도에 대한 국민들의 인식도 아직도 부정적인 편이다.4)

그러면 부패를 방지하고 우리 사회를 정직·투명·염결한 사회로 만들어 가기 위해 정부와 조직 또는 개인은 어떤 노력을 해야 하는가?

1. 정부차원의 부패방지 방안

(1) 부패의 발생과 억제에 관한 원리

부패문제를 연구하는 학자들에 따르면 부패의 비용과 수준을 아래 〔그림〕과 같은 모델로 설명하고 있다.

즉, 부패는 적발확률이 높을수록, 처벌될 가능성이 높을수록, 또 처벌의 강도가 높을수록 기대비용이 높아져 부패행위는 억제 내지 감소할 것이고, 대리인의 입장에서 보면 고객에 대하여 독점적 권한을 많이 가질수록, 재량권이 클수록, 책임이 경미할수록, 또 대리행위가 불투명할수록 부패의 수준은 증대된다고 볼 수 있는 것이다.

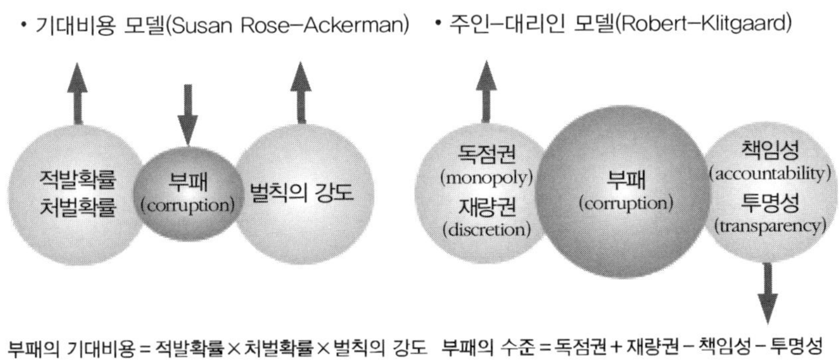

〔그림〕 부패의 비용과 수준

4) 다만 2003년 12월 부패방지위원회의 인식도 조사에서는 조사대상 국민의 64.6%가 우리 공직사회가 부패한 편이라고 응답하였으나, 2004년 7월의 조사에서는 59%의 국민이 부패한 편이라고 응답하여 조금씩 개선되는 변화를 보이고 있다.

따라서 정부의 반부패정책은 바로 이러한 원리를 기본을 하고 있다고 볼 수 있다.

(2) 부패방지법에 따른 반부패정책

2002년 1월부터 시행된 부패방지법에 따라 구성된 대통령소속의 합의제 독립위원회인 부패방지위원회를 중심으로 정부의 반부패시책이 추진되고 있다. 부패방지위원회는 대통령과 입법부, 사법부가 각각 3인씩 임명 또는 추천한 9인의 위원으로 구성되고 있으며, 부패방지시책 수립 및 평가, 제도개선의 권고, 부패행위의 신고접수·처리 및 신고자 보호 보상, 부패방지를 위한 교육·홍보, 국제협력과 민간단체의 부패방지활동 지원 등의 업무를 수행하고 있다. 부패방지위원회는 '반부패 관계기관 협의회'를 통하여 감사원 및 검찰, 경찰, 국세청과 공정거래위원회, 금융감독위원회 등의 기관과도 협의한다.

부패방지위원회는 2005년 부패방지평가 보고대회를 통하여 청렴한 공직자, 투명한 정부, 깨끗한 사회의 실현을 통한 국가경쟁력 제고를 목표로 ① 상시 반부패활동 및 제도개선 추진, ② 행정기관별 자율적 반부패 실천노력 촉진, ③ 국민적 참여와 합의를 통한 실천 이행, ④ 적발·처벌의 실효성 확보를 위한 노력, ⑤ 성과와 연계된 실질적 대책 강화를 중점 추진방향으로 제시하고 있다.

(3) 투명사회 실현을 위한 협약

정부는 정직·투명·염결한 사회의 실현을 위하여 부패문제를 단순한 사회 윤리적 과제로만 보지 않고 국가경쟁력과 정부신뢰 그리고 국민통합을 저해하는 핵심적 과제로 접근하고 있지만, 이 문제는 정부의 일방적 노력만으로는 달성될 수 없음이 너무도 명백하다. 다행히 작년 10월 반부패국민연대 등 일부 시민단체의 주창으로 사회 각 부문 간의 반부패투명사회협약체결이 제의되고, 정치부문과 경제계의 호응으로 지난 3월 공공부문과 정치부문, 경제(기업)부문, 시민사회 등이 참여하는 수평적 사회협약이 이루어졌으며, 현재 실천협의회가 구성되어 개별적 이행과제의 실천과 협약정신의 확산을 위해 민간차원의 노력이 병행되고 있다.

2. 조직 및 개인차원의 부패방지 방안

공공분야든 민간분야든 조직이 부패하면 구성원도 부패의 유혹을 떨치기 어렵게 된다. 따라서 공무원의 경우에는 부패방지위원회의 권고로 2003년 5월부터 시행된 공무원행동강령(Code of Conduct)에 따라, 기업은 나름대로 제정한 윤리헌장에 따라 윤리경영을 일상화해가고 있는 추세이다.

호주 뉴사우스웨일즈주의 반부패독립위원회(ICAC)에서 발표한 연구자료에 따르면 대다수 조직원이 '남들도 모두 이정도는 한다. 상대방의 동기는 친절이나 우정의 표시로 순수한 것이다. 편익은 우호적인 관계에 도움이 되고 능률향상에도 유익하다. 공무원은 봉급이 적기 때문에 그 정도 성의는 받아도 무방하다'고 생각하는 정도이면 그 조직은 위험도가 매우 높아 부패척결이 요원하다고 볼 수밖에 없다고 한다.

개인의 경우에도 스스로 부패 위험도를 진단해 볼 수 있는 점검사항을 만들어 볼 수 있으며, 정직·투명·염결한 사회실현을 위한 부모와 가족의 역할에 관해서도 따로 연구해 볼 필요가 있다.

Ⅳ. 함께 하는 청렴물결 운동으로

결국은 사회전반의 정직성과 청렴성(Integrity) 향상이 핵심이다. 따라서 정부는 각종 사정기관의 활동 외에 부패방지위원회를 중심으로 법령과 제도를 개선하고 부패신고자 보호를 강화하는 등 정책적 노력을 계속하고 있으며, 또 어느 만큼의 성과를 거두고도 있지만, 사회전체의 정직성이나 청렴성이 하루아침에 획기적으로 높아질 수는 없을 것이다.

부패요인을 줄이기 위하여 공공사업을 개혁하고 형사법 체계를 정비하며, 부패행위에 따른 기대비용을 높이기 위하여 적발과 처벌을 강화하더라도 타율적인 하향식 정부통제에는 숙명적인 한계가 있을 수밖에 없기 때문이다.

국민 개개인의 의식개혁이 이루어지고 사회 전반의 가치기준이 높아지면 부패행위는 이웃과 스스로에게 부끄러워서라도 함부로 자행될 수 없을 것이다. 교육의 중요성이 새삼 생각나는 것이 바로 이 때문이다. 그런데 그런 교육계에서 교육자의 자질과 품성을 의심케 하는 각종 비리의 추문이 끊어지지 않고 있으니 이 얼마나 개탄스러운 일인가.

이를 위해서는 언론과 종교의 활동도 중요하며, 건강하고 균형 있는 시민사회의 감시활동도 지속적으로 펼쳐져야 한다. 공직자와 사회 지도층을 중심으로 청렴성을 몸에 익히고 맑고 깨끗한 기풍이 사회전반에 물결처럼 확산될 때 우리 사회 전체의 정직성과 신뢰는 높아질 수 있을 것으로 믿는다.

〈대학교육 2005. 6〉

부패방지에서 청렴도 향상으로

2002년 1월에 출범한 부패방지위원회가 최근 국가청렴위원회로 이름을 바꾸었다. 물론 그 설치근거가 되는 부패방지법의 개정을 통하여서이다. 어떻게 보면 '부패방지'라는 개념이 더 구체적인데 비하여 '청렴'이라고 하면 다소 추상적으로 느껴지는 측면이 있으므로 그 정책적 득실에 관하여는 논란이 있을 수도 있을 것이다.

그러나 우리 사회의 성숙도에 비추어보면 이것은 매우 중대한 의미가 있다. 국민의 경제생활과 밀접한 관련성이 있는 세무분야를 한번 생각해 보자. 누구나 짐작하다시피 세무라고 하면 국민의 잠재의식속에서 오랫동안 부패와 부조리가 심한 행정영역이라고 관념되어 왔다. 실제로 투명성이라든가 예측가능성이라는 면에서 본다면 그동안 세무행정은 엄청나게 혁신이 되었음에도 불구하고 2005년 6월 우리 위원회가 실시한 국민인식도 조사에서 아직도 조사대상 국민의 약 40%(정확히는 39.9%)가 세무분야를 부패가 심한 영역으로 꼽고 있어 교육, 건설·건축분야와 함께 여전히 하위그룹에 자리하고 있는 현실이다.

그런데 이런 세무분야의 종사자들에 대하여 '당신네들은 왜 아직도 그렇게 부패방지를 못합니까?'라고 다그치는 편과, '그쪽 분야도 청렴도를 조금만 더 높여서 대내외적으로 제대로 된 평가를 좀 받아봅시다'라고 고무하는 편의 어느 쪽이 더 효과적일까는 물어보나마나일 것이다.

이를테면 부패방지가 소극적·통제적 접근방식에서 출발한 개념이라면 청렴도 향상은 적극적이고 미래지향적인 접근방식에서 나온 개념이다. 당연히 사후적 통제보다는 사전적 예방노력이 강조되고 감찰이나 사정, 처벌보다는 교육·홍보나 제도개선, 부패영향평가가 더 중요시될 것이다. 하향식 명령보다는 수평적 참여와 협력의 의미가 더 커질 것이다. 그것은 공직자나 국민을 잠재적 부패자로 보는 부정적 시각에서 벗어나 그들을 존중하면서 긍정적, 목표지향적으로 유도하는 관점이다.

또 하나 간과할 수 없는 착안점은 부패방지만을 늘 외치다 보면 우리나라가 국제적으로 아직 엄청나게 부패가 만연된 후진국으로 오인될 수 있다는 점이다.

아시다시피 독일에 본부를 둔 국제투명성기구(Transparency International)는 매년 각국의 부패인식지수(Corruption Perceptions Index)를 발표하고 있는데, 2004년에 우리나라는 146개국 중 47위로 평가된 바 있다. 매년 조금씩 상향되는 추세이기는 하지만 같은 아시아권에서도 대만이 35위, 말레이시아가 39위로 평가되고 있는 것(싱가폴은 5위, 홍콩은 16위로 훨씬 앞서 있다)과 비교한다면 이것은 분명 실제보다도 저평가되고 있다고 볼 수밖에 없다. 이 지수는 주로 국내에서 활동하고 있는 외국기업가와 전문가들을 대상으로 한 설문조사를 바탕으로 산출하고 있으므로 그러한 인식도에 영향을 줄 수 있는 우리 사회의 실질적인 변화와 노력이 필요한 것이다.

부패의 방지 또는 국가청렴도 향상이라는 과제는 단순한 사회윤리적 문제만이 아니다. 그것은 국가신인도와 경쟁력의 문제이며 계층간 갈등의 골이 깊은 우리나라에서는 사회통합의 문제와도 직결된다. 가진 사람이 남보다 더 열심히 일하여 부자가 되었다면 존경을 받을터인데, 우리 사회에서는 부의 축적을 대부분 탈세나 부동산 투기 또는 정격유착과 같은 부패한 수단으로 이루었을 것이라는 선입견으로 보기 때문에 부에 대한 승복감이 떨어지고 계층간의 간극은 더 깊어지는 것이다.

참여정부는 부패청산을 통한 투명하고 공정한 사회의 건설이라는 측면에서 볼 때 과거 어느 정부보다도 정책적 의지가 강하고 가시적 성과도 점차 나타나고 있다고 볼 수 있다. 공공분야를 위시하여 정치, 경제, 시민사회의 각 부문이 참여한 투명사회 협약체결을 통하여 사회적 공감도 점차 확산되고 있는 중이다. 선진투명사회로 갈 수 있는 최적의 호기(好機)라고 할 수 있다. 청렴이 곧 국가경쟁력이다. 소득 2만불 시대로 가기 위하여는 시민의 성숙된 의식과 정부의 행정역량을 모아 한걸음 한걸음 꾸준히 나아가야 할 필요가 있을 것이다.

〈월간 조세 2005. 9〉

국격(國格)과 법치

국격(國格)을 높이기 위하여는 법과 원칙의 확립이 필요하다는 말이 자주 거론되고 있다. 새해에 예정된 주요 20개국(G20) 정상회의를 앞두고 법치주의의 정착은 우리 사회의 해묵은 과제이자 정부의 주요 시정 방침의 하나로 다시 떠오르고 있다.

지난해 촛불시위와 철도노조의 파업, 국회의 파행(跛行) 운영 등을 겪어본 정부는 사회 각 분야에서 법의 원칙과 절차가 제대로 지켜지지 않아 나라의 격마저 떨어졌음을 개탄하고, 대다수 국민도 우리 사회가 선진화하자면 어떻든 떼법, 무법(無法)이 무작정 방임되어서는 안된다는 점에 관하여는 공감을 하고 있다.

그럼에도 불구하고 왜 우리 사회에서 법치주의의 확립이 긴요한가라는 물음에 대하여 정부와 시민사회 사이에는 상당한 인식의 차이가 느껴지는 것이 또한 현실이다.

원래 법치주의가 국가권력의 행사를 국민의 대표인 국회에서 제정한 법률에 의하게 함으로써 국민의 자유와 재산을 지키기 위한 필요성에서 출발하였다는 생각은 틀림이 없다. 그러나 선거라는 과정을 통하여 이미 다스리는 자(治者)와 다스림을 받는 자(被治者)의 동질성이 인정되는 현대 민주사회에서의 법치주의란 과거와 같은 단순한 방어적 차원을 넘어 정부와 국민이 합의·의론에 의하여 행동조정을 해 가는 하나의 절차적 틀로 해석하지 않으면 안된다.

이렇게 본다면 정부가 법치주의를 강조하고 그것이 우리 사회에 저항없이 뿌리내리도록 하기 위하여는 다음 몇 가지 점을 반드시 고려하지 않으면 안될 것으로 생각할 수가 있다.

먼저 법의 제정이나 집행에 있어 국민 심성(心性)이나 정서의 측면을 깊이 생각하지 않으면 안된다는 점이다. 다산 정약용 선생이 예주법종(禮主法從)이라고 표현한 바와 같이 유교적 전통이 강한 우리 사회는 법이 지배하는 사회라기보다 인륜이나 예 또는 도덕이 우선시되는 사회에 가깝다. 더구나 일제 식민지배와 권위주의적 독재체제를 겪어 본 국민들은 법을 '서로를 편하게 하는 약속'이라기보다 '강한 자에게는 약하고 약한 자에게는 강한 반갑지 않은 굴레'로 인식하는 편이다. 지난해 시행된 어떤 여론조사 결과 '법을 지키면 손해'라는 응답자가 무려 72.7%에 이르렀다는 사실은 무엇을 의미하고 있는가. 법 집행의 일관성·신뢰성은 말할 것도 없고 제정 과정의 신중함과 유소년기부터 범국민적 법 교육이 절실히 필요한 이유도 여기에 있는 것이다.

또 그러기 위하여는 사회지도층의 솔선수범과 공직윤리의 확립이 무엇보다 필요하다는 점을 우리는 잊어서는 안된다. 한 법률 전문지의 보도에 따르면 법률가들조차도 우리 사회에서 법치주의가 후퇴하고 있다고 보는 근거로 조사 대상자의 60.4%가 '지도층 인사의 반(反)법치적 행태'를 들고 있는 정도이니 더 말할 나위가 없다. 법은 국민들에게 지키라고만 요구한다고 해서 더 잘 지켜지지 않는다. 공직자들을 비롯한 우리 사회의 혜택받은 지도층에서 본을 보이며 많든 적든 국민들을 감동시켜야만 한 걸음씩 더 지키는 방향으로 다가가는 것이다.

그것이 우리의 역사적인, 또 사회적인 경험이다. 올바른 선비문화의 확립이나 제대로 된 상인정신의 정착 없이는 법의 지배 원리는 말할 것도 없고, 국가경쟁력의 향상도 국격의 업그레이드도 기대할 수 없음을 모두가 바로 살피지 않으면 안된다.

여기서 우리 사회의 법치주의 정착이 어려운 또 하나의 이유가 분명해진다. 바로 국회를 비롯한 정치권의 불법·무질서가 그것이다. 지난해에 국제경영개발원(IMD)이 발표한 우리나라의 국가경쟁력이 57개국 중 27위, 세계경제포럼(WEF)에서 발표한 국가경쟁력이 133개국 중 19위에 그친 사유도 살펴보면 노사문제와 함께 정치불안 내지 불신이 그 바탕을 이루고 있음을 쉽게 알 수 있다. 법치주의의 출발점이 되어야 할 우리 국회가 지난해까지 소집, 상임위 구성에서부터 법을 지키지 않더니 급기야 법률안 처리는 가장 적고 예산 심의는 42년 만의 기록을 깼다는 등의 오명(汚名) 속에 국민 신뢰도 꼴찌 기관에서 헤어나지 못하고 있다는 사실은 법치주의의 장래를 위하여도 여간 심각한 문제가 아니다.

상인정신과 선비문화가 조화를 이룬 가운데 법치주의가 국민의 생활 속에 정착되고 그로 인한 국격의 향상과 사회의 선진화가 큰 마찰 없이 이루어지기를 새해에는 간절히 소망해 본다.

〈중앙일보 2010. 1. 1〉

法治
自由

4
에세이 / 강연

전직 대검 중앙수사부장의 미 스탠퍼드 대학 퇴수기(退修記)

인정과 고독이 있는 캠퍼스의 풍경*

50이 넘은 나이에 시작한 우리 부부의 미국 생활은 낯선 곳에서 외로움을 견뎌낼 수 있느냐는 두려움으로부터 시작했다.

서울을 떠날 때부터 마음 속에 남았던 회의와 울분, 배신감은 상당 기간 지속됐다.

그러나 나는 이것을 축복으로 생각하기로 했고 유학이 끝날 무렵엔 내 남은 인생을 이끌 목표를 찾아냈다.

「퇴수」를 위한 결심

퇴수란 내 경우에 꼭 적합한 말인 것 같다. 정대위 박사께서 토인비의 「역사의 연구」를 번역하면서 처음 썼다고 하는 이 말은 정신없이 공직의 한 길만을 달려오다가 어느 날 갑자기 궤도를 떠나게 된 내게 부여된 유일한 선택이자 어쩌면 구원같이도 느껴지는 어휘로 생각되었다.

---

* 편집자 주: 새 정부 출범 직후인 93년 3월 27일의 차관급 고위공직자에 대한 재산공개에서 당시 대검 중앙수사부장이던 필자는 공개 대상자 가운데 그 액수가 가장 많다는 이유만으로 사임 압력을 받고 공직을 떠났다.
그가 사표를 낸 뒤 그의 재산 내역이 공개되었고 그가 공직을 이용해 富를 축적한 것이 아님이 밝혀졌다. 대부분의 보유 부동산을 장모가 모은 재산을 물려준 것이었고 그것 역시 15-26년간 계속 보유해 부동산 투기와는 무관한 것으로 밝혀졌다.
이 글은 필자가 공직에서 물러난 뒤 미 스탠퍼드 대학에 유학 가 지낸 1년 4개월간의 수기이다. 필자는 이 글을 쓴 뒤 95년 1월 말 일본 게이오대에 6개월 예정으로 2차 유학을 떠났다.

모든 것을 역사적 상황으로 돌리고 퇴수, 즉 물러나 스스로를 닦자. 그렇다. 이야기를 하자면 긴 사연이 따르고 또 지천명(知天命)의 나이라면 이미 스스로를 갈고 닦기에는 늦은 감도 있지만, 이 또한 하늘이 주신 기회로 생각하고 세계를 보고 안목을 넓히며 마음을 여는 실마리로 삼아보자. 한 살이라도 덜 먹었을 때 세계의 문인 미국과 일본을 더 익히도록 힘쓰자. 사실 나를 포함한 법률가들의 세계란 그동안 얼마나 좁고 보수적이고 폐쇄적이었던가.

그리하여 1993년 4월 공직 사임 직후부터 모교 교수의 소개를 받아 몇 차례의 편지와 팩스를 교환한 끝에 캘리포니아주 팔로 알토시(PALO ALTO)에 있는 미국 서부의 명문 스탠퍼드대 법학대학원에서 방문학자(Visiting Scholar) 자격으로 그 해 8월 11일부터 1년 4개월여 기회를 갖게 되었다.

검사로 재직하면서 두어 차례 해외 출장과 훈련의 경험은 있었지만 미국에 장기체류한 일은 없었으므로 J-1비자를 받고서도 일말의 불안이 없을 수 없었다. 인생을 그렇게 어렵게 살 필요가 있느냐는 몇 친구들의 선의어린 만류도 뿌리친 채 미 본토가 난생 처음인 아내와 함께 두어 개의 가방을 들고 샌프란시스코 공항에 도착했을 때의 기분은 참으로 착잡하였다.

한가로운 여행객은 물론 아니고 학위 취득을 목적으로 하는 학생 신분도 아니었다. 스스로가 선택한 가치와 목표에 따라 미국의 법과 문화를 익히고 그들의 의식과 제도를 살피면서 내가 이어왔던 삶의 방식을 돌이켜 보고 이제야말로 국제적 교양인으로 거듭나보겠다는 나름대로의 과제가 얼마나 실효성 있게 달성될 수 있겠느냐가 내 경우의 근본적인 문제라면, 평생을 공직자의 아내로 기 한 번 제대로 펴지 못하고 남편과 자식 뒷바라지만 하던 아내가 50이 넘은 나이에 아이들과 떨어져, 말과 화폐와 이웃이 모두 다른 낯선 곳에서 얼마나 외로움을 견뎌낼 수 있겠느냐는 게 또 다른 현실적인 문제였다. 회의와 울분, 배신의 느낌도 아직은 남아 있었다.

틀을 깨는 데서 출발

그러나 나는 이것을 축복으로 생각하기로 했다. 법률가로 입신(立身)한 이래 30년 가까이를 지내는 동안 내 머리는 나도 모르는 사이에 갖가지 고정관념으로 충만되었는지 모른다. 모르는 것을 아는 체하고 근본적인 것은 외면한 채, 법률기술가(法律技術家)의 수준으로 하루하루 떨어지고 있었는지도 알 수 없다.

가장 서민적인 듯하면서도 누구 못지않게 아리스토크랫(Aristocrat: 귀족적인 사람)의 세계에 안주하고 있지는 않았는가, 공무를 빙자하여 아버지로서, 남편으로서의 기본적인 의무를 형편없이 소홀히 하지는 않았는가, 속물 근성과 권위주의적 체질을 누구보다도 경멸하면서도 그 근성과 체질에서 결국은 벗어나지 못하고 있었던 면은 없었는가, 겸손한 듯하면서도 오만하고 소박한 듯하면서도 평균 이상으로 풍요롭게 지내오지는 않았는가.

그러므로 나의 미국생활은 그러한 과거의 틀을 깨는 데서 출발해야 함이 이미 너무도 자명해졌다. 그렇다. 우선 너의 과거로부터 떠나라.

▲ 검사로서, 공무원으로서의 기존의 느낌과 틀에서 먼저 벗어나라. 사물을 관찰하거나 사고할 때에 가능하면 원점에서 시작하여 매사를 평균적 시민의 입장에서 느끼고 판단하는 훈련을 하라.

▲ 대학에서는 미시적인 개개의 법률과목보다 미국의 법률문화 전반

과 그 바탕이 되는 국민의식을 거시적으로 관찰하는 데 주력하라. 법과 제도를 움직이는 힘의 근원이 무엇인지, 민주주의의 운영이 우리나라와는 어떻게 다른지를 여러 각도로 살펴보고, 그들과 세계가 지금 어떤 방향으로 가고 있는지를 주의깊게 느끼라.

▲ 영어구사 능력을 포함하여 국제적 선비·교양인으로 부끄러움이 없을 만큼 많이 읽고 보고 닦아 자신의 참 힘을 틈 나는 대로 비축하라.

대개 이런 현실적 목표를 설정하고 나의 이국에서의 만수(晩修)는 시작된 셈이다.

나는 아파트에 들어간 첫날 저녁을 지금도 잊을 수가 없다. 스탠퍼드 부근에 사는 동창생 친구에게 부탁하여 미리 침실 하나짜리 아파트를 계약해 놓고 갔지만, 중국식당에서 늦은 점심을 먹고 렌탈 오피스에서 열쇠를 받아 들어간 우리 아파트 방에는 패키지로 임차한 식탁과 소파 이외에 계약조건상 당연하겠지만 전구도 전화기도 물컵 하나도 없었다.

넉넉지 못한 동창생 친구가 끌고온 낡은 시보레차를 타고 엘 카미노 리얼(El Camino Real)이란 거리를 한 40분 헤맨 끝에 한국 슈퍼마켓을 찾아 전구와 쌀, 휴지, 종이 접시, 빗자루 따위를 사왔더니 아내는 방바닥에 심드렁하니 앉아 있었다. 둘 다 남에게 폐 끼치기를 싫어하는 성격이므로 친구를 떠밀어 보내고 청소를 마친 다음 신문지를 펴놓고 저녁을 지어 먹을 때의 느낌을 어떻게 설명하겠는가.

『운치 있지?』 하는 내 말에도, 『조용해서 좋아요』 하는 아내의 말에도 눈물기가 배어 있는 것은 어쩔 수가 없었다. 그러나 대학 바로 앞에 이만한 공간을 우리 능력으로 얻을 수 있다는 사실만으로도 얼마나 큰 행복인가. 그래, 이제부터 새로 시작하는 거다, 생활은 간소하게 생각은 높게 가지고 구혼의 신접살림을 밑바닥에서 다시 하면서 우리의 머리와 가슴을 뿌듯이 채워보자고 아내에게 나직히 말해주었다.

그후 책상 하나와 전기스탠드를 추가로 임대하였지만 밥그릇 네 개와 컵 네 개(혹시 불가피한 손님이 있을지도 모르므로), 접시 다섯 개, 라디오와 텔레비전 각 한 대라는 식으로 세간을 최소한도로 줄이고 사는 맛은 그것 자체로 부부 모두에게 신선한 기쁨을 주는 것임을, 살아가면서 그리고 나중에 이삿짐을 꾸리면서 더욱 실감할 수가 있었다.

운전과 슈퍼마켓

친구에게 부탁하여 전화부터 연결하고 나니 당장 급한 게 하루하루의 운송수단이다. 뉴욕 같은 대도시라면 다르겠지만 한적한 대학도시에선 차 없이는 꼼짝할 수가 없는 게 상식이다. 국제운전면허증을 준비해 왔으므로 차를 살 때까지 우선 가까운 곳에서 웨건형 차를 하나 빌리기로 하였다.

서울에서도 주로 지하철과 택시를 이용하던 아내는 운전을 못하므로 슈퍼마켓에 갈 때에도 내가 데리고 갈 수밖에 없었다. 한국에서는 아내를 차로 데려다 준 일도, 기억이 날 정도로 드물었으므로 이것도 하나의 업보(業報)인가 싶었다.

내가 학교에 나가고 나면 아내는 발이 없는 것이나 다름없으므로 우선 자전거를 한 대 사기로 하였다. 전화번호부를 보고 자전거 가게를 찾아 이백몇십 달러에 여자용 자전거를 하나 산 후 시장바구니까지 매달아 주었을 때 아내가 기뻐하던 모습은 지금도 눈에 선하다.

결국 미국에 도착한 지 3주쯤 만에 자동차도 하나 마련하였다. 애프터 서비스나 귀국할 때의 처분을 생각하면 일제 차가 단연 유리하고 모양상으로는 미국산 차가 좋다고 판단되었지만, 결국은 어렵게 93년형 소나타를 하나 찾아 당일로 끌고 와버렸다.

아직은 사고(思考)가 덜 국제화되어서인지 어줍잖은 공무원 기질이 남아서인지 몰라도, 일제 차는 생리적으로 택하기가 싫었고 미국제 차도 우리 국산차보다는 덜 애착이 갈 뿐만 아니라 특별히 경제적이라고 생각되지도 않았기 때문이다. 내 뒤로 스탠퍼드에 오신 공직자 출신 방문학자들도 잇달아 소나타차를 사는 것을 보고, 우리 공무원들처럼 순수한 집단도 그리 많지 않다는 느낌을 가지며 혼자 씁쓸히 웃었다.

긴장과 고독

미국생활을 하면서 아내가 늘 딱하다며 나를 놀리고 내 스스로도 쉽게 고쳐지지 않는 점이 있었다.

긴장된 몸가짐이었다. 매사를 미리 준비하고 남 앞에서 철저하지 못한 모습을 보이지 않으려고 노력해 온 체질이 아무도 보는 이가 없고 구속을 받을 이유도 없는 이국생활에서까지 이어지니, 한국에서보다 더 많은 시간 동안 나를 곁에서 관찰하게 되는 아내의 눈에는 내가 불필요하게 긴장하고 있다고 보이는 모양이었다.

습관은 제 2 의 천성이라고 했던가, 미국처럼 복장으로 사람을 평가하지 않는 나라에서 웬만하면 넥타이에 윗도리까지 입고 나선다든가, 꼭 안나가도 되는 시간에 기계적으로 집을 떠나 학교로 간다든가, 식당 하나를 선택해도 요모조모를 연구하고 입구 쪽을 마주 보는 좌석에는 남의 눈에 잘 띈다는 이유로 앉기를 기피한다든가 겨우 이틀 정도를 쉬고도 금방 후회하며 책상 앞에 다가앉는 습성 따위들이 모두 오랜 세월 동안 공직생활을 하면서 그런 식으로 타성이 붙었기 때문으로 보였는지 모르겠다.

그러나 내 생각으론 물론 불필요하게 남을 의식하여 긴장하는 경우도 있지만, 복장이나 규칙적인 일과처럼 지켜야 할 최소한도의 품위와 자존, 그리고 건강(심신 모두의)을 위하여서도 굳이 양보할 필요가 없는, 그래서 긴장 자체가 오히려 소망스러운 경우도 있는 듯이 여겨졌다.

복장 문제만 하더라도 미국인들이야 어떻게 입든(사실은 강의할 때와 같은 경우에는 그들도 꽤 복장에 신경을 쓰는 눈치였다) 자주 만나는 교수나 직원들이 보기에 저 한국인은 항상 일정한 기품을 지키는구나 하는 인상을 가지게 하는 것이 적어도 나같은 처지에선 바람직하다고 생각되었기 때문이다. 간단한 듯하면서도 간단치 않은 문제들이었다.

환경이 다른 이국생활에서의 고독은 당연히 예상되었던 일이고, 어쩌면 그 고독 속에서 나나 아내의 또 다른 정신적 성숙이 기대되었다고도 볼 수 있다.

그러나 확실히 고독은 이따금 찾기엔 좋은 장소일지 모르나 머물기에는 쓸쓸한 장소였다. 친구 겸 비서인 아내 이외에 대화의 상대가 많지 않다는 사실은 참으로 외롭고 또 괴로운 일이기도 하였다. 호의를 표하는 미국인들도 있고 마음 맞는 한국인 방문객들도 더러 있지만 서울에서처럼 이따금 소주잔을 기울이며 분위기에 취하기도 하고 터놓고 세상욕도 좀 할 수 있는 동료·친구가 없다는 사실이 내 경우에는 가장 견디기 어려운 것 중의 하나였다. 그런 의미에서 「미국은 재미없는 천국」이고 「한국은 재미있는 지옥」이란 말이 맞는 것 같기도 하였다.

결국 상당한 사회적 경력을 가진 성인들의 미국 생활은 어떻게 하면 자신의 기본적 품위를 유지하면서 평균적 시민생활에 적응해 나가느냐의 문제와, 낯선 곳에서의 외로움을 어떻게 생산적으로 극복하느냐의 문제로 귀결된다고도 볼 수가 있을 것 같았다.

9월 첫 주에 대학에 나가 도서관을 비롯한 대학안내를 받고 ID카드와 세미나·강의관련 자료, 방문학자들의 명단 등도 받았다. 나를 스폰서해 준 미국 지적소유권법의 대가인 폴 골드슈틴(Paul Goldstein) 교수를 만나 인사하고 몇 가지 조언도 들었다. 강의를 선택해 들을 수도 있고 세미나에 참석할 수도 있으며 그밖에 아무런 의무사항도 없다고 한다.

대학과 초기 일과

학교행사나 공지사항에 관하여는 직원이 내 지정된 우편함에 자료를 넣어 놓을 것이니 가끔 챙겨보면 된다고 했다. 연구를 위한 자유가, 거의 무한정한 자유가 이제 부여된 것이다. 미국의 대학과 도서관은 새삼 소개할 필요가 없다. 대학구내에 18홀 규모의 골프 코스가 있을 정도로 광활하고 아름다운 캠퍼스, 신선하고 쾌적한 대학의 분위기가 내 앞에 던져진 것이다. 아니 내가 그 앞에 던져졌다는 표현이 옳을지 모르겠다.

욕심을 부리자면 끝이 없겠지만 미국생활의 적응도와 자신의 수용(受容)능력, 부족하지만 국내에서 학위도 받고 검찰의 제법 높은 직위도 역임했다는 사실 등을 스스로 감안하여 강의실마다 채신없이 쫓아다니는 주책은 부리지 않기로 하였다.

골드슈틴 교수는 94년 봄학기까지 강의를 맡지 않는다고 했으므로 우선은 일정이 정해져 있는 「법과 경제」(Law and Economics), 협상론(Negotiation)의 세미나 외 공개강의에만 참여해보기로 하였다. 대신 오전에는 특별한 사정이 없는 한 도서관내 캐럴(Carrel)에 나와 내 시간을 갖기로 하고, 오후에는 아내와 함께 미국생활을 익히는 데 치중하기로 하였다. 스탠퍼드대에는 백텔(Bechtel)사의 지원으로 운영되는 인터내셔널 센터가 있어 유학생과 방문학자 및 그 가족들을 위한 생활안내, 친교(親交)행사, 어학훈련 등의 프로그램이 있으므로 아내와 함께 거기에도 가보았다.

내 경우에는 가용시간을 무제한으로 활용할 수가 있겠지만 문제는 이역만리를 나만 믿고 따라 온 아내였다. 본인은 혼자서도 집에서 얼마든지 지낼 수 있다고 했지만 적적하기도 하거니와 모처럼의 좋은 기회를 그렇게 허송할 수만은 없었다. 의논 끝에 운전은 조금 더 있다가 시작하기로 하고, 우선 분위기가 좋은 팔로 알토의 지역 성인학교(Adult School)에 나가 주 4회 영어공부를 하기로 합의를 보았다.

이왕 틀을 깨고 미국과 세계를 공부하기로 한 이상 한국인들과 자주 접촉하는 것은 어떤 의미에서는 썩 바람직하지 않다고 생각되어 처음 얼마 동안은 오히려 폐쇄적인 생활을 하면서 학교와 숙소만을 오갔다.

좀 성공했다고 하는 교포들을 소개받아 만나서 허세를 부리며 함께 고국에 대한 불만이나 반추하는 것은 내 성미에도 맞지 않을 뿐만 아니라 그렇게 생산적이지도 않다고 느꼈기 때문이다.

그러나 스탠퍼드에 부설된 후버연구소(Hoover Institute)나 국제안보 및 군축연구소(Center for International Security and Arms Control) 또는 인문사회대를 비롯한 각 대학 및 대학원에 와 계신 한국인 방문학자들과의 교유(交遊)는 매우 유익하고 즐거웠다.

한국 분들과의 교유

서울대의 한상복 교수(인류학), 진념 전 동자부 장관, 외무부의 홍석규·강대현 서기관, 94년도에 오신 김진영 전 육군참모총장, 몇몇 현직 판사·검사들과 가끔 만나 운동도 하고 미국생활 적응과정에서의 지혜도 교환하면서 서로의 경험과 지식을 나누는 것은 그것 자체로서 매우 의미있는 일이었다.

생산기술연구원의 양희승 박사가 미국과 한국의 기술정책에 관하여 열을 내어 이야기하던 저녁, 버클리대의 한국학센터 소장 이홍영 박사께서 전망 좋은 엘 세리토(El Cerito)의 자택에 법률전공 한미 인사들을 초대한 리셉션, 국민대의 김문환 교수가 스탠퍼드와 버클리의 법조관계자들을 가족까지 모두 끌어모아 히메네스 교수댁에서 선후배간 우의를 다지던 기억이 그래서 모두 소중하게 느껴진다.

석·박사 과정에 있는 한국의 명민한 젊은이들과의 만남도 또다른 신선한 체험이었다. 연말에 스탠퍼드 한인학생회(Korean Student Association at Stanford)의 초청을 받고 한 교수님과 함께 송년모임에 가보았더니 우리 학생들이 모두 어쩌면 그렇게 밝고 상큼하고 예의 바르게 보이는지…. 나라가 부강해진 탓이겠지만 유학생들의 이미지도 과거 선교사들로부터 자금지원을 받아 배를 타고 태평양을 건너던 시절과는 현격히 달라졌음을 실감할 수가 있었다.

우리 아파트 부근에 살던, 스탠퍼드에서 학위를 받고 미 항공우주국(NASA)에 2년째 근무하고 있는 이수갑 박사의 부인처럼 아직 젊은데도 싹싹하고 음식솜씨가 뛰어나(맛있는 음식을 해서 갖다 주곤 했다) 우리 내외를 마지막까지 감격시킨 사례도 기억할 만하였다.

우리말이 거의 완벽한 스티브 오(Steve Oh)를 비롯한 법학대학원의 한국인 2세들도 참으로 든든하고 자랑스러웠다. 전공분야에서 우수할 뿐만 아니라 한국에서 온 연장자들을 진심으로 도와주려는 마음 씀씀이가 매우 대견하였다. 이들은 모두 연봉 6만 달러 내지 8만 달러쯤이 보장되는 대법률회사(Law Firm)에 졸업 1년 전부터 취업이 확정된 젊은 법률가들이다. 시간이 지나면서 인근지역에 거주하는 국민학교와 중·고등학교 동문들도 연락이 되어 자주 만난 편인데, 평범한 가운데 성실히 살고 있는 이들과의 만남에서 나와 아내는 편안함을 느끼며 많은 위안을 받았다.

교포들의 경우, 고국에 대한 느낌은 좀 복합적인 것으로 보였는데, 한국이 전의 한국이 아니며 모든 면에서 놀랍게 달라졌다는 말이 나오면 그들은 예외없이 공무원의 권위주의, 파벌과 기회의 불평등, 돈 번 사람들의 형식적 과시욕, 정치적 후진성, 교육과 공해, 교통문제 등을 들어 비판한다. 그러면서도 자기네들보다 못한 사람들도 출세한 한국, 생활의 변화와 재미가 있는 서울생활에 대한 부러움을 은연중 표출하기도 한다. 또 그들은 아이들을 방학 때 한국에 보내보면 그 전과는 달리 기가 죽어 돌아온다고 걱정하면서 본국에서 재미교포를 보는 눈이 과거와 너무나 달라졌음을 느낀다고도 했다.

이민 오기를 잘했다고 부단히 확인하면서도 또 한편으로는 후회도 하는 이중적 심리상태하에서 교회와 자녀 교육, 골프에 특히 열심인 모습을 어디에서나 볼 수가 있다. 대외교민정책은 이중 국적의 허용과 같은 근본적인 문제를 포함하여 한 차원 높은 심리적 접근 내지 포용책이 필요함을 느낄 수 있었다.

적응의 애환

업무든 학술연수든 미국에 장기체류하려는 사람들이 보통 생활적응을 위하여 밟아야 하는 절차로, 사회보장번호(Social Security Number) 신청, 은행구좌 개설, 보험 가입, 운전면허 취득 등이 필요한데, 대개 먼저 온 친지들의 도움을 받아 처리하고 있는 것 같았다. 내 경우에는 이것도 좋은 공부의 기회라 생각하여 가급적 설명서 등을 미리 검토한 다음 혼자서 처리하려고 노력하였는데 특히 인상적이고 교훈을 얻은 것은 운전면허와 관련된 것이다.

나는 평검사 시절인 1970년대에 국내에서 운전면허를 취득해 두었고 공무원 자가운전이 제도화된 이후 상당한 기간 운전을 했을 뿐만 아니라 검사장 사임 후에도 서울에서 혼자 운전을 하고 다녔으므로 솔직히 운전이라면 조금도 문제가 없을 것으로 생각하였다.

그런데 결과만 말하자면 도착 후 한 달쯤 만에 인근 레드우드(Redwood)시 차량국(DMV, Department of Motor Vehicles)에서 응시한 캘리포니아주 운전면허시험에 두 번이나 낙방한 것이다. 처음에는 장애물을 충분히 주시 않고 주택가에서 규정속도를 초과했다는 이유, 두 번째는 불필요한 정지가 많고 너무 천천히(자신없게) 운전한다는 것이 주된 감점 요인이었다.

주마다 면허요건이 조금씩 다르지만 요컨대 미국의 운전면허는 철저히 기량위주가 아니고 안전운전의 자세와 능력을 위주로 판단하는 것 같았다. 12달러인가를 내고 시험신청을 하면(물론 전화로도 일자 예약이 가능하다) 그 자리에서 필기시험 용지를 주는데, 현장에서 남의 도움 없이 답안을 작성하여 가면 즉석에서 채점을 하고 규정 이상의 틀린 답이 나오면 본인의 희망에 따라 바로 다른 문제지를 받아 재응시할 수도 있으므로 필기시험 자체도 하나의 교육인 셈이었다.

실기시험도 시험관이 옆자리에 타고 노상주행을 하게 하면서 체크포인트에 따라 감점식으로 채점을 한 다음 끝나면 그 자리에서 합격·불합격을 알려주고 무엇이 잘못되었다고 기재된 채점표를 본인에게 교부해 주고 있었다.

변증법적인 자기점검을 하고 세 번째는 거의 만점에 가깝게 합격을 했지만, 경험을 하고 보니 한국에서 영업용 택시를 운전하던 분이 여기 와서 여섯 번째 불합격했다는 말이 틀리지 않았음을 실감할 수가 있었다. 훨씬 후의 일이지만 국내에서는 운전대라고는 잡아본 적도 없는 아내가 2주 가량의 교습 끝에 상대적으로 쉽게 합격하는 것을 보고 자만과 고정관념이 얼마나 허망한가를 다시 느낄 수 있었다.

컴퓨터와 영어

회비를 내고 통칭 「트리플 에이」(AAA, America Automobile Association)라고 불리는 단체의 회원으로 가입하면 긴급시의 자동차수리 서비스 외에 지도와 여행 관련 책자들을 공짜로 주는데 그 지도 등을 보고 인근의 공원지역이나 해안거리 등을 둘이서 호젓이 드라이브하는 것도 큰 즐거움이었다.

낯선 곳에서 당혹스러운 일을 덜 당하려면 사전에 연구를 많이 하고 되도록 많은 정보를 알고 시작하는 수밖에 없다. 다행히 그런 연구 덕분으로 스탠퍼드 근처 몇몇 호텔에서는 스탠퍼드 방문자라는 사실을 밝히면 나를 찾아온 손님의 숙박요금을 꽤 할인해 준다든가, 각종 서비스요금 등에 관하여 여러 가지 유리한 선택사항이 있고 부당하다고 느껴질 경우에는 전화 한 마디로 곧 시정이 된다든가 하는 따위의 지혜를 비교적 빨리 체득한 셈이다.

연말에 신문의 광고를 보고 평소 1박에 2백 달러쯤 하는 라 호야(La Jolla) 소재 메리엇트 호텔을 59달러에 예약해 놓고 도중의 모텔도 잡아 놓은 다음 서울에서 온 둘째놈과 차를 교대로 운전하여 1번 도로를 따라 샌디에이고까지 캘리포니아를 종주한 경험은, 돈을 아껴서라기보다 이제 평균적 미국인이 가진 눈치와 생활의 지혜 정도는 나도 얼마큼 터득하였다는 일종의 여유와 자신감 때문에 상쾌한 기억으로 남아 있다.

그 전에도 그랬지만 컴퓨터와 영어는 미국생활 내내 나의 과제이자 강박관념이었다. 컴퓨터로 말하자면 우리 아이들 두 놈이 모두 책을 낼 정도이고, 내 스스로도 검찰 간부생활을 하면서 최소한 세 차례쯤 교습을 받다가 중단한 경험이 있어, 이번에야말로 상당한 정도로 손에 익힐 생각이었다.

팔로 알토시에서 실비로 운영하는 야간학습반이 있기에 오자마자 IBM반에 등록을 하였지만 역시 늘 걸리는 한계에서 더 이상 진전이 없었다. 실리콘 밸리에 진출한 S반도체 현지법인인 회사에서 큰마음 먹고 486DX 퍼스널 컴퓨터 1대를 산 다음 편지를 쓰는 데서 출발하여 워드프로세서 기능 습득에 주력하고 도서관의 렉시스(LEXIS) 자료검색방법만 배워 제한적으로 이용하였다.

미국의 평균적 시민 생활을 하며

워낙 기계와는 친화력이 없는 편이라 급할 때 편지와 논문 따위를 자력으로 작성할 수 있다는 수준만으로도 서울에서보다는 진일보하였다고 자위하면서 지금도 재미삼아 가끔씩은 두드리고 있다.

영어는 확실히 나이와 관계가 있는 듯하였다. 30대에 일본의 유엔아시아극동범죄방지연구소(UNAFEI)에 가서 제법 발표도 하고, 대검 총무부장 시절에는 1주간에 걸친 아태 검찰총장회의의 진행을 주관한 일도 있었는데, 본격적인 영어 상용국에 오니 우리의 발표능력이 얼마나 한정적인가를 몸으로 느낄 수가 있었다.

단순한 의사전달이 아니고 조금은 격 높은 영어를 쓰자면 어릴 때부터 몸에 익히거나 집중적인 노력을 쏟지 않으면 안될 것 같았다. 틈나는 대로 슬슬 하는 것은 별 효과가 없고 내 경우에도 여름학기에 인근 커뮤니티 칼리지의 ESL(English as Second Language) 작문반에 용감하게 등록하여 매일 숙제를 하고 컴퓨터를 두드리며 찾고 고치고 하니 다소 나아지는 기분이었지만 쉬운 일은 아니었다.

나는 미국 도착 직후부터 뉴욕타임스와 지방신문인 산호세 머큐리(San Jose Mercury)지를 받아보면서 정치, 법률 등 관련기사 외에 사설과 독자의견란 등을 틈틈이 읽었는데 미국 사회의 흐름과 현지정보를 얻는데 도움이 되었을 뿐만 아니라 영어를 향상시키는 데도 꽤 유익하였다.

미국에서 평균적 시민의 생활과 감각을 익히고 있으면서도 문득문득 내가 왜 이 시점에서 이런 일을 하고 있어야 하나 하는 느낌이 드는 것은 어쩔 수가 없었다.

남편이 시장에 따라다니고 전화 요금 따위를 낸다며 수표장이나 그리고 있는 것을 보는 아내도, 처음에는 철없이 좋아하다가 차츰 그런 내가 딱하게 보이는 모양이었다. 내가 집안일 따위를 하는 모습이 형편없이 어설픈 탓도 있었을 것이다. 그럴 때 우리는 눈을 마주치고 서로의 마음을 읽으며 어쩔 수 없이 우울해지는 것이었다. 때로는 맥주 한 잔을 놓고 눈물 비슷한 것을 삼키는 경우도 있었다.

그러나 이런 류의 슬픔이 찾아올 때마다 나는 그동안 내가 받았던 편지와 여러 형태의 양식과 지혜가 적힌 글들을 보면서 마음의 위안을 받았다. 이따금 보내오는 검찰후배들의 편지와 전화, 미국 출장을 오는 젊은 법조인들의 의리 깊은 방문, 처음 만난 한국분들로부터의 호의적 인사, 대학이나 언론에 계신 분들로부터의 의외의 격려 등은 부족한 자신을 더욱 겸허하도록 가르치는 것 같았다.

위로와 보람

「…인생행로가 어려운 고비를 전혀 피할 수 없는 이치라고 하더라도 이것은 너무 지나친 어처구니없는 시련이라고 할 수밖에 없겠습니다. 그러나 어려운 상황을 잘 극복하는 분이야말로 한 단계 높은 인품의 소유자가 아니겠습니까. 이번에 보여주신 의연한 자세는 …아픔을 녹여 거룩함을 짓고도 남을…」(지방의 J고등법원 부장판사)

「…정말 가슴 아팠습니다. 저는 신앙이 있어서 선생님께 닥쳤던 그 시련이 오히려 선생님이 정의롭게 살아오셨음을 세상에 드러내시려고 하신 하느님의 배려였다고 이해하고 싶습니다. 그밖에 이 불합리를 달리 해석할 길이 없기 때문입니다…」(지방 J일보 S논설위원)

「…저의 생각 또한 너무 아쉽고 충격적인 일로 느껴졌습니다. 검찰청사 마당에서 떠나시는 뒷모습을 바라보며 인간의 삶의 예측치 못한 면을 생각해보고 마음 아파했습니다. 더 나은 앞날이 있으리라 기대합니다…」(S지청 Y사무관)

「…제가 정검사님 입장이 되었다 해도 참으로 어려웠을 것이며, 그런 면에서 큰 마음으로 잘 수용하였다고 생각합니다. 깨끗한 모범을 보이셨으니 언젠가는 국가와 사회가 높은 재평가를 하리라 봅니다. …공부 열심히 해주십시오」(S대학 J교수)

글로만 접하던 남일리노이 대학의 K교수님을 처음 만나 한적한 중부의 도시에서 하루를 묵으며 청담(淸淡)을 나눈 기억도 잊을 수가 없다. 추석이나 설 연휴 같은 때 일부러 서울에서 날아와 한 이틀 주로 바둑만 두다가 가는 학교 때부터의 고마운 친구들도 있었다.

만약 공직의 틀에 묶여 있으면서 이른바 출세의 길을 계속 걷기만 했다면 도저히 느낄 수 없는 인간적 정의(情誼)를 온몸으로 느낄 수 있었다는 것은 얼마나 큰 축복이었는지 모르겠다. 사람들 마음의 깊은 곳을 읽고 교감할 수 있었다는 것은 또한 얼마나 큰 배움인가.

과분한 격려로 겸허를 스스로 터득케 한 섭리는 또 얼마나 오묘한가. 내가 미처 모르고 간과하였을, 오만하여 가볍게 생각하였을지도 모를, 좁은 시계로 채 살피지 못했을 그 모든 인간적 또는 비인간적 요소들을 보고 느끼고 다시 생각하게 해준 신의 뜻에 나는 진심으로 감사할 수밖에 없다.

그동안 국내에서나 미국에 와서도 나를 아는 분들로부터 가장 많이 받은 질문은 93년 3월 말 당시 사표를 안쓸 수는 없었느냐는 것이었다. 작고한 장모님이나 나의 아내를 잘 아는 사람들은 더 애달파했다.

법률가로서의 양심이나 법치주의적 정의관념에서 내 주장과 원칙을 보다 단호하게 일관할 수도 있었을 것이다. 사실 짧은 시간이었지만 내 스스로도 많은 갈등을 겪었다. 그러나 나의 종국적 판단은 적어도 정부 내의 일정한 이상 직위에 이른 사람이라면 어떤 문제가 닥쳤을 때 이를 자기 위주의 관점에서만이 아니라 자기가 속한 조직이나 국정 전반의 입장에서 조망(眺望)할 수 있는 눈이 있어야 한다는 쪽으로 내려졌다.

과거 검찰이 국민들로부터 불신과 비난을 받았던 주된 원인은 대개 국민감정과 어긋나는 처분을 하거나 역사의식이 현저히 결여되었다고 보여졌던 경우이다. 외람되지만 나름대로의 공직관과 역사의식 또는 인생관에 근거하여 결심한 나의 사임은 당시로서 매우 슬프고 힘들었지만 그후 나에게 많은 것을 가르쳐 준 참으로 다행스러운 결단이었다고 지금도 생각하고 있다. 다만 미국인이나 일본인들에게는 어차피 그 사유가 설명되지 않을 것이므로 그냥 재충전을 위하여 공직을 떠났다고만 말해 줄 수밖에 없는 사정이다.

94년 봄 이후

1994년에 들어와서는 하루하루가 참 빨리 지나갔다. 매주 1회 이상 있는 각종 세미나와 워크숍에 주제에 따라 참석하는 외에 봄학기에는 슈리허(John W. Schlicher) 변호사의 특허법, 가을학기에는 골드슈틴 교수의 상표·부정경쟁·저작권법과 마브리(Linda A. Mabry) 교수의 국제거래법 강의를 중점적으로 들었다.

나는 국내에서 「상표권 보호」와 「부정경쟁행위론」으로 석사와 박사 학위 논문을 썼기 때문에 이 분야의 강의는 비교적 이해하기가 힘들지 않았으나 그밖의 과목은 예습을 해도 매우 따라가기가 힘들었다. 그러나 연부력강(年富力强)한 교수·강사들이나 젊은 학생들과 자리를 함께 한다는 사실만으로도 즐거워 내가 목표한 학술세미나나 강의에는 거의 빠지지 않으려고 노력했다.

그밖에 스탠퍼드대에는 CSP(Continuing Studies Program)라는 과정(課程)이 있었다. 우리 대학의 평생교육원 비슷하게 일반인들을 상대로 문학, 철학, 예술, 역사, 경제 등에 관한 강좌를 대개 저녁시간에 하고 있기에, 봄과 여름에 수강료를 내고 유럽연합(EU)에 관한 강좌와 역사·경제·전략에 관한 옴니버스식 특강에도 참여하였다.

가족들을 위해 무엇을 했는가

미국에서 공부한 분들은 너무나 당연한 것으로 알지만 50년대 말에서 60년대 초에 걸쳐 대학교육을 받은 나로서는 이곳 교수들의 철저한 시간준수, 학생들의 활발한 질문 및 토론이 참으로 감동적이었다. 로스쿨에서도 저명교수들은 판례를 주르르 꿰고 프로급의 명쾌성으로 강의를 이끌어 갈 뿐만 아니라 학기 초에 강의진행 일정표를 내어주고 4주쯤 후에는 학생들을 상대로 한 차례 설문조사를 하여 강의진행에 반영하는 등 그 과학성, 민주성, 성실성이 매우 돋보였다. 위에 말한 CSP 강좌에서도 머리가 허연 노인들이 어떻게 진지하게 듣고 메모하고 질문들을 하는지 참으로 놀라웠다.

아내는 어덜트 스쿨(Adult School)과 대학 내 인터내셔널 센터를 다니며 그런대로 연장자 대우를 받아 러시아인, 일본인, 스위스인 등과 남편과 아이들 이야기, 영화 이야기, 여행 이야기들을 하고 와서 내게 그날 있었던 수업광경과 에피소드를 전해주곤 했다. 덕분에 한가한 오후, 학교 근처 카페 같은 데에 앉아 음료를 마시며 서로가 보고 느낀 것이나 옛날 이야기 따위를 나누는 여유도 누려보았다.

여름에는 빌린 차를 타고 그랜드 티턴(Grand Teton)과 옐로 스톤(Yellow Stone) 지역을 여행하며 자연의 조화에 비해 실로 하찮게 느껴지는 인간사의 무상함을 음미도 해보았지만 이곳의 산하는 아무리 웅려(雄麗)해도 한국의 자연처럼 애틋한 정감이 느껴지지는 않았다.

8월 말 위암 수술 후 가료중이던 중형(仲兄)이 위독하다는 소식을 듣고 1년여 만에 잠시 귀국하였다. 나의 정신적 성장에 많은 영향을 주었고, 이런저런 이유로 스스로의 꿈을 포기한 채 만년에 대학교수가 된 큰 조카 등을 뒷바라지하며 춘천에서 축산농장을 경영하던 분이었는데 죽음을 앞두고 내게 이런 취지의 말씀을 하셨다.

『나와 우리 형제들은 공직에 있는 너를 큰 보람으로 생각하고 네게 폐가 되지 않도록 감싸고 희생하며 지내왔다. 학교 때부터 네게는 집안의 걱정으로부터 해방시켜 주는 등 많은 특권을 부여해온 셈이다. 그런데 이제 와서 네가 그동안 가족이나 형제들에게 한 것을 돌이켜보면 섭섭한 것이 한두 가지가 아니다.

너의 결벽성이나 공직자로서 당연한 몸가짐이라고 이해해 왔지만, 나는 이것을 결국 너의 인간적 폭이 좁은 탓이라고 오늘 감히 말한다. 앞으로는 어디서 어떤 일을 하든, 법을 집행하는 이상으로 만사에 인간을 고려하고 인간적인 것을 수용하는 몸가짐을 하도록 유의하여라』

아픈 말이었다. 사실 나의 가족이나 형제들은 내게 누가 되지 않으려고, 또 나의 공무에 관한 한 다소 별난 성격을 알고 있으므로 제대로 된 사건부탁 하나 하지 못하고 나를 보호해온 셈이다. 나는 나의 가족들을 기쁘게 하기 위하여 무엇을 하였는가. 결국은 정부조차도 내가 공직에 남아 있음을 거부하지 않았는가.

장례에 참여하고 오니 가을학기는 몹시 바빴다. 나름대로의 지적욕구 때문에 당초의 체류예정을 한 학기 연장하였지만 하고 싶은 일에 비하여 사람의 능력에는 한계가 있었다. 전공분야에 관련된 책을 한 권 쓰고 싶었으나 채 착수치 못하였고 국내에서 가지고 온 책들도 다 읽지 못하였다.

어느새 11월. 스탠퍼드와 버클리의 한국인 학생들간에 정기적으로 열리는 테니스 대회는 가족들까지 어울려 공원에서 축제같이 치러지는데, 스탠퍼드의 학생임원들이 개막행사에서 가장 인기있는 방문학자로 나를 소개하며 버클리의 이홍영 박사와 함께 격려사를 해 달란다. 민망하였지만 그동안 신선한 느낌으로 학생들과 대화하며 지냈던 생활의 조그마한 보람으로 생각하고 마음으로부터의 격려를 해주었다.

12월 7일. 찌개백반을 앞에 놓고 한 방문학자들과의 송별회식도 인상적이었다. 약간은 아쉽고, 약간은 후련하고, 약간은 슬픈 그런 기분이었다. 모두들 몸과 마음을 건강히 유지하자고 눈으로, 말로 다짐하였다.

미국에서 인상적인 것

이제 미국이 내게 보고 느끼게 해 준 것들을 정리할 때가 되었다. 미국은 너무나 알려진 나라이고 많은 분들이 많은 측면에서 관찰·기술해 온 터이므로 한 법률가가 그의 1년여 체류에서 특히 인상적으로 느껴졌던 점들만을 개괄적으로 적어보는 것으로 하여야겠다.

▲ 내가 법률을 공부하여서인지는 몰라도 가장 부러웠던 것은 미국인들의 법과 질서에 대한 의식과 몸가짐이었다. 서둘지 않고 교통규칙을 준수하는 것이나 우체국, 식당, 공항을 가릴 것 없이 서비스를 받아야 할 곳에서는 으레 줄을 서서 기다리는 모습, 심슨(O. J. Simpson) 사건이 그렇게 요란스럽게 보도되어도 신문과 방송매체에서는 검사와 변호사의 주장 등 사실 자체의 보도에 충실할 뿐 섣불리 앞선 추측이나 비판은 삼가는 자세 등이 우리의 경우와 뚜렷이 대비되었다. 그들은 법이 국민생활을 구속하기 위하여 불필요하게 존재하는 것이 아니고, 진실로 국민의 안전과 복지를 위하여 필요한 것으로 믿고 또 그렇게 지키는 것 같았다. 결국은 문화와 법치국가적 전통의 차이로 생각되었다.

▲ 이미 알려진 사실이지만 불필요한 형식이나 권위에 매이지 않고 매사를 실질적이고 능률적으로 처리하는 자세가 매우 실감있게 느껴졌다.

우리 같으면 문서나 그밖의 형식을 요구할 사항을 전화 한 통화로 처리하는 모습이나(그러나 아파트 퇴거통지와 같이 권리분쟁의 소지가 있는 중요한 의사표시는 꼭 서면으로 요구하여 법적 쟁송에 대비하고 있었다), 관공서, 대학을 가릴 것 없이 점심시간을 따로 두지 않고 틈나는 대로 교대로 점심을 먹으며, 점심 자체도 콜라 한 잔에 햄버거 두 조각이라는 식으로 각자 실질적으로 해결하는 모습이 인상적이었다. 혼자서 점심 먹으러 가는 것을 어색하게 생각하는 사람도 없었다.

총장이나 말단 여직원이나 직접적인 업무 이외의 관계에서는 완전히 대등한 자세를 가지고 있었고 체면을 생각하여 불필요한 권위를 내세우는 바보는 없는 듯하였다. 확실히 이들은 수직적 권위보다 수평적 상호작용을 중요시하며 그런 가운데 미국사회의 저력이 드러나 보이는 듯하였다. 서구인들은 대개 마찬가지지만 휴가계획을 포함한 각종 행사일정도 1-2년 전쯤부터 상당히 미리 계획하여 준비하므로 우리식의 즉흥적 약속과 준비로는 매사에 뒤질 수밖에 없다고 생각되었다.

대체로 미국인들은 총론보다는 각론에 강한 듯하였으며, 구체성을 중시하여 우리처럼 예단에 입각한 일반론보다는 사례와 증거가 따르는 구체론을 더 평가하는 것처럼 인식되었다.

◉ 창의성이 뛰어난 교육

▲ 교육에 있어서의 창의성 존중과 의견의 중시, 토론문화가 매우 인상적이었다. 아내도 영어공부를 하면서 실토하였지만 우리가 모범답안이 무엇인가를 찾아 획일적으로 교육받은 데 비하여, 그들은 무엇이 옳은 답인가가 아니라 너의 생각이 무엇이며 그 이유는 무엇인가를 중요시하고 있었다.

따라서 정답을 암기하고 재현하는 데는 우리도 꽤 우수하지만, 창의성 있는 의견을 제시하고 설명을 구할 때에는 우리 교육의 취약점이 여지없이 드러나는 것을 여러 번 느낄 수 있었다. 논리가 중요하고 그 개진방법과 상대방을 설득하는 기술이 필요함을, 그들은 어릴 때부터 훈련받으므로 이들과 상대하여 토론하고 협상하는 데는 어떤 기술이 필수적인가는 자명해진다.

▲ 행정이나 경영에 있어서 견제와 균형의 원리나 비용개념, 위임전결 체제도 눈여겨 볼 만하였다. 전화나 텔레비전 요금 같은 것을 내어보아도 부과기구와 집행기구, 감사기구가 철저히 분화되어 있어 부정의 여지를 제도적으로 봉쇄하고 있을 뿐만 아니라 각자가 자기 업무를 보다 순수하게 처리하는 체제로 되어 있음을 알 수 있었다.

반면에 우체국이나 차량국(DMV) 같은 데서 민원업무를 처리하는 모습을 보면, 업무별로 담당자가 나뉘어져 있는 것이 아니고 모든 직원이 민원인을 순서대로 상대하여 각자의 민원사항을 전천후적으로 처리하고 있었는데, 이런 것은 민원인의 편의와 함께 인력의 풀가동이란 측면을 고려한 것으로 보였다(적은 인원에 직원마다 업무를 나누어 하게 되면 업무내용에 따라 어떤 직원은 몹시 바쁘고 어떤 직원은 한가하여 인력의 효율적 활용이 안될 수도 있을 것이다).

◉ 피 말리는 경쟁 사회

특정의 사무담당자에게 맡겨져 있는 업무는 그 담당자의 판단과 책임하에 처리되고 상사의 간섭이 배제되는 위임전결체제도 우리보다 훨씬 철저한 것으로 보였다.

노스 웨스턴 대학의 존 도너휴(John J. DonohueⅢ) 교수가 미국에서 마약을 합법화해서는 안될 이유로, 이를 합법화함으로써 절감되는 공공비용이 연간 약 3백50억 달러 정도라면(그는 강·절도 등 포함 약 25%의 범죄감소를 가정한다) 일부의 주장대로 이를 양성화할 경우, 5백억 달러 이상의 돈이 오히려 국민의 마약사용비 등으로 소모될 것이므로 반대한다는 취지의 주장을 펴는 것을 한 세미나에서 들었는데, 그 주장의 당부는 어떻든 이들의 접근방법은 유념해 볼 만하다고 생각되었다.

▲ 철저한 경쟁의 원리와 기회의 평등, 권리·의무에 철저함도 눈여겨 볼 만하였다. 주유소이건 백화점이건 잡화가게이건 경쟁에 이기면 살아남는 것이고 지면 도태되는 것이므로 요금과 서비스 경쟁이 치열해지고 결국 그 이익은 소비자에게로 돌아오는 것 같았다. 노력과 실력에 따라 모든 사람에게 평등한 기회가 보장되는 것이므로 사회적 신분이동(Social Mobility)이 비교적 용이하고 그것이 미국의 강점이라고 평가되는 것 같았다. 의무의 이행은 물론이고 권리의 주장에도 철저하여 논리가 아닌 인간적 호소 등은 통상적으로는 별 위력이 없는 것으로 보였다.

개척자적 전통 때문인지는 몰라도 새로운 출발에도 용감하여 직업이나 직장이 마음에 들지 않으면 과감하게 과거를 집어 던질 줄 아는 것 같았다. 로스쿨의 학생 중에는 다른 전공의 박사학위를 가진 사람이 수두룩하고 대학의 조교수 출신, 지방신문의 편집국장급도 있었는데, 모두 그런 정신과 관계가 있는 듯하였다.

법률회사 같은 데에도 철저한 능력·실적주의가 작용하여 신입변호사를 엄청나게 부려먹을 뿐만 아니라 파트너 승진 때에는 피를 말리는 경쟁과 스트레스가 뒤따른다고 들었다.

▲ 여성의 사회진출과 장애자 보호, 환경보호의 정신은 예상했던 이상으로 전향적으로 발전해 있었다. 법조계의 경우 자넷 리노(Janet Reno) 연방법무장관 외에 대법관 9명 중 2명(Sandra D. O'Connor와 Ruth B. Ginsberg)이 여성이며 95-96년도의 전미변호사협회(American Bar Association) 회장도 뉴 멕시코 출신의 여성인 라모(Robert C. Ramo) 여사가 맡기로 되었다고 한다. 이미 웬만한 로스쿨에서는 여학생이 거의 40-55%

정도를 점하고 있는 것도 와보기 전에는 예측치 못했던 사실이다.

장애자 보호는 이미 미국인의 생활속에 깊이 자리가 잡혀 학교, 백화점 주차장 등 어디에서나 우선적 대우를 받는 것으로 철저히 인식되고 있었고, 환경보호를 위한 노력도 법적인 의무보다 시민들의 자발적인 참여의식이 두드러지게 눈에 띄었다.

미국은 많은 문제점을 안고 있는 나라이기도 하다. 그들의 정책이나 사법운영, 정부의 신망 등에 관하여 말하자면 얼마든지 분석과 설명이 가능할 것이다. 그러나 여기서는 이만큼서 줄이는 것이 마땅할 것 같다.

이제 무엇을

헌 틀을 깨고 새 틀을 짜려고 시작한 나의 미국에서의 퇴수생활은 낡은 틀을 미처 깨지 못하고 새로운 틀이 아직 충분히 짜여졌다고 볼 수 없는 상태로 끝이 났다. 그러나 주로 수직적 가치체계에서 살아온 나의 그동안의 삶의 방식을 되돌아보고 오히려 수평적이라고 할 생활관계 속에서 평균적 시민의 감각을 익히면서 세계속의 한국과 나를 돌이켜 보는 계기로서는 충분 이상의 보람과 의미가 있었다고 믿고 있다.

법률가들의 행태와 사회에 대한 기여방법에 관하여 느끼는 바도 많았다. 내 스스로 공직퇴임 후 2년쯤을 재충전 기간으로 정했으니, 이제 일본에서 남은 몇 개월간 우리의 가장 가까운 경쟁자이자 벽인 그들을 더 연구한 다음 내가 해야 할 일을 시작할 생각이다.

변호사로서 명분 있는 봉사를 할 수도 있고 뜻맞는 동학(同學)들과 법과 문화에 관한 연구활동에서 보람을 찾을 수도 있을 것이다. 후진들을 위하여 그동안의 지식과 경험을 전수하는 방법도 생각하고 있다. 어느 쪽이든 기왕의 검사나 법률가들이 받아온 지탄과 비난을 덜 받는 가운데 법과 정의의 구현을 위하여 부족한 지혜를 쏟을 생각이다.

노자의 도덕경 중에 「知足者富 强行者有志 不失其所者久」(족함을 아는 사람은 넉넉하고, 강하게 행하는 사람은 뜻이 있으며, 자기의 위치를 잃지 않는 사람은 항구하다)라는 말이 있다. 이제 늦었지만 자기완성을 위한 부단한 노력 속에서 내 영혼의 자유를 찾아야 할 때가 되었다. 그렇다. 自由—그 영원한 명제를 위하여 앞으로 나는 더욱 성실히 후회 없는 인간, 부끄럼 없는 법률가로서의 삶을 살아가도록 노력할 것이다. 「Wer immer strebend sich bemüht, Den Können Wir erlösen」(끊임없이 고뇌하며 노력하는 자, 그러한 자만을 우리는 구원할 수 있으리라: 파우스트 1부 중에서 천사의 합창).

〈월간조선 1995. 3〉

검사와 교수

1. 들어가며

세간에는 교수의 팔자에 관하여 우스갯소리가 많다. 교수와 거지는 석달만 해보면 딴짓은 못한다거나, 강남의 논다하는 여자들 사이에 교수는 꽤 인기가 있는 편인데, 그 이유인즉 한 번 데이트 약속을 어기더라도 꼭 보강(補講)을 해주거나 부득이 못 나올 사정이면 조교라도 대신 내보내주기 때문이라는 등의 이야기들이다.

아닌게 아니라 검사에서 교수로 신분이 바뀌고 어느새 4년이나 되고 보니 교수라는 직업의 그 약간은 편하고 약간은 인기 있는 실면(實面)의 사유를 얼마쯤은 터득할 수도 있을 것 같아, 한편으로는 나도 제법 그쪽 사회에 적응이 되었다는 위안과 함께 한편으로는 그런 따위의 우스개들이 반드시 교수직을 긍정적으로 평가해서 나온 말들만은 아니라는 자괴감도 들어 얼마간 계면쩍은 느낌도 없지 않다.

어떻든 군법무관 경력을 포함하여 만 27년간 종사해 오던 검사의 직에서 2년간의 퇴수(退修)생활을 거치긴 했지만 대학의 정교수로 연착륙(軟着陸)하게 된 전후경위에 관하여 평소 관심을 가져 주신 분들도 계시고, 관료사회와 대학사회를 모두 경험해 본 입장에서 그 느낌의 차이를 한번 표백(表白)해보라는 선의의 주문도 없지 않았던 터이므로 오늘은 참으로 덤덤하게 그런 잡다한 것들을 모아 파적삼아 한번 끄적거려 볼까 한다. 사족을 붙이자면 편집자이신 선배의 명령(?)이 검찰동우들이 부담없이 읽을 수 있는 주제에다가, 가능하다면 분량은 많은 것이 좋다고 했으므로 그 점도 아울러 고려하였음을 고백한다.

2. 교수임용

1995년 9월 1일, 55세가 지난 나이에 내가 국민대학교 법과대학의 교수로 임용이 된 것은 다분히 시운(時運) 때문이라고 할 수 있다. 검사직을 사임한 후 약 1년반 동안 스탠퍼드 로스쿨(Stanford Law School)에서 어정거리다가 그 해 1월부터 나는 일본 게이오(慶應)대학에 머물고 있는 중이었다. 한국형사법학회장을 지내신 김종원 교수의 추천으로 우리나라에도 잘 알려진 미야자와 코이치(宮澤浩一) 교수의 초청을 받고 그 연구실까지 쓰면서 제법 나름대로의 만수(晩修)를 즐기고 있는 중이었는데 국민대 측으로부터 연락이 왔다. 당시 국내에서는 법조교육의 개편문제가 한창 논의 중이었고, 결국은 법조계의 반대로 유보가 되고 말았지만 대학 쪽의 분위기로는 조만간 로스쿨제가 시행되고 말 상황으로 보고 있었다. 알다시피 대학에는 실무경력을 가진 교수요원이 태부족한 상태이므로 당시 다수의 사립대학에서는 변호사 자격이나 실무경력이 있는 교수요원을 우선적으로 확보하자는 움직임이 있었던 듯하다. 때마침 국민대 법대의 학장은 내가 황길수 전 검사장 후임으로 한국형사정책학회의 실무계대표격 부회장을 몇 년간 맡아 있을 때 회장으로 계시던 법대 선배이고, 총장은 한 번도 만난 일은 없지만 검찰의 후배들을 통하여 내게 관한 비교적 좋은 인상을 갖고 계시던 분이었다. 편지와 몇 번의 전화가 오간 끝에 그 해 6월에 일시 서울에 나와 교수전원회의의 공개심사를 거치는 등 절차를 밟고 9월 학기부터 형사소송법과 형법연습 담당

(그 후 경제법 과목을 추가)교수로 낙착이 된 셈이다. 귀국 후 변호사사무실을 낼 일을 아무래도 주저스럽게 생각하고 있던 차이므로 솔직히 처음 제의가 있었을 때 내심으로는 솔깃한 마음이 없지 않았던 것이 사실이다. 그러나 나이나 자신의 여건 생각도 않고 덥석 대학에 몸을 담았다가 나중에 후회할 일이 있을지도 몰랐고, 또 내 스스로를 너무 값싸게 팔 필요도 없다고 생각하여 아주 완곡하게 두 가지 사항만 확실히 해달라고 조건을 달았다. 내 결벽성 탓이지만 하나는 권력기관 출신의 특례성 임용 따위의 말을 듣고 싶지 않으니 젊은 사람들과 똑같은 절차의 투명성을 지키도록 해달라는 것이었고, 다른 하나는 앞으로 전례가 될 수도 있으니 검사 경력의 환산관계를 임용 전에 분명히 해달라는 것이었다. 그 덕에 교수회의에서 연구실적이니 전공이니 따위를 꼼꼼히 캐묻는 사람도 있어 다소 자존심은 상하였지만, 다행스럽게도 떳떳이 그 사람들을 대할 수가 있었고, 경력관계도 실무종사기간의 75%를 인정해주어 정교수 발령에 지장이 없도록 되었다.

지금 와서 생각하면 세상 일은 참으로 묘한 인연으로 서로 인과(因果)의 영향을 주고 있는 듯이 느껴진다. 내가 40세 되던 해에 의성지청장으로 재직하면서 자강불식(自强不息)의 독려적 의미로 박사과정시험을 치루고 그 후 8년 만에 제주지검장으로 근무하면서 논문을 완성하여 학위 취득을 해둔 것이 임용과정에 크게 도움이 된 것이나, 평소 가까운 검찰의 동료들이 좋은 말을 해주어 대학측의 나에 대한 영입단서가 된 사실 등이 모두 그런 인연의 산물이라 생각되기 때문이다. 범사(凡事)에 감사하면서 인연이란 참으로 소중한 것이라는 생각을 다시 하게 된다.

임용 후 2년이 지난 작년 9월 1일자로 나는 정년 해당해인 2005년 8월 31일까지 신분이 보장된 이른바 정년보장교수가 되었다.

3. 관료사회와 대학사회

내가 대학에 와서 처음 느낀 것은 무엇보다도 자유로움이었다. 간섭하지 않고 강제하지 않는다는 것, 그것은 늘 그곳에 계시던 분들의 눈으로 보면 만족스럽지 않은 수준일는지 모르겠지만 꽉 짜인 관료주의의 틀 속에서 주로 단속과 규제업무에 종사해 오던 내 처지에서 보면 차라리 하나의 경이로운 신세계였다. 출퇴근시간도 자유, 교수회의에도 일이 있으면 꼭 안 나가도 그만이었다. 성적을 제출해 달라거나 연구논문을 시한에 맞추어 내라는 따위의 최소한도의 행정적 요구 이외에는 거의 교수 본인의 자율에 맡겨진 상황이었다. 아! 이런 세계도 있었던가. 적어도 처음의 느낌은 그랬고 지금도 그런 생각의 바탕에 변함이 없다. 토론 문화가 살아있고 민주적 절차를 중요시하는 대학의 풍토도 일단은 신선한 느낌을 주기에 충분하였다. 물론 대학마다 사정은 조금씩 다르고 내가 몸담고 있는 국민대는 그런 점에서는 매우 분위기가 좋은 곳으로 알려진 편이지만, 관료사회, 특히 검사동일체의 원칙이 지배하는 검찰조직과 비교해보면 그 차이는 매우 현격하게 느껴졌다.

그런 이십 수년간 학습해 온 관성의 탓일까. 오랫동안 잘 짜인 관료사회의 틀 속에서 지내온 내 눈으로 보기에 대학 사회는 너무도 불합리하고 비능률적인 것도 많은 곳이었다. 공무원 세계에서의 회의라면 30분 정도에 끝날 일이 대학에서는 2시간쯤 하고도 결론이 나지 않아 다음 번으로 넘기는 것이 다반사였다. 막상 중요한 일은 검토에 많은 시간을 요하니까 제쳐두고 비교적 사소한 일, 예컨대 교수 개인의 위상에 관계되거나 돈과 연계되는 일 따위에는 턱없이 열을 올리는 사례도 더러 보았다. 의외로 편가르기가 심하고, 사람을 채용할 때도 대학의 먼 장래를 생각하기보다 그 사람이 들어옴으로 인하여 자기 위치의 변화나 이해득실을 먼저 의식하는 듯한 폐단도 느낄 수 있었다. 대체로 교수님들은 자신의 의무이행에는 소홀하면서 권리주장에는 민감하다는 인상을 받았다.

그렇긴 해도 관료사회가 그러하듯 대학 사회도 빠른 속도로 변하고 있다. 상식적인 말이지만 관료사회는 소속원의 자율과 창의가 좀 더 존중되고, 대학 사회는 질서와 능률을 더 중요시하는 방향으로 함께 변증법적인 발전을 이루어가야 한다고 믿고 있다.

4. 교수하는 재미

무엇보다도 가장 큰 재미랄까, 이점(利點)은 젊음이 유지되는 분위기에서 지낼 수 있다는 사실이다. 그래서인지 오랜만에 만나는 친구나 선배들로부터 젊어 보인다는 인사를 꽤 자주 듣는 편이다. 일반적으로 학교에 계시는 분들이 나이보다 젊게 보인다는 생각을 나도 평소에 해왔지만, 내 스스로도 퇴수기간을 포함하여 5년 이상 풋풋한 젊은이들과 뒤섞여 지내다보니 우선 마음이 젊어지는 느낌이다. 나이에 걸맞지 않은 주책만 부리지 않는다면 젊음이 유지되는 분위기에서 지낼 수 있다는 사실은 그 자체로서 큰 축복이라고 늘 생각하고 있다.

직업인으로서 대학교수의 또 다른 재미는 방학을 가질 수 있다는 점일 것이다. 6월 중순부터 8월 말까지, 그리고 12월 중순부터 이듬해 2월 말까지의 약 5개월은 확실히 대학교수들에겐 모든 활력과 연찬의 원천이라고 할만하다. 지나고 보니 교수생활의 성패는 방학기간을 얼마나 효율적으로 보내느냐의 여하에 달려있다고 할 수 있을 정도로 그 기간의 의미는 크다고 생각된다. 단순히 휴식하며 신학기 강의 준비나 하는 정도가 아니고 학술자료의 수집, 논문이나 교과서 집필에서부터 심지어 본인이나 가족의 건강진단에 이르기까지 학기 중 여가가 없어 미루었던 대소중요사를 모두 이 기간 중에 처리할 수 있다. 나도 사법시험 채점위원을 맡아 40여일을 꼼짝 못하고 지냈던 96년 여름방학을 제외하고는 '내사론'을 비롯한 한두 편의 논문작성과 렌트카를 이용한 중부유럽 여행 등을 모두 방학 중에 하였는데, 방학 중에는 가족들에 대한 서비스까지 좋아지니까 집사람도 이제는 내 방학을 나 이상으로 기다리는 형국이다.

전공이 다른 순수한 교수들과의 만남이나 이따금 제자들로부터 받는 가슴뭉클한 교감(交感)은 대학생활의 또 다른 재미이다. 교직원 식당에서 우연히 자리를 같이하여 듣게 되는 다른 학문분야의 이런저런 이야기들이나, 스승의 날 같은 때에 학생들이 보여주는 무구(無垢)한 공경심의 표현들을 접할 때 나는 스스로 내 전직(轉職)이 성공하였다는 생각을 자주 하게 된다. 대학으로 온 다음의 첫해 스승의 날에 학내 형사법학회 소속 학생들이 방으로 찾아와 꽃을 달아주고 스승의 노래를 합창할 때 사실 나는 눈물이 나려는 것을 참느라 혼이 난 일이 있다.

학회활동도 꽤 흥미가 있다. 나는 현재 내 전공과 관련된 두어 개의 학회에 가입되어 있고 그 중 한국형사정책학회는 지난 2월부터 회장을 맡고 있다. 평소 모임 같은 것을 별로 좋아하지 않고 검사 재직 중에는 검찰 공무원들의 공식·비공식 조직 가입에 비판적 시각을 가져왔지만, 대학교수의 신분을 비교적 늦게 취득한 나의 처지에선 순수한 학술 목적의 학회활동을 결코 소홀히 할 수 없다. 직접 발표나 토론에 참여하지 않더라도 젊은 사람들의 연구를 독려하고 학회의 분위기를 원만하고 진지하게 이끌 책임이 있는 연령층에 속하기 때문이다. 학회 모임에 참석하여 소장학자들의 진지한 연구결과 발표를 듣는 것은 그 자체로서 즐거움이기도 하지만, 학회 관계로 동학(同學)들을 만나보면 모두가 그런 것은 아니지만 대체로 욕심 없고 소박한 생활자세와 왕성한 학구열을 접할 수 있어 스스로 느끼는 바가 많다. 식당 하나를 찾아가더라도 값싸고 실질적인 장소에 자족(自足)하면서 은근히 본업인 공부에 열중하는 성실한 학자들을 보면 참으로 기분이 좋아진다. 지방 도시에서 열리는 학술회의 같은 것이 끝난 후 학계의 선후배들이 어울려 한잔 술을 나누는 모습도 매우 아름답게 보인다. 지난 8월 한국형사정책연구원이 주관한 제12회 세계범죄학대회에 참가하여 형사정책학회 회원들과 함께 논문발표도 하고 총회의 공동의장단의 한 사람으로 회의진행에 조그마한 기여라도 하고자 노력한 것도 따지고 보면 나의 그러한 긍정적 체험과 수용자세에서 비롯되었다고 할 수 있다. 공교롭게도 현재 한국피해자학회의 민건식 회장을 비롯, 한국형사법학회의 이진록 회장, 한국교정학회의 정갑섭 회장 등이 모두 실무가 출신인 것을 보면 어떤 의미에서는 실무가 출신들이 학회활동에 더 적극적인 일면이 있는 것처럼 보이기도 한다.

5. 요즈음의 대학

"요즈음 대학은 조용하지요?" 하는 질문을 나는 과거의 동료들로부터 자주 받는다. 70년대 말과 80년대의 그 곤혹스럽던 학원문제를 생각한다면 당연한 관심사라고도 할 수 있다. 그때에 비하면, 그리고 수년전 한총련 사태로 온 국민의 여론이 뒤끓던 때에 비하면 지금의 대학은 정말 밖에서 걱정하지 않아도 좋을 만큼 조용하고 질서가 잡혀있는 셈이다. 외견상으로 보아도 학생들의 수업출석률이 무척 높고 도서관은 거의 만원인 상황이다. 어느 대학이나 아직도 민중생존권이니 노동투쟁이니 하는 따위의 대자보가 이따금 보이긴 하지만 대부분의 학생들은 매우 건전하게 학업에 열중하고 있다고 보아도 틀림없을 것이다.

교수협의회란 것이 있어 학내 행정체계와 별도로 교수의 권익신장과 대학의 민주화를 위하여 발언권을 행사하고 있지만 그 실태는 복지추구성 협조형에서부터 재단반대성 투쟁형에 이르기까지 대학마다 다소 모습이 다른 것으로 보인다. 내가 대학에 몸담고 나서 의외로 생각한 것 중의 하나는 교수들이 과거와 달리 각종 보직(補職)을 선호하는 편이고, 조용히 연구와 강의에 몰두하기보다 대외지향적(對外指向的)인 교수들도 생각보다 많다는 사실이다. 반드시 명예를 추구해서라기보다 보직수당이나 퇴직 후의 연금산정, 또는 대외활동으로 인한 연구비지원혜택 등 유인(誘因)도 크게 작용하는 것으로 짐작되나 구체적인 것은 역시 각자의 성향차이일 것이다.

그러나 분명한 것은 대학도 이제 이른바 '좋은 시절'이 다 지나갔다는 사실이다. 대학도 기본적으로 경쟁사회인데다가 구조조정의 거대한 물결이 대학이라고 하여 비켜갈 리가 없다. 교수가 권위에 안주하여 노트 한 권으로 몇 년을 울궈먹을 수 있던 시절도 지난지가 제법 되었다고 보면 된다. 당연한 추세이지만 앞으로 젊은 교수들은 엄청난 경쟁을 이겨내며 피나는 노력을 해야 살아남을 수 있을 것으로 생각된다.

6. 나 오 며

솔직히 말하자면 검사에서 교수로 신분이 바뀐 후 나는 평균적인 교수의 수준보다는 좀 더 많은 노력을 해야만 한다고 생각하고 있으므로 교수생활이 마냥 편한 것만은 아니다. 그러나 변호사로 일하는 것보다는 내 적성에 맞는 것 같고 앞에 든 여러 가지 재미랄까 보람도 있어 지금까지는 이 생활을 즐기고 있다.

우리나라 법학교육의 장래로 보아 앞으로는 실무가 출신의 교수가 필시 늘어날 전망이고, 또 반드시 늘어야만 할 사정이기도 하다. 사실 나는 내가 너무 늦게 대학으로 왔다는 사실을 늘 의식하고 있으므로 되도록 겸허한 몸가짐과 그야말로 봉사하는 자세로 강의와 연구에 임하려고 노력하는 편인데, 그래서인지는 몰라도 아직까지는 학생들이나 다른 교수들이 내게 매우 호의적이어서 고맙게 생각하고 있다.

대학에 몸을 담고보니 법원, 검찰, 변호사단체, 법학교수회 등 법치4축(法治四軸)이라고 할 직역간의 교류와 대화가 적어도 지금보다는 훨씬 긴밀해져야겠다는 생각을 자주하게 된다. 앞으로는 젊은 나이의 보다 명민(明敏)한 법조인들이 더 많이 대학강단으로 진출할 것이 필지의 사실일 터인데, 그 분들이 나중에 이 글을 보면 '아하, 이런 한가한 신변잡담도 있었구나'라는 느낌을 가질는지도 모른다. 그래도 나는 실무와 이론, 현실과 이상의 양쪽 세계 사이에서 그 연결통로를 만들기 위한 조그마한 디딤돌이 되고자 나름대로 노력을 했던 모습으로 기억되기를 마음속으로 바라고 있다. 검사장까지 지낸 교수의 면모가 혹 구차하거나 초라하게 보여서는 안될 것이라는 자각 속에서 늘 애쓰는 편이니, 그 점은 여러 검찰동우들께서 염려하시지 않아도 좋을 것이라 믿고 또 이를 다행스럽게 생각하고 있는 편이다.

〈검찰동우회지 1998. 11〉

의연(毅然)과 수분(守分)

저는 과장시절 세종로 청사에 근무한 일이 있고 용인의 법무연수원에도 기획부장으로 재직한 경험이 있습니다. 그리고 지금의 법무부 과천청사에서는 기획관리실장과 법무실장으로 약 16개월 간 근무한 인연이 있습니다.

창 밖으로 바라보던 청계산의 푸른 봉우리와 점심시간이면 자주 걷던 관악산의 바윗길 기억이 지금도 어제인 듯 새록새록 하게 느껴집니다.

1993년 대검찰청 중앙수사부장을 끝으로 공직을 떠난 이후에는 스탠퍼드(Stanford)대학과 게이오(慶應)대학에서 2년간 퇴수(退修)생활을 한 적이 있는데, 당시의 검찰총장을 비롯하여 출장 또는 연수차 나온 법무부·검찰의 간부들과 대사관에 파견근무 중이던 법무협력관들이 이미 과거의 동료에 불과한 저에게 따뜻한 우의를 보이면서 음양으로 많은 도움을 주던 매우 풋풋한 기억도 가지고 있습니다.

한때는 과천청사 부근을 지나면서 아픔 비슷한 느낌을 가졌던 적도 있으나, 대학에 몸담고 있으면서 1996. 1.부터 위원직을 맡기 시작한 중앙선거관리위원회의 청사가 과천에 있는 관계로 한 달에 한두번씩, 또 이따금 옛친구들과 관악산이나 안양 쪽으로 등산이나 운동을 갈 경우

자연스럽게 바라보게 되는 법무부 청사는 마치 노 졸업생이 모교를 바라보듯 친근한 느낌을 주는 것이었습니다.

고치고 또 고치던 보고서, 마냥 기다리던 국회, 실·국간의 업무조정과 소속원들의 인사문제로 마음쓰던 일들이 아름답게, 때로는 씁쓸하게 기억나기도 합니다.

그러면서 이제 공직의 굴레를 벗은 이후 나는 과연 무엇을 추구하면서 지나왔는가, 또 언젠가는 공직을 떠날 동도(同道)의 여러분들은 어떤 마음가짐으로 스스로의 모습을 일구어 가는 것이 소망스러울까 하는 문제를 잠시 생각해보게 됩니다.

정년퇴임이든 도중퇴임이든 자의든 타의든 공직을 떠난 후 대부분의 사람들은 자유롭다는 느낌과 함께, 또는 그 이상으로 허전함을 느끼게 됩니다. 조직에 속해 있다는 사실은 속박도 되지만 그 자체로 엄청난 안정감을 주는 것이기도 한데, 일단 그곳을 떠나게 되면 혼자서 또는 가족이나 가까운 친구들 정도의 도움을 받으면서 정신적 홀로 서기를 해야 되기 때문일 것입니다.

물론 시기를 정해놓고 마음의 준비를 한 경우와 그렇지 않은 경우 사이에는 많은 차이가 있겠지만, 저는 어떤 경우이든 인간으로서, 또 법조인으로서 의연(毅然)함을 잃지 않는 자세가 무엇보다도 중요하다고 생각합니다.

퇴직 후에는 변호사나 법무사 업무를 시작하는 경우가 대부분이고 그런 경우 과거의 동료나 선·후배들에게 직무상 신세를 져야 하는 경우도 없지 않을 것이므로 매사에 비굴하지 않고 당당하게 보이기란 말처럼 쉽지가 않을지도 모르겠습니다. 다행스럽게도 저의 경우에는 변호사로서 사건을 수임하여 이제는 좀 여유 있게 지내야겠다는 욕구보다는, 이십수년간 틀에 박힌 업무를 수행하느라 굳어진 머리를 씻어내고 그야말로 자유로워진 상태에서 스스로를 새롭게 하고 싶다는 욕구가 훨씬 강하였으므로 2년 간의 퇴수기간과 1995. 9. 이후 대학의 형사법 교수 또는 총장으로 지내면서 나름대로 지키고자 노력한 의연을 위한 몸가짐이 상대적으로 쉬었다고 할 수 있을는지도 모르겠습니다. 그러나 공직을 떠난 직후 남들에게 구차하거나 처연하게 보이지 않고, 그렇다고 하여 허세여서도 안될 그런 의연함을 지키기 위한 노력이 그렇게 간단히 이루어진다고 볼 수는 없을 것입니다. 자칫하면 스스로는 의연함을 지킨다고 하는 모습이 남들이 보기에는 불필요한 긴장으로 비춰질 수도 있을 것이고, 또 그 노력 자체로서 얼마간의 일상적 손해를 감수하여야 할 경우도 있기 때문입니다. 물론 사람의 의연 여부는 그의 생활수준이나 씀씀이와는 무관하므로 퇴관 후 주로 지하철과 서민식당만을 애용하는 선배 법조인 중에도 참으로 반듯하고 기품 있는 몸가짐으로 후배들에게 감동을 주는 분들이 있어 저도 이를 따라 배우려고 노력하고 있는 중입니다.

당연한 사리지만 누구나 언젠가는 공직을 떠나게 됩니다. 떠난 이후 남아 있는 동료·후배들이 그를 향해 손가락질을 하지 않고, 그를 기억하며 일종의 아쉬움 같은 것을 느끼게 된다면 그의 공직생활은 충분히 성공적이었다고 저는 믿습니다. 또 그것이 공직에 몸담아 헌신하던 자로서의 보람이기도 할 것입니다.

공직을 떠난 후 또 하나 스스로에게 부단히 다짐하며 유념하려고 애쓰고 있는 것은 분수를 지키며(守分) 산다는 일이라고 생각됩니다. 사람은 누구나 자기 스스로에 대한 평가와 객관적인 평가가 다를 수 있을 것입니다. 이것은 누구나 가지고 있는 자신에 대한 긍지나 자부심과는 별도로, 사람들이 항상 스스로를 객관화할 수 있는 지혜와 여유 또는 조감력(鳥瞰力)을 갖추어야 한다는 뜻이라고 말할 수 있을 것입니다. 사실 저는 공직에 몸담고 있을 때나 공직을 떠난 후에도 선배 공직자들 중 극히 일부이지만 돈이나 지위 또는 일 욕심을 너무 내는 모습을 보며 꼭 저렇게 해야 할 필요성이 있을까 하는 느낌을 가졌던 적이 있습니다. 사적인 자리에서도 일종의 이니셔티브 콤플렉스(Initiative Complex)라고 할까, 꼭 화제를 독점하고 자신이 분위기를 주도하여야만 직성이 풀리는 듯한 분을 보면 그 과거를 벗어나지 못하는 듯한 모습이 은근히 딱하게 느껴집니다.

분수란 결국 분별의 슬기를 말하는 것이고 그것은 매사에 도를 넘지 않으며 자신의 몫과 자리를 헤아려 지키는 지혜라고 할 수가 있을 것입니다. 자기도취나 또는 주위의 부추김에 놀아나 분수 이상의 욕심을 내는 것은 스스로 경계하며 절제할 수밖에 없다고 생각합니다.

지금 와서 돌이켜보면 저는 참으로 행복한 검사이자 법무공무원이었다고 생각합니다. 재직 중 주위의 아낌을 받고 퇴직 후 교직에 몸을 담을 수 있게 된 사실이나, 대학에 있으며 법조의 동료·선후배들과 업무상의 부담 없이 인간적 유대를 지속할 수 있다는 사실은 그 자체로서 엄청난 축복이라고 생각하고 있습니다.

어려울 때 의연한 자세를 지키고 일견 화려하게 보일 때 분수를 지킬 수 있도록 도와주신 법무·검찰의 옛 가족들에게 이 자리를 빌어 마음깊이 감사의 말씀을 드리고 싶습니다.

〈법무부 부내회보 2001. 10. 11〉

교수와 총장*

검사출신 교수

1995. 9. 1.자로 대학의 형사법 교수로 임용이 되었지만 첫 학기에는 상당한 긴장감을 가졌던 것이 사실이다. 대학은 생리적으로 권력을 배척하는 경향이 있으므로 검사출신, 더구나 남의 눈에는 제법 힘이 있어 보이는 대검중앙수사부장 출신의 신임교수에 대하여 학생들이 어떤 반응을 보일지가 은근히 마음이 쓰이기도 하였다. 학교측 요청으로 첫 시간에 '법치주의와 한국의 검찰운영'이라는 주제로 공개특강을 하였는데, 강의가 끝나자 예의에서인지는 몰라도 제법 요란한 박수소리가 나서 비로소 안심을 하였다.

* 필자 주: 검찰동우회지의 편집인인 권순욱 변호사는 그 구수하고 무게 있는 인품으로 해서 주위에 좋아하는 사람이 꽤 많은 동우회원이다. 마침 필자가 대검찰청 총무부장으로 근무하던 시절 검찰연구관으로 함께 일한 인연이 있고, 고등학교와 대학도 후배이어서 필자로서는 상당히 무서워하는 사람(선배보다 후배가 무섭다고 하지 않는가!)에 속한다. 이런 함부로 하기 어려운 사람으로부터 일종의 압력성 원고 청탁을 받고보니 일이 다소 바쁘다고 하여 간단히 물리칠 처지가 되지 못하였다. 재작년인가 '검사와 교수'란 제목으로 검사에서 교수의 신분으로 연착륙하게 된 경과를 쓴 기억이 있기에, 이번에는 평교수에서 총장으로 벼락형 신분상승을 하게 된 경과를 담담하게 한번 기술해 보기로 하였다. 검찰동우회지의 성격으로 보나 남의 글을 읽어본 경험으로 보나 그런 종류의 부담 없는 글이 가볍게 펼쳐보기에는 편할 것이라는 나름대로의 생각에서인데, 막상 글을 시작하고보니 내 생각이 혹 잘못되지나 않았을까 하는 약간의 기우가 없지도 않다. 가볍게, 그리고 너그럽게 보아주시기를 바랄 뿐이다.

일단 미국 대학에서 본대로 강의 계획서(syllabus)를 철저히 작성하고 출석을 불러 학생들 이름을 일일이 익혀가면서 충실한 강의가 되도록 노력하였다. 책임 시수(보통 주 9시간)관계로 첫 학기에는 형사소송법과 교양강의인 생활법률을, 2학기째부터는 형법연습과 형사소송법을 번갈아 강의하다가 나중에는 경제법 강의까지 맡게 되었다. 평소 공부할 때는 미국·일본의 판례와 문헌 등을 찾아가며 새로운 내용을 추구하지만, 강의는 학생들 위주가 되어야 하므로 국내 교과서 중심으로 될 수밖에 없다는 사실도 금방 깨닫게 되었다. 따라서 특히 학부 강의는 되도록 쉽게 해야 하며 여러 가지 실제 사례를 들어 설명하는 것이 매우 유용하다는 사실도 알게 되었다.

몇 학기가 지나자 요령이 생겨 미리 다음 시간의 강의 내용과 관련된 과제를 주고 해당 시간이 되면 먼저 학생들로 하여금 그 주제와 관련된 발표와 토론을 하게 하여 간단한 강평을 한 다음 강의를 진행하는 방식도 상당히 도움이 된다는 사실을 발견하였다.

요즈음은 강의평가제라는 것이 있으므로 학기말에 학생들이 써내는 강의평가서를 보면 교수들도 필경 무언가 집히는 게 있기 마련이다. 역시 강의의 기술보다는 열성과 애정이 학생들을 감동시킨다는 평범한 사실을 결국은 다 알게 된다.

어떻든 그렇게 하여 거지 못지 않게(?) 행복한 교수생활을 하고 있던 중 새로운 상황의 변화가 왔다.

기회인가 짐인가

교수로서 만 5년이 되는 2000년 2월 나는 한국형사법학회의 회장직과 함께 학교의 법학연구소장이라는 직책을 맡고 있었다. 평교수로서는 더 바랄 것이 없을 만큼 적당한 업무량에 적당한 명예도 누리고 있는 셈이었다. 게다가 신학기부터는 대개 연장자 순으로 맡게 되는 법과대학의 학장직을 수행하기로 법대교수들 사이에 암묵리에 합의가 이루어져 있었으므로 대학에 온 이상 그 정도의 봉사는 해야 할 것으로 내심 각오를 하고 있는 중이었다.

그런데 2기를 중임해 온 전임 H총장이 임기종료 6개월을 앞두고 제16대 국회의원으로 출마를 하는 통에 갑자기 대학총장이라는 자리가 공석이 되었다. 교수들 중에는 총장이라는 대학 내 최고의 직위를 목표로 평소 학내에서의 인기관리나 학교법인과 좋은 관계를 유지하기 위하여 애쓰는 분들도 꽤 있으므로 당연히 나와는 별 상관이 없는 일로 치부하고 있는데, 어느 날 느닷없이 대학 내의 한 인사가 총장자리를 맡아 볼 의향이 없냐고 물어왔다.

학교법인 국민학원의 정관 등 규정에 따르면 우리 대학의 총장은 교수 40인의 추천을 받은 자 중에서 법인 이사회에서 선임하도록 되어 있는데 추천 절차에 앞서 본인의 의사를 타진한다는 것이었다. 일단 사양하면서 하루 이틀 여유를 달라고 해서 법대교수, 총장 유경험자 및 가족들과 의논을 해보니, 생각보다 힘든 직책이라는 각오만 한다면 굳이 다가 온 기회를 회피할 필요는 없지 않느냐는 것이 다수의 의견이었다.

여러 가지로 고심하였지만 결국 대학에 온지도 일천한 사람이 스스로 총장을 하겠다고 나서는 것은 이상하나 교수들이 추천하여 선임될 확률이 매우 높다면 그것도 일종의 팔자라고 생각하여 받아들이는 것이 순리가 아니겠느냐는 판단에 이르게 되었다. 솔직한 생각으로는 공직을 떠날 때 내가 떠나고 싶어 떠났다기보다 어떤 사회적 상황이랄까 흐름에 따른 결과이었는데, 이번에는 오히려 반대로 내가 하고 싶어서가 아니라 예기치 않은 일종의 흐름이랄까 운세에 따라 그 자리가 내게로 스르르 찾아오고 있다는 느낌이었다.

내가 다짐할 것은, 다소 욕먹을 각오를 하면서 진실로 학교를 위하여 봉사할 마음의 자세를 갖추고 있느냐의 여부와 솔직히 아직도 자신이 없지만 이것이 과연 내 분수에 맞는 일인가 하는 점에 관한 생각을 스스로 정리하는 일이라 할 수 있었다. 며칠 기도하는 자세로 자신을 추스르고 있는 사이 이현재 전 총리께서 이사장을 맡고 있는 학교법인 이사회에서 8명의 피추천 후보자 중 내가 만장일치로 제 7 대 국민대학교 총장으로 선임되었다는 연락이 왔다.

갈등과 해소

총장 선임결과가 발표되니 당장 교수협의회에서 반발이 왔다. 당초 교수들이 임의단체인 교수협의회에서는 이사회의 법적 선임절차와는 별도로 총장 후보자 8명이 교수협의회에 출석하여 소견발표를 하면 나름대로 적임자에 대한 의사표시를 하겠다고 한 바 있었다. 교수들 앞에 나와 일종의 정견발표를 하라는 취지였지만, 생각해보니 그것 자체가 인기를 구걸하는 듯한 어색한 느낌도 들고 하여 나는 서면으로 헌신을 다짐하는 의사표시만 하고 출석을 하지 않았다. 결국 8명 중 5명은 출석하여 인사를 하고 3명은 불출석하였는데, 교수들은 불출석한 자들을 교수협의회를 무시하였으므로 총장적임자가 아니라는 주장을 하고 나왔다. 나의 솔직한 기분은 학교가 나같은 사람을 행정책임자로 필요하다고 생각하면 일을 맡길 것이지만, 내 스스로 교수들 앞에 나서서 절을 해가면서 여러분들의 권익을 옹호하겠으니 나를 지지해 주시오 하는 말을 할 배짱까지는 없었다. 법률을 공부한 사람으로서의 자의식(自意識)이 그런 법률외적 절차에 나서는 것을 용납하지도 않았다.

그러나 교수들은 교수들대로 자존심이 상하는 모양이었다. 일부에서는 교수협의회에 나가기만 했더라면 아무런 문제가 없었을 텐데 왜 그랬느냐는 식의 동정성 힐난도 없지 않았다. 결국 3월 하순까지 나는 나대로 대학 또는 학부별로 교수들과 간담활동을 하면서 내 자신과 의지를 알리고, 교수협의회는 나름대로 플래카드를 붙이는 등 반대활동을 하던 중 3. 26.쯤 교수협의회 회장단이 대화의 기회를 갖자고 하여 학교 밖에서 저녁모임을 한번 가졌더니 대립 양상은 의외로 싱겁게 끝나고 말았다. 짐작건대 반대하던 교수들은 여러 경로로 들어 본즉 정모란 자가 비교적 욕심이 없고 담백하다고 하니 속는 셈치고 한번 일을 맡겨보자는 생각이 작용한 듯하고, 그 동안 내 스스로도 교직 경력이 일천하므로 학내 구성원들의 목소리에 귀를 기울이면서 투명하고 합리적인 행정을 해 보이겠다고 성의껏 호소를 한 덕분이 아니었나 생각된다. 부족한 사람에 대하여 언론을 비롯하여 법조계 주변에서 비교적 호평을 해주고, 또 나름대로 원칙을 지키고자 처신해 온 것이 결국 교수사회에서 쉽게 수용(受容)이 된 듯 생각되어 더욱 겸허하고 감사한 마음을 가질 수밖에 없게 되었다.

이순(耳順) 총장

공교롭게도 나는 만 60 회갑이 되는 해에 국민대학교의 행정책임자의 직을 맡게 되었는데, 일을 맡고 보니 대학총장에게 요구되는 여러 가지 덕목 중에 공자가 말한 이순이야말로 필수적인 요건 중의 하나라는 생각이 다시 들었다.

총장을 찾아오는 교수들은 대개 인원이나 공간 또는 예산상의 지원을 요청하고 때로는 다소 황당한 아이디어도 제시하는데, 들어 보면 그 대부분은 당장 요구를 들어줄 수 없는 것들이다. 그러나 중요한 것은 대부분의 요구가 수용되지 않는데도 일단 그 말에 귀를 기울여줌으로써 반 이상은 본인이 만족에 가까운 감정을 가진다는 점이다.

대학총장에 따라서는 면담자체를 극히 제한하여 부담스러운 의견 개진의 기회를 봉쇄해 버리는 분도 계시는 모양이지만, 나로서는 아직까지 그런 방식을 취하지 않고 있다. 다소 피곤하지만 어쩌겠는가. 대학경력이 비교적 짧으므로 이야기를 듣다보면 의외로 학내실정을 정확히 파악하는 계기도 된다고 보아 아직까지는 싫은 내색하지 않고 '열린 총장실' 원칙을 고수하고 있는 셈이다. 평소 대학총장은 명령하거나 통제하기보다 조정하고 설득하는 것이 본령이라는 신조를 가져왔고, 또 그래야만 구성원들이 믿고 따를 것이라는 믿음 때문에 이순 총장의 몸은 비록 고달프지만 아직까지 마음은 가벼운 편이라고 할 수가 있다.

물론 대학총장은 내부의 이해조정보다 대학 외부로 다니면서 발전기금도 얻어오고 재정지원도 받는 쪽으로 활동의 중점을 옮겨가는 것이 외국의 실정이고 우리도 필경 그런 방향으로 갈 수밖에 없는 추세이므로 장기적으로는 내부구성원과의 면담시간을 줄일 수밖에 없을 것이다. 결국은 부총장 또는 총장보제도를 통한 합리적인 역할 분담을 함으로써 총장은 대외활동에 주력하는 것이 본연의 모습이라 생각된다.

그 밖의 애환

대학은 공직사회나 기업과는 달라 예컨대 학장회의에서 학교의 방침이 분명히 천명되었다고 하더라도 모든 교수들에게 이것이 그대로 전달된다는 보장이 없다고 보는 것이 옳다. 따라서 경우에 따라서는 같은 내용을 교무위원회에서 이야기하고 특정대학의 교수들을 불러 또 설득하고 본부처장을 통하여 다시 확인해야 하는 경우도 전혀 없지가 않다. 처음에는 그 비효율성과 일사불란함의 결여에 대하여 무척 답답하게 생각했으나, 몇 학기가 지나니 타성이 붙어서인지 그것도 대학문화의 일부로 생각하고 받아들이게 되었다. 일사불란함을 강조하다보면 예기치 않은 저항과 갈등이 또 생길 수 있기 때문이다.

그러나 솔직히 대학총장 하는 보람이 없지도 않다. 비록 마누라가 고생을 했지만 연초에 학생회장단이 떼지어 집으로 세배를 왔을 때, 학교의 홍보행사를 기획하여 많은 참석자들이 처음이라며 기뻐하는 모습을 보았을 때, 학교 이미지가 좋아졌다고 처음 보는 노졸업생이 아껴놓았던 돈 1,000만원을 가지고 총장실을 찾아왔을 때, 조형대학과 예술대학 각 학부의 행사에 다투어 총장을 모시겠다며 교수들이 서로 경쟁하는 듯한 모습을 보았을 때, 학교를 찾아온 대학평가위원들이 총장의 열성에 감탄하였다는 말을 하고 갈 때, 90년대에 1, 2명밖에 없던 사법시험 합격생이 2001년도에는 9명이나 배출되었을 때, 내 조그마한 노력이 구성원들의 화합과 학교발전으로 그대로 연결된다고 생각하면 참으로 기분이 좋아질 수밖에 없다.

법조인 출신으로 정직히 고백하자면, 학교를 공정하고 투명하게 운영한다든가 행정체계를 합리화한다든가 학내 구성원의 화합을 도모한다든가 하는 등의 '내치(內治)'문제는 스스로 마음을 비우고 노력하면 될 일이므로 상대적으로 쉽다고 할 수 있다. 그러나 교육인적자원부나 외부를 상대로 재정지원을 요청하거나 대학교육협의회 등과 좋은 관계를 유지하며 교섭을 하는 일 따위의 '외교'문제는 그런 일에 익숙지 않은데다가 체질상의 문제도 있으므로 쉽지 않다는 생각을 자주 하게 된다. 그런 점에서 전문 사립대학 경영자가 월등 강점을 보이고 있다. 그러나 어쩌랴. 눈높이를 낮추고 우리 대학의 특성을 살리면서 최선을 다하여 경쟁력을 갖춘 우수대학으로 발돋움해 갈 수밖에 없는 현실이다. 그리고 다행스럽게도 국민대학교는 그런 방향으로 가고 있는 것으로 일단은 보인다.

지금 소박한 희망

국민대학교는 지금 일부 교수들의 표현을 빌리자면 '유사(有史)이래 유례 없는' 평화로운 대학 분위기를 유지하고 있다. 재학생 수가 약 15,000명에 이르고 학교의 채무도 제로 상태이므로 재정상황도 매우 견실한 대학에 속한다. 교수진이 상대적으로 우수한데다가 북한산 국립공원을 배경으로 하고 있으므로 근무환경 자체도 매우 좋다고 볼 수 있다. 사실 대학의 경쟁력이나 시장논리 따위를 생각지 않고 자족하기만 한다면 더 이상 바랄 것이 없을 만큼 지내기가 좋은 여건이다. 그런데도 오랫동안 몸에 밴 공무원 체질이랄까, 나는 학교의 행정책임자로 집무를 하면서 항상 긴장된 자세가 풀어지지 않는다는 느낌이다. 마누라는 이런 나를 보고 다시 공무원으로 돌아간 듯이 경직된 모습이라며 가끔 흉을 잡고 있다.

확실히 대학에서는 보통의 교수가 총장보다 훨씬 편하다. 대학의 총장자리도 하나의 명예라고 본다면 내 경우에는 말하자면 자유와 명예를 바꾼 셈인데, 나이 탓인지 이제 다시 자유가 그리워진다. 더구나 1993년 이후 나는 빈둥거리며 읽고 싶은 책을 읽고 여행을 다니며 평일 골프도 누려보던 경험이 있는 터가 아닌가. 2004년에 총장 임기가 끝나고 2005년은 교수로서 정년퇴임을 맞게 된다. 지금은 마누라와 그때 이후의 설계를 하면서 가끔 집무로부터의 긴장을 풀려고 노력하고 있다.

마지막으로 한마디를 덧붙이자면 주변에 혹 좋은 적령 학생들이 있으면 내실 있고 발전가능성이 높은 우리 국민대학교에 많이 지원하도록 권고해 주시기를 삼가 당부 드리고자 한다. 그러나 이 마케팅은 너무 속이 보이는 것 같은 느낌이 드는 것을 어쩔 수가 없구나.

〈검찰동우회지 2001. 12〉

내가 소중히 생각하는 것들

반갑습니다. 지금까지는 총장으로서 축사, 식사, 훈사 등 의례적이고 형식적인 이야기만을 주로 해 왔습니다. 그래서 이 자리는 제 자신을 여러분에게 열어 보이는 시간으로 정했습니다. '정성진 총장은 어떤 배경을 가지고 있는 사람인가?', '이 사람은 어떤 생각을 하고 있는가?' 등을 말씀드리겠습니다. 식상한 얘기는 피하고자 합니다. 또한 내 자신에 대한 홍보적인 느낌을 주는 이야기도 피하겠습니다. 행정 책임자의 위치에 있지만 자랑스럽기보다는 미흡한 점이 훨씬 많기 때문입니다. 가능한 한 자기 고백적인 성격을 띠고자 합니다.

아시다시피 저는 검사에서 교수로, 교수에서 다시 대학 총장이 되었습니다. 통상적인 경력의 총장들과는 다소 다른 길을 걸어온 셈입니다. 조금 전에도 제 소개를 검사 출신 교수, 대검수사부장 출신의 총장이라고 하더군요. 실제로 저는 사법시험 합격 후 24년 간 여러 자리를 거치면서 대검중앙수사부장을 마지막으로 검찰을 떠났습니다. '왜 법조인이 검찰을 떠나 대학에 몸담게 되었는가?', '그 사이 사람과 사물을 보는 눈이 어떻게 달라졌는가?', '지금 내가 소중히 생각하는 것들은 무엇인가?' 등에 대해 이야기를 나누고자 합니다.

법률가는 법과 정의의 세계를 다룹니다. 따라서 일반적으로 권력을 연상하게 되죠. 반면에 대학은 학문과 지성에 우월적 가치를 두기 때문에 권력과는 거리가 멀다고 할 수 있습니다. 그렇다면 제가 어떻게 해서 권력의 세계에서 비권력의 세계로, 관료적 조직체계에서 보다 자유로운 지성의 마당으로 옮겨왔을까요? 저는 귀가 순해진다는 이순(耳順)을 두 해나 넘긴 나이입니다. 제 의지의 문제도 있겠습니다만, 교수가 되어 여러분을 만난 것은 대단히 소중한 인연 또는 하나의 섭리라고 생각합니다. 운명지어졌던 게 아닌가 생각합니다. 이를 참으로 감사히 여기고 있습니다.

검사로서의 저의 경험과 생각을 말씀드리기 전에 우리나라 검사의 역할과 역사를 간단히 짚어보겠습니다. 검사 제도는 불란서 혁명 이후 시작되었습니다. 생각보다는 오래되지 않은 셈입니다. 그 전에는 행정과 사법재판을 한 기관에서 맡았습니다. 그러나 혁명 이후 인권 사상이 고취되면서 재판권으로부터 소추권이 분리되고 수사과정의 적법성을 통제할 필요도 있어 검사로 하여금 이 역할을 담당토록 한 것입니다. 말하자면 검찰은 국가 권력을 행사하는 수단이 아니고 국가 권력으로부터 국민의 자유와 권리를 지켜내기 위한 수단으로서 출발된 것입니다. 검사의 기본 임무는 범죄 수사, 기소, 재판 집행 등입니다. 영미법계의 국가에서는 수사는 경찰이 하고 검사는 주로 기소만 하는 반면 독일, 불란서 같은 대륙에서는 검사가 수사 지휘까지도 합니다. 우리나라는 대륙법계를 따랐습니다. 그래서 검사가 수사를 위해 경찰을 지휘하고, 잘못된 것은 수정하고, 영장도 청구합니다. 그러기에 검사를 흔히 법치주의의 감시자, 파수꾼이라고 부르는 것입니다.

검사의 권한은 대단합니다. 검찰을 떠난 후에 24년 검찰생활 중 가장 보람된 일이 무엇이냐는 질문을 많이 받습니다. 그러나 제게는 보람되기보다는 대단히 힘들었던 기억이 더 많습니다. '검사의 딜레마'라고 할까, 선택의 어려움을 겪는 경우가 매우 많습니다. 한 예를 들어보겠습니다. 우선 인간으로서의 감정과 검사의 임무 사이에 갈등을 일으키는 경우입니다. 국가를 대신해 범죄를 수사하고 범인을 기소하는 검사는 청탁은 물론 사사로운 정에 휘말려서도 안됩니다. 그러나 집에서 일하는 가정부나 이웃집의 기사아저씨와 같이 가난하고 힘없는 사람에게 어려운 일이 생겼을 경우를 한번 생각해 봅시다. "검사님, 제 아버님이 어려운 일이 생겼는데 말씀 좀 해 주세요." 원칙적으로 이런 사사로운 청탁을 받아서는 안됩니다. 그러나 이를 완전히 외면한다는 것은 매우 비인간적으로 보일 수도 있습니다. 이럴 경우 검사는 조그마한 딜레마를 느낍니다.

또 사생활과 공적인 임무 사이에서도 많은 갈등을 겪습니다. 저는 검사 생활 동안 근무지를 따라 11번의 이사를 했습니다. 많은 사람은 3, 40번 이사를 합니다. 제가 검사를 하는 동안 우리 집 식구는 동창회나 계모임 따위에 거의 나가지 않았습니다. 물론 저도 사적인 모임은 되도록 피했습니다. 그러다보니 한 아이 아버지로서 학교 선생님께 찾아가 인사 한 번 하지 못 했습니다. 공적인 의무에 충실하다 보면 이렇게 사생활은 거의 희생됩니다. 훌륭한 검사는 독해야 하는데, 독한 검사와 좋은 사람은 서로 양립하기 어려운 개념입니다. 제 나름대로는 노력했지만 이 둘을 완벽하게 구분하지는 못했습니다.

또 이런 딜레마도 있습니다. '목적에서의 정의'와 '수단에 있어서의 정의'는 다릅니다. 한 검사가 탈세 사건을 밝혀냈습니다. 사회악을 척결했으니 검사는 큰 업적을 남긴 셈입니다. 그러나 검사는 그 회사의 해고된 경리사원 등 그 회사를 배신한 사람의 정보를 통해 수사를 하는 경우가 많습니다. 수사 과정에서 자백을 받기 위해 검사는 갖은 방법으로 범인을 설득합니다. 범인이 자백할 때는 수사하는 검사를 믿고 합니다. 범인은 혹 형량이 줄어들진 않을까, 어쩌면 구속되지 않을 수도 있겠지 등을 생각하는데 검사는 이런 범인의 심리를 이용해 자백을 받아냅니다. 이처럼 수사의 성공을 위해 검사는 인간적인 약점을 이용하기도 합니다. 마약사범 수사에는 항상 범죄 정보를 팔아먹는 사람이 개입합니다. 그들은 자신도 마약을 했으면서 면죄를 받고자 정보를 파는 겁니다. 인간적으로는 비열한 사람들이라고 할 수도 있습니다. 그러나 큰 정의를 위해 그런 것은 눈감아야 합니다.

관용과 엄벌 사이에서도 많은 갈등을 합니다. 여러분은 법이 너그럽기를 바랄 겁니다. 저의 경험을 하나 말씀드리겠습니다. 어떤 전과자가 술을 마시고 술집 종업원에게 손찌검을 했습니다. 보통 사람은 이 정도로 구속되지 않지만 폭력 전과가 있는 사람이라 구속영장이 청구되었습니다. 그러나 저는 사안이 가볍다고 보아 영장을 기각하였습니다. 그런데 나중에 송치된 그 사건파일을 보니 '공소권 무'라고 의견이 적혀 있었어요. '공소권 무'란 심판 받을 사람이 죽었거나 공소시효가 완성되어 검사가 형사사건에 관한 심판을 법원에 청구할 수 있는 권리가 사라졌다는 뜻입니다. 그 사람은 그 동안에 오토바이 사고로 죽은 것입니다. 만일 제가 온정적인 마음을 가지지 않고 구속을 했더라면 죽지 않고 유치장이나 교도소에 있었을 겁니다. 극단적인 경우이지만 관용이 오히려 사람을 죽음에 이르게 한 사례입니다.

구체적 정의와 일반적 정의간의 딜레마도 있습니다. 일 년에 몇 번씩 유원지 폭력배 일제 단속, 학원 주변 폭력배 일제 단속 등 캠페인성 단속을 합니다. 그리고는 단속기간 중 몇 명을 구속했다고 하죠. 이런 식으로 일제 단속을 벌여 사회에 경종을 울리는 것은 일반 예방적 효과를 기대하기 때문이라고 말합니다. 이럴 때 경찰, 검찰은 실적 올리기에 매우 신경을 씁니다. 이 기간에는 보통 때라면 구속 안될 만한 범행으로도 구속되는 경우가 있습니다. 분명 잘못된 일이지만 사회 전체적인 예방 효과를 위하여 구체적 정의가 다소 희생되는 경우로 보는 사람도 있습니다.

또 생명존중정신과 사회적 정의 사이에서 갈등을 겪기도 합니다. 제가 대검의 수사부서에 근무할 때의 일입니다. 국세청의 중견 공무원이 세금감면과 관련하여 부정을 저질렀습니다. 그 사람이 수사의 핵심입니다. 그를 조사해서 상사에게 돈을 상납한 일과 기업에서 돈을 뜯은 일을 밝혀냈습니다. 밤중에 자백을 해서 자술서까지 썼죠. 이 사람이 자백한 내용은 그 파급 여파가 매우 클 테니 검찰 입장에서는 굉장한 실적 하나를 올린 것입니다. 또한 사회적으로 경종을 울릴 수도 있는 사건입니다. 그런데 새벽에 수사관의 감시가 소홀한 틈을 타 그 사람이 허리띠로 목을 매어 자살을 기도한 것입니다. 수사 보안을 위해 아직 대외적으로 알리지도 않은 사건이었습니다. 그러니 사람을 업고 내려오면 많은 기자들이 알게 되고, 수사 기밀도 누설되어 이 수사는 망치는 게 됩니다. 이때 검사는 사람을 살리느냐, 큰 공직 부패 사건 하나를 해결하느냐 중에서 선택을 해야 합니다. 굉장한 용기가 필요합니다. 저는 당연히 사람을 살리는 쪽으로 담당검사에게 조언을 하였습니다. 사건수사는 더 이상 진전되지 못했지만 그 사람은 병원으로 옮겨져 생명을 구할 수 있었습니다.

모든 사람에게는 공명심과 명예욕이 있습니다. 검사는 원칙과 공명심 사이에서 딜레마를 느끼는 경우도 있다고 보아야 합니다.

법과 정책 사이에서 딜레마에 빠지기도 합니다. 자연법은 시대와 지역을 초월해서 인류 보편적인 법 정신에 입각한 것이고, 실정법은 현재 만들어져 있는 성문법입니다. 자연법과 실정법 사이에는 차이가 있습니다. 박 대통령 말기에 긴급조치라는 것이 있었는데 이는 하나의 법과 같은 효력이 있었습니다. 그 가운데는 헌법개정만 주장해도 징역형에 처해지는 조항도 있었습니다. 민주국가에서 상상하기 어려운 일이지만 당시에는 그런 일로 구속되는 사람도 많았습니다. 또 지금은 없어졌지만 가정의례에 관한 법률이나 사설강습소에 관한 법률 같은 것은 도덕이나 관습으로 해결해야 할 문제를 법에서 처벌하도록 정해 놓아 그 적용에 고심해야 하는 경우가 많았습니다. 건축법이나, 식품위생법 같은 법도 교활한 사람이나 좀 가진 사람들은 교묘히 피해가고 어렵게 생활하는 사람들만 적발되는 경우가 있습니다. 검사는 이런 경우 행정목적과 형평의 문제 사이에서 갈등을 느끼게 됩니다.

지금으로부터 10여년 전만 해도 우리나라는 환경보다 산업발전에 역점을 두었습니다. 수출을 많이 하기 위해서 조금 법을 어겨도 봐 주는 것이 보편적인 관례였습니다. 법과 현실 사이에 괴리가 생긴 것이죠. 이럴 경우 사회 현실을 고려하지 않을 수 없습니다. 검사나 판사는 단순히 법을 적용하는 게 아니라 사회의 이익이나 법 정신에 맞춰 법을 적용하게 됩니다. 때문에 철학과 비전이 필요합니다.

사회 이익과 조직의 이익간에 괴리가 발생하기도 합니다. 검찰 내부 부패 사건이 있을 경우, 부하나 동료가 연루되었다면 그것을 숨겨주고 싶은 것이 인지상정입니다. 그러나 법은 절대 이를 용납하지 않습니다. 기소를 하면서도 검사의 갈등은 계속됩니다. 극단적인 예로 국가 이익과 정부 이익이 충돌하는 예도 있습니다. 문민정부 이후 정부의 정통성이 회복되어 지금은 이런 일이 없습니다만, 과거 군사정권하의 정부는 그 정통성에 문제가 있었습니다. 그래서 민주화 투쟁이 사회 곳곳에서 있었습니다. 그럴 경우 학원, 노동계에서 일어나는 집단행동을 저지하기 위해 연일 경찰이 진압에 나서고, 당시의 전두환 대통령은 경찰의 사기를 높이기 위해 많은 관심을 쏟았습니다. 그런 와중에 경찰 간부의 비리가 적발되었습니다. 청와대에서는 사건을 수사하되, 경찰 자체에 넘겨 조용히 처리하도록 하라는 메시지를 전해왔습니다. 그러나 경찰의 사기를 빌미로 사회의 구조적 비리를 외면한다면 나라의 기강이 어떻게 되겠습니까? 조용히 사건을 마무리 짓는 것은 정부의 이익일 뿐 국가의 이익도 사회의 이익도 아닌 것입니다.

지금까지 여러 유형의 딜레마를 들려드렸습니다. 겉으로는 화려한 직업으로 보이는 검사이지만 이렇게 많은 선택의 어려움을 겪습니다. 그러다 보니 24년을 지내오면서 그 일에 어떤 한계와 환멸을 가지게 되었습니다. 어느덧 나 자신은 없고 국가의 한 관청, 한 기관으로서의 자신만 남아 있더군요. 제가 검찰을 떠나게 된 이유는 바로 이러한 자기성찰과 관련이 있습니다.

1993년 검찰을 떠나 2년 동안 외국 대학에서 삶을 재충전할 기회가 있었습니다. 미국의 스탠퍼드 대학에서 1년 반, 일본 게이오 대학에서 6개월 정도 머물렀습니다. 그 기간이 제게는 인생에서의 또 다른 실체, 진정한 자기를 찾는 시간이었습니다. 물론 제가 검찰을 그만두게 된 직접적인 계기는 정부가 바뀌면서 재산 공개를 둘러싼 여러 가지 사연이 있었기 때문입니다만 지금 생각하면 참 잘한 사직이었습니다. 인간으로서 올바르게 살기 위해 어떻게 해야 하는가를 지천명(知天命)의 나이가 지나서 다시 되돌아보게 되었던 겁니다. 결국 종국적으로 제게 가장 소중한 것은 '자기'였습니다. 자기를 찾고, 인간적인 것에 보다 충실하고 싶었습니다. 이 때문에 저는 검찰을 떠나 대학에 몸담게 되었습니다.

1995년 저는 법과대학 형사법 교수로 부임하게 되었습니다. 너무나 행복했습니다. 어떤 사람은 권력을 가진 검찰간부에서 평교수가 된 것이 뭐 그리 행복하냐 하겠지만, 조금 과장한다면 제겐 대학이 천국 같이 느껴졌습니다. 자신에게 몰두할 수 있다는 것, 자유롭다는 것을 온몸으로 느낄 수 있었습니다. 여기 신입생 여러분이 대학에 처음 들어와 느끼는 것과 어느 측면에서는 비슷할 겁니다. 검찰에 있을 때는 미처 할 수 없던 일이지만, 이젠 박완서, 최인호 등의 소설도 마음대로 읽고, 찻집에 가서 차도 마시면서 많은 사람들을 만날 수도 있습니다.

제가 공직을 떠난 것을 아쉬워하는 사람들이 많았습니다. 한자리 할 만한 사람이 떠난다고 굉장히 실망하는 친구들도 있었습니다. 그렇지만 저는 오랜 세월 동안 공직에 있으면서 해보지 못하던 일을 지금 하고 있습니다. 공직의 굴레를 벗으니, 비로소 자유롭더군요. 새롭게 보이는 것도 많아졌습니다. 창을 통해 북한산의 숲을 보면서 저는 눈물이 날 것만 같은 행복감을 만끽하였습니다.

이런 자유를 누리면서도 저 나름대로 몇 가지 원칙은 갖고 있습니다. 우선 공직에 있던 사람 특히 법률을 공부한 사람으로서 기품이랄까, 의연함을 잃지 않고, 동시에 분수를 지켜야 한다는 원칙입니다. 공적 임무를 다한 사람 중에는 욕심 많은 사람이 의외로 많습니다. 5, 60년 살다 보니 이제 이런 사람들이 보입니다. 매우 추하죠. 그러고 보면 제가 대학과 인연을 맺게 된 것은 참으로 다행한 일이라고 생각됩니다. 저는 교회나 성당에 가진 않지만 항상 감사하는 마음을 갖고 살아갑니다. 사람이 오만하면 큰일납니다.

항상 자신이 부족하다고 생각하고 남의 말을 경청하고 귀 기울여야 합니다. 겸허한 마음을 가지면 세상이 밝게 보입니다. 또한 겸허하고 감사한 마음을 가지면 두려움이 없어집니다. 어려운 일이 생겨도 잘 해결되리라는 믿음이 생깁니다. 그 대신 저는 매사에 최선을 다하고자 합니다. 저는 출근하면 먼저 제가 몸담고 있는 이 대학에 큰 어려움이 없도록, 제가 오만하지 말고 오늘도 감사하고 겸허한 마음을 지키면서 봉사할 수 있도록 기도합니다. 이것이 제겐 또 하나의 기쁨입니다. 국민대학교 총장이 검찰 총장보다 특별히 높은 것도 아닌데 법조계에 있는 후배들은 아직도 저를 제법 대우해 줍니다. 이것도 하나의 보람이라고 생각할 수가 있습니다.

우리 대학에는 옴부즈 오피스라는 것이 있습니다. 옴부즈 오피스 전담 직원을 두면 또 하나의 인력이 필요한데 이를 이유로 인력을 늘리는 것은 경영합리화에 역행하는 일이죠. 그래서 제가 부임하던 해에 차장급 직원들이 매일 돌아가면서 옴부즈 오피스에 인터넷으로 접수되는 사항을 점검해서 총장에게 직접 보고하도록 했습니다. 수강 신청에 따른 불편, 통학 불편, 도서관 이용 불편 등을 듣고 해당 부서에서 가능한 한 빨리 답변과 조치를 하도록 하고 있습니다. 직원선생님들의 일은 늘어났지만 매일 여러분의 목소리에 귀 기울이고 노력하면서 이른바 섬김 정신, 서비스 정신이 현저히 나아지고 있음을 발견합니다. 얼마 전 블록 수업이 시작되면서 8시 반 무렵에 통학을 하는 것이 불편하다고 호소하는 학생이 있었습니다. 그래서 저는 어제 그 시간대에 지하철을 내려 버스정류장에 가 보았습니다. 그런데 총무팀장 선생님과 직원들이 옴부즈 오피스를 보고 제가 시키지도 않았는데 얼마나 많은 학생들이 줄을 길게 늘어서는가 지켜보고 있더군요. 그리고는 버스 회사에 연락해서 배차를 잘해 달라고 했습니다. 이런 식으로 여러분의 불편을 조금씩 줄여 나갈 겁니다.

총장의 기능은 피라미드 꼭대기에 앉아서 명령·통제하는 데에 있지 않습니다. 제가 늘 이야기합니다만 원탁 가운데서 설득·조정·통합하는 사람이 총장입니다. 저는 총장이 할 역할이 세 가지라고 생각합니다. 하나는 학교를 통합하는 것입니다. 교수, 직원, 학생, 동문 등 구성원들의 구심점이 되어 학교 발전 의지를 다지고, 교육 환경을 개선시키고, 업무 여건을 좋게 하는 것입니다. 또 하나는 방대한 행정 조직을 투명한 가운데 합리적으로 관리하는 일입니다. 그 다음으로 교육인적자원부, 동문 등 외부로부터 장학금을 얻어 오고 기부금을 확충하는 등 섭외·획득의 기능입니다. 다행히 직원·학생과 동문들이 협조를 잘 해 주셔서 이런 기능이 원만하게 잘 이루어지고 있습니다. 다만 대외적으로 얻어 오는 것은 제가 잘 못해서 조금 힘이 듭니다. 그러나 이것도 차츰 나아지고 있습니다.

이런 기본적인 기능 위에 대학의 책임자는 인재를 길러야 한다고 생각합니다. 벌써 임기의 반이 지났지만, 진실로 국민대학교를 아끼고 사랑하며 정의롭고 합리적인 정신을 가진 사람을 한 사람이라도 더 양성해야 한다고 생각합니다. 우리 학교는 '전통을 지키며 미래를 열어가는 대학'으로서 민족교육, 인성교육, 전문교육, 실용교육을 표방하고 있습니다. 특히 인성교육은 제가 강조하는 인간적인 것, 자기를 찾는 노력과도 관련되어 있는 것으로 봅니다.

목요특강에 총장이 강의한 적은 없다고 들었습니다. 제 이야기를 통해 여러분이 조그마한 시사점이라도 얻을 수 있기를 바랍니다. 또 학교 행정 이해에 조금이라도 도움이 되었으면 좋겠습니다. 이제 마지막으로 당부를 하고자 합니다. 사람마다 생각이 다르겠지만, 저는 누구나 자기 자신에 충실해야 한다고 믿습니다. 자신을 속여서는 안됩니다. 여러 가지 하고 싶은 일도 많겠지만, 자신이 중요하다고 생각하는 것에 충실하라고 강조하고 싶습니다.

누구나 가지고 있는 열등감도 부정적으로 볼 필요는 없습니다. 그 열등감을 자신을 정화·발전시키는 추진력으로 활용해야 합니다. 여러분은 스스로가 미흡하다고 생각되더라도 그것을 자기 발전의 동력으로 이용하고 본질적인 것을 항상 추구해 나가길 바랍니다.

가장 중요한 것은 인간됨이라고 봅니다. 조직도 국가도 문명도 다 인간에서 출발한 것입니다. 인간 됨됨이가 바르지 않고서는 아무 것도 이룰 수 없습니다. 어떤 목표, 가치, 성취를 위한 노력의 성과가 금방 나타나지 않더라도 노력하는 그 자체에 더 가치가 있는 것입니다. 괴테의 파우스트 정신이란 것이 무엇입니까? 고민하고 괴로워하면서도 꾸준히 본질적인 무엇인가를 추구하는 것이라고 봅니다. 사람은 항상 완전함을 추구하는 도정에 있습니다. 1막에 보면 천사의 합창에서 '끊임없이 고뇌하면서 노력하는 자들을 우리는 구원할 수 있으리라'라고 나옵니다. 고민하면서 끊임없이 도전하는 일이 진정으로 가치있는 것입니다.

감사합니다.

〈국민대학교 목요특강 2002. 3. 14〉

법치4축 직역(職域)간 대화를

―제33회 법률문화상 수상소감―

기쁘고 영광스럽습니다. 그리고 부끄럽고 송구한 마음 또한 금할 수가 없습니다.

법학도로 출발하여 국내 최고의 전통을 자랑하는 한국법률문화상을 수상하게 된 사실이 개인적으로 표현하기 어려운 감동으로 다가오기도 하지만, 다른 한편으로 사건수임을 한 건도 해보지 못한 휴업변호사의 처지에서 기라성 같은 여러 선배 변호사님들도 계신 앞에서, 검사나 법학교수 또는 대학총장으로서 법률문화의 향상에 기여하였다는 실로 과분한 평가를 받아들인다는 사실이 무척이나 면구하고 당혹스럽게 느껴지기도 합니다.

존경하는 정재헌 대한변호사협회회장님, 신정철 법률문화상 심사위원장님 그리고 진정한 법치의 구현과 인권의 옹호를 위하여 진력하고 계시는 훌륭하신 여러 회원님들,

저는 오늘의 이 과분한 수상을 제 개인의 업적 때문이 아니라 빠르게 변화하고 있는 21세기의 지식기반사회에서 법률가의 사명과 역할, 또는 그 삶의 방식이 정형적인 틀에 한정되지 않고 다양한 모습으로 전개될 수도 있다는 가능성을 보았기 때문이라고 감히 해석하고 싶습니다.

한 개인의 조그마한 성취에 대한 평가라기보다 모든 법률가는 나름대로의 꿈을 가지고 한국사회에 맞는 법률문화의 창달을 위하여 꾸준히 도전과 정진을 해 가라는 무언의 고무이자 채찍질이 아닌가라고 생각합니다.

아시는 바와 같이 오늘 외람되게 이 자리에 선 사람은 검사로서나, 법학교수 또는 대학총장으로서 무엇하나 완결한 것이 없는 미흡한 한 법학전공자에 불과합니다. 그러므로 저는 이 수상이 주는 개인적 의미를 한 법학도의 파우스트적인 방황과 노력을 격려하는 한편, 앞으로 법조계와 법학계를 연결하는 징검다리 또는 디딤돌로서의 역할을 상징적으로나마 더욱 충실하게 수행하도록 촉구하는 함의(含意)가 그 속에 담겨있다고 믿으면서 법률가의 한 사람으로서 깊은 책임의식을 가지게 됩니다.

그리고 그러한 책임감은 저 한 사람만의 것이 아니라 이 자리에 계신 모든 회원님들과 법치4축을 구성하는 판사 · 검사 · 변호사와 법학교수들이 마땅히 공유해야 한다고 믿습니다.

법보다는 인륜이나 예(禮), 도의 따위를 중시해 온 유교적 전통의 한국사회에서 법치주의가 뿌리내리는 것이 얼마나 어려운 것이며, 인치(人治)니 권치(權治)니 라는 말들이 자조적으로 통용되고 있는 사회적 상황 속에서 법률분야 종사자들이 일상적으로 겪고 있는 좌절감이 어떠하다는 것을 우리 모두는 너무나 잘 알고 있습니다.

우리 고유의 문화적 배경을 고려한 가운데 역사 · 사회적 경험을 통하여 정제된 한국적 법치주의의 갈길은 아직도 멀다고 할 수 있습니다.

그리고 근간에는 법원과 검찰, 변호사와 법학교수들이 법률가로서 지혜를 모으기보다 직역의 권위와 이익을 염두에 두면서 오히려 서로 원심화(遠心化)하는 경향마저 없지 않아 보이기도 합니다.

사회일각에서는 법원의 관료화, 검찰의 세속화, 변호사의 상업화와 법학교수들의 경향화를 우려하는 목소리도 제법 높습니다.

그러므로 저는 오늘 이 영광스럽고 뜻깊은 자리를 빌어 법·검·변·학의 각 직역에 종사하시는 모든 분들께서, 다른 법률직역과 국민들로부터 나오는 목소리를 참을성있게 경청하면서 허심탄회한 대화와 교류를 꾸준히 해나가는 것이야말로 바른 법치주의의 정착과 한국적 법률문화의 창출을 위하여 참으로 필요하고도 절실한 과제임을 다시 한번 상기해 주시기를 간절히 빌어마지 않습니다. 국가인력정책의 큰 과제 중 하나인 법조인력양성의 문제나 부패문제에 대한 사법적 접근방식에 관하여도 그 과정에서 보다 합리적 해결방안의 모색이 가능할 수 있으리라고 믿습니다.

부족한 사람을 수상자로 결정해 준 신정철 심사위원장님을 비롯한 심사위원 여러분들께 마음으로부터의 경의를 표하면서 다시 한번 존경하는 여러 회원님들의 건강과 행운을 빌어마지 않습니다.

대단히 감사합니다.

〈대한변호사협회 2002. 8. 19〉

몸으로 배운 총장수칙

검사에서 법학교수로, 다시 대학의 총장으로 신분이 바뀌면서 나는 주위로부터 꽤 많은 말을 들어왔다. 동정성의 걱정에서부터 격려와 칭찬이 섞인 평가에 이르기까지 제법 다양한 이야기들을 들으면서 임기의 반도 한참을 넘겼다.

대학의 총장은 모름지기 대학발전을 위한 확고한 비전을 가져야 한다거나 헌신과 봉사정신이 필수적이라는 따위의 교과서적인 말을 되풀이하는 것은 별다른 의미가 없을 것이다. 인사가 중요하다는 것도 너무나 당연한 사실이므로 굳이 강조할 필요가 없다고 본다.

대학마다, 또 총장개개인의 성향에 따라 천차만별이겠지만 약간의 행정경험 끝에 5년이라는 비교적 짧은 교수생활을 거쳐 대학행정의 최고 책임자란 지위에 이르고 보니, 경험상 이러이러한 것들은 꼭 유념하는 것이 좋겠더라는 생각이 문득 들어 이를 '열린총장실'의 취지에 맞게 한 번 열어 보이는 것도 괜찮겠다는 생각이 들었을 따름이다. 한편으로는 혼자만 알고 실천하면 될 일인데 굳이 공개할 필요가 있겠느냐는 생각이 없는 것도 아니지만, 그 내용이 별스러운 것이 아닐뿐더러 유리진열장처럼 빤히 들여다보이는 세상에서 이런 정도의 담백한 이야기는 서로 나누어가지는 것이 대학사회를 밝게 하는 데도 도움이 될 것 같아 감히 그동안 느낀 체험적 총장수칙론을 한번 피력해 볼까 한다.

첫째, 남의 말을 귀담아 듣도록 하라. 교수사회는 자존심의 집단이라고 할만하므로 누구나 대우받기를 원하고 또 나름대로 할말을 가지고 있다. 대학의 행정책임자는 그러한 발언에 대하여, 요구를 받아들이느냐의 여부와는 별도로 일단 경청하는 자세는 가져야 할 필요가 있다. 경우에 따라서는 교수사회에 대한 실망이 더 커지고 그 자체로서 제법 피곤한 작업이기는 하나, 그렇더라도 일단은 열린 마음으로 듣는 노력을 하지 않으면 안된다. 경험에 의하면 예산문제이든 공간문제이든 또는 인사에 관한 사항이든 이를 들어줄 수 있는 비율은 10 중 3 정도가 될까말까 하지만, 처음부터 이야기를 듣지 않는 것과 일단 경청 후 사유를 들어 불가함을 설명해주는 것과는 천양지차가 있다. 또 수용(受容)해 주지 못할 사정이라고 하더라도 학내여론을 들어본다는 정도의 의미는 있는 것이고 효율성의 문제는 면담을 하다보면 저절로 판단이 서게 마련이다.

둘째, 어떠한 경우라도 떳떳하여야 한다. 대학은 명분을 중시하는 사회이므로 총장의 몸가짐이나 결정은 여하한 경우라도 흠이 있거나 당당하지 못해서는 구성원을 승복시킬 수가 없다. 흔히 말하듯 대학의 총장은 명령하거나 통제하기보다 설득하거나 조정하는 역할이 중요한데, 총장 스스로 약점을 가지고서는 구성원을 설득하기가 어렵기 때문이다. 공사(公私)구분이 철저해야 함은 물론, 특히 회계관계는 투명해야 할 것이고 인사문제도 나름대로 원칙과 기준이 뚜렷해야만 행정체계가 바로설 수 있다. 물론 너무 형식적 공정성을 강조하다보면 총장개인에 대한 인간적 친근감은 떨어질 수밖에 없지만 어쩌겠는가. 모든 것을 다 가질 수는 없는 것이니.

셋째, 필요하다고 생각될 때에는 단호함이 있어야 한다. 민주적 리더십을 가진 총장이라 하여 매사를 회의에만 부치는 식의 태도로 일관하여서는 대학의 방향을 올바로 잡기가 어려워진다. 법령의 준수, 학생의 본분이나 학교의 질서와 같은 원칙적인 문제에서는 유화책만이 능사가 아님이 자명하다. 대학발전의 기본방향에 관하여도 구성원의 의사를 수렴하되, 최종적인 판단과 책임은 총장에게 있음을 명심하여 필요할 때에는 용기있는 결단을 보여주어야 할 것이다. 물론 단호함의 전제로서 행정의 우선순위에 관한 판단과 균형감각 또한 필수적이다.

넷째, 약간은 더 부지런할 필요가 있다. '게으르고 머리좋은 지휘관론'도 없는 것은 아니지만 한 조직의 수장이 되어 구성원들을 따르게 하려면 우선 자신부터 조금은 더 부지런하지 않으면 안된다. 말만 툭 던져놓고 학교에 잘 붙어있지도 않으면서 행정이 원활히 이루어지기를 기대하는 것은 무리일 것이다. 끊임없이 생각하고 수시로 확인하면서 구성원들의 마음을 한곳으로 모아가도록 노력하지 않으면 안된다. 보직자들이 염증을 낼 정도로 일일이 지시 · 간섭하는 것은 금물이지만 스스로는 부지런히 학교 운영의 현재와 미래에 대하여 부단한 점검을 계속하여야만 행정의 블랙홀을 방지할 수가 있을 것이다.

다섯째, 건강하지 않으면 안된다. 회의와 면담 · 접견, 연설문 준비, 경조사 참례, 업무관련 각종 회식의 주재나 참여 등을 차질없이 수행하려면 신체적으로도 어느 정도의 강건함이 필수적이다. 생활을 규칙적으로 할 수밖에 없고 개인적 도락도 가능한 한 줄이게 된다. 따라서 하루 중 일정시간 또는 주말을 체력의 유지 · 단련을 위하여 할애할 필요가 있다고 생각된다. 체력의 뒷받침이 없이는 균형된 사고가 어렵고 대학발전을 위한 헌신 자체에도 한계가 있기 때문일 것이다.

너무 원론적인 이야기일까?

〈교수신문 2002. 11. 4〉

경청하면서 수범을

1. 둔사(遁辭)

대학총장이 되기 전 나의 경력은 25년에 걸친 검사생활과 스탠퍼드(Stanford)대학 및 게이오(慶應)대학에서의 방문연구원으로서 2년, 그리고 1995년에 국민대학교 법과대학의 늦깎이 교수로 임용된 후 5년의 교직경험이 전부이다. 그러니까 교수로서 20년 또는 10년 이상의 교육·연구경력을 쌓은 후 총장으로 최종 선임되거나, 경영능력 혹은 대외 활동력 등을 평가받아 외부로부터 영입되는 것이 보통인 근간의 총장임용 패턴과는 좀 다른 모습으로 대학행정의 최고 책임을 맡은 셈이다. 따라서 한 대학의 최고경영자로서의 야심을 처음부터 가진 것이 아님은 물론, 솔직히 대학경영을 위한 비전을 미리 치밀하게 준비한 것도 아닌 상태에서 교수들의 추천과 이사회의 결의로 총장에 취임하였다고 보는 것이 정확한 표현일 것이다. 하나 다행인 것은 균형 감각이 중요시되는 법조계에서 20년 이상 근무하였는데다가 5년이라는 짧은 기간이었지만 평교수로서 대학사회를 경험한 상태에서 총장으로 선임되었기 때문에, 한편으로는 통상적인 교수출신보다 좀 더 객관적으로 학교 행정에 대한 문제의식을 가지고 대학을 관찰하고 이를 행정운영에 반영할 수 있는 여유랄까 조감력(鳥瞰力)을 가질 수 있었다는 점이라고 볼 수가 있다.

2000. 3. 6.에 시작된 임기가 지난 3. 5.자로 만료되었을 때 이임식장에 유례없이 많이 모인 교직원과 학생들 사이에는 일종의 아쉬운 느낌이 가득하였지만 내 스스로 분수를 알아 담담히 정년을 앞둔 교수의 신분으로 돌아올 수 있었던 것도 내가 처음부터 가졌던 그 무욕(無慾)과 객관성 덕분으로 생각하며 안도하고 있다. 다만 공직경험을 가진 비교적 짧은 경력의 교수가 불과 4년의 한 임기 총장직 수행만으로 감히 대학총장직에 관한 경험과 제언이랍시고 함부로 가타부타 할 수가 있겠느냐는 시각도 있을 수가 있으므로 이하의 서술은 학문적 논증이 아닌, 순전히 나의 주관적 경험에 바탕한 가벼운 하나의 관찰 내지 술회에 불과하다는 점을 미리 밝힌다.

2. 관료사회와 대학사회

내가 대학교수로 부임하여 처음 가진 느낌은 교수들이 일반적으로 권리 주장에는 대단히 민감하나 의무나 책임 이행에는 다소 소홀한 분이 많다는 사실이다. 또 명분과 절차를 중요시하므로 막상 큰 것은 놓치면서 작은 일에는 의외로 집착하는 경우도 많이 보았다. 물론 관료사회가 행정편의와 효율성 위주로 운영되면서 민주적 토론이나 의사수렴(收斂) 절차를 의례적으로 흘려버리는 경우를 많이 보아 왔으므로 처음에는 민주적 절차와 명분을 중요시하는 교수사회의 그러한 면이 매우 신선하게 느껴진 것도 사실이다. 행정직원들 가운데도 매우 우수한 사람들이 더러 있지만 대학사회는 관료조직이나 기업과는 분명 다른 점이 있으므로 대학행정을 수행함에 있어서도 대학의 이러한 특성들을 잘 감안할 필요가 있다. 원론적으로 본다면 관료사회의 효율성과 대학사회의 민주성을 잘 조화시켜 중용적으로 운영하는 것이 가장 바람직하지만 매사가 그렇게 매끄럽게만 돌아가지는 않는다.

나는 공직에 있으면서 대검찰청과 법무부에서 총무, 기획관리 등 부서의 책임을 맡은 일이 있고 지방검찰청의 단위기관장도 3군데쯤 역임한 경험이 있는데, 처음 총장을 맡아 대학행정을 살펴보니 그동안 상당한 세월이 흘렀는데도 인사, 예산은 물론 회의운영에 이르기까지 대학은 너무나 구태(舊態)에 안주하고 있다는 느낌이 들었다. 아직도 일보다는 사람, 공식적 요인보다는 비공식적 요인, 합리성보다는 정서 위주로 운영되고 있는 측면이 너무도 많았다. 그러나 개혁이랍시고 마구잡이로 뜯어고치거나 밀어붙여서는 구성원들이 쉽게 승복하지를 않을 뿐만 아니라 잡음이 따를 것이 명백하였다. 결국 내가 선택한 방법은 교육과 설득, 그리고 이해(利害) 조정을 병행해 가면서 단계적, 연차적으로 행정의 생산성을 높이고 투명성과 합리성을 갖추어 나가도록 개선하는 것이었다. 물론 그러한 노력은 총장 자신의 도덕적, 이론적 수범과 행정개선을 가능토록 하는 똑똑한 스텝진의 확보를 전제로 한다고 볼 수 있을 것이다. 다행히 4년이 지난 지금 돌이켜보면 업무여건의 점검·확인(2000. 3-2000. 8), 발전 및 개혁계획의 본격추진(2000. 9~2003. 8), 마무리와 보정(2003. 9-2004. 2) 순으로 진행된 나름대로의 대학개혁노력이 별 차질없는 성과를 거둔 것으로 보여 스스로 큰 보람을 느끼고 있다.

3. 총장의 역할과 조건

무릇 모든 조직의 장은 마찬가지겠지만 대학의 총장도 지도력과 추진력이 강한 카리스마형과 화합과 의견수렴에 능한 민주형이 있다고 볼 수 있다. 그러나 지금은 특수한 사학법인의 경우를 제외하고는 대체로 민주적 리더십을 가진 총장이 환영받고, 또 다수인 것이 현실이라고 생각된다. 나는 평소에 총장은 피라미드의 꼭대기에 위치하는 것보다 원탁의 가운데에 자리하는 모습이 바람직하다는 생각을 자주 피력해 온 편이다.

따라서, 총장으로서의 덕목 제 1 조는 무엇보다 남의 말을 경청할 줄 아는 자세라고 생각한다. 미리 속내를 보이지 말고 일단 담당자나 관련 구성원의 의견을 들은 다음 여러 가지 상황과 여건을 고려하여 결론을 내는 사려가 필요하다. 물론 그 과정에는 시간적 소모가 뒤따르고 인내심이 필요한 것도 사실이지만, 의견수렴 없이 독단적으로 결정한 것과 그러한 형식적 절차를 거친 것과는 결정의 집행과정, 특히 구성원들의 승복이라는 측면에서 엄청난 차이가 있다. 내 경험에 의하면 교수들은 일단 자신을 존중하여 의견표출의 기회만 주면 그 후 결정이 설사 스스로의 견해와 다르게 나오더라도 큰 불만을 가지지는 않는다고 보기 때문이다. 그러나 민주적 운영이라고 하여 모든 결정을 그런 식의 합의에만 의존하여서는 대학발전을 위한 개혁을 추진해 갈 수 없음이 자명하다. 대학의 모든 결정은 종국적으로 총장의 책임하에 있기 때문에 정책 추진을 위한 지혜 모으기는 광범하게 하되, 그 결과에 따른 평가는 오직 총장의 몫이라는 마음가짐으로 다각적인 고심과 노력을 하지 않으면 안 될 것이다. 따라서 결정적인 부분은 반드시 총장이 적기(適機)에 결단을 해주지 않으면 안된다.

그러다보니 총장은 보통보다 조금은 더 부지런해질 수밖에 없다. 물론 조직의 책임자가 부산하게 설치고 다니면 구성원들은 겉으로만 거기에 영합하려는 경향이 생기므로, 총장은 표면상 너무 서둘거나 부산하게 보이지 않는 것이 오히려 구성원들의 자발적이면서도 창의적인 업무수행에 도움이 될 것이다. 머리가 좋으면서도 게으른 지휘관이 머리 좋고 부지런한 지휘관보다 윗길이라는 속설은, 실제로 게으르기보다 '게을러 보이는' 지휘관일 뿐이라고 나는 믿고 또 그렇게 실천해 왔다.

대학발전을 위한 나름대로의 철학과 비전을 안 가진 총장이 어디에 있으랴. 따라서 이런 자리에 대학발전의 전략이나 비전을 새삼 강조할 필요는 없을 것이다. 다만 내가 관찰하고 경험한 바로는 한 대학의 최고 책임자가 되자면 구성원들로부터 일단 신뢰를 받아야 하므로 공·사생활에 있어서 도덕적 수범을 보이는 것이 필수적이라고 생각된다. 학교의 인사, 회계는 물론 출·퇴근 상황에 이르기까지 공·사구분을 철저히 하고 지탄받을 흠결이 없어야만 구성원들이 믿고 따를 것임은 너무도 분명한 이치일 것이다. 요즈음 강조되고 있는 대학 CEO로서의 경영능력 중에는 당연히 그러한 직무 염결성(廉潔性)도 포함되어 있다고 보아야 할 것이다. 수년 전 저명한 국립대학교 총장의 매우 자잘한 업무추진비 지출내역이 언론에 공개되어 화제가 되었을 때, 국민대학교 학생 중에도 '우리대학 총장님의 판공비는 얼마?'라는 제목으로 교내 옴부즈 오피스 게시판에 글을 올린 일이 있었다. 당시 나는 일부직원들의 반대가 있었지만 경조비, 격려비, 행사보조비 등 주요 항목별로 연간 사용실태를 공개하고(물론 사제간의 신뢰 유지를 위하여 세목은 공개할 수 없음을 명백히 하였다) 재정지출의 원칙도 밝히면서 학생 설득을 시도하였는데, 그 이후 본부행정에 대한 신뢰도가 전보다 훨씬 높아져 오히려 도움을 받은 경험이 있다.

그 밖에 특히 강조하고 싶은 것 중의 하나가 건강이다. 총장의 업무 자체가 회의 주재, 결재, 외부인사 면담, 축사와 불가피한 음주 등을 포함한 각종 행사나 경조사 참석 등 격무인데다가 정신적 긴장을 요하는 일도 많으므로, 우선 신체적으로 강건할 필요가 있고 정신적으로도 늘 균형된 상태를 지켜야만 한다. 따라서 의식적으로라도 생활의 규칙성 확보와 주말 등산이나 운동 등을 통한 건강유지 노력을 지속하지 않으면 안된다고 생각한다.

대학총장이라는 자리는 누리기보다 헌신하는 자리이므로 육체적, 정신적 긴장이 불가피하지만 늘 긍정적 성취감 속에서 지혜로운 생활관리를 한다면 학교의 발전과 개인적 건강 및 보람의 유지가 모두 가능할 것으로 보며, 어느 한쪽을 위한 다른 한쪽의 희생이 있어서는 어리석은 결과에 이를 것이라 생각된다.

4. 낙관과 우려

대학행정을 이끌어가다보면 여러 가지 딜레마를 경험하게 된다. 민주성과 효율성 사이에서, 균형과 집중 사이에서, 공식적(formal)인 것과 비공식적(informal)인 것 사이에서 각종 선택의 어려움을 겪는 경우가 그것이다. 국민대학교의 경우 전임총장 시절부터 토대가 잡힌 중·장기 발전계획을 보다 구체적으로 보완하여 '도약 2010'이란 이름으로 ① 세계로 향하는 민족의 대학 이미지 정립 ② 차별화 및 특성화된 교육체제 확립 ③ 성과지향적 연구 환경 조성 ④ 서비스지향적 행정혁신 추진 ⑤ 자연 및 인간친화적 캠퍼스 구축이라고 하는 발전전략별 100대 추진과제를 설정하였는데, 이것을 생각하다보면 나는 대체로 낙관을 하지만 때때로는 우려를 느낄 때도 있다. 정부의 교육정책과 사립대학의 경우 법인의 지원도 매우 중요하지만, 그에 못지않게 대학구성원들의 통합의지가 얼마나 일관성있게 유지될 수 있겠느냐 하는 것이 관건이기 때문이다. 특히 특성화 전략의 경우, 선택과 집중을 위한 학내의 공감 도출은 구성원들의 협조와 총장의 리더십이 절대적이다. 그런데도 일부 학부·학과가 고집을 부리고 총장이 현상유지적 균형만 지키려고 한다면 그 대학은 결국 경쟁력이 떨어지는 두루뭉실한 일반학교가 되어버리고 만다. 오늘날 대학의 차별화, 특성화는 움직일 수 없는 대학사회의 화두가 되어 있지만 이것을 얼마나 마찰 없이 내실 있게 추진할 수 있느냐의 여부에 따라 그 대학의 장래에 대한 낙관과 비관이 교차될 수밖에 없다고 나는 믿는다.

한 대학을 대표하는 위치에 있으면서 또 하나 느낀 것은 대학총장 사회의 일종의 권력화 현상이라고 할 수 있다. 선거에 의하여 뽑혔든, 정부나 학교법인에 의하여 임명되었든 우리 사회에서 대학총장이라는 자리는 상당히 과분한 대우를 받고 있는 편이다. 그래서인지는 몰라도 대학총장들이 모이는 자리에 가보면 거기에는 이상한 권력의 냄새가 난다. 대학총장이란 따지고 보면 한 대학의 행정책임자로서 그 대학을 대표할 뿐인데도, 뭐랄까 은근히 자리를 즐기면서 으스대는 듯한 모습을 보여주는 분들이 제법 많다는 느낌을 가진다. 물론 헌신적인 모습이 꽉 배인 매우 겸허하신 분들이 훨씬 많지만, 일부 총장들은 끼리끼리 어울리면서 무언가 자기네들은 좀 특수하다는 듯한 분위기로 일종의 위화감을 느끼게 하는 모습을 더러 본 일이 있다. 사회의 각 분야가 변화하듯 대학총장 사회도 보다 겸허하고 소탈하게, 함께 고민을 나누며 지혜를 모으는 안온한 공동의 마당이 되었으면 하는 생각을 가져본다.

5. 나 오 며

글을 쓰다보니 공직경력 이후 불과 5년의 교수생활과 4년의 총장직 수행만으로 대학사회나 대학의 총장직에 관한 느낌을 술회한다는 것이 얼마나 외람되다는 사실이 새삼 느껴진다. 이제 1년 남짓한 기간을 지나면 교수로서의 신분도 종료되지만 개인적으로는 내가 대학에 몸담을 수 있었다는 사실, 특히 대학총장이라는 과분한 직책이 부여되어 국민대학교 교육 및 연구환경 개선과 행정시스템의 합리화, 그리고 학내외의 통합적 분위기 조성을 통한 대학의 장기적 발전기반 구축에 헌신할 기회가 주어진데 대하여 참으로 마음 깊이 감사하게 된다. 대학은 이제 껍데기를 벗고 실사구시(實事求是)의 컨텐츠를 갖추지 않으면 경쟁력을 잃게 되어 있다. 그동안 여러 가지로 부족한 이 사람과 국민대학교에 관심을 가지고 도와주신 모든 분들에게 이 자리를 빌어 가슴 깊숙한 곳으로부터의 고마움을 전하고자 한다.

〈대학지성 19호 2004. 여름〉

부패와의 전쟁에서 이겨야 선진국 된다

때로는 전쟁도 필요하다. 정말? 그렇다! 예컨대 암과의 전쟁, 마약과의 전쟁, 범죄와의 전쟁에 반대하는 사람은 아무도 없다. 부패와의 전쟁도 그런 범주에 들어갈 것이다. 평화를 위해 전쟁을 지지해야 하는 역설적 상황. 그러나 사실 따지고 보면 역설은 이미 엄연한 우리의 현실이다. 사례를 들자면, 청계천의 맨 앞 글자 '청(淸)'은 '맑다'는 뜻을 가지고 있지만 그곳에서 일부 관료들이 일으킨 부패의 '탁(濁)'한 물길이 범람하면서 복마전의 상징으로 전락하지 않았는가.

그런 사회적 현실을 인식했기 때문이었을까. 정성진 국가청렴위원회 위원장도 "부패 문제에 대한 발상의 전환이 필요하다"는 연역적(演繹的)이고 선언적인 어법으로 강연회 서막을 열었다. 부패를 단순히 '윤리도덕'의 문제로만 볼 것이 아니라 이제는 '국가경쟁력'과 '사회통합'을 위해 반드시 해결해야 할 과제로 봐야 한다는 것이 그의 주장이다.

> "현재 시점에서 보면 믿어지지 않겠지만, 1960년대까지만 해도 '부패순기능이론'이 상당한 설득력을 얻었던 것이 사실이다. '정직하지만 경직된 정부가 정직하지 않지만 유연한 정부보다 효율성이 떨어진다'는 헌팅턴의 발언이 이를 가장 잘 대변해준다. 그러나 이제는 부패 문제를 바라보는 시각이 바뀌었다. 부패 감소 → 자원 배분의 효율성 증가 → 대외 신

인도 증가 → 외국인 투자 증가 → 수출입 증가 → 국민소득 향상의 연속적 흐름을 현실로 인정하는 분위기가 성숙된 것이다. 실제로 TI(국제투명성기구)에서 발표하는 CPI(부패지수) 단위 1에 따라 국민 1인당 GDP가 2.64% 상승하고 해외투자가 0.2% 상승한다는 연구 결과까지 나와 있다."

부패를 의미하는 영어 'Corruption'은 라틴어 'cor'(함께)와 'rupt'(파멸하다)의 합성어라고 한다. 한자 '腐敗'도 '썩을 부'와 '무너질 패'를 합친 것인데, '썩어 문드러진다'는 의미를 갖고 있다. 전 영국 총리 글래드스톤은 "부패는 국가를 몰락으로 이끄는 가장 확실한 지름길"이라고 규정했다. 부패 문제는 '국민윤리' 시간만이 아니라 '경영학'과 '행정학' 시간에도 가르쳐야 할 중요한 주제가 된 셈이다.

"그렇다면 부패가 발생하는 원인은 무엇일까. 이를 경제학적 개념으로 설명하면, 부패 행위를 통하여 얻게 되는 예상수익(뇌물 규모, 제도상 허점 등)이 적발이나 처벌에 따르는 비용(적발이나 처벌될 확률, 처벌 강도 등)보다 크다고 판단될 때 부패 욕구가 강해진다. 따라서 기대수익(Benefit)을 최소화하고 비용(Cost)을 최대화하는 것이 반부패 정책의 기본이라고 할 수 있다. 우리나라의 경우에는 온정주의나 연고주의 등 사회문화적 측면, 과거의 정경유착과 관치금융 시스템 등 구조적·제도적 측면도 연구 대상이다. 다산 정약용 선생이 『경세유표』에서 강조한 '예주법종(禮主法從)' 사상도 그런 점에서 면밀히 따져볼 필요성이 있다."

이와 관련해 주목되는 것이 '부패균형점이론'이다. 이는 일정 유형의 부패 형성에 대하여 사회 구성원 사이에 합의가 형성된 상태를 말한다. 암표나 촌지가 대표적 사례에 속하는데, 물론 선진국이 되려면 부패균형점이 낮아져야 한다.

"정작 심각한 문제는 각종 지표를 통해 나타나고 있는 우리나라 청소년의 도덕적 불감증이다. 반부패국민연대가 2002년 12월 청소년을 대상으로 설문조사를 벌인 적이 있는데, 그 결과가 매우 충격적이었다. 주요 내용만 소개하면, '보는 사람이 없으면 법을 지킬 필요 없다'와 '문제를 해결할 수 있다면 뇌물 제공을 하겠다'는 물음에 '그렇다'고 답변한 청소년의 비율이 각각 47.3%와 27.3%나 되었다. 특히 나는 '감옥에서 10년 살아도 10억을 번다면 부패를 저지를 수 있다'는 물음에 16.8%가 '그렇다'고 답변한 사실에 깊은 우려를 표한다."

한국은 국제투명성기구가 2004년 발표한 부패지수 순위에서 1백46개국 중 47위를 차지했다. 이는 아시아의 싱가폴(5위), 홍콩(16위), 일본(24위), 대만(35위), 말레이시아(39위) 등에도 크게 뒤진 것이다. 뿌리없는 나무가 없듯이 이러한 지표가 바로 청소년의 도덕적 불감증이라는 독버섯을 배양한 숙주로 작용했다는 게 정 위원장의 생각이다.

"국가청렴위원회는 이러한 문제에 총체적으로 대응하기 위해 2002년 대통령 직속의 독립 위원회로 출범했다. 물론 현재는 조사권과 수사권이 없기에 '무기도 없이' 부패와의 전쟁에 나선 셈이긴 하지만 제한적으로나마 나름의 역할을 하고 있는 것도 사실이다. 앞으로 홍콩의 염정공서(廉政公署, ICAC(Independent Commission Against Corruption))와 같은 역할을 수행해 국가경쟁력을 높이는 데 기여하겠다."

〈인간개발연구원 조찬강연 2005. 6. 9〉

정책윤리적 측면에서 본 국가청렴정책의 과제

1. 국가청렴정책의 추진체계

부패를 방지하고 사회전반의 청렴성, 투명성을 높이는 정책은 국가청렴위원회만에 의하여 수행되는 것이 아니다. 회계감사와 직무감찰을 임무로 하는 감사원, 범죄일반에 대한 수사와 공소제기 등을 주된 기능으로 하는 경찰과 검찰, 형사사건의 재판을 담당하는 법원을 비롯하여 국세청, 공정거래위원회, 금융감독위원회 등이 모두 소관분야에 대한 청렴성 감시업무를 수행한다고 볼 수 있다.

이들 기관을 비롯하여 소속 공무원들에게 특별사법경찰관리의 지위가 부여된 정부내 많은 기관들이 사후적 부패통제기구로서 역할을 한다면 각급학교 등 교육기관과 언론, 종교, 시민단체 등은 사전적 예방 내지 부패행위에 대한 억지자, 감시자로서의 역할을 수행한다고 볼 수 있을 것이다.

2002. 1. 25. 부패방지법의 시행으로 출범한 지금의 국가청렴위원회(2005. 7. 21. 법개정 이전까지는 부패방지위원회로 불리었다)는 부패방지를 통한 국가청렴도향상을 목표로 하는 합의제 독립정책기구이다. 동위원회는 국가청렴정책의 수립 · 조정(Policy-maker)과 각급 부패방지활동의 평가(Evaluator), 부패감시 및 신고자 보호(Observer), 민간 및 국제반부

패활동의 협력(Partner), 부패취약분야의 법과 제도 개혁(Legal-reformer), 청렴한 사회윤리확립의 선도(Ethics-leader)역할을 수행한다.

정부내 반부패 청렴정책을 효율적으로 통합조정하기 위하여서는 대통령훈령으로 설치근거가 마련된 '반부패관계기관협의회'가 있어 국가청렴위원회를 중심으로 정책조정과 협의가 이루어지고 있다.

2. 정책과정에서 본 과제

국가청렴도를 높이기 위한 정책은 형성이나 집행 또는 평가과정에서 항상 마찰의 가능성이 있다.

그리고 그 마찰은 대부분 좋거나 옳은 여부에 대한 가치판단의 문제라기보다 정부기관간의 이해나 이니셔티브 문제, 또는 명분을 좇는 윤리성과 현실여건을 감안한 실효성의 대립문제로 귀착되는 특성이 있다. 예컨대 청렴위가 관계부처에 공기업인사의 투명성을 높이기 위한 제도개선안을 권고하거나, 공직자가 직무상 이해관계있는 민간인과 골프 등을 통한 접촉을 금지하는 행동강령 지침을 권고하는 경우를 생각해보면 쉽게 짐작이 될 것이다.

이 문제는 주로 부패방지나 청렴도향상을 위한 청렴위의 제도개선 권고나 금년부터 시행되는 부패영향평가제도의 시행과정에서 잘 드러나고 있다.

정책윤리의 문제는 청렴위 자체가 실적이나 성과에 집착하여 무리한 정책형성이나 집행을 권고하는 경우에도 일어날 가능성을, 적어도 관념상으로는 배제할 수가 없을 것이다.

청렴위의 업무 중에는 공공기관의 청렴도 평가기능이 있는데, 피평가기관은 그 결과에 대단히 민감하므로 주로 전문여론조사기관의 민원인을 대상으로 하는 조사에 개입하여 조사결과를 왜곡, 오염시킬 가능성도 있다.

물론 청렴위는 그럴 가능성에 대비하여 다각적인 방법으로 예방책을 강구하고 있다.

그러나 전체적으로 보면 전술한 반부패관계기관협의회와 실무협의회 등을 통하여 제도적인 조정, 협의가 이루어지고 있고, 제도개선권고를 위한 실태조사나 실무협의 과정도 비교적 원만히 운영되고 있어 정책과정에서의 윤리성은 크게 문제되지 않고 있는 편이다.

정책과정에서 유의해야 할 또 하나의 과제는 시민사회의 참여와 협력 문제이다. 청렴위 자체가 시민단체의 요구에 따라 출범한 기구일 뿐만 아니라 각종 부패행위나 공무원행동강령신고 그리고 반부패교육, 홍보 등에 있어 시민단체는 상당히 적극적으로 기여하고 있기 때문이다. 청렴위 내부에는 민간협력팀이 있고 현재 전국적으로 23개 지역에 '부패방지시민센터'가 구성되어 활동하고 있으며, 2005. 3.에 체결된 공공, 정치, 경제, 시민사회 등 4대부문간의 '투명사회협약'에 의하여 투명사회실천협의회가 가동중이므로 지금까지는 비교적 효율적인 역할분담이 이루어지고 있다고 볼 수 있다.

3. 정책내용으로 본 과제

부패방지와 국가청렴도 향상을 정책목표로 하고 있으므로 정책내용의 측면에서 윤리성이 문제될 여지는 매우 적다. 그리고 이 점은 부패방지가 단순히 사회윤리적 문제가 아니라 국가경쟁력과 사회통합 그리고 정부에 대한 신뢰증진에 기여하기 때문에 필요하다는 당연한 관점을 취하더라도 달라질 여지가 전혀 없다.

청렴위의 정책내용과 관련하여서는 오히려 그 법상 권한의 한계 때문에 검찰 등 기존의 사정기관에 대한 견제, 균형의 역할을 기대할 수 없다는 비판과 함께, 이른바 권력형비리에 대하여 제도개선권고나 신고이첩 등 소극적 방법만으로는 무력할 수밖에 없으므로 '공직부패수사처'와 같은 특별기구를 두어 시민적 기대에 부응할 필요가 있지 않느냐는 문제가 꾸준히 제기되고 있다. 고위공직자비리수사를 전담하는 상설독립기구의 설치문제는 특별검사제와 함께 현재도 국회에서 논의중에 있다.

또 하나의 과제는 민간부패에 대한 대응문제이다. 현재의 부패방지법은 공공분야의 부패만을 규율대상으로 하고 있으므로 건설업자와 하도급 업체간의 비리, 사립학교나 사기업인 보건, 식품, 환경 등 업체의 공익침해행위 등은 공직비리와 연계되지 않은 한 부패방지법의 적용 대상에서 제외되고 있다. 이 점은 특히 유엔부패방지협약(United Nations Convention Against Corruption, 한국은 2003년 서명, 비준은 하지 않은 상태)이 민간부문의 부패에 대한 입법조치를 요구하고 있는 기준에 비추어도 미흡한 수준이므로 앞으로 지속적인 과제가 될 전망이다.

국가청렴정책의 내용 측면에서 또 하나의 취약점은 공무원행동강령의 시행, 운영과 비위면직자의 취업제한은 부패방지법에 따라 청렴위 소관업무로 인정되고 있음에 반하여, 공직자 재산등록과 퇴직공직자의 유관사기업취업제한은 공직자윤리법의 적용을 받아 행정자치부(현 행정안전부)의 소관업무로 이분화되어 있다는 사실이다. 어느 것이나 공직자의 부패 통제차원에서 규제되는 업무라면 이를 일원화하여 종합적인 정책

접근을 하는 것이 바람직하므로 정책의 당위성이나 효율성의 측면에서 이 또한 중요한 과제가 되고 있다.

그러나 이러한 정책내용의 외연 확장이 필요한 상황임에도 불구하고 청렴위로서는 권력지향적이라는 비판에는 대단히 민감한 편이다. 국가청렴도 제고를 위하여서는 교육, 홍보를 통한 사회전반의 윤리의식향상과 부패유발요인의 제거를 통한 시스템적 접근이 보다 근원적인 문제임에도 불구하고 관료적 기구확장과 권한 강화에 집착한다는 오해를 받고 싶지 않기 때문일 것이다. 국가청렴정책을 효율적으로 추진하기 위한 기관간의 권한배분 문제에 있어서도 정책윤리적 고려는 필요한 상황이다.

4. 정책추진 주체 내부의 과제

청렴위 출범 이후 연륜이 비교적 짧은 편이므로 내부구성원의 전문성과 도덕성 강화가 무엇보다 중요한 과제이다. 심도있는 교육과 공직사회의 수범이 될 복무기강 확립을 강조하는 이유이다.

성급한 성과에 집착한 이른바 한건주의의 유혹도 특별히 경계하고 있다.

5. 남은 말(餘言)

국가청렴정책은 당위성(Where to)의 측면에서는 별 논란이 없는 반면 실현성(What to)과 효율성(How to)의 측면에서는 이따금 정부내 또는 시민사회와의 사이에서 정책윤리적 논란을 불러일으킬 수 있는 여지가 있다.

이럴 경우 이해당사자인 정부기관 또는 시민단체 이외에, 문제를 객관적·과학적으로 분석, 접근할 수 있는 학자들의 시각이 매우 중요하다. 앞으로 정부의 연구용역업무를 수행하는 과정이나 학술모임, 시민적 토론마당 등에서 항상 '좋고' '옳은' 정책이 이루어질 수 있도록 지속적인 관심과 균형있는 비판을 당부드린다.

〈한국정책학회 2006. 4. 7〉

법과 질서 확립을 위한 작은 디딤돌 하나*

1. 존경하는 위원장님, 그리고 법제사법위원회 위원님 여러분!

여러 가지로 갖추지 못한 사람이 나라의 법무행정을 책임지는 국무위원으로서의 적임 여부를 판단받기 위한 후보자로, 오늘 감히 국민의 대표이신 여러 위원님들 앞에 섰습니다.

아시다시피 저는 20대에 평범한 법률가의 한 사람으로 출발하여 약 25년간의 검사생활과 10년에 걸친 법학교수 및 대학총장의 직을 거쳐, 지난 3년간은 국가반부패청렴정책기구의 책임자로 미력을 바쳐왔습니다.

검사로서 탁월하지 못했고 대학의 교수와 총장 또는 정부기구의 장으로서도 능력이 많이 미흡함을 느꼈지만, 그런 가운데서도 나름대로 정의와 형평을 지키고 자유와 지성을 추구하며 투명하면서도 합리적인 행정을 이끌고자 고심하며 노력해 왔습니다.

오늘, 많은 국민들이 지켜보는 가운데 검찰, 행형과 보호, 인권옹호, 출입국관리 기타 법무에 관한 사무를 관장(管掌)하는 법무부장관 후보자로 여러 위원님들 앞에 서니 영광스럽다기보다는 참으로 책임이 무겁다는 생각을 다시 하게 됩니다.

---

* 국회인사청문회 모두발언 2007. 8. 31.

더구나 예사롭지 않게 더운 날씨와 분망한 정치 일정 중에서도 충실한 청문회 준비를 위하여 노고를 아끼지 않으신 위원님들을 보면서, 무엇보다 저는 진실되고 겸허한 자세로 모든 청문사항을 최선을 다하여 성실히 답변 드리고, 귀중한 충고 말씀도 국민의 소리로 들어 깊이 마음에 새겨야겠다는 각오를 합니다.

2. 존경하는 위원장님과 위원님 여러분!

법보다는 인륜이나 도의, 예(禮) 등을 더 중한 가치로 여기는 유교적 전통의 한국사회에서 법치주의가 뿌리내리는 것이 얼마나 어려운 일인지를 모든 법 종사자들은 잘 알고 있습니다.

인치(人治)니 권치(權治)니 하는 말들이 자조적으로 통용되던 시기에 법무관련 분야에 종사하는 사람들이 일상적으로 느꼈던 좌절감에 대하여도 모두가 비슷한 느낌을 가지고 있으리라 생각합니다.

더구나 법무행정의 수요자인 국민과 공급자인 법무행정 종사자들의 의식 사이에는 아직도 많은 괴리가 있어, 법무행정에 대한 국민신뢰는 선진국에 비하여 턱없이 떨어져 있는 것이 현실입니다.

저는 평생을 법률문화 향상에 바친 법조인의 한 사람으로서 이러한 시대적 상황에 대하여 심한 자괴감과 함께 국민들에게 한없는 송구스러움을 느낍니다.

3. 위원장님, 그리고 위원님 여러분!

그러므로 저는 무엇보다도 우리 사회에 있어서 법치주의, 또는 법에 의한 지배의 원리를 확립하는 것이 우리가 바른 선진국가로 가기 위하여 가장 필요하고도 중요한 과제라고 생각합니다.

법과 질서의 확립은 법무행정의 영원한 명제로 볼 수 있으므로 만약 저에게 법무부장관으로 일할 기회가 주어진다면 이 당연하고도 우선적인 과제를 위하여, 봉직기간의 길고 짧음에 관계없이 신명을 바쳐 일하겠습니다.

국민이 믿고 기댈 수 있는 법무행정, 국민이 법의 보호를 받고 있다는 확신을 심어줄 수 있는 법무행정, 공평무사한 법무행정을 위하여 최선을 다하겠습니다.

아울러 모든 국민의 관심사인 연말의 대통령 선거가 대한민국 헌정사에 길이 남을 수 있는 공정한 선거가 되도록 법집행에 만전을 기하겠습니다.

검찰의 독립성·중립성을 지켜주면서 헌법정신과 법률이 정하는 바에 따라 선거사범 수사가 공정히 이루어지도록 역사적 소명의식을 가지고 이끌어 가도록 하겠습니다.

검사는 단순한 법기술자나 법기능인이 아니며 법률 지사(志士)나 법집행을 위임받은 선비로서 국민들의 신뢰가 축적될 수 있도록, 검찰 사무를 지휘하겠습니다.

그리고 일련의 사법개혁 작업의 원활한 마무리를 위해 개정 형사소송법의 시행에 차질이 없도록 하고, 국민참여재판제도와 사법시험에서 로스쿨로 바뀐 법률가 양성제도가 조속히 정착될 수 있도록 최선의 노력을 기울이겠습니다.

법무행정 전반에 국민 참여의 기회를 꾸준히 확대하고 체류외국인 100만명 시대에 발맞추어 체류질서 확립과 외국인 정책의 선진화에 한층 더 힘쓰겠습니다.

인권과 교정, 보호행정 전반에 걸쳐 수요자 중심의 열린 행정이 실질적으로 이루어지도록 노력하겠습니다.

그리고 지금은 어느 분야에서든 국가경쟁력이 중요하게 평가되는 시기인 만큼 저는 법무행정의 경쟁력을 높이는 쪽으로 꾸준히 조직체질을 개선해 가겠습니다.

법무행정은 단기적인 성과 창출이나 인기보다 안정과 원칙이 무엇보다도 중요하다고 생각합니다.

지킬 것은 반드시 지키고 바꿀 것은 과감히 바꾸겠다는 개혁의지를 가지고 내부의 의사소통을 중시하면서 균형과 조화를 갖춘 법무행정을 펴겠습니다.

법치주의를 선도하는 법원, 검찰, 변호사단체, 법학교수들간의 대화와 공감영역의 확장도 저는 대단히 중요하다고 생각합니다.

국민들의 눈총을 받는 직역(職域)이기주의에 함몰되지 않고 국민의 편익에 기여하는 성숙한 법률문화가 정착될 수 있도록 법무부 차원의 노력을 꾸준히 지속해 가겠습니다.

4. 법조전반과 법무행정에 관하여 각별한 지식과 애정을 가지신, 존경하는 위원장님과 위원님 여러분!

저는 부족하나마 공직자로 출발한 이후 평생을 공과 사를 엄격히 구분하고, 자신을 바르게 함으로써 남을 바르게 한다는 정기이격물(正己以格物)의 생활자세로 살아 왔습니다.

때로는 남에게 불편을 끼치고 마음을 아프게 한 때도 있었겠지만, 언제나 분수를 지키며 매사에 떳떳하고 의연(毅然)할 수 있도록 스스로를 다져 왔습니다.

검사로서는 특권의식을 버리고 균형감각을 지키고자 노력하였으며, 대학의 총장으로서는 늘 피라미드의 꼭대기보다 원탁의 가운데 자리에서 구성원의 목소리를 경청하려고 애쓴 편입니다.

또 국가청렴위원회 위원장으로 재직할 동안은 관료적 경험과 시민적 감각을 조화시키면서 조직 전체의 정책역량을 키우는데 힘을 기울여 왔습니다.

5. 그러나 돌이켜 보면 저 개인으로는 이 땅에서 살아가는 다른 어떤 사람보다 오랜 시간 국가와 사회로부터 혜택을 받아왔음을 부인할 수 없습니다.

이제 제가 나라와 사회에 보답해야 할 때가 되었다고 생각합니다.

여러 가지로 어려운 국가적 상황과 법무행정의 과제를 보면서, 저는 이제 겸허하고 담백한 마음으로 법률을 공부한 사람으로서의 마지막 봉사를 하고자 합니다.

거창한 공사를 시작한다는 마음이 아닌, 국민적 일체감과 국가의 선진화를 위한 작은 디딤돌 하나, 그러나 분명, 튼튼하고 믿을 수 있는 디딤돌 하나를 더 놓겠다는 마음가짐으로 공직의 마지막 소명에 충실하려고 합니다.

위원님 여러분의 애정어린 격려와 성원, 그리고 가르침을 당부 드립니다.

감사합니다.

〈국회인사청문회 모두발언 2007. 8. 31〉

5
여적(餘滴)

새로 쓰는 이력서

"강단서 「부드러운 남자」 됐어요"

검사장서 대학교수 변신 정 성 진씨

새로쓰는 이력서 〈3〉

24년 공직청산 50줄에 美日유학

수업 3~4시간전부터 준비 열성

대검 중앙수사부장을 하다 국민대 교수가 된 鄭成鎭씨. 그는 강단생활이 더없이 즐겁고 보람있다고 말한다.

이제들 안다. 대검 중수부장이 서슬 퍼런 자리인걸. 전직 대통령을 붙잡아 가두고 밀실의 조사과정을 들여다보는 권력자. 저 나름의 왕국을 거느리는 대재벌 총수를 줄줄이 불러들여 호통을 칠 수 있는 직책인 것이다.

정성진 교수(55·국민대 법학과)는 바로 2년여 전 그 대검 중앙수사부장으로 있던 이다. 지금은 한적한 북악산 자락의 연구실에서 책을 읽고 정릉 배밭골이 내려다보이는 강의실에서 분필을 들고 열강을 토한다.

힘도 돈도 안따르는 훈장노릇이지만 더없이 행복하다. "서서 장시간 말하는 게 습관들지 않아 좀 힘은 들지만 내게 맞는 일을 잡은 것 같습니다. 역시 집안 내림인가 봐요"라고 흐뭇해 한다.

그는 문민정부 출범직후인 93년 3월 차관급 고위공직자에 대한 재산공개에서 재산이 많다는 이유로 압력을 받아 공직을 떠났다. 검사치고는 「힘빼고 소탈하게」 일하는, 비교적 인심을 잃지 않은 그의 퇴진은 검찰의 안팎에서 동정을 샀다. 「재산만을 이유로 공직사퇴시키는 것이 과연 개혁인가」라는 논란을 불러일으켰다. 한 재미칼럼니스트는 국내신문에 기고한 칼럼에서 이례적으로 그의 이름을 직접 거명하며 복직을 촉구하기까지 했다.

“지난 학기부터 「형사소송법」 「형법연습」 「생활법률」 등 세 과목을 가르치고 있습니다. 88년 경북대에서 박사학위를 받긴 했지만 학문적 업적은 거의 없는데 실무경력을 감안해서 대학에서 예우를 해주신 것 같습니다. 젊어서 법률가로 입신해 국가의 녹을 먹고, 나이들어서는 교수로 실무 경험을 젊은이들에게 전할 기회까지 갖게돼 저 스스로도 복이 많은 사람이라고 생각합니다.”

24년간 검찰에 몸담으면서 대검중수부 1, 2과장과 서울지검 특수3부장, 대검 총무부장, 대구 지검장 등을 역임하면서 「검찰총장」후보로 꼽혔던 그다. 그러나 공직에서 물러난 후 미련을 훌훌 털어버리고 곧바로 부인과 함께 미국 스탠퍼드대학으로 유학을 떠났다. 그는 「퇴수(退修)」라는 말로 처지를 표현했다. 물러나서 스스로를 닦는다고.

방문연구원(Visiting Scholar)의 자격이어서 수업과 연구의 의무가 있는 것은 아니었으나 그는 아들 또래 학생이나 유학생들과 격의없이 어울리며 새로운 환경과 세계에 적응해 갔다. 운전면허시험에서 두 번이나 떨어졌으나 개의치 않고 세 번째 응시, 면허를 받아냈고 미국 젊은이들 틈에 섞여 컴퓨터도 배웠다.

“미국이란 데가 저처럼 제 2 의 인생을 출발하려고 하는 사람들에게는 참 좋은 곳입니다. 우리는 아무래도 체면을 의식하게 되는데 그곳 사람들은 그렇지 않아요. 법과대학원생 중에는 저보다 더 나이가 많은 전직 고위 공직자나 다른 분야의 박사학위를 갖고 있는 전문인들이 적지 않았어요."

1년 4개월만에 귀국한 그는 정치입문이나 변호사 개업을 권하는 주위의 권유를 뿌리쳤다. 일부신문에 대구출마설이 보도되어 아예 팩시밀리로 「절대 정치 안합니다」하고 신문사마다 알리기도 했다.

올해 초 또다시 일본 게이오대 법학부로 유학을 떠났다.

일본 체류 도중 그는 국민대의 교수초빙을 받고 7개월 만에 귀국, 2학기부터 강단에 서게 됐다.

"학문에 대한 의지는 있으나 50대 중반에 교수가 된다는 것이 과연 나 자신과 학생들에게 온당한 일인가로 고민을 많이 했습니다. 하지만 학생들에게 저의 실무경험이 도움이 될 수도 있겠다는 생각에서 모든 것을 정리하고 이삿짐을 꾸렸습니다."

학교측에서는 그의 경력을 감안, 대뜸 정교수로 임명했다. 하지만 수업시작 3, 4시간 전부터 나와 강의내용을 검토하는 모습은 영락없이 시간강사에서 갓 전임교원이 된듯한 자세다. 수강생수가 적은 과목은 학생들 이름을 일일이 외워 수업을 진행할 정도로 열심이다.

"학생들이 밖에서 생각했던 것보다는 훨씬 순수하고 공부도 열심히 해 감명을 받았습니다. 처음에 「교수님」 소리를 들을 때는 무척 계면쩍었는데 지금은 아주 자연스럽습니다. 어쩌다 후배들이 저를 예우해주느라고 「검사장님」이라고 부르면 오히려 어색합니다."

고위직에 있다가 은퇴하면 심신양면에서 병을 얻는 수가 있다. 끈이 떨어진 자의 외로움, 알아주는 이 없는 불편함, 일의 관성에서 벗어난 허탈감이 괴롭힌다. 불면과 불안으로 세월을 보내는 사람이 적지 않다.

"공직에서 물러나면 하루 빨리 과거의 권위와 미련에서 벗어나야 합니다. 「평균 시민」의 처지에서 모든 것을 생각하고 행동해야만 새 길과 일이 보인다고 생각합니다."

힘빼고 사는 이의 강인함을 읽는 듯하다. 부드러움이 힘이라던 노자(老子)의 지론은 너나없이 강팍해진 오늘날에도 통하는 것이리라.

〈동아일보 1995. 12. 5〉

화제 법조인

학계-실무계 교량 역할

4 2002년 8월 12일 월요일 인터뷰/법조칼럼 대한변협신문

화제법조인 ▶ 제33회 한국법률문화상 수상자 정성진 국민대학교 총장 ◀

학계-실무계 교량 역할
형사법 학술발전 이끌어

"법률문화 창달과 법학 교육의 질적 향상을 위해 아직도 할 일이 많은데 이렇게 과분한 상을 주셔서 대단히 영광스럽습니다."

최근 제33회 한국법률문화상 수상자로 선정된 정성진 국민대학교 총장(62). 그는 "이번 수상은 개인의 성취에 대한 평가라기보다는 모든 법률가가 우리 사회에 맞는 법률문화 창달을 위해 노력하라는 뜻으로 생각한다"며 "학계와 실무계가 공동 발전할 수 있는 디딤돌이 될 수 있도록 더욱 열심히 정진할 것이다"라고 말했다.

정총장은 95년, 24년간의 검사생활을 정리하고 학계로 발을 들여놓은 뒤 학계와 실무계를 연결하는 교량 역할로 우리나라 법률문화 향상에 크게 이바지했다는 평가를 받고 있다.

정총장은 꾸준한 논문발표로 법률이론과 실무의 접목을 시도했다.

그는 국내 최초로 형사법학술상을 제정해 학술발전을 이끌었으며, 국민대 총장에 취임한 뒤 대학경영의 투명성을 높이고 법학교육의 질적 충실화에 노력하는 등 법률문화의 향상을 위해 온몸을 던졌다.

정총장을 말할 때 성실과 온화한 성품을 빼놓을 수 없다. 대검찰청 중수부장이던 그는 93년 공직자 재산공개 때 단지 유산이 많다는 이유로 사회적 주목의 대상이 되자 과감히 사표를 던졌다. 그리고 그는 제 2 의 인생을 설계했다.

93년 9월 53세의 나이로 미국 스탠퍼드대학에 유학한 뒤 일본 게이오대 법대 방문연구원으로 연구중 95년 9월 국민대의 부름을 받는다.

이후 법대 교수로 변신한 지 5년 만에 영예로운 총장의 자리에 오른다. 그의 성실한 자세와 친화력이 가져다 준 결실이었다.

5년간의 짧은 기간 동안 정총장이 보인 족적은 그의 왕성한 '일 욕심'을 잘 드러내고 있다.

정총장은 국민대학교 법과대학에서 형사법과 경제법을 담당하는 교수로서 법학도를 육성하며 법학이론과 법조 실무를 연계하는 독창성 있는 논문을 꾸준히 발표해 주목을 받았다.

대표적인 것이 △ 실무상 관행되어온 내사를 국내최초로 이론적으로 체계화한 「내사론」(97년) △ 「검찰권행사에 있어서 공중의 참여와 통제」(98년) △ 「형사절차에 있어서 검사의 의견청취」(99년) △ 부정경쟁행위와 불공정거래행위를 입법론상의 체계론으로 검토한 「부정경쟁행위와 불공정거래행위」(2000년) 등이다.

이 밖에 「피내사자에 대한 변호인의 접견교통권」, 「검사의 의견청취 절차를 거치지 아니한 보석허가 결정의 효력」 등 판례 평석과 「법률가의 지혜 모으기」 등 다수의 시론을 발표했다.

정총장은 교수 활동 중 한국형사정책학회 회장, 한국형사법학회 회장 등으로 선임돼 학계발전에 기여하였다.

특히 2001년 12월에는 사재 1억 원을 출연해 정암 형사법 학술상을 제정하고 한국형사법학회에 의뢰해 매년 우수 논문을 발표한 소장학자를 선발해 시상토록 제도화했다.

2000년 3월, 정총장은 대학총장이 된 뒤 2년여 기간 동안 투명하고 합리적인 학교운영, 법학교육의 질적 충실화를 꾀해 학교발전을 앞당겼다.

그는 열린 행정, 밝은 대학행정을 선포하고 예·결산을 포함한 행정체계 전반을 투명하고 합리적으로 개선했다. 대학의 중·장기 발전계획을 성안해 다른 대학과의 차별화, 특성화, 정보화, 국제화를 선도해 대학의 위상을 크게 높였다.

이 결과 국민대 법대는 2000년 실시된 한국대학교육협의회의 학문분야별 평가에서 전국 최우수 11개 대학에 포함됐다.

검사 출신으로 첫 대학 총장 자리에 오른 정총장은 교수로 변신한 지 5년 만에 이례적으로 성공한 대학경영의 최고경영자로 우뚝 선 것이다.

정총장은 96년부터 6년간 중앙선거관리위원회 위원으로, 99년에는 대통령 직속 사법개혁추진위원회 위원으로 임명돼 공정한 선거관리와 국민 편익증진을 위한 사법개혁에도 앞장섰다.

사법고시 2회에 합격해 군복무를 마친 후 69년 5월 법조에 입문한 정총장은 대검 중수 2 과장, 서울지검 특수 3 부장, 제주지검장, 법무부 기획관리실장 · 법무실장, 대검 중수부장 등 기획 · 특수수사통으로 명성을 날리며 검찰총장감으로 거론됐었다.

정총장은 부인 서신덕 여사와의 사이에 2남 1녀를 두고 있다.

〈대한변협신문 2002. 8. 12〉

신임 한국법학원장

법조인은 어떤 역경서도 초심 지켜야

"법학원은 재조, 재야, 법학교수, 법무관 등의 포괄단체로 법조계의 원로 선배들과 후배들이 함께하는 커뮤니티이기 때문에 모든 법률가들이 함께 유지 발전시켜야 합니다."

지난달 27일 열린 한국법학원총회에서 12대 원장으로 추대된 鄭城鎭 국민대총장은 한국법학원은 법률실무가와 법학자들의 '지적공동체'이자 '지혜 모으기'의 場이라며 법학원의 발전이 곧 우리나라 법률문화의 발전이라고 강조했다.

정 신임원장이 법학원을 법조실무계와 법학계의 공동체임을 강조하는 것은 그의 남다른 이력과 무관하지 않다.

사시 2회로 검찰에 몸담아 지난 93년까지 법무부 기획관리실장, 대구지검장, 대검중수부장을 거친 후 2년간의 해외 유학에 이어 95년 국민대 법대 교수로 부임하여 2000년 국민대 총장에 올랐기 때문에 법조실무요직과 법학계를 모두 거쳤다.

정원장은 "저보다 훌륭한 선배 법조인들이 많은데 이렇게 중한 자리에 앉아 부담스럽다"고 겸손해하면서도 최근 회비수입 감소 등으로 급격히 악화된 법학원의 재정상태와 관련, 회원들의 동참의식제고를 통한 재정기반의 확충을 모색하는 등 법학원 발전에 대해 남다른 의욕을 보였다. 특히 “법인회원제와 변협회원 및 교수회원의 증대 등 여러 방법을 모색 중”이라고 밝혔다.

정원장은 “법조인은 어떤 외부적 역경속에서도 초심을 잃지 않을 수 있는 의연함과 자신의 분수를 지킬 줄 아는 자세가 필요하다”는 후배 법조인들에 대한 충고도 잊지 않았다.

〈법률신문 2004. 2. 5〉

대학 특성화 없인 구조조정 못 피해

대학총장직은 요즘 학생들에게 얼마만한 무게로 받아들여질까. 지난 5일 이임식을 가진 정성진(65) 전 국민대 총장은 대검 중수부장을 지낸 법조인으로 잘 알려진 인물이다. 그는 '검찰 간부 출신 대학 총장'이라는 특이한 이력이 주는 위화감에도 불구하고 재임중 말많고 탈많은 사립대 행정을 탁월하게 이끌어 학생들로부터 존경과 신뢰를 한몸에 받았다. '리더십 붕괴'가 우려되는 시기에 그 비범한 리더십의 비결을 알아보고 국가적 난제인 교육문제와 대선자금 수사 등에 관한 지혜를 얻고자 인터뷰를 요청했다. 정 전총장은 처음엔 물러나는 사람이 여러 말을 하는 건 부끄러운 일이라며 고사했다. 그러나 교육계와 검찰에서 중책을 맡았던 사람으로서 책임을 강조하며 거듭 '압력'을 가하자 지난 5일 이임식 직전 시간을 내 사회적 현안들에 대해 특유의 소탈한 태도로 견해를 밝혔다.

– 4년 임기를 마치고 평교수로 돌아가는 감회는? 주변에선 연임을 희망했다는데.

"감회라기보다 반성을 하고 있다. 공적인 임무를 수행한답시고 교직원과 학생들에게 인간적 배려를 하지 못한 적이 분명히 있었을 것이다. 자만하지 않았는지, 분수를 넘지는 않았는지 하는 걱정도 있다. 물론 갈등구조가 많은 대학에 화합의 분위기를 정착시켰다는 보람이 크다. 교직원과 학생들이 신뢰하고 따라줘 고맙게 생각한다. 연임 욕심을 내지 않은 건 젊고 국제감각이 있고 사이버 지식이 풍부한 사람에게 물려주는 게 도리라고 생각했기 때문이다."

– 청년실업문제가 심각하다. 기업 수요를 따라가지 못하는 대학교육에 문제가 있다는 지적이 많다.

"어느 경제단체의 연구결과를 보니까 대졸 신입사원에 대한 기업들의 만족도가 평균 26점밖에 안되더라. 기업들은 대졸 신입사원을 현장에서 재교육해야 한다며 볼멘소리를 한다. 하지만 대학은 취업센터가 아니므로 세계관 배양, 인성 교육에 신경 쓸 수밖에 없다. 다만 기업 수요와의 간극을 좁힐 수 있도록 전문적 · 실용적인 교육을 보다 강화할 필요가 있다. 현실적으로 존재하는 대학 서열의 문제도 신경쓰지 않을 수 없다."

– 대학 서열화문제를 극복할 수 있는 '솔로몬의 지혜'는 없는가.

"수십년간 고착돼온 서열화가 단시일내에 깨지긴 어려울 것이다. 더구나 대학이 많아서 신입생 경쟁은 갈수록 치열해지고 있다. 대학의 구조조정은 이제 피할 수 없다. 이럴 때 대학의 입장에서는 특성화로 가야 한다. 어느 대학이 어느 분야가 강하다는 인식을 줘야 한다. 국민대의 경우 조형예술, 법학, 디지털정보학에서 앞서간다고 자부한다. 대학원도 비즈니스IT, 테크노디자인 등 특성화를 지향하고 있다."

– 대학서열화는 입시제도의 문제와도 무관치 않다.

"입시는 복잡한 문제라 자신있게 말하기 어렵다. 고교 교육이 대입에만 매달려 파행으로 치닫지 않도록 교육당국이 이끌어야 한다. 대학 입장에선 나름의 입시 전형을 개발할 필요가 있다. 국민대 조형대학의 경우 '발상과 표현'을 시험 아이템으로 정해 지원학생의 창의성을 평가하고 있다. 초기엔 미술학원과 학부모의 집단 반발 때문에 무산될 뻔했으나 꾸준히 실시하자 지금은 다른 대학에서도 따라오고 있다."

– 일부 사학재단이 대학행정에 일일이 간섭해 갈등을 빚는 경우도 있다고 들었다.

"학교는 기업의 경영정신을 본받아야 하지만, 학교는 교육기관으로서 특성이 있기 때문에 재단은 학교당국에 자율성을 보장해줘야 한다. 우리 재단은 적어도 내 임기중엔 모든 것을 일임했다. 앞으로도 그렇게 하기 바란다."

– 이제 전공분야를 물어보겠다. 불법 대선자금 수사가 막바지에 접어들고 있는데 정치권의 형평성 논란과 기업인 처벌수위가 양대 난제로 부각되고 있는 것 같다. 검찰후배들에게 조언하고 싶은 말이 있는가.

"노무현 대통령이 취임 후 검찰권 행사를 직접적으로 용훼(容喙 · 참견을 함)한 흔적은 없는 것 같다. 검찰권의 독립이란 점에서 과거보다 진일보한 것이 사실이다. 검찰이 이번 수사를 통해 국민의 신뢰를 상당부분 회복한 것을 높이 평가한다. 그러나 수사 기술적인 문제와 함께 선거를 앞두고 있다는 시점의 문제 때문에 정치적 파장을 고려하지 않을 수 없게 됐다. 적당한 시기에 지혜롭게 정리하는 게 바람직하다. 지금이 그 시기다. 사리와 법정신에 맞는다면 국민들도 납득할 것이다. 수사가 끝없이 계속되면 국민전체가 '피로현상'을 느끼게 되고 이는 경제에도 악영향을 미칠 것이다. 그러면 본래의 법정신을 구현하지 못하게 된다.

기업인 처리문제는 더이상 좌고우면할 일이 아니다. 일각에선 최고권력자와의 교감에 대한 의혹의 시선도 있기 때문에 검찰이 소신있게 결단을 내려야 한다. 물론 기업인들의 처리과정에선 국가적 신인도와 국민적 신뢰문제 등도 고려돼야겠지만 기업인들도 아예 처벌을 면하려고 시뮬레이션(운동경기에서 거짓으로 넘어지는 행동)을 심하게 취하면 안 된다."

– 전관예우가 사법개혁의 걸림돌이 되고 있다는 지적도 있다. 고위 법관과 검찰간부 출신 변호사들의 사건수임을 제한해야 한다는 주장도 있던데.

"전관예우야말로 국민이 법조계 전체를 불신하게 하는 큰 요인이다. 그러나 제도적으로 변호사 수임을 제한하는 건 위헌소지가 있다. 전관 스스로 예민한 사건 수임을 자제하면서 법조계 내부의 바람직한 관행을 쌓아나가는 게 후배 법조인들을 도와주는 일이다."

– 여러차례 장관이나 특별검사 등의 하마평에 올랐는데 공직 진퇴에 관한 특별한 소신이 있는가.

"이젠 무엇을 하겠다는 것보다 어떤 방식으로 살아야 할까가 관심사다. 이젠 공직의 굴레를 벗고 담담하게 살고 싶다. 공직은 연부역강(年富力强)한 후배들이 맡는 것이 바람직하다고 생각한다. 지난 연말 주변 사람들에게 돌린 연하장에서 밝힌 대로 평교수로 돌아가 1년간 강의하다가 정년퇴임하면 변호사 사무실을 열어 사회에 대한 법률 봉사를 할 생각이다. 최근 취임한 한국법학원 원장으로서의 역할도 물론 중요하다. 무엇보다 그간 소홀히 했던 가족들과의 시간을 맘껏 즐겨볼 생각이다."

〈문화일보 2004. 3. 8〉

스포트라이트

부패척결 선봉에 서다

정성진(65) 국가청렴위원장은 1일 서울에서 열린 '제1회 아시아태평양경제협력체(APEC) 반부패 투명성 심포지엄'에서 "사회가 부패하면 모든 사람이 골고루 행복하기 힘들다"고 강조했다. 법조인으로 살아온 정 위원장이 '반부패 투명성'을 과연 어떻게 확보해 나갈지 지켜볼 일이다.

최남진 namjin@donga.com

〈동아일보 2005. 9. 2〉

국가청렴위원회 위원장

공직자는 공사 구분하고 솔선수범 해야

존경받는 원로가 없는 시대라고 한다. 극한적 이념대립과 정치적 반목의 와중에 존경받을 만한 원로가 남아나지 않았기 때문이다. 사표가 될만한 원로가 사라짐으로써 갈등과 대립의 완충지대가 없어져 우리 사회의 파열음은 커져만 가고 있다. '원로 부재의 시대'. 문화일보는 아직도 존경받고 있는 각계의 원로들을 찾아 격주로 화요일마다 2일 신설된 '나의 일, 나의 길' 면을 통해 소개하기로 했다.

대검 중수부장과 국민대 총장을 역임한 정성진(66) 국가청렴위원회 위원장은 후배 검사들로부터 여전히 존경받는 몇 안되는 검찰 원로 중 한 명이다. 부정부패 척결이 국가적으로 큰 과제인 가운데 3·1절 골프파동, 이명박 서울시장 황제 테니스 논란 등 공직자의 처신과 관련한 현안이 잇따라 불거지고 있다. 정성진 청렴위위원장을 지난달 28일 서울 계동 사무실에서 만나 공직자의 바람직한 처신 등에 대한 생각을 들어보았다.

– 위원장님이 참여정부의 공직을 맡은 것이 뜻밖이라고 생각하는 사람들이 많은 것 같습니다.

"안 갈수 있지 않았느냐고 말하는 사람이 더러 있습디다. 이 정부에 비판적인 사람들이 그러는데…. 제 생각은 다릅니다. 벼슬 욕심이 남아서 이 자리를 맡은 것이 아니거든요. 검사생활 25년에 검사장까지 지냈고 국민대 총장을 역임한 것으로 (벼슬은) 충분하다고 생각합니다. 소명이라고 얘기하면 거창하고…. 운명으로 받아들였습니다."

"공직자는 公私 구분하고 솔선수범 해야"

참여정부 공직 맡은 것은 일종의 '소명의식'
'3·1절 골프' 등 현안을 법과 원칙대로 할 것
골프 한달 한두번 즐기지만 때와 사람 가려

조직엔 민주적 리더십 중요

대통령도 독립·공정성 존중

– 지금 청렴위에서는 이해찬 전 국무총리의 3·1절 골프파동, 이명박 서울시장의 이른바 '황제 테니스' 논란, 이강철 청와대 정무특보의 청와대앞 횟집 개업 등 여러 현안을 조사중입니다. 하지만 여권 인사들과 야당 쪽에 대한 형평성 시비도 있었는데요.

"걱정하지 마십시요. 법과 원칙을 따르되 그런식으로 하지는 않을 것입니다. 대통령도 청렴위의 독립성과 공정성을 존중하고 있습니다."

– 이 전총리의 3·1절 골프 파동 이후 공무원들의 골프를 사실상 전면 금지하는 방침을 발표했다가 청와대 관계자의 핀잔을 듣고 거두어들이는 등 '약한 모습'을 보였다는 지적이 있었지요.

"공무원들의 골프를 사실상 전면 금지한다는 것은 잘못 전달된 것입니다. 정확한 내용은 공직자들이 직무상 관련이 있는 사람들과 골프 치는 것을 금지한다는 것이었습니다. 이는 기존의 공무원 행동강령의 정신으로 보아도 당연한 것입니다. 가족, 친지나 동창 또는 정책 협의과정에서 사교로 하는 골프는 여전히 허용되고 있습니다. 문제의 청와대 관계자는 취지를 정확히 모르고 말한 것입니다. 신경쓰지 않습니다."

– 위원장님도 골프를 치시죠? 한달에 몇번 정도나 골프장에 가십니까?

"배운 지 25년 정도 됐는데 지금도 80대 후반 정도의 스코어는 가능합니다. 요즘은 한달에 한두번 골프장에 나갑니다."

– 동반자는요? 내기도 하시는지.

“주로 부담없는 어릴적 친구들입니다. 때와 사람을 가리는 편이며 친구들이니까 비용의 일부를 나누어 내는 정도의 내기도 가끔은 합니다.”

– 청렴위 산하에 공직자 비리 수사처(공수처)를 신설하는 문제 때문에 검찰과 갈등이 적지 않았습니다. 많은 사람들은 이 정권이 검찰을 약화시키기 위해 공수처를 만든다고 의심합니다. 검찰 후배들도 불만이 있었을 것 같은데요.

“공수처는 지난번 대선에서 여야가 모두 공약했던 것입니다. 초기에 (공수처에) 수사권을 주는 문제로 검찰과 갈등이 있었지만 기소권을 검찰에 유보하는 방안에 합의하여 국회에 제출, 논란이 끝났습니다. 검사들은 내가 청렴위원장으로 온 뒤 오히려 안도했다고 합니다. 그런데 여야 모두 법안처리에는 소극적입니다.”

– 1993년 25년간 몸담았던 검찰을 떠난뒤 1995년부터 국민대에서 법대교수로 5년, 총장으로 4년을 보내셨는데요. 검찰 생활과 대학 생활을 비교하신다면? 또 검찰 간부와 대학 총장으로서의 리더십의 차이는 무엇인가요?

“하는 일이 다르니까 직접 비교하기는 그렇고…. 저로서는 대학생활이 더 인상에 남습니다. 공통점은 민주적 리더십만이 조직을 제대로 이끌 수 있다는 것입니다. 항상 앞장서서 모범을 보이고 상대방의 의견을 존중하고 들어줄 자세가 돼 있어야 합니다. 그러나 무조건 따라가기만 해서는 안되고 필요한 순간에는 결단을 내려야 합니다.”

– 대학 개혁이 화급한 국가적 과제로 부각되고 있는데요.

“분야별로 보면 가장 앞서있는 곳이 기업이고 그 다음이 정부, 마지막이 대학 등 교육계라고 생각합니다. 부패 척결에서도 가장 중요한 것은 교육입니다. 아직도 대부분의 대학은 시스템이 아닌 인적 요소에 의존하고 있습니다. 국민대 총장으로 있던 4년 동안 시스템을 구축하기 위해 애를 많이 썼지만 쉽지 않았습니다. 대학에도 기업적 경영을 도입해야 하지만 학문과 지성의 전당이라는 풍토랄까 그런 것 때문에 어렵습니다. 교육개혁을 위해서는 교육부장관은 한 5년쯤 임기를 보장해줘야 한다는 생각도 듭니다."

– 이 정부 들어 검찰 조직과 검사들의 위기의식이 적지 않은 것 같습니다. 후배 검사들에게 해주고 싶은 이야기는 무엇입니까?

"검사는 언제나 기본과 품격을 지켜야 합니다. 검사도 가정 등 일상생활이 있지만 성직자적인 측면이 있기 때문에 처신에 있어서 속되지 않아야 하고 가급적 범속한 시류에 휘말리지 말아야 합니다."

– 최근 정몽구 현대·기아차 회장 신병처리 방향을 놓고 수사 검사들이 고민이 많았고 특히 정상명 검찰총장은 검찰 선배들에게 자문을 했다고 하던데 위원장님한테도 전화가 왔습니까?

"…. 고민을 많이 했을 겁니다. 그 문제로 검찰 외부인사로 구성된 검찰 자문회의까지 소집됐다고 하더군요. 다양한 의견이 나올 수 있는 문제입니다. 하지만 어떤 조직이든 어려운 상황에 처할수록 원칙에 입각해 문제를 해결할 수밖에 없는데 이번 일도 그렇게 된 것이 아닌가 생각합니다."

– 1993년 단지 재산이 많다는 이유로 대검 중수부장을 물러날 때 받았던 상처는 많은 시간이 흐른 만큼 다 치유가 됐겠지요.

"당시는 그런 상황을 막아주지 못했던 윗사람들에 대한 환멸이 있었던 것이 사실입니다. 그러나 50대에 스스로를 재충전할 전기가 되었다는 점에서 오히려 감사해야 할 측면도 있습니다. 나중에 만났을 때 그들은 죄인처럼 미안해 하고 오히려 제가 당당해짐으로써 자연스럽게 용서가 된 것이지요."

– 지도층 공직자의 바람직한 자세는 어떤 것입니까?

"공과 사를 철저히 구별하고 매사에 솔선수범해야 합니다. 논어에 '몸가짐이 바르면 명령하지 않아도 행하고 몸가짐이 바르지 않으면 명령을 해도 따르지 않는다(其身正 不令而行, 其身不正 雖令不從)'는 말이 나오지 않습니까."

– 인생을 되돌려 다시 고등학교를 졸업하고 대학에 입학해도 법대에 가서 검사가 되시겠습니까?

"아뇨. 역사나 고전문학을 공부하고 싶습니다."

〈문화일보 2006. 5. 2〉

마음이 가볍지만은 않다

신임 법무부장관으로 내정된 정성진(67) 국가청렴위원장이 8일 오후 서울 종로구 국가청렴위원회 집무실에서 기자들과 만났다. 그의 첫마디는 "마음이 가볍지만은 않다"는 것이었다. 검찰 후배였던 김성호 장관 후임으로 가는 게 영 부담스러운 듯했다. 1993년 고위공직자 재산공개 때 재산이 많다는 이유만으로 대검 중수부장을 끝으로 공직을 떠난 뒤에도 "함께 일해 보자"는 변호사 후배들의 제의를 "후배 검사들에게 부담 주고 싶지 않다"며 거절했던 그였다.

– 처음엔 장관직을 고사했던 것으로 알고 있다. 왜 마음을 바꿨나.

"야구로 치면 감독이 9회 들어 투수코치로 물러난 사람에게 '구원투수로 나가달라'고 하면 고민하는 게 당연하다. 국가적 필요가 있는 상황에서 개인적인 편안함만을 추구해선 안된다고 생각했다. 누리는 자리였다면 맡지 않았을 것이다. 법률 공부한 사람으로서의 의무감이 작용했다. 법무·검찰의 후배들도 그런 방향으로 원한다는 분위기를 전해 듣고 마음을 굳혔다."

– 김성호 장관이 있는 동안 청와대가 신임 장관을 물색한 것을 놓고 말이 많았다.

"그건 나는 모르는 부분이다. 김 장관이 사의표명한 후에 나도 (장관직 수락) 결심을 했다. 재임 중 김 장관의 노력은 평가돼야 할 것이다."

– 14년 만의 컴백이다. 소회가 남다를 텐데.

"그동안 10년간 대학(국민대) 강단에 섰고, 나머지 기간을 공직에서 보냈다. 시민의 감각으로 관료사회를 보고 체험한 것을 국민의 편익을 높이는 데 활용하겠다."

– 장관 재임기간이 짧을 것 같다. 가장 역점을 둘 일은.

"선거에서의 공정한 법 집행이 가장 중요하다. 법무행정은 지속가능성이 있어야 한다. 단기적 성과보다는 국민 신뢰를 받을 수 있는 법무행정을 펴겠다."

– 장관과 검찰총장이 고교동문(경북고)이어서 공정성을 우려하는 시각도 있다.

"그건 우려다. 모든 일에 공과 사를 구분해 왔다."

〈조선일보 2007. 8. 9〉

정법무, 가시돋친 '특검 수용의 변'

정성진 법무부 장관이 17일 'BBK 주가조작 사건' 재수사를 위한 지휘권 발동을 사실상 거부했다. 노무현 대통령이 검토 지시를 내린 지 하루만이다. 그 대신 특별검사법 수용이라는 우회로를 선택했다.

정장관은 전날 밤에 이어 이날 오전 법무부 실·국장급이 참석한 가운데 긴급 간부회의를 소집한 뒤 이 같은 결론을 내렸다.

그는 홍만표 법무부 홍보관리관을 통해 "법무부 장관으로서는 검찰이 최선을 다하여 수사했다고 믿고 있고, 검찰에 대한 기본적 신뢰에 변함이 없다"면서도 "BBK 특검법이 국민의 이름으로 의결되어 송부된다면 겸허히 수용할 수밖에 없다고 생각한다"고 밝혔다.

이어 "(검찰의) 수사결과 발표 이후 국민적 의혹이 충분히 해소되지 않고 있고, 더욱이 특정 후보의 동영상이 공개돼 의혹이 일부 증폭되고 있는 상황을 직시해야 한다"고 특검법 수용 배경을 설명했다.

정장관의 선택은 "(이명박 한나라당 대선 후보의 동영상 공개와 관련한) 국민적인 의혹을 해소하라"는 노 대통령의 지시와 "수사할 만큼 했다"는 검찰의 반발을 절충했다는 평가가 나온다.

여기엔 검찰 내부의 기류 변화와 함께 전날 이 후보의 특검법 수용이라는 변수도 동시에 작용했다는 게 법조계 안팎의 대체적 시각이다.

그러나 정장관은 이 날 "특검법 자체가 갖는 헌법정신과의 충돌, 실효성과 비용 등 문제점이 있다"고 쓴소리를 했다. 이어 "법치주의 정착과 궁극적으로는 국민의 권익 보호를 사명으로 하는 검찰 기능의 원활한 수행을 위하여 정치적인 이유로 검찰의 신뢰를 의도적으로 훼손하는 일이 더는 없기를 바란다"고 당부했다.

어쩔 수 없이 국회에서 의결한 '이명박 특검법'을 받아들이지만 대선과 내년 총선을 앞두고 정략적 목적으로 이뤄진 것 아니냐는 불만을 드러낸 것으로 분석된다.

정장관의 결정이 노 대통령의 지시를 거부한 것처럼 비치자 홍만표 홍보관리관은 "대통령은 수사지휘권을 발동하라고 지시한 게 아니라 수사지휘권을 포함해서 국민이 신뢰할 수 있는 방안을 다각적으로 검토하라는 것"이라고 해명에 나섰다.

천호선 청와대 대변인도 "대통령은 어제 '지휘권 발동을 검토하되 국회에서 특검법이 논의되고 있는 상황을 감안해 실효성 있는 조치를 강구하라'고 지시했다"며 "(정장관은) 대통령의 지시를 받아들여 자신의 생각을 밝힌 것이다"고 말했다.

대검찰청은 "검찰은 고심 끝에 내린 법무부 장관의 결정을 최대한 존중한다. 특검법은 국회가 합리적인 결론을 내리면 적극 협조하겠다"고만 했다.

〈동아일보 2007. 12. 18〉

정성진 법무장관이 17일 오후 국회 본회의장 국무위원석에서 '이명박 특검법'의 본회의 통과 상황을 지켜보고 있다.
김종수 기자
jongsoo@ hani.co.kr

〈한겨레 2007. 12. 18〉

조화 속의 발전

오늘 저는 국민대학교 총장으로서 보람있었던 4년의 임기를 마칩니다. 그 기간은 법조실무분야에만 종사하다가 늦깎이 교수생활을 시작한 저로서는 학교법인과 국민대학교로부터 받은 과분한 기대와 사랑에 대한 보답의 기회이자, 공직과 대학에서 얻은 경험과 지식을 나름대로 학교경영에 투영해 볼 수 있는 의미 있는 헌신의 기회이기도 하였습니다. 새로운 세기가 시작되는 2000년 3월 대학 내에 무언가 불신과 갈등의 요인들이 그득히 느껴지는 가운데, 저는 갈등의 조정자이자 대학행정의 종국적 책임자이며 미래를 향한 비전 설정자로서의 작은 소임을 시작하였습니다.

반평생 정의와 형평만을 추구하며 좁은길을 걸어왔고, 대학교수로서 자유로운 사고의 지평에 익숙해지기 시작한 지도 비교적 일천하였으므로 저는 솔직히 대학행정을 깊이 알지 못한 채 덥석 여러분 앞에 섰었습니다.

공정과 절제 그리고 조직을 발전시키겠다는 순수한 열정만으로 학문과 지성을 상징하는 한 대학의 대표가 된다는 사실이 과연 자신의 분수에 맞는 일인가 하는 반성과 자괴도 많이 하였습니다.

이 자리를 빌어 그동안 부족한 사람을 내치지 않고 도와주신 교직원 여러분께 깊은 감사의 말씀을 먼저 올립니다. 사려깊게 본분을 지키면서 학업에 열중해준 학생여러분에게도 감사합니다.

저는 훌륭한 조직의 관리자는 구성원 모두가 각자의 영역에서 최고의 능력과 창의성을 발휘할 수 있도록 도덕적 수범을 보이면서 한마음으로 일하는 분위기를 일구어 내는 사람이라고 믿어 왔습니다. 명령·통제하기보다 설득·조정하는 것이 행정의 바른 모습이라고 생각하였습니다. 자율적 참여가 가장 인간적일 뿐만 아니라 가장 생산적인 결과창출(創出)의 첩경이라는 사실도 우리는 경험으로 알고 있습니다.

교직원 여러분께서는 미욱한 저를 신뢰하고 우리대학의 행정이 그러한 방향으로 갈 수 있도록 꾸준히 저를 돕고 이끌어 주었습니다.

교수님들은 변화의 필요성에 공감하면서 요구를 자제하고 지혜를 빌려주셨습니다. 직원선생님들은 진지하게 시스템의 변화를 수용하면서 밤늦게, 때로는 휴일에까지도 나와 맡은바 임무를 초과완수해 주셨습니다. 동문들의 격려 또한 너무나 큰 힘이 되었습니다.

그러한 조화 속에서 우리 대학은 지난 4년간 전임교원 약 25%, 대주차장을 포함한 교육관련시설 약 40%의 증가를 포함한 교육 및 연구환경의 획기적 개선과 행정체계의 합리적 투명화를 이루어낼 수 있었으며, UI선포와 '도약 2010' 계획의 보완·수립을 통한 대학의 장기적 발전을 위한 기반구축도 가능하였습니다.

감사와 함께 저는 여러분의 용서를 아울러 빌고자 합니다. 소리(小利)보다는 대의(大義)를 추구하는 과정에서 제가 혹 여러분의 공로를 그냥 지나치거나, 공적의무만을 앞세워 인간적인 배려를 소홀히 한 일이 없었는지 스스로를 돌아봅니다. 작은 성취에 만족하여 모르는 가운데 오만해지지나 않았는지도 반성합니다. 늘 일정한 거리를 두면서, 아버지와 아들 같은, 또는 친구와도 같은 인간적 친숙미를 느끼지 못하도록 한 유감스러움도 분명 있었을 것입니다. 저의 개인적 수양이 부족함으로 이해하고 너그러운 용서를 바랍니다.

대학은 사회에 대하여 막중한 책임을 지고 있습니다. 2000년대의 국민대학교는 그 책임을 다하기 위하여 이제 막 발진을 시작하였습니다.

이 자리에 계신 여러분께서는 그동안 이룩한 일체감과 동력을 바탕으로 우리 대학을 열린대학, 앞선대학, 세계의 대학으로 꾸준히 발전시켜야 할 책임을 나누어 가지고 있습니다.

기업의 정신은 배우되 대학은 기업과 다르다는 점도 명념(銘念)하면서, 새로 선임되신 총장님을 중심으로 꾸준히 매진하여 주시기를 바랍니다. 누구를 위하여서가 아니라 우리가 함께 몸담고 있는 우리의 국민대학교를 위하여 열과 성을 다하여 주시기를 간곡히 빕니다.

주어진 일에 최선을 다하고 오늘 짐을 벗는 저는 무척 행복합니다. 오늘따라 내린 봄눈이 대학캠퍼스를 더욱 아름답게 느끼게 해줍니다. 저와 저의 가족에게 이런 행복감을 선물해 주신 여러분과, 존경하는 이현재 이사장님 이하 학교법인 그리고 국민가족 모두에 대하여 다시 한번 마음으로부터의 감사를 올립니다.

여러분 안녕히 계십시오.

〈국민대학교 총장 이임사 2004. 3〉

국민적 공감대가 중요

어느새 3년이 지났습니다.

2004년 8월 30일 저는 이순(耳順)을 넘긴 대학인의 신분에서 공인(公人)으로서의 마지막 봉사라는 마음을 가지고 나라의 반부패청렴정책을 총괄하는 우리 위원회 책임자의 자리를 맡았습니다.

그리고 그 3년을 여러분의 협조와 헌신 그리고 사랑 속에서 참으로 보람있고 행복하게 보냈습니다.

두 차례의 부패방지법 개정을 통하여 우리가 원했던 만큼의 업무상 권능을 확보하지는 못했지만 공익신고자를 보호하고 공직사회의 청렴도 향상을 위한 제도적 기반을 마련하였으며 청사를 이전하였고 위원회의 명칭과 상징물도 보다 미래지향적인 모습으로 바꾸었습니다.

2003년 4.3이었던 CPI지수가 2006년에는 5.1이 되었고, 대한민국의 반부패정책 경험과 제도가 이제는 국제사회에서도 어느만큼 평가받는 위치에 이르렀습니다.

반부패관계기관협의회 등을 통한 정부 내의 협조체제나 시민사회와의 역할분담도 대체로 바람직한 방향으로 가고 있다고 보지만, 제가 특히 의미있게 생각하는 것은 우리 위원회 내의 의사소통체계나 자체역량강화를 위한 노력이 2004년 당시보다 월등히 향상되어 있다는 점입니다.

물론 반부패종합정책기구이자 시민적 감시 기구이며 공직윤리담보기구, 민간 및 국제협력 기구로서의 위원회가 제대로 역할하기 위해서는 아직도 많은 정책적 과제가 우리 앞에 가로놓여 있습니다.

국민의 체감도 문제나 민간부패대책, 공직윤리업무의 통합과제, 보다 효율적인 교육·홍보대책과 부패를 유발하는 문화적 요인의 극복 등이 바로 그러한 문제들일 것입니다.

그러나 우리는 두려워 할 필요가 없다고 생각합니다. 우리 위원회의 장래는 매우 밝을 수밖에 없습니다. 국가청렴도 향상을 통하여 경쟁력을 높이자는 국민적 공감대가 있고, 정경유착의 고리 단절 등 객관적 사실로 증명되는 이 정부의 성과가 있으며, 무엇보다 부패방지와 청렴도 증진을 향한 우리 위원회 여러분들의 변함없는 의지와 희생적 헌신이 있기 때문입니다.

모두가 화합하여 한 마음으로 노력하면 하늘도 감복하여 우리 위원회의 앞날을 오래오래 축복해 주리라고 확신합니다. 임기를 마치고 시를 읊으며 여유있게 여러분과 작별하려던 저의 소박한 꿈이 예상치 못했던 정부인사 발령으로 여의치 못하게 된 아쉬움은 있지만, 저는 오늘 가벼운 마음으로 이 자리를 떠나려고 합니다.

오랫동안 국가 사정업무에 몸 담고 계시면서 남다른 능력과 인품으로 신망을 받아 오신 분이 후임 위원장으로 임명되었고, 뛰어난 업무의지와 균형감각으로 무장된 장태평 사무처장을 비롯한 청렴동지 여러분 모두가 이 자리에 건재해 계시기 때문입니다.

여러분 참으로 감사합니다. 지나간 3년은 저에게는 다시 돌아오지 않을 세월이지만 여러분에게는 더 많은 꿈을 실현할 수 있는 내일이 있습니다. 재임중 혹 저의 사려깊지 못한 언동으로 마음을 상하신 분이 있다면 너그러운 마음으로 용서해 주시기 바랍니다.

위원회의 앞날과 여러분의 공·사 생활에 언제나 신의 가호가 있기를 빌겠습니다. 안녕히 계십시오.

〈국가청렴위원회 위원장 이임사 2007. 8〉

먼저 깊은 우물이 되어야

늦더위가 막 가신 가을의 초입(初入)에 취임하여, 바깥 일기는 제법 차가웠으나 집안은 오히려 따뜻했던 겨울을 무사히 보내고 이제 '봄의 소리'를 들으며 법무부를 떠나고자 합니다.

사랑하는 법무·검찰 가족 여러분, 그동안 정말 감사했습니다.

길지 않은 기간이었지만 여러분께서는 여러 가지로 미흡한 저를 도와 국민의 편익을 앞서 생각하는 법무행정, 국가경쟁력 강화에 기여하는 법무행정, 그리고 자체 역량 강화를 위하여 끊임없이 노력하는 법무행정을 이루어 내고자 참으로 많은 애를 쓰셨습니다.

정치적 이해(利害)가 첨예하게 대립하는 시기에 공정하고 떳떳한 법 집행의 결과를 담아 내고자 최선의 지혜와 힘을 모아 주었습니다.

사회적 자본인 신뢰를 높이기 위하여서는 보다 종합적인 시각과 변화를 수용(受容)하는 성숙된 자세가 바람직하다는 저의 고언에 조용히 귀를 기울여 주기도 하였습니다.

저는 여러분들의 능력과 열정을 깊이 믿습니다.

'법과 질서의 확립'이라는 법치국가의 영원한 정책명제를 실천하고 시장의 부패를 방지하며, 국민 한사람 한사람이 빠짐없이 법의 보호를 받고 있다는 확신을 느낄 수 있도록 하는 법무행정의 책임은 실로 클 수 밖에 없습니다.

다행히도 법조 안팎의 신망이 매우 두텁고 탁월한 지도력과 인품을 갖추신 훌륭한 새장관님이 부임하신다고 하므로 저는 참으로 든든하고 행복한 마음으로 여러분 곁을 떠날 수 있게 되었습니다.

존경하는 김경한 신임장관님을 모시고 법무행정과 법무 · 검찰 가족 여러분의 끝없는 발전을 이룩하도록 기원합니다.

끝으로, 그동안 저를 과분하게 아끼고 도와주신 여러분께 드리는 저의 자그마한 감상을, 정호승 시인의 시 일부를 인용하여 표백(表白)하면서 이임의 변을 마치고자 합니다.

젊을 때는 산을 바라보고
나이가 들면 사막을 바라보라
……(중략)

꽃의 향기가 눈에 보이지 않는다고 해서
존재하지 않는게 아니 듯
바람이 나와 함께 잠들지 않는다고 해서
사랑하지 않는게 아니다
사랑한다는 것은 사랑하는 사람이 존재하는
일에 감사하는 일일 뿐
내가 누구의 손을 잡기 위해서는
내 손이 빈손이 되어야 한다
……(중략)

산을 바라보기 위해서는
반드시 산을 내려와야 하고
사막을 바라보기 위해서는
먼저 깊은 우물이 되어야 한다.

감사합니다.

〈법무부 장관 이임사 2008. 2〉

저자 약력

서울대학교 법과대학 졸업
사법시험 합격
서울대학교 사법대학원 및 경북대학교 대학원 수학(법학박사)
검사로 각급 검찰청 근무
법무부 법무실장, 대구지검 검사장, 대검 중앙수사부장 등 역임
미국 스탠퍼드(Stanford)대학 및 일본 게이오(慶應)대학 방문연구원
국민대학교 법과대학 교수
중앙선거관리위원회 위원
한국형사정책학회 회장
사법개혁추진위원회 위원
한국형사법학회 회장
국민대학교 총장
한국법학원 원장
부패방지위원회(국가청렴위원회) 위원장
법무부 장관
국민대학교 명예교수(현)

법치와 자유

2010년 6월 20일 초판인쇄
2010년 6월 28일 초판발행

著 者 정 성 진
發行人 安 鍾 萬
發行處 (株)博 英 社
서울特別市 鍾路區 平洞 13-31番地
電話 (733) 6771 FAX (736) 4818
登錄 1959. 3. 11. 제300-1959-1호(倫)

www.pakyoungsa.co.kr e-mail: pys@pakyoungsa.co.kr

定 價 20,000원 ISBN 978-89-6454-589-8